Luqiao Shoufei Guanli Baili

路桥收费管理百例

郑毅松　李晓群　主编

张柱庭　主审

人民交通出版社

内 容 提 要

本书以案例的形式，叙述了高速公路、国道公路、城市道路、桥梁及隧道收费现场面临的各种情况、应急措施和处理方法。全书分依法收费、维权；建设高素质队伍；加强内部管理；增进沟通理解；政策法律摘编共五篇。

本书集路桥收费管理之大成，内容生动全面，可借鉴性和操作性强，可作为路桥收费管理人员的培训教材。

图书在版编目（CIP）数据

路桥收费管理百例/郑毅松，李晓群主编．—北京：人民交通出版社，2007.10
ISBN 978-7-114-06756-3

Ⅰ.路… Ⅱ.①郑…②李… Ⅲ.①公路费用-征收-管理-中国②桥-费用-征收-管理-中国 Ⅳ.F542.5 F552.5

中国版本图书馆 CIP 数据核字(2007)第 128855 号

书　　名：路桥收费管理百例
主　　编：郑毅松　李晓群
责任编辑：岑　瑜
出版发行：人民交通出版社
地　　址：(100011)北京市朝阳区安定门外外馆斜街 3 号
网　　址：http://www.ccpress.com.cn
销售电话：(010)85285656，85285838，85285995
总 经 销：北京中交盛世书刊有限公司
经　　销：各地新华书店
印　　刷：北京凯通印刷厂
开　　本：787×1092　1/16
印　　张：27.75
字　　数：605 千
版　　次：2007 年 10 月　第 1 版
印　　次：2007 年 10 月　第 1 次印刷
书　　号：ISBN 978-7-114-06756-3
印　　数：0001～4500 册
定　　价：55.00 元

《路桥收费管理百例》

主要编写人员

主　编：郑毅松　李晓群

编　者：原所安　冯　丽　腾　娟

序

高速公路作为重要的公路交通基础设施，不仅是交通现代化的重要标志，也是国家现代化的重要标志。我国高速公路经过近20年的高速发展取得了巨大的成就，至2006年底，我国高速公路通车里程已达4.5万公里，位居世界第二。由于高速公路建设融资方式的不同，我国已建高速公路采用收取通行费的方式偿还贷款和维持正常运营。高速公路的收费作为高速公路管理不可缺少的重要环节，是高速公路不断提高服务水平、保持高效运营的重要保障。

伴随着高速公路的迅猛发展，路桥收费行业队伍迅速壮大。这支队伍既需要有收费管理方面的知识与技能，又需要有很强的政策性和法律观念。而在现实中，中国公路收费管理微观领域的研究相对匮乏。当路桥收费现场出现一些问题时，收费人员往往不知所措，也易引发社会纠纷。在收费管理中，常常因管理不善，造成不必要的经济损失。不论是公路经营管理者，还是现场征费的操作者，都渴求有些具有指导性强、操作性和实用性强的教材和书籍，作为教科书，以供学习和参考。正是在这种情况下，中国瑞联集团公司路桥经营管理人员，经过多年的努力，收集整理编写了这本《路桥收费管理百例》。

本书内容丰富，事例生动，都是长年工作在收费一线的人员根据亲身经历、亲身体会撰写的，有一定的借鉴性、参考性。本书既可以作为路桥收费及其管理人员的专业学习参考书，又可以作为相关人员的培训教材。相信《路桥收费管理百例》的出版，对于推进路桥快捷畅通优质服务，对推进路桥经营管理队伍的业务素质，推进交通事业健康发展，起到一定的促进作用。

高速公路运营管理
学会秘书长

二○○七年九月

前　言

路桥(涵隧)收费管理是一项复杂而又具体的工作。作为收费管理核心的现场管理工作,呈显多样性、开放性、原则性的特点,政策性强,管理难度大,对收费现场管理人员的综合素质要求高,对收费现场情况处置的效率要求高。

自20世纪80年代,我国批准设立第一个收费站以来,随着高速公路的迅猛发展,路桥收费行业也得到了不断发展和壮大。路桥收费为满足经济发展需要,缓解交通压力,作出了不可磨灭的贡献。但随之而来的,由于多种原因,许多管理人员没有时间来进行脱产、半脱产性的专业化培训与学习,收费管理人才的使用和培训与实际管理工作需要之间的差距越来越显突出,已引起各路桥收费经营管理者的关注和重视。还有许许多多刚刚加入路桥收费管理队伍的新人,更加迫切需要能有一本生动、具体,具有实用性、指导性、可操作性的现场管理教材,来借鉴和指导自己的实际管理工作,尽快提高自身的收费现场管理水平。在这种情况下,经《路桥收费管理百例》编写人员的反复调查和论证,认为"实践出真知",在现有各种体制下在高速公路、国道公路、城市桥梁及涵隧等收费现场管理的实践中,已经积累了很多好的经验和做法,如果对这些实践中遇到的和处理的典型事例,从理论上加以总结和提高,反过来,通过理论联系实践,就可以很好地指导各公司的收费现场管理工作。为此,组织编写了这本《路桥收费管理百例》。

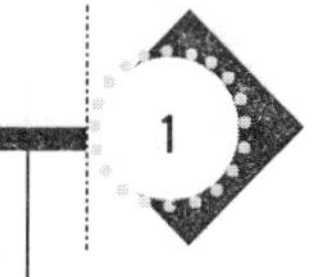

本书主要包括五个部分:第一篇为依法收费、维权,该篇通过大量的具体案例,剖析政策知识,宣传法律常识;第二篇为建设高素质队伍,该篇通过几十个小故事,以点带面,展现收费工作者的精神风貌;第三篇为加强内部管理,该篇力图从多方位、多角度,对收费管理和员工队伍的培训、思想教育等方面做一探讨;第四篇为增进沟通理解,该篇借助多个生动事例,分析加强沟通,增进理解在收费现场管理中的重要作用。第五篇为政策法规摘编,该篇对国家有关部门最新颁发的与收费行业紧密相连的有关政策法规作了汇编,为日常收费管理提供一种便捷的参考工具,如国务院颁布的《中华人民共和国收费公路管理条例》、《中华人民共和国道路交

通安全法》等等。附录为收费现场文明服务规范，并通过具体、形象、生动的一组图片，反映收费现场管理工作的点点滴滴。

本书在编写过程中得到了中国瑞联实业集团有限公司李明先生、唐家珩先生，深圳市同济中基实业有限公司钱进先生、江西森林公路开发有限公司曾嵘、朱心明、朱月清，黄冈国力公路开发有限公司胡风山、毛忠良、方军，襄樊万骏路桥有限公司徐仲华、温贻权、邵英勇、温家祯、姚长江、乐庸强、赵丽敏、屠伟、余涛，湖北金林公路开发有限公司施志明、张振良、邹克虎，湖南益常高速公路开发有限公司秦光建、程霞，湖南省公路局刘明进等路桥收费管理人员的大力支持和帮助。在此，向本书所有支持者表示衷心地感谢！

由于编者水平有限，不妥之处，敬请广大读者批评指正。

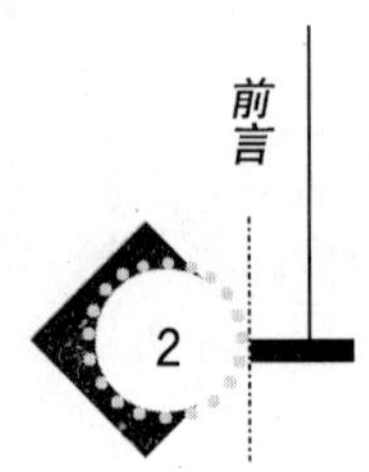

编　者

2007.6

目　录

第一篇　依法收费、维权

第二篇 建设高素质队伍

第三篇 加强内部管理

第四篇　增进沟通理解

第五篇　政策法规摘编

附　录

第一篇

依法收费、维权

任何人不论职位高低、功劳大小，都必须严格遵守国家法律和政策，依法规范自己的行为，不允许特殊人物存在；一旦触犯了国家法律或违反了政策，都要受到制裁，不允许任何人超越法律与政策。

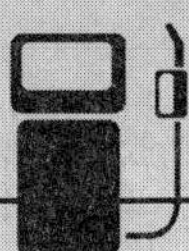

堵漏增收行动之一

——纠正降型车辆

李晓群　邵英勇

【背景】

一段时间以来，由于利益原因，大车小标（或称“降型车”、“降标车”）情况十分突出，给公路（桥梁）维护与收费经营工作带来重重困难。为规范管理，便于操作，交通部、原国家计委（现为国家发展与改革委员会）联合下发了《关于印发〈公路汽车征费标准计量手册〉（第三册）的通知》国交路发[2000]563号文件（下称“《第三册》”），对部分降标车辆进行了统一。2002年H收费站的收费经营权转让给民营企业W公司，这时W公司才通过其他兄弟公司了解到该文件的内容。

【行动方案】

一、学习精神实质，明确指导思想

W公司在决定执行“纠正降型车辆”工作之前，首先组织管理人员及收费现场骨干认真学习、领会《第三册》文件的精神实质。由公司分管收费的总经理助理、收费部经理牵头，先后组织站长、副站长进行学习；同时，公司总经理亲自介绍其他兄弟公司的执行情况，帮助大家总结经验教训，因势利导开展工作。收费队长、站长直至公司副总先后写出学习体会、心得笔记10份，统一思想，统一认识，统一行动，为组织实施打下基础。

二、抓好调查统计工作，摸清降型车流量

正式开始纠正工作之前，我们根据《第三册》文件精神，以及标明的降型车种类、车型、厂牌型号，分步开展工作。第一步，先掌握经过收费站的过境车辆中降型车的车型、吨位、厂牌号码等情况；第二步，掌握本地车流量中类似降型车的种类、车型、吨位、厂牌号等。在调查基础上，由收费站进行认真统计，报收费部分类汇总。明确哪些车是降型车，在《第三册》目录中明确的正确吨位是多少，错误吨位是多少。为了第一手资料的可靠性，以便收费员操作，收费部组成6人工作小组，即统计组、核验组、校正组，明确分工、周密安排。一年中，共统计过境降型车133种，其中2.1～5t降为2t以下的有11种；5.1～10t降5t以下有67种；10.1～15降10t以下有30种；15.1～20t降15t以下有15种。统计本地过站车辆300辆，农用三轮1 000多辆。

三、认真宣传解释,落实纠正降型车工作

公司从收费部到收费站全体员工在抓好《第三册》文件的学习过程中,要求达到人人过关。具体内容:

(1)明确纠正降型车工作的文件依据,明确正误吨位车型、厂牌型号,明确执行时间。

(2)注意工作方法,明确当遇到驾驶员不配合等情况的处理办法。

(3)加强信息沟通和反馈工作,确保一个车型在两个收费站不出现两个收费标准;确保时间上的统一,不得出现今天一个标准,明天一个标准,上个班次一个标准,下一班次一个标准等不规范收费现象。

四、加强协调配合,发挥监督作用,确保工作的连续性

严格执行《第三册》文件精神,在全国交通行业来说是一个比较困难和复杂的问题。主要体现为:

(1)车辆的《行车证》是由公安部门核发的,驾驶员认为公安部门核定的吨位也是合法的,不一定要执行交通部的文件,这就给纠正工作带来困难。

(2)根据收费政策文件,收费管理部门要求查验行车证,驾驶员却以收费人员不是公安交警部门,无权检查其《行车证》为由,拒绝查验,由此带来的纠正困难。

(3)部分交通养路费征稽部门分别开具养路费单据,当收费人员检查时,驾驶员就拿出小吨位养路费发票,这样纠正也困难。

(4)个别驾驶员交费后到物价部门乱告状,既打乱收费秩序,又影响单位形象。2003 年到 2004 年 7 月份之前,当地物价部门就收到类似反映“乱收费”的不确实举报 3 次。

因此,为了巩固已取得的成果,收费部门需要与其他部门合作,抓好现场监督、信息反馈与一、二级监控核查工作;联络物价部门抓好行业政策法律法规宣传解释工作,抓好新闻报纸宣传报导工作。全方位的监督、宣传和协调工作,为贯彻执行《第三册》文件和纠正工作奠定了坚实的基础。

五、扩大信息渠道,巩固纠正成果

经过近两年的努力,收费一线员工共纠正吨位车达 162 种,累计金额 176 万元。为了巩固纠正成果,一是公司收费部组织收费站站长、队长走出去,到市交通养路费征稽所学习了解、掌握养路费征收工作,掌握车型、厂牌型号。并通过交流,拿到了省交通部门关于卧铺客车征收计量标准和省交通厅养路费征收局[1999]517 号文件等资料,调整了原来的过站卧铺客车收费标准,按规定提高了 1/6,一次性调整过站车辆达 60 多台,扩大了增收渠道。二是到农机部门调查了解农用三轮车、五轮车实际吨位核载情况,通过了解,对几个大型厂家生产的 5 种降型农用车型进行统一规范,统一收费标准。三是紧抓汽车改农用车的降型工作。周边 J 地区的 Z 县有 700 多台汽车改农用车,行车证吨位由 5t 降至 1.9t,国家规费征稽部门因此每年漏收 100 多

万元。公司收费部获此消息后，立即通知收费站加强对此类车的核验力度。经过一个多月的努力，基本上掌握了这些车辆的通行情况，并很快开始了纠正工作，将Z县车辆使用其他县市(黄牌)号牌的农用车全部纠正过来。此外，外地过境降型车辆的纠正工作也取得了决定性的胜利。

六、抓好典型宣传，交流纠正经验，扩大纠正成果

面对驾驶员不配合，经常为纠正降型车的事扯皮、堵道、告状、记者采访等情况，公司经营班子始终坚持依法收费，依规纠正，把政策传递给驾驶员，化解方方面面的矛盾。先后处理物价举报信3封，报社记者现场采访3次。对于社会各方面的疑问，我们都能耐心解释，积极宣传政策，扩大社会影响，变不利为有利。同时紧紧抓好一线员工的正面宣传鼓励工作，先后有20多人次因工作耐心细致，业务熟练，纠正准确，服务优良，在公司"情况交流"中受到公开表扬，并在员工中广泛交流他们的经验。现在，一线收费员人人都能熟悉掌握降标车型。

纠正降型车辆工作，执行行业政策，堵漏增收，已成为一线员工重要的工作内容，也是"队长统计日报表"的主要统计、考核指标之一。

【启示】

收费工作中的"收"、"缴"是一对矛盾，从一个习惯性的标准，上调至另一个标准，无疑是在矛盾中增加矛盾，难度就可想而知。公司收费站的日流量为30 000台/天，其中，30%～40%属国家三类至五类车，70%属降型车。尤其是位于城市中心的桥梁收费，车流量大，车主情况复杂，纠正工作十分艰难，然而，难的不是车辆种类有多少，车流量有多大，车型有多复杂，驾驶员如何刁难不配合，重要的是这项工作必须得到各部门的通力协作，使信息能够得到及时沟通，收费政策为外界普遍理解。其实说到底，最关键也是最难的，是做到持之以恒，始终如一，统一行动，始终注意坚持文明服务，政策到位，宣传有力。做到这几点，难事不难，也在情理、法规之中。

堵漏增收行动之二

——纠正假军(警)车

李晓群　邵英勇

【背景】

“下列机动车辆行驶公路，免征车辆通行费：

(一)悬挂军队、武警专用号牌的车辆；

(二)法院、检察院、公安、国家安全、司法机关悬挂“警”字号牌警备车辆；

……”

这是湖北省人民政府关于《湖北省规范收费公路通行费收费秩序暂行规定》(鄂政发[2001]42号，下称“42号文件”)中的部分内容，该文规定了哪些机动车通行收费公路该免费，哪些车辆该收费。本规定属规范性法规。

【执行过程】

“42号文件”原本是一个规范性文件，全省各市州县人民政府、省政府各部门都应共同遵守，然而，正是有了这一规定，收费站免费放行的车辆却被社会各种各样的“人物”利用。如私车上放一块“警”字号牌，或一块“军”牌；公安部门的车牌被拆开放在不同的两台车上；更有甚者，将武警部队使用的临时牌照拿到街上复印，蒙混过站等。一时间收费站免费车辆剧增，收费人员一方面要执行政策文件，免费放行；另一方面又因不懂专业知识，难辨真伪；再一方面，即是能辨真伪，收费人员也没有资格去检查。这样一来，肆无忌惮的假冒车辆之风愈演愈烈，通行费征收工作受到严重影响。公司为此迅速组成专门工作小组，由总经理亲任组长，副总经理任副组长，收费部、监控部、内保稽查部、收费站、行政部负责人组成“对外宣传组”、“治安组”、“外协组”三个专班，确立了以“42文件”为依据，统一思想认识，严格组织纪律要求，作出精心布置。提出要加强信息沟通，加强职能监督，抓好典型案件和突发事件的处理，加强对外宣传，加强内部管理，树立文明形象等具体要求。为了确保整治效果，由收费部牵头分别与公安、武警、军分区等部门联系，派出专人将“42号文件”和公司函一并送往当地武警部队、军分区、政法战线共一百多家单位或部门，找到负责人进行耐心宣传解释，争取对方给予支持，配合收费站严格执行省政府规定，所有免费车辆接受验证后通行等。精诚所至，金石为开。公司热情细致的工作，得到了各部门领导的肯定和大力支持。

此外，市武警支队的领导主动为我们讲解真伪临时牌照的识别方法，军分区警备司令部的杨排长为收费人员讲“军牌”的识别及处理办法，市公安局督察队领导也明确表态，对假牌、假证车辆，发现一个处理一个。扎实的外协工作为下一步实施奠定了坚实的基础。

2003年8月23日，一辆白色桑塔纳轿车途经W公司的H收费站时，驾驶员苗某拿出一张临时军牌，收费员按例进行了检查，发现该临时牌照不符合规范，遂要求驾驶员购票。驾驶员苗某下车二话不讲，抓住收费员就打。正在检查工作的公司领导上前劝阻，也被苗某不由分说地一顿拳打脚踢致伤。公司主要领导对此事非常重视，闻讯后及时赶到现场，亲自询问、调查，掌握了苗某的社会关系和本人情况。通过一番政策宣传，苗某终于认识到了自己的错误，当场保证赔偿一切经济损失和人员伤害的理赔工作，保证今后再不在收费站制造任何麻烦。

2004年4月9日，某公安分局T派出所所长汉某及干警驾驶一辆鄂"0"牌照的小车途经C收费站，要求免费放行。收费员与当班队长向汉某耐心解释、宣传"42号文件"精神，对方不但不听，还口出狂言，堵车道达40多分钟之久方才离开。事过一周，还是这个汉某，又带一辆车经过C收费站，和上次一样的手段，不听劝，不购票，并将当班人员高某打伤。此事已严重影响外资企业的收费秩序和治安秩序，严重影响了正常的交通秩序。事发后，公司领导及时将情况记录成光盘送市公安局，很快，市公安局局长亲笔签批，责成T派出所所属的×公安分局拿出处理意见，×公安分局在调查清楚事实后，很快作出了对该所长撤职、严重警告、到公司赔礼道歉的处理意见。

以上两起突发事件的妥善处理在公司员工中产生了强烈的反响，大家普遍认为公司依法经营，应受到法律保护，公司领导外协处理及时，使收费员工的工作有所保障。

两年来，经过收费员工的艰苦努力，共纠正不规范军(警)车辆2 000多车次，为公司增收2万元。因此，抓好军(警)车辆的纠正工作还将坚持不懈地进行下去。

【启示】

军警车辆的车牌转借、单牌、假冒等在全省各收费站点是一个普遍现象。收费人员对此无法制止，受到诸多因素的影响：一是无执法资格；二是不受有关部门支持；三是肇事者本身即为执法部门，更加重了纠章的难度。

W公司的做法可归纳为：(1)吃透文件精神，领会精神实质；(2)精心组织，周密安排；(3)加强外协，争取社会相关部门理解支持；(4)突发事件处理及时，对员工加强验证工作起到了重要的促进作用。

堵漏增收行动之三

——严格查验假救护车

徐仲华　邵英勇

【背景】

救护车被人们称作生命的"保护神",与病魔争夺生命的"运动员","救死扶伤、治病救人"等等。正是在这一串串耀眼夺目的光环下,在改革开放市场经济运行的过程中,政府也毫不例外地将其安排享受特殊待遇。湖北省人民政府"42号文件"的第四条第四款明确规定"设有固定装置的消防车、医院救护车",免征车辆通行费,各医院的救护车可以名正言顺地免费通行各收费站点。正是有了"救护"这张通行各收费站的免费"绿卡",所以借"绿卡"、伪造"绿卡"的车辆越来越多,类似卫生局、卫生防疫站,动植物检验检疫站,血吸虫病防治所,甚至私家车都装起了红"十"字架,安上了救护警报装置,堂而皇之地要求免费通行收费站。一时间,各类救护车在各收费站泛滥成灾,最高时日流量达到300多辆次。据调查,仅市区内就有近十家单位约100辆车安上红"十"字标志和固定装置。按每辆车日均通行3次,每次10元,每月25天计算,一台车每月产生的通行费有750元,一年计9 000元,则市区车辆预计在90万元左右,且并有增长的势头,这使得公司下决心堵住这个漏洞。

【"斩草"行动】

现场管理情况汇报分析会上,公司总经理在认真听取收费部经理的专题汇报和初步工作安排后指出,此次行动不同于治理假军牌、假警牌,医院救护车与人民群众生命密切相关,不能有半点马虎,不能出现丝毫可能阻碍抢救生命的事故。为此必须做到以下几点:一、收费部以公司名誉起草一份函,详细宣传省政府(鄂政发[2001]42号)文件精神,讲明验证放行的政策依据,执行验证通行的时间,并要感谢各单位领导同志对我们外资企业的理解支持。二、组织专门人员将市区各医疗机构进行统计注册,详细登记各单位地址、联系电话,以便能迅速与对方联系和沟通。三、派专人专车向各单位送发公司函和湖北省人民政府"42号文件"。四、最好能在文明服务承诺及收费政策送达后,请被送单位的领导签字,引起领导的注意和重视,进而得到对方的理解和配合。五、执行验证工作前,由收费部牵头组织队长以上骨干学习收费政策,各站、队分别组织员工学习讨论,加强文明服务工作,树好单位外部形象。验证救护车辆时,特别强调要文明用语,如"您好"、"谢谢合作"、"请您配合"等,不准说怪话、说脏话,和驾驶员争吵、辱骂等,一经发现,将视情况做严肃处理。

在周密细致的安排下,收费一线员工严格执行政策,各部门之间也相互配合,收到了良好的效果。2004年3月即执行验证工作的当月，收费站共查验车辆500多台次，不规范救护车300多台次，这些车辆经过售票员文明服务做工作后，全部购票通行。收费部每天将各收费站的查验情况、纠正购票的数量予以张榜公布，在内部起到了很好的鼓励作用。各站长将此当作堵漏增收的一件大事，列入每天的重要检查日程。对纠章前三名的收费人员进行表扬并及时在公司"情况交流"中予以宣传。一个月下来，先后有30多名收费员受到了公司的表扬，极大地鼓舞了收费人员认真纠正假救护车的积极性。持之以恒的验证工作，优质的服务态度不仅没有和救护车辆驾驶员产生矛盾纠纷，连乘车的医护人员也为之感动。那些假冒、不规范车辆知道不能免费通行，就只好自觉提前做好购票准备。到11月份，经过收费站而不验证冲站的车辆几乎没有了，个别卫生防疫车、计划生育指导车等车辆也自觉购票通行。

经过公司上下的努力工作，科学安排，积极加强外部协调和宣传，使"斩草行动"取得了决定性胜利，既维护了公司股东的合法利益，又树立了单位文明服务的好形象。

【点评】

"斩草行动"中，公司领导高瞻远瞩，站在维护人民群众合法利益，维护法律、法规公正性的高度，正确处理公众利益与公司利益，从加强内部管理、树立文明服务形象入手，科学预防和处理即将发生的矛盾。正是有了这样的思想认识和"未雨绸缪"的先见之明，使得纠正假救护车这场"硬仗"能够胜利拿下，也给同行提供了学习借鉴的经验。

堵漏增收行动之四

——遏制冲站逃费车辆

徐仲华　邵英勇

【背景】

市区桥梁收费工作的特点之一是车辆流量大，过往车辆中市区车辆占了总流量一半以上，相应地逃费车辆也多数是市区车辆。从冲站逃费车辆的所属性质上看，多数是私家车、无牌无证的报废车、本地驾驶员驾驶外地车；从逃费方式方法上看：一是尾随公交大客车后面，让收费员因考虑到安全因素而无法拦截；二是使用假军牌、假警牌，冒充合法免费车辆；三是用欺骗手段侥幸冲站；四是明冲硬闯；五是扯皮堵道，等等。

【行动方案】

按收费站以往的数据统计，30 000 台次左右的日流量，日均冲站漏车率在2‰～3‰，若计算冒牌车辆则将达到10‰，如以每天漏费车辆在60～300辆计算，一年将达到21 600～108 000辆，通行费流失至少在22万元以上，这是不可忽视的数字。为了堵漏增收，最大限度地控制漏车率，我们采取了以下做法。

一是严格依法收费，采取主动走出去宣传收费政策。我们先后组织专人到当地驻军单位、武警、消防部队，政法战线各单位，监狱、医院等近200家单位，将湖北省人民政府鄂政发[2001]42号文件分送到这些单位的领导手中，对他们进行宣传，做好免费车辆验证通行配合工作。稳健扎实的工作，赢得了大多数单位的配合和支持。同时，我们还主动到当地军分区、市武警总队学习临时军(警)牌的识别方法，请求对方协助处理假军(警)牌车辆。两年来，经过验证，共查处不规范军(警)车辆3 278台，不在免费范围内的卫生防疫车、计划生育指导车等应缴费车辆4 831台。

二是采取“联防联治”的办法治理、打击各种逃费冲站车辆。具体做法是：驻站当班交警与桥面交警配合，C收费站与H收费站配合，上一班与下一班配合，收费站与监控部配合，收费站与交警部门的监控中心配合，共同做好冲站车辆的拦截处理工作。在此基础上，收费部根据C、H两收费站和监控部的“每日一报”进行汇总统计，将冲站车辆及时通报到两站和两个监控室，监控部把车辆冲站情况刻录成光盘存档备查。同时要求现场收费人员人人熟记冲站车辆号牌、车型，发现冲站车辆及时拦截，现场处理。对不服处理的，请驾驶员查看录像后再作处理，直到补票为止。对一周内没能发现的冲站车辆，将录像移送到市交警支队监控中心，由他们通报并处理。对不到监控中心接受处理的车辆，由交警监控中心通过互联网将信息传送到车辆管理所，待年检时再作处理。这样一来，对冲站车辆基本形成了联防联治、群防群治的控管格局，堵漏增收成效显著。

三是对政府机关车辆驾驶员在收费站肆意闹事的，我们采取录像取证，递交报告到车主单位的方式。2004 年 3 月份 C 收费站发生市委驾驶员赵某驾车冲站并殴打收费人员、辱骂公司领导的事件，W 公司采取上述办法，将情况整理后迅速递送市委办公室。市委办接到情况反映，通过查看录像，核实事实后，对驾驶员作出下岗一周，停职反省，向公司赔礼道歉的处理决定。5 月份市政府小车驾驶员袁某开车经过 H 收费站要求收费人员免费放行其所带的外地客人车辆。收费员反复宣传解释，驾驶员袁某不但不听，反而口吐狂言。W 公司立即将此情况反映市政府，政府办公室非常重视，立即组织车队驾驶员开会学习，观看录像，接受教育，同时对袁某的错误行为，上报分管领导，对袁某作出了交钥匙下车的处理。今年 10 月份，市房管局小车驾驶员酒后驾车，经过 C 收费站时，收费员给他出示车辆在 H 收费站有冲站逃票的记录，驾驶员不服并破口大骂，打破售票亭玻璃。公司收费部及时将情况刻录光盘，附文字说明，递送到该单位主管部门市建委，建委纠风办立即批示，要求房管局领导拿出处理意见，房管局迅速成立调查组。在事实清楚证据确凿的事实面前，房管局党组对该小车驾驶员作出严肃处理：一是下岗学习；二是向公司赔礼道歉；三是赔偿收费站的经济损失。

还有几起典型的案例，公司都采取相同的办法，收到了较好的效果，得到了社会各界的理解与支持，较好地化解了社会矛盾，维护了公司的形象。“依法经营，合法收费”这面大旗，在我们的员工手中紧攥。

联防联治，群防群治，堵漏增收起到明显的成效。2004 年冲站车辆累计 1 332 台次，与上年同期相比下降 42%，日平均冲站车辆控制在 0.03%之内，并有 15 天漏车率为零的记录。取得这样的成绩，控制出这种局面，这是 C、H 两收费站作为城市中心区域桥梁收费历史以来最为辉煌的一页。

【启示】

“联防联治”、“群防群治”局面，有新意、有特点，因地适宜，科学得当，效果明显，主要取决于有一个良好的外部环境，有一个好的内部管理机制和一支过硬的员工队伍，如果再有一个激励措施做配套，那将是锦上添花，精益求精。

堵漏增收行动之五

——查假在行动

龚志祥

高速公路是贯穿东西南北交通的大动脉。随着上路车辆的日益增多,其中部分车辆为达到逃缴通行费的目的,方法不断更新,手段也越来越高明。例如,模仿伪造《特别通行证》蒙骗过关,更为恶劣且猖狂的是假冒军车。这些车辆通过各种关系,办张临时军牌放在车上,而且期限到了也不更换;有些还只挂上一块车牌;有的借别人的真军牌偶尔跑上一两次,可以得到不交通行费的便宜,凡此种种,花样甚多。这种种的逃费现象都给高速公路管理带来了不同程度的阻力,同时也给收费人员的收费工作带来了许多不利影响。

2003 年,湖南省人民政府颁布了《进一步规范车辆通行费征收工作的通知》(湘政办函[2003]73 号),取消了湘"0"号牌车辆免缴通行费的特权,且相关部门严格控制了免费车牌的发放,并要求免费车辆通过收费站时自觉接受收费人员的检查,必须做到证牌相符,手续齐全。这一文件的颁布对使用假牌、假证的车辆给予了狠狠的打击。

2004 年 10 月 18 日,省高管局开展了为期 5 天的集中查处持假《特别通行证》车辆的统一行动。此次行动中,省高管局特邀请省检察院、省公安厅、省国家安全厅和交通厅领导进行全程督查,而且还由省交通厅下发了全省持《特别通行证》的证号及车牌号的通知,以方便收费员在收费过程中有据可查,有政策可依。督查组的领导在公司领导的陪同下亲自来我站进行指导,要求我们要统一思想,提高认识,积极配合,严格执法,对所有免费证件都要仔细查验,做到"逢证必查,遇假必究"。

通过上级部门采取一系列的政策措施,收费站通过宣传教育,着力增强收费员的岗位责任心,要求做到工作认真负责、胆大心细。在大家的共同努力下,使得现在使用假牌、假证的现象基本上得到了杜绝。

堵漏增收行动之六

——严查假牌、假证车

陈为民

【引言】

如何采取措施严查严防，堵漏增收，遏制各种偷漏行为，营造良好的征费管理环境，我认为开展查处假牌、假证的专项活动是一种行之有效的方法。

少数不法驾驶员为了逃费或少交费，费尽心思，花样百出。例如，有的采用倒卡、换卡，有的采用假牌、假证，有的客运车辆挂军牌、红十字会牌，有的车有前牌无后牌，等等。尽管有个别驾驶员想尽种种办法企图逃费，也终难逃脱收费员的火眼金睛。

【事情经过】

11月16日，一辆牌号为WJ××××××9的黑色桑塔纳轿车驶进×收费站的收费车道，驾驶员将通行卡交给收费员后，便催促收费员赶快抬杆，说有急事。收费员对驾驶员的异常举动产生了警觉，便将自己对该车的怀疑告知了带班班长，请班长察看该车的后部有没有挂军牌。经班长和稽查员查看，发现该车后部无车牌，于是请驾驶员出示军牌使用证和其他有关证件。驾驶员说："今天没有带证件，后面的牌照被别人偷走了"，企图以此蒙混过关。收费员给他宣讲有关收费政策，表明这是国家收费政策中明确的"号牌不全"的情况之一，根据规定是要交通行费的。驾驶员气势汹汹地说："我这是军车，从来没有交过费，我今天有急事，不能耽误"。车上一乘客这时叹息道："今天坐这个鬼车，真的是倒霉了"。收费员马上意识到这是一台挂假军牌真营运的"黑老壳"车，心想，决不能放过此车！收费员马上将此情况通知监控室，并报告值班站长。驾驶员见势不妙，就想马上交通行费了事。此时，值班站长和站查处假牌假证专项小组的成员及时赶到，向驾驶员出示了行政执法证后，并根据《湖南省实施〈中华人民共和国公路法〉办法》第三十六条"违反本办法规定，拒缴、逃缴车辆通行费的，由公路管理机构责令补交车辆通行费，并处应缴金额五至十倍的罚款"的规定，给予了该驾驶员五倍的罚款，这个驾驶员吃了这亏后，从此再也不敢挂假牌营运了。

【启示】

在日趋复杂的收费环境中，如何防止费源的流失，已成为当前一个很现实的问题。逃费现象时有发生，这就要求收费员具备较强的业务水平和识假、打假的能力。对有疑问的车辆要认真做到"一看二问三查四对照"，收费站要定期开展查处假牌假证的专项治理活动，对挂假牌、持假证的车辆坚决查处，绝不手软，才能真正达到堵漏增收的目的。

堵漏增收行动之七

——假军车遁形记

王小科

【事情经过】

10月某日的中班，下午5：30左右，一台悬挂戍A1××××的已有些发旧的尼桑牌小汽车驶进了收费车道。收费员凭经验推断，这台车很旧而车牌却很新，肯定有问题，推测不是挪用牌照，就是套牌、假牌，于是收费员要求驾驶员出示相关证件。驾驶员说："没有搞错吧？我的是军车，你没看到牌照?！再说你有什么权力看我的证件喽?!"驾驶员很不耐烦地边说边把车开到了升降栏杆前，然后摇上了车窗玻璃，再也不理不睬。

【处理结果】

稽查员赶紧走出收费亭去制止驾驶员的这一行为，并向驾驶员宣传道："《公路法》明文规定，任何车辆在通过收费站时均应接受缴费检查"。"我赶着走，有事"，见驾驶员态度有所缓和，于是稽查员便追着说："战友你好！我以前也在部队工作过，你既然说是执行任务，那部队的规定你应该清楚！'三证一令'你带了没有（'三证一令'即军官(士兵)证、驾驶证、行驶证和出车命令单）？"。驾驶员看稽查员表情带着几分严肃，知道碰上了对手，于是递过了士官证、驾驶证和行驶证。经过仔细核对，发现行驶证上有出入，"车属单位"一栏上写的是省军区后勤部汽车修理厂，但省军区范围内是"戍G2"字打头的统一编码，且牌照无防伪镭射标志，现在手上的这张行驶证显然属仿造的。在事实面前，那位士官不再辩解，补交了通行费。

【启示】

现在利用假军牌逃缴通行费的车辆还是有很多的，有的军、警牌采用套牌、伪造或两车共用一副真牌，还有个别现役军官(士兵)开着假牌、无牌车辆，出示军官(士兵)证要求免费。对不属于免征范围的车辆，有权力对其征收车辆通行费，并进行批评教育；情节严重的，还可移交警备区予以处理。

识别假军牌，同样也是我们的业务范畴。一般地，真军牌合金质地坚挺，字母由模具冲压成型，凹凸感强，漆面平整，且含反光粉剂，大写字母处有防伪萤光标识，从侧面看有大五角星和船锚组成的八一标志，整套牌照白色漆面上有微小的"车模"防伪图案。军用小车牌子前后两块一样大；大车车牌前小后大，其前面字母与数字中间的间隔点是圆点，如"戍G.×××"，后面牌照字母与数字中间的间隔点是方块如"戍

G□×××”，而小车牌前后均为圆点。

军队车辆的行驶证为一张过了塑的小卡片，其背面为军绿色，字迹清晰，颜色自然，正面表格内容均应是打印字体，年检章和钢印应清晰，在汽车挡风玻璃前均应有年检标贴；武警部队行驶证分正副两页，条框内容均为打印；副页上的防伪条码，应清晰略有手感，且无重影。

如何分辨真假，在平时的收费工作中，大家只要坚持多问多看，加强工作责任感，就能练就一双火眼金睛，让假军车无机可乘。对个别手续不全的霸王车主，可与省警备区或省武警总队纠察办电话联系，一是可以证明其身份，二是可打击这部分人的嚣张气焰。假军车肯定怕露馅后的不利后果；那些是真军人，但车不符合手续的，也会怕事情闹大了对自己影响不好而及时停止。

堵漏增收行动之八

——“大吨小标”车的新动向

王小科

【事情经过】

11月28日下午3：50左右，正值白班与中班交接班之际，一台牌号为丙H7××××的橘红色大货车驶入了收费车道。收费员根据经验，判断这是一台5型车，按正常程序刷卡后显示入口车型也是5型车，而此时车主却说自己的是4型车，坚持不肯交5型车的通行费，并拿出自己的行驶证说：“这是交警部门核定以后才更换的新行驶证，上面重新核定的吨位是9.5t。”收费员和班长接过行驶证认真核对，证件确实是由交警支队车辆管理所核发的新证，上面的换证日期是10月25日，核定装载质量是9.5t，所以车主以收费类型不准确为由拒交多出部分的通行费。双方为此展开了争论，都想让自己说服对方。

【处理结果】

稽查人员认真核对后，确认其车型是东风EQ1166G2，按国家发改委发布的《第五册》公告，应属大吨小标车辆，其更正后的装载质量是25t，确实属于5型车。于是，稽查人员便拿着相应的明细条文向车主解释，车主也振振有词道：“我知道，现在是治理大吨小标车，所以我才到交警部门换发了新的行驶证。你们看，交警部门重新换证都只核为9.5t，而你们硬要按25t的标准收我的通行费，本身治理大吨小标活动是由国家七部委联合开展，交警和你们交通收费站不是一个标准吗？”由于此卡已读写成功，在未收钱打票之前，电脑系统是不能完成正常交接班工作的，所以上一班要等待处理此车以后才可下班，于是交接班的两位班长共同来做这位车主的宣传解释工作：“交警部门只是政府的一个职能部门，而我们执行的标准是国家发改委下发的，属于国家权力机构，我们要执行国家发改委治理大吨小标的公告要求。我们的职责是负责通行费的征收，所以我们必须严格按照标准来执行。这次全国性的治理大吨小标车辆，各级交通、公安部门是按照统一口径、统一标准、统一行动的要求展开的。像您这样的情况，以前很少见过，但是这次请您必须先交足通行费。您所说的情况我们肯定会向上级领导机关反映和深入调查，避免您和您的同行下次再遇到同样的麻烦。”在经过近20分钟的解释工作后，车主最终还是配合地交足了通行费。上一班收费人员的下班时间却被推迟了近20分钟。

【启示】

这场征费风波，现场收费人员费了很多口舌得以解决。但细想一下，我们的解释工作在车主出示的那本新的行驶证面前显得有些空洞和苍白无力。国务院明文要求，各部门在联合整治大吨小标车辆的活动中要“统一口径、统一标准、统一行动”，为什么会出现重新更换行驶证后，其核定装载质量仍未恢复国家发改委颁布的技术参数标准？这种现象势必会给我们的征费工作带来被动。而我们与交警部门不属于同一系统，这一方面的沟通确实有些少了，希望通过此案例能引起上级部门的重视，加强与公安交通管理机关的业务联系，将“统一口径、统一标准、统一行动”的精神落实到实处。

堵漏增收行动之九

——“大吨小标”治理一瞥

王小科

【事情经过】

11月某日的一个白班，一辆牌照为丁H×××××的前四后八轮EQ5170QW型货车驶入我站。收费员仔细核对其车型，很明显其装载质量为27t，应属于6型车，但再看入口站发过来的却是4类卡，而驾驶员又只肯交3型车的通行费，任收费员怎么做解释工作也不听。“我以前跑过的，一直是按3类车交的费。”“入口站发过来的是4类车卡，而你们这里硬要收我6类费，你们想收多少就是多少吗?!”“你们看行驶证上交警部门明明核出吨位只有9t，你们却硬说是27t，这不是矛盾吗?”驾驶员还故意停车在收费口，车道因此被堵塞20分钟。

【处理结果】

我们一直努力地对驾驶员做解释工作，并拿出国家七部委联合发布的“治超”和“大吨小标”车辆恢复标准的宣传资料，以及国家发改委发布的具体车型和相关技术参数的《公告》，找出与该车车型相对应的条款给驾驶员看。并解释道，治理“大吨小标”车辆已在全国范围内展开，由国家发改委向全社会发出了公告，公布了其具体车型和相关技术参数，属于“大吨小标”车的车主应在规定的时间内，到所在地公安机关交通管理部门恢复标准吨位；在年检时发现未恢复的，将强制更正其核定载质量。在我们有理、有节、有据地解释工作下，最后，驾驶员恶狠狠地把钱揉成一团扔向女收费员，还口吐狂言，态度十分嚣张。收费员强压住内心的愤怒，脸上仍带着微笑道:“师傅，这是您的通行票，请走好!”但这种微笑后的心情只有我们自己能读懂。

【启示】

作为交通系统高速公路收费站的收费员，站在治理“大吨小标”车辆战斗的前沿，如何识别大吨小标车辆，使通行费不流失，是他们的当务之急。由国家发改委颁布的公告第二、三、四、五册已相继出台，各收费站的工作量也随之增大，随之而来的征缴矛盾也日益突显和增多，加之各地执行力度不统一，所以现在收费站每天每个班次都会有几起驾驶员不配合收费的事情发生，出现故意堵车道的现象。面对少数驾驶员的不理解、不配合，恶言的讥讽与谩骂，甚至暴力的威胁，收费员始终微笑面对，不嫌麻烦和不怕困难。综合治理“大吨小标”车辆是一个多部门配合才能解决的全社会关注的问题，不是在短时间就能取得明显攻坚成果的。

如果收费站经常出现车道不畅的情况，就会影响到其他过站车辆和司乘人员的正常通行，也会对服务质量大打折扣。所以，在这段敏感时间内，更应该加强服务意识和忧患意识，认真接待好每一辆车和每一个车主。“细微之处显真情”，收费人员对驾驶员的语气、语调也很重要，平时的口头禅等不雅用语决不能带到工作之中，以避免激发不必要的矛盾。同时，面对那些不理解、不配合收费工作的车主，也不必感到棘手和后顾之忧，因为有国家政策的支持，收费部门也可邀请当地公安、交警、交通各相关职能部门在沿线搞一次集中整治，设立一个治理“大吨小标”车辆的咨询检查点等，这样既可方便各位车主咨询，又可为沿线各收费站营造一个和谐、有序的通行费征收软环境。

堵漏增收行动之十

——“大吨小标”该治治了

柯树林

【事情经过】

2004年6月25号下午14：25左右，J收费站的1号车道过来了一辆后八轮的重型货车。货车驾驶员拿出20元交费，称他的汽车吨位是5t，并拿出行驶证来证明。售票员向驾驶员解释，这种后八轮的重型货车，吨位最少也是6t，并且拿出了国家发改委和交通部公布的汽车车型吨位对照表给他看。但驾驶员不愿意看，坚持说，他的行驶证上面标明的是5t，收费站就应该按5t标准征收通行费。双方的交费谈判一时间陷入了僵局。停在大货车后面的汽车驾驶员则使劲地按响喇叭，收费站内显得有些混乱。

【处理结果】

我们决定对他采取冷处理。我们先劝大货车后面的车辆从2号车道过站，然后把1号车道封起来，再慢慢地做大货车驾驶员的思想工作。大概过了几分钟，也许是他一个人冷静了下来，觉得自己是在无理取闹，也许是他可能要赶着去送货，就二话不说，拿出10元钱交了费，驾车离开。以后再返回收费站时，这位驾驶员再也没有提自己的车吨位是5t了。

【启示】

随着社会经济的高速发展，一些货车是越做越大，而证件上标明的吨位却越来越小，这就是一种比较普遍的“大吨小标”社会问题，它涉及公安、交通、工商、税务多个部门，而作为收费站这一级，我们只从收费这一方面来谈谈。

收费站收费本来是取之于民，用之于民。所收的通行费全部用于公路的改造维修，以确保路面安全畅通。俗话说得好“要想富，先修路”，一旦交通便利了，汽车的运费降低了，汽车的损耗减小了，赚的钱也增加了，这本来是个双赢的事情。但有一些驾驶员为了个人的私利，采取多种弄虚作假的方式，瞒报或少报汽车的真实吨位，更有的私自改装车辆，加重、加大汽车的实际运载能力，造成“年年修路，年年坏”的不正常情况。

现在全国都在整顿超载，清理“大吨小标”问题，作为收费站工作人员，应该加强业务知识学习，全面配合这次整顿运动，坚持收费政策，维修好公路不受损坏，保证公司的正常收入。

堵漏增收行动之十一

——岂能投机

龚志祥

【背景】

自从国家发展和改革委员会发布《关于在全国开展车辆超限超载治理工作的实施方案》以来，对那些大吨位改小吨位的“大吨小标”等投机取巧的车辆给予了严厉地打击，避免了国家公路通行费的流失，但同时也给收费工作带来了一定的阻力。为了坚决执行国家政策，治理“大吨小标”的工作不管困难有多大，阻力有多大，收费人员只要保持良好的工作作风，热情的服务态度，认真做好政策解释工作，宣传好国家政策，相信问题都会得到妥善的解决。

【事情经过】

9月的某天下午，我们刚收到站部发下来的《大吨小标车更正后的对照表》(第五批)，这时一台牌号为丁××××9的后八轮载货车，徐徐驶入了收费车道。收费员凭经验一看，这可能是东风1166G2型车，根据《对照表》，现被纠正为20t，应属五型车。为了不出差错，收费员就对驾驶员说：“你好，请出示您的行驶证”。驾驶员一听马上接过话来：“天天都跑的，8t，三型车”，一边说一边把行驶证递过来。收费员接过来一看，该车果真是东风1166G2型，就对驾驶员说：“驾驶员师傅，你这车现在国家交通部已纠正为20t了，是五型车了”。驾驶员一听火冒三丈，同时从车上又蹦下来三个人，气势汹汹地对收费员说：“你们这是抢钱！我们天天跑都是三型车，现在一下子收五型车，没钱交！我们堵你们的道，看你们怎么办”，接着又说：“最多收一个四型车算了，钱收了又不是你们自己的，干嘛这么讨厌呢。”收费员听后仍面带微笑地对驾驶员说：“师傅，我们收费是按照国家政策，代表的是国家，不是个人，是没有讨价还价的做法的。如果都像你一样堵道就可以不交钱，通行费岂不是白白流失了，如果硬要堵道的话，那我们就只好通知路政和高速公路交警支队来处理了。除了交足通行费，还要另外收取你的占道费了，到时候浪费了你宝贵的时间，引起不必要的麻烦，多不划算”。

【处理结果】

通过一番解释工作，驾驶员自知理亏，再耗下去对自己也没什么好处，就趁势下台阶，“看你这姑娘态度还好，工作做得到位，交钱算了，以后我会帮你宣传政策的”。一场即将触发的“战争”在一片笑语中结束了。

就这样，通过收费人员的宣传和驾驶员朋友的相互转告，蛮不讲理的过站车辆大大地减少了，也大大减少了通行费的流失，维护了收费站的正常收费秩序。

堵漏增收行动之十二

——倒卡车，休想蒙混过去

迎丰桥收费站

【事情经过】

一辆中型货车驶进收费车道，驾驶员交出通行卡和一张百元新版人民币后，就眼巴巴地看着收费员。这不寻常的沉默引起了收费员的警惕，有问题？收费员心中有了疑虑，她又仔细地检验了那张百元钞票，是真的，那问题出在哪里？收费员扫了一眼微机屏幕：入口站时间，10：15，现在的时间是下午14：35；又看了一眼驾驶员，驾驶员见收费员细看通行时间，神情很不自然。通行卡有问题？收费员心中的疑虑越来越大，她一边仔细察看通行卡，一边观察驾驶员的反应。驾驶员显得很紧张，冷汗都冒了出来。

收费员动作放慢，其实也就三十来秒钟时间，但对正常情况下收取一辆车通行费十几秒的收费员来说，时间够久了。班长发觉这一异常情况后，就过来查看情况。在和收费员交换了意见，大家心中有了答案——这辆车有倒卡的嫌疑。班长整了整装，走出收费亭询问驾驶员。

"你从哪儿上的高速？""D市那边"。

"可我们收费中看见你从S市方向过来的，到底从哪？"

"真的是D市方向"。

"哪个收费站？""打头的那个收费站啊"。

"打头的？哪个？你知道名字吗？"

"就是第一个的，最大的那个"。

"你确定？可你的卡不是那个站的，到底从哪上的？"

"就是那边，快点吧，我还有急事呢！"

"老实告诉你吧，你说的不对，站名不对，卡的时间也不对，你这卡不是自己的吧。你这种行为是倒卡，我们可以追缴你十倍的通行费，并移交公安机关处理。老实说吧，到底从哪上的高速？"

……

【处理结果】

经过班长的主动出击和收费员的旁敲侧击，双管齐下，驾驶员老老实实地说了实话。

原来，这"西C"牌照的货车，是由S市上的高速，在服务区加油时，被一车主找

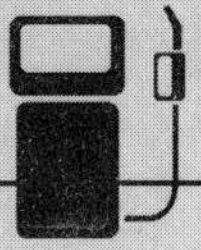

上，要求交换通行卡，他一时起了贪念，想占点便宜，便与那个车主换了，这是第一次。

班长告诫驾驶员，他这张卡不能用了，看在他是第一次，且是外地车，又有服务区的加油发票为证，就不追缴罚款了，但要按无卡车收取全程费处理。驾驶员听后，连连道谢，交纳了通行费后离去。

【启示】

这辆车的通行费是追缴回来了，但是以后可能还会出现类似的其他问题，所以我们要切实注意超时车的特殊情况，从政策性、心理学、社会学的角度，有理有节地处理和制止每一起逃缴通行费的行为，才能确保我们通行费的足额征收。

扰乱收费管理秩序之一

——治理超限超载为何这么难

陈为明

【背景】

国家发改委关于部分“大吨小标”车辆车型公布后，治理超限超载的工作，立即在全国范围内紧锣密鼓地进行。近几年，超限、超载车辆呈现越来越多的趋势，这与货运市场竞争日益激烈有着直接的关系。由于高速公路征收通行费大都是按单车核定吨位来征收，因此运输车辆不超载几乎没有钱赚，且超载越多赚钱就越多，由此出现运价越来越低，超限超载情况越来越严重的“恶性循环”。其后果是，道路的路面遭到破坏，交通事故不断发生，治理超限超载已到了刻不容缓的地步。

X收费站自执行国家发改委文件以来，驾驶员拒缴通行费，谩骂收费员，堵车堵道事件时有发生，这也说明，治理超限超载“顽症”不是一朝一夕之事。

【事情经过】

11月2日，一辆牌号为午×××××0的货车来到X收费站。当班收费员根据经验判断该车为CA5173型货车，就很有礼貌地询问驾驶员是多少吨的货车，驾驶员回答是6t，收费员请驾驶员出示行驶证。经查，行驶证上标明该车的确是CA5173车型后，遂输入“六型”车型，刷卡后电子荧屏显示入口车型正是六型。该驾驶员听后火冒三丈，对着收费员就是一顿数落：“你们搞的什么鬼，我的行驶证和养路费都是6t车，你们凭什么收我7t车的钱，你们这是乱收费”。收费员微笑着向驾驶员解释，你这种车型属于国家发改委刚刚公布的“大吨小标”车辆。收费员同时拿出国家发改委公布的车型文件与驾驶员核对，但驾驶员仍然拒交通行费，并将车道堵上。

【处理结果】

当班班长见此情形，一边安排督导员打开另外的车道以保证站内交通畅通，一边与收费员一起向驾驶员做解释工作。驾驶员不但不听，反而越闹越烈，并作出了准备长时间堵车道的架势。班长不慌不忙，倒杯开水递给驾驶员，说：“驾驶员大哥，你先别急…”话还没有说完，驾驶员余怒未消，将开水“叭”地倒在地上，冲着班长吼道：“你们不要这样假惺惺的，我不吃你们这一套！我警告你们，赶快按6t收费，要是耽误了我的时间，要你们负责！”班长耐心地上前对驾驶员说：“驾驶员大哥，您先消消气，超限超载危害太大了，许多惨不忍睹的交通事故，其原因大都是超限超载引起的。国家下这么大力气治理超限超载，一是为了广大人民生命财产的安全，二是为了公路建设的发展。你可能还不知道,车辆在超载100%时通过沥青路面一次,相当于标准车辆通过256次;通过水泥路面时,一次相当于标准车辆65 500次。由于超限超载,高速公路的路面损伤十分严重,不得不提前进入大修期,维修期间也会影响到你们的行车速度。假如都像您这样,一台车装上二十几吨的货,只交6t车的费,高速公路管理部门无力维修路面,你们还怎么能享受到高速公路的快捷畅通呢?,公路通行费的收费标准是公路收费单位提出方案,然后报省、自治区、直辖市人民政府的交通主管部门,会同同级物价行政主管部门审查批准,并报省、自治区、直辖市人民政府获准后才下发的。我们收费站是无权制定收费标准,也不敢乱收费。如果说我们多收了你的费,你可以拿了发票,拨打举报电话去举报,我们随时接受你的监督。并欢迎你对我们的工作提出宝贵的意见”。见班长说得在理,收费员态度诚恳,驾驶员这才勉强交了费,把车开出收费站。

【启示】

像这样的事,收费站每天都要遇到几起,这给收费工作带来了一定的难度。出现这样的情况,就要求收费员具备较强的业务能力和较高的综合素质。同时,治理超限超载工作必须从整顿运输市场的源头抓起,综合治理。公安部门在验车、驾驶证管理等环节能够采取措施,严格车辆牌照发放和年审制度,如对违反国家标准生产的新车,一律不发放牌照;对已使用的“大吨小标”以及“假标志”等违规车辆,不予通过年审等措施;交通部门在货场地、收费站采取措施,规定凡超载车辆一律不予放行;国家汽车生产主管部门对企业擅自进行的车辆非法改装、大吨小标等违规行为进行治理,不让超载车辆出厂,就不会有超限超载车上路;这样一来,高速公路上恐怕就不会见到如此多的超载车辆身影,只有这样,超限超载的“顽症”才能得到根本的解决。

扰乱收费管理秩序之二

——武警临牌车撞路障之后

乐庸强　何洪强

【事情经过】

2003年10月12日下午3时左右,一辆放着武警临时牌照的小车,经过收费站售票口时,未按规定停车验证而继续前行。当班售票员急呼"停下、停下…",对方根本不予理睬,直接撞上前方的路障机后受损停下。

【处理结果】

内保队接报后立即赶往收费站。经查,该车系某武警总队车辆,当时驾驶员浑身散发着浓烈的酒气,车内的另一名乘客气急败坏地称,你们售票员故意将路障升起,把车打了…。内保队队长对此情况冷静、耐心地做对方工作,按照省政府42号文件规定:军警等免费车辆通过收费站时,必须验证后放行,违者后果自负。收费站内的指示牌上印有该文件,写得非常清楚。可对方不理,又是发火,又是骂人,在场的内保队和收费人员却没有人还一句嘴,还是继续耐心地做工作。对方见收费站无人应战,竟要求工作人员为他维修车辆,并喊来军分区、公安部门的领导到现场解决。内保队始终按照省政府文件精神,严正指出对方的错误,对方驾驶员还想动手打人,被公安人员、内保队及时制止。经过又一轮的政策宣传,对方终于认识到车辆撞上路障是自己的失误,自认输理,于是把车拖出了收费站。

【启示】

根据湖北省人民政府关于印发《湖北省规范收费公路通行费收费秩序暂行规定》的通知(鄂政发[2001]42号)要求,所有免费车辆经过收费站时,一律接受验证后通行。该车司乘人员既不执行政府文件,又肆无忌惮地行凶闹事,在社会上造成了极大地影响。我公司员工严格按照规章制度办事,不仅维护了公司的利益,同时也保护了自己的合法权益。

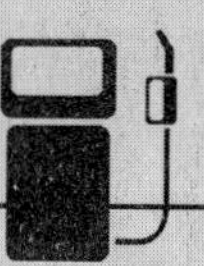

扰乱收费管理秩序之三

——“闯卡不成堵通道，执法犯法呈霸气”

李成杰

【事情经过】

2004年6月10日上午10：40分，一辆车号为乙×—××××2中型面包车欲过境进入Z城，当我站收费人员判断其应为缴费车辆，并通过显示屏幕显示该车收费标准为15元/次的时候，该车不但没有减速停在收费窗口依法依规缴纳通行费，反而加速行驶，越过收费站购票窗口直接冲向收费挡车栏杆，想强行冲过收费卡。我收费人员马上意识到该车的冲逃意图，立即采取紧急措施，一边放下收费栏杆，一边提醒稽查人员将该车拦下。当该车被迫在栏杆前面停下来之后，稽查和收费工作人员立刻走上前去，严肃阐明了冲岗的危险性，并耐心向车主宣传收费政策，要求其购票通行。该车非但坚持不买票，反而无理谩骂收费人员。在没有结果的情况下，该车驾驶员干脆坐在车里，将车堵在了行车通道里。为保证车辆畅通，稽查人员只好打开了备用车道。眼见此路不通，该车退出原行车道，又绕到备用车道，再次强行冲道，被后来赶到收费现场的执勤民警和工作人员阻止。经过认真做工作，该车还是坚持堵道不购票，前前后后竟堵国道达20分钟之久，后市交通局运管处领导赶到收费现场，与收费管理人员进行了协商，才疏通了收费车道。

【处理结果】

本来这是收费过程中一件很普通的收费纠纷，但由于车主违法堵塞国道，而且该车本身属于交通执法车辆，知法犯法，出现这种情况实属不应当。这不仅损害了交通部门的形象，而且在社会上造成了很不好的影响。收费站工作人员秉公执法、依法收费是没有过错。如果不制止这种行为和现象，将会给今后的收费工作带来很大的困难和影响。为此，事发过程中，公司收费管理人员及时通过电话与当地报社进行了联系，请他们如实将这起事件进行曝光，引起社会其他部门的重视和警觉。次日，市委书记看到报道后，对此高度重视，当即批示市纪委、监察局、纠风办严肃查处，并责成肇事车辆属地的L县委、县政府上报处理结果。L县委、县政府对此高度重视，迅速成立调查组，对此事进行调查了解，事后对在此次事件中4名责任人分别进行严肃处理。同时，L县委通过会议和文件，号召全县各级各部门特别是各执法部门，一定要从这一事件中吸取教训，在今后的工作中强化对基层执法人员的监管，依法办事，勤政为民，自觉遵纪守法，认真履行各项管理职能，切实维护群众的根本利益。

【启示】

类似事件在每个收费站都时有发生。但此次事件,我们也得到了很大的启发。收费工作是一项十分复杂的系统工作,收费人员的政策水平、服务态度、文明礼貌、工作作风和处理问题能力的高低直接影响着收费管理工作。因此,法律法规、职业道德、文明作风教育要纳入收费管理工作的重要议程中。抓得好,全体人员的素质就会不断提高,收费管理工作就会日趋稳定、走向正规,否则就会陷入被动,直接影响整个收费工作。

上述事件因为有了市领导的重视,才使该车责任人员得到了处理,为政府各执法部门敲响了警钟。此次事件处理的结果较好,一方面维护了公司的形象;另一方面给各部门和车主敲响了警钟,在社会中引起了很大的反响,为今后进一步抓好收费工作、改善收费环境创造了条件。因此,应清醒地认识到,收费经营工作没有当地政府和领导的大力支持,没有新闻媒介和相关部门的积极配合,将步履维艰,甚至寸步难行。同时,在营造好的外部环境的基础上,还要进一步提高收费员工队伍素质,在收费过程中以诚心、热心、虚心、耐心和扎实有效、优质周到的工作和服务,不断感染迎来送往的各位司乘人员,在社会中树立起良好的公司形象。

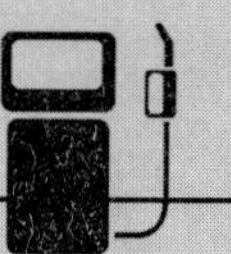

扰乱收费管理秩序之四

——持械冲岗,法理不容

李成杰

【事情经过】

2003年2月7日(正月初七)15时40分,甲×~××××9号旅行型小客车,在经过G公司的D收费站时高速行驶冲岗,将挡车横杠撞掉后停下。当班的班长李某和售票员张某将该车拦下,赶到该车前面询问情况,并宣传收费政策,讲明在车道内高速行驶冲杠危险时,从车内突然冲出3人,其中一人手持"五四"式手枪,将枪口对准收费员张某的头部,在场所有人的心一下子悬了起来。班长李某等人见情况十分危急,赶忙上前握住其持枪的右手上举,这才避免了一起恶性事件的发生,大家这才松了一口气。在公司领导和多名值班人员的劝阻下,这场风波得以平息。

事后查明:甲×~××××9号旅行型小客车是××银行H分行营业部的运钞车,持枪人员为经济警察尤某。

【应对措施】

此事发生在春节期间,公司领导非常重视。鉴于H市××银行驾驶员及经警的违法、违纪行为,公司值班领导及时向H市公安局内保支队报案,要求严肃查处此次事件,以确保公司收费员工人身及公司财产的安全,杜绝此类事件的再次发生。

H市公安局接到报案后非常重视。2月8日(正月初八)一上班,分管内保工作的副局长,在看了报案材料后,亲自到G公司看录像光盘。在查明事实的情况下,当即作出三条决定:一、立即组织H市××银行领导和保卫科长到H市公安局看材料和现场录像;二、要求××银行立即收缴尤某的"持枪证"和手枪,建议对其予以待岗或调离银行经警队岗位;三、要求对全市银行系统经警队进行整治,以此事为教训,今后不准再发生类似事件。

【处理结果】

2月9日(正月初九),××银行办公室主任、保卫科长、营业部主任、经警队长等同志代表××银行党委和领导专程到G公司赔礼道歉,表示此事件的发生市农行应负全部责任,同时慰问了当事收费人员。2月18日,H市农行对经警尤某作出了行政记大过及调离守押岗位的处分;对该警队负责人及驾驶员进行严肃批评教育。

H市公安局于2003年2月18日以H公通字(2003)07号文件对这起涉枪违纪事件进行了情况通报。

【法律分析】

由于此事件发生时，正值春节期间，公司考虑到与H市公安局的关系和春节期间的稳定，要求在内部进行严肃处理，没有进一步追究相关人员的法律责任。从整个事件的处理来看，当事者表面上看起来都受到了不同程度的处理，基本达到了教育本人、警戒后人的目的。但认真研究一下，他们都逃避了法律制裁。首先是押运员尤某没有合法使用枪支，违反了《中华人民共和国枪支管理法》第24条的规定“使用枪支人员，必须掌握枪支的性能，遵守使用枪支的有关规定，保证枪支的合法、安全使用。使用公务用枪人员，必须经过专门培训”。根据《中华人民共和国枪支管理法》第44条的规定，对押运员尤某的行为，公安机关对其个人或单位负有直接管理的主管人员可以处以警告或者15日以下拘留，可并处5000元以下罚款，事实上公安机关只是在内部进行了通报批评，起到教育、警示的作用。其次，此次事件的发生，作为鄂××××9的驾驶员负有不可推卸的责任。假如驾驶员遵守交通法规，没有冲岗行为，就不会发生押运员尤某持枪威胁收费员的事件。驾驶员的冲岗行为违反了《中华人民共和国治安管理条例》第二十条违反交通管理的有关规定，依法可以对其进行罚款、拘留。但由于本次打击的是“枪支”的非法使用，使本应得到严惩的驾驶员得以轻松过关，没有受到任何处罚。此次事件的整个处理过程都未反映出鄂×××××9号车和车上人员是职务行为，还是非职务行为。而职务行为和非职务行为的处理结果截然不同，这不得不说是一个遗憾。

【启示】

对此次突发事件G公司领导反应迅速，维权意识强，表现出了对突发事件较强的应变能力。此次事件虽然性质恶劣，但并未造成人身伤害、财产损失的严重后果，所以处理起来比较棘手，往往不易引起重视。此次事件的意义不仅仅在于G公司赢得尊严和维护自己的合法权益，更重要的是引起了H市公安局对全市经警管理上的全面改革。

那么，对此次事件的发生，G公司是否有值得反思的地方呢？譬如：当时收费人员的言谈举止的尺度掌握是否得当？如果不是收费员上前劝阻，而是及时通知“110”人员到现场处理，那又可能是另外一个的结果。收费工作是一项十分复杂的系统工作，作为收费人员如何千方百计地为车主服好务，做到严格执法、文明收费，提高收费人员的职业道德水平和综合素质，树立良好的文明示范“窗口”形象，也是一项长抓不懈的工作。

扰乱收费管理秩序之五

——耍威风打人者，住手

李成杰

【事情经过】

2001年10月10日上午8：10，市公路系统约15辆(其中第三辆的面包车和第十四辆桑塔纳车没有执法标志)路政执法车途径D收费站时，一路鸣笛出城。按湖北省政府鄂政发[2001]42号文件和市政府H政办法[2001]4号，以及市交通局交[2001]156号文件精神，这些车均不属免费对象。但我收费员考虑到是交通系统行政执法工作用车，给予了免费放行。约8：12左右，当一辆挂Q县牌照的双排座小货车跟随在这些路政执法车后行驶时，收费员即放下了挡车栏杆，并要求车主购票通行，但该车驾驶员拒绝购票。就在我收费员向该车驾驶员解释、说明、宣传省政府和市有关文件精神时候，已经免费通过收费岗亭的路政执法车队在过了收费站近百米的地方停了下来，2名头戴钢盔、身穿交通制服的人从车上下来，向收费岗亭边跑边喊，叫驾驶员不要买票。这两人一到车道挡车器前，根本不听我收费人员解释，其中一人就强行推开挡车杆。当班收费班长史某上前解释、说明时，该路政“执法人”不由分说就动手抓住史某衣领推拉。正在售票的收费员孙某见这两“执法人”与班长争执推搡，栏杆也被强行拖开，就从售票亭里走出来，上前制止。推栏杆的“执法人”又动手打了孙某，随即又围上二、三十名头戴钢盔、身穿交通制服的人，对着孙某就是一番拳打脚踢，现场相当混乱。公司领导和机关人员接报后立即停下正在进行的交班会，一边迅速赶赴现场控制局势，一边立即派机关人员下到岗亭协助维持现场秩序，同时做好录像记录。当劝走这批骂骂咧咧大打出手的“执法人员”后，公司领导立即将被打伤的收费员孙某送往H市第一人民医院检查治疗。伤者受伤不轻，而且当时的情绪不很稳定，被留院治疗。公司所有领导代表全体员工专程到医院对孙某进行慰问，一次性预付医疗费、CT检查费，送了慰问金。看望了他的家属并专门安排一个床位陪伴，耐心地做好家属工作，使孙某的情绪逐步稳定下来。当天下午，公路局主管局长、路政科科长来站进行了解释，公司领导向他们说明并严肃申明这件事情的严重性，市公路局领导也到医院看望了正在住院的收费员孙某。晚上7时左右，公司领导再次到医院看望伤者。

【处理结果】

我们公司强烈要求有关部门做好这起事件的法律追究和善后工作：

(1)尽快组织人员调查这次事件的原因，安抚受伤住院的员工，安抚精神受到伤害的员工,向全体员工郑重承诺此后不再发生此类事件。

(2)立即向公路系统的"执法人员"开展法制教育宣传,杜绝此类事件再次发生。

(3)赔偿G公司的经济损失,包括受伤人员的各项医药费用,并严肃处理肇事者。

(4)为确保员工人身安全和收费正常秩序,要求建立收费站警务区,固定两名干警参加值勤。

市公路局于2001年11月1日以H路办字[2001]302号文件对此事件进行了通报,处理如下:

(1)对参与殴打D收费站人员致伤事件予以通报批评,所在单位应给予有关人员行政处分,扣发当月奖金,吸取教训,引以为戒。

(2)收费站人员受伤住院所发生的医疗费用均由市公路局承担。

(3)市公路局带队同志负有协调不力,管理不严,处置不当的间接责任,进行严肃批评,反省其错误行为。

(4)集中全市公路路政人员开展"三整顿"活动,即整顿思想、整顿作风、整顿纪律。加强路政人员素质教育,做到依法征收,文明执法,树立路政人员的良好执法形象。

(5)继续贯彻省政府"42号文件"精神,公路部门所有直属单位和个人今后再不能发生类似事件,如有发生,决不姑息迁就,应严肃查处。

【启示】

(1)应加强执法人员的素质教育,整顿执法队伍,整顿思想、作风纪律。

(2)任何单位均不应有特权思想,应严格按法律、规定办事。

(3)收费人员在依法收费时,应注意化解矛盾,不要扩大激化矛盾,依法处理矛盾,要既坚持原则,又要注意态度、方法和技巧。

扰乱收费管理秩序之六

——用事实说话

邹克虎

【事情经过】

2004年10月21日下午4点，一辆车号为丙×××3的摩托车在J路省道收费站主车道的3号道加大油门冲卡，此时在道边收摩托车费的稽查员陈某连忙上前拦截。陈某刚踏上收费站安全岛，还没伸手，摩托车车主由于紧张，速度太快，在离陈某大概还有两米远的地方，车轮就开始歪斜。最后摩托车车轮打滑，连车带人摔出去两米多远。驾驶员手部、脚部到处都是血，摩托车被严重摔坏，加上摔烂的衣服及头盔，价值共1300多元。当班收费人员见此情况，马上把驾驶员及摩托车扶起，清理车道，用水把驾驶员头部、手上冲洗干净，然后取出药箱迅速给驾驶员包扎。摔伤了的驾驶员最后恼羞成怒，说陈某拉了他一下，才导致摔倒，脱下衣服、头盔丢到办公室，随后打电话叫人，要收费站赔偿损失。

大约过了五分钟，驾驶员叫来了20多人，将收费站办公室围住，他们不明真相，个个都很激动，提出为摩托车驾驶员的看病、住院等一切损失由收费站负责赔偿。

见此情况，值班站长拨打了110，巡警很快赶到了收费站。

【处理结果】

值班站长首先带巡警查看了现场监控录像和监控记录。结果显示，稽查员陈某并没拉摩托车驾驶员，驾驶员摔倒是由摩托车速度过快造成的。事实面前，驾驶员马上又提出，错是我的错，但毕竟是在收费站摔倒的，要求收费站陪他一千元的损失。值班站长和摩托车驾驶员同伙中较年长的一个人相熟，值班站长就用事实先说服他，然后通过他再说服驾驶员。为不留下后遗症，由巡警出面，要求驾驶员写下保证书存档：自己负全部责任，与收费站无关，保证不再与收费站发生纠纷；以后保证不在收费站冲卡。最后，摩托车驾驶员补交了通行费后，放车走人。

【启示】

此事给我们留下了几点启示：

(1)收费环境比较复杂。个别群众的法制意识、交费观念不够，甚至有一些司乘人员在收费站蛮横无理，张口就骂，动手打人，这给收费工作带来了不少的难度。

(2)值班民警与收费站配合存在不足，现场处理力度不够。

(3)收费站工作人员在拦截冲卡车辆时，一定要注意自身安全和他人安全。通过公路收费站的各种车型都有,且90%的车主都是当地人,有部分驾驶员法制意识淡薄,时发恶意冲卡情况。对速度过快的冲卡车要视具体情况,收费人员切不可用身体去挡冲卡车!切不可采取过激的行为。比较好的方法是,监控员如实记录冲卡情况,再通过其他渠道和方式进行追交。

(4)收费站工作人员一定要坚持文明礼貌。可以这样说,司乘人员在收费站寻衅滋事的事件中,只要收费站工作人员做到晓之以理,诚恳谦让,90%的纠纷都是可以避免的。设想一下今天的冲卡流血事件,如若不去帮忙把驾驶员及摩托车扶起,不去把他身上的血、车上的泥擦干净,而是不分青红皂白地把他吼一顿,或对他不理不睬,可能就不会有这么圆满的处理结果。

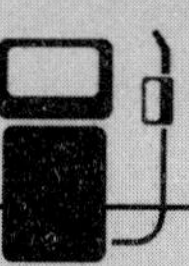

侵犯收费公路合法权益之一

——假军车闹事记

乐庸强　何洪强

【事情经过】

2003 年 4 月 23 日下午 4 时左右，一辆车前挡风玻璃处放着一块临时军牌的无牌小车，经过 H 收费站。当班售票员验证后发现，该牌照只有发牌日期，无使用期限，属不规范军牌，遂要求其购票。这时，正在桥上检查工作的公司领导温某闻讯赶了过来，对此事进行调解。突然，车上跳下来两个人对收费站工作人员和公司领导推搡谩骂，并威胁售票员赶快放下路障，并趁乱抢走了临时军牌。当班售票员仍坚持不放下路障，于是闹事者的其中一人气急败坏地冲到售票亭前，“嘭”的一声，将票亭玻璃砸得粉碎。H 收费站所在的 G 公司内保队和当班巡警接报后迅速上桥，阻止了对方的不法行为，并将闹事的两个人带到巡警办公室调查处理。

【处理结果】

公司的主要领导闻讯后立即赶到现场。通过巡警调查了解，在 H 收费站的两名闹事者是兄弟俩。经批评教育，兄弟二人也认识到了自己的错误，当面向公司领导真诚道歉，主动提出赔偿收费站被其损坏设备的损失，并补交了应交的过桥费。

【启示】

这件事说明，只要我们依法依规收费，文明服务，遇到任何情况我们都能应对。任何想在收费站耍特权的个人和单位，我们都可以通过正当渠道进行妥善解决，既维护好自己的合法权益，又可以借此树立起企业的良好形象来。

侵犯收费公路合法权益之二

——假军车不再“横行”

胡风山

【事情经过】

2001年12月9日，李某的几台假军车开始冲岗、撞杆恶意逃费。收费员反映，李某此种行为已有多次，其曾放言：谁敢拦截他的车就报复谁！甚至扬言威胁收费员的家人。得知这一情况后，值班班长一边安慰受过恐吓的员工，一边把这个重大情况向公司领导汇报，公司领导迅速指示：严厉打击，稳妥处理。

【应对措施】

据反映李某是个不讲信用，又欺软怕硬的人，不能用对付一般人的办法去对付他，必须采取“以硬碰硬”的方式彻底解决他。当时“110”进驻站内负责治安工作，我找到当班警察曾某和他共商制服办法，决定采取“先礼后兵”的方法对付李某。一面吩咐监控室做好李某在站内冲岗及其所作所为的光盘，一面正面接触李某。

12月12日晚9时许，我带领收费员将其车截下，李某正好在车内。他跳下车破口大骂，并动手去打售票员，我立刻上前制止，把他叫进中间岗亭与他沟通，对他循循善诱，劝他明事理，不要再这样胡搅蛮缠，否则将自食其果，李某不得已点头答应交费，事后悻然离去，我们的“礼”已经做到了，这也是我们文明服务必须要这样做的。不出意料，没过几天，李某的本性暴露，又开始反复在站内恶意冲岗，不但损坏了栏杆，而且差点撞伤了我们的收费人员。由于事先已经布置好，监控员把他的所作所为都制成了光盘。到了必须以“兵”相见的时候，李某的事该作一个了结了。

12月20日晚10时许，我与曾警察在收费站中间岗亭守候李某，10时30分收费班长张某成功将其车拦下，李某跳下车破口大骂，正欲动手时我和曾警察迅速上前制止，曾警察先叫李某把车开到一边，然后将其带到民警室处理。我们的处理方式如下：

(1)连夜录记口供，我方多名当事人的口供，还有李某的口供。

(2)把李某的所有冲岗，撞杆及其所作所为制成一个光盘。

(3)填好公安行政处罚告知书。

一切进入法律程序，只待有关部门批示便可予以行政拘留。

【处理结果】

(1)行政拘留15日，执行时间为2001年12月21日。

(2)赔偿栏杆损失费400元。

(3)向被其破口大骂欲动打手的收费员赔礼道歉。

【法律分析】

为什么要对李某采取法律手段予以行政拘留呢？因为李某的所作所为违反了《中华人民共和国治安管理处罚条例》第 19 条第 2 款，我方先前已经和他讲过“理”和“礼”，他非但不无“理”和“礼”，甚至变本加厉，是李某自己断了和平解决之路，为了维护公司利益，我方最后不得已才采取法律手段，同时也是为了警示那些类似李某之人。

【启示】

一个月后，在 H 城区内，我偶然遇见了还留着光头的李某，我坦然与之握手，倒是李某有些不好意思，问其“恨我吗？要不要报复？”他说：“算了，以前的事不要提了，都怪自己，与你无关。”我一笑，紧握其手，嘱咐他以后要好好做人做事，像一个真正的男子汉。

由这件事告诉我们，即使使用法律手段也要有礼有节，要使对方心服口服，否则一味用强，可能会到处结怨、结仇，惹来不必要的“后遗症”。这也说明我们的收费管理工作艰巨而又复杂，每天要和形形色色的人打交道，除了要有过硬的业务水平，还必须掌握一些心理学方面的知识，正如兵家所云：“攻心为上”。这样工作起来才会得心应手。

侵犯收费公路合法权益之三

——小货车抵着收费员往前开

姚长江

【事情经过】

2004年4月26日中午1时左右，某搬家公司小货车经C收费站时由于车辆制动失灵，在未购票的情况下压路障冲岗。安稽员王某发现后迅速进行拦截，被该车抵着后退二、三十米远才停下，后被同事们迅速送往医院。经检查，王某胸部、左手软组织受伤。为不影响交通，收费站暂留下肇事驾驶员的驾驶证及一名搬运工处理善后事情。

【处理结果】

公司内保队接报后，迅速赶至现场，并将情况报告公安巡警大队。据查，该车驾驶员姓黄，住市内某小区，系搬家公司普通职员。27日下午在内保队、巡警大队的调解下，双方达成协议，由黄某赔偿王某医药费、营养费，以及收费站路障机被压坏的损失等费用。

【启示】

这一事件最终得到了圆满解决，但其中存在的安全问题也应当引起收费现场管理人员的重视。本文中的安稽员在当班时间认真负责，积极拦截冲岗车的行为是值得表扬的，但其以身拦车的做法却不能提倡。现场的收费人员一定要注意自身安全，既要尽量将冲逃费车辆拦下，又不能忽视了自身的安全，毕竟人的身体抗不过无情的车轮。这就需要收费人员注意总结现场经验，拦车时选择最安全的地方，在最佳时间出击，才能取得最好的效果，切不可莽撞行事。其二，收费站一旦发生突发事件，在场的收费人员应及时与监控室、内保队和公安部门联系，及时制止事态扩大，防止日后处理陷于被动。

侵犯收费公路合法权益之四

——殴打收费员，拘留七天

乐庸强　何洪强

【事情经过】

2003 年 3 月 26 日下午 3 时左右，一辆车内放着一块假军牌的白色无牌小车，在经过 H 收费站售票口时，售票员张某按规定要求对方查验军车证件。该驾驶员不但不配合，反而谩骂并威胁张某，要求张放下路障任其通行。张某坚持严格按公司规章办事，未放路障。这时车上下来一青年，冲过来抓住张某的头发往窗外拉并猛击张的头部，随后该车强行冲卡逃跑。公司内保队闻讯后迅速上桥，一边将张某送往医院就治，一边向公安巡警报案。

【处理结果】

经巡警大队调查，肇事驾驶员姓刘，系市区某房管所职工。3 月 27 日巡警大队传唤了刘某，并对行凶者刘某作出行政拘留 7 天、赔偿伤者医疗费的处罚。

【启示】

从这起事件中，我们可以看到收费环境的复杂性和多变性。在收费环境如此恶劣的情况下，我们的员工仍能坚持原则，做好文明收费，文明服务，以公司利益为重，这种精神难能可贵，值得大力提倡。

侵犯收费公路合法权益之五

——扰乱收费站秩序被拘留

陈志斌

【事情经过】

一个春末夏初的夜晚，一辆白色面包车呼啸而至，一个紧急制动停在了收费窗口。驾驶员慢吞吞地摇下车窗，探出他那满面通红、油光发亮的脑袋，一边递 IC 卡，一边笑嘻嘻地对收费员说："呵呵，是我，镇上的××"。一股浓烈的酒气向收费员迎面扑来，收费员强忍着，微笑地向驾驶员说："你好，请您交费"。驾驶员嬉皮笑脸地说："都是镇上的几个人，照顾一下，下次到镇上来玩，我请客咯"。收费员正要向驾驶员解释，后面车窗又探出几个同样面红耳赤的脑袋，七嘴八舌地说着。这时班长和稽查员走过来，问明情况后，要收费员打开备用道，并通知监控室进行录像，以防万一。这时，车上下来一个人，摇摇晃晃地走到收费窗口，指着班长说："放不放行？"同时，把手往窗口一伸。班长下意识地用手一挡，"叭"的一声，那个人的手落在电脑按键上，打印机马上打印出了 40 元的收费票据。班长拿着打印出来的收费票据走出收费亭，对驾驶员说："通行票已经打出来了，请您交费"。驾驶员不理不睬，旁边的那醉汉走过来，对着班长用力一推，班长没提防，顿时摔倒在收费车道上。只听见那醉汉叫唤同伴下来推栏杆。车上立刻下来四、五个人要来推栏杆，其中一人用力过猛，自己也摔倒在地，由于喝醉了酒，没两分钟，这个醉汉竟然就在车道里睡着了。这时站长和几个机动班的同志及时赶过来。站长大声喊道："住手！你们要干什么，有什么事好商量，武力是解决不了问题的。我是站长，请跟我讲。"其中一个醉汉说道："你们来这么多人，想打架不？好！你们仗人多，我马上调人来。"说着从腰间拿出手机，正要打电话的时候，派出所干警驱车及时赶到，干警们立刻制止了醉汉的闹事行为。

【处理结果】

睡在地上的那个人见干警来了，一边叫唤，一边在地上打滚，车道的雨水和油垢沾满了一身，样子十分狼狈。干警叫他的同伙把他扶起来。这群闹事者自鸣得意，以为派出所的干警被现场假象蒙蔽了，兴高采烈地开着车进了站部院内，到了办公室让干警给他们伸张正义，说收费站打人。站长于是请干警们和闹事者到监控室观看了当时整个事件的完整录像。在事实面前，这伙闹事者立刻就像霜打的茄子，一下子蔫了。干警根据录像，对闹事者进行了处理：要求驾驶员补交了通行费并赔偿班长的医疗费用；并负责赔偿因强行推开变形的电动杆；并对肇事方为首的两人进行了拘留；酒后驾车的驾驶员被移送到交警部门处理。

一场沸沸扬扬的纠纷得到了圆满地处理。

【启示】

这场纠纷得到了圆满处理后，也给我们日后的工作留下了两点小小的启示。

第一、监控工作在我们整个收费工作中占有举足轻重的位置。只有值班员完整、准确、及时地录制下我们收费工作中纠纷的每个细节，才能在处理过程中做到有据可查，有证可依。

第二、在遇到突发事件时，现场处理人员应掌握好处理方法。要灵活运用政策，尤其遇到车上有醉汉或运送危险物品的车辆，一定要注意保护好自身的安全，提高自身防范意识。

侵犯收费公路合法权益之六

——恶意冲岗拘留五日

李成杰

【事情经过】

G公司的电脑数据的冲逃岗记录显示，2003年7月至2004年2月期间，H市区内一出租车驾驶员王某驾驶乙JT××××牌号的富康车，分别在D收费站过境时恶意冲逃岗达9次之多。在这些冲逃记录中，有的是紧跟前面的大客货月票车加速冲逃；有的是趁夜晚视线不清楚、抓住时机加速冲逃；还有的是趁我收费人员交接班吃饭人少的时候，采取威胁、恐吓收费人员并强行抬起栏杆冲逃而去。尤其是2004年2月24日上午9时许，该车往出城方向驶去，进入收费车道时，收费员示意其交纳通行费，王某非但不缴，反而驾车强行撞断栏杆冲过收费站。当晚19时在该车回城时，我收费人员再次劝告其缴纳通行费，王某仍毫不理会，且要无赖、出狂言，再次辱骂威胁我收费人员，同时趁我稽查、收费人员上前给他解释政策时加大油门往前冲去，并将两名稽查人员带倒在地。当时两名稽查人员衣服被车挂破了，胳膊大腿都划破了皮，幸亏没有出现大的伤害，但该车已扬长而去。事件发生后，公司立即将两名负伤的稽查人员送到医院去检查治疗，并安抚好他们。同时，公司领导迅速进行调查了解并查看了录像资料，感到这是一起性质十分严重的恶意冲逃岗事件，必须坚决地进行打击他们的嚣张气焰，否则我收费人员的人身安全将会受到严重的危害。为此，我们将整个事情的过程向公安机关进行了报案，并要求公安机关从速对乙JT××××富康车进行追查并严惩肇事驾驶员。由于公安机关领导的重视和要求，H市公安局责成巡警支队全力处理这起案例，巡警支队领导派队中得力干警通过到交警支队查该车档案、到城区设防拦截等方法，终于在2004年2月26日将该车拦截扣留。

【处理结果】

在乙JT××××富康出租车被扣留后，公安民警对涉案人员王某进行了正式的法律质问，并作了详细的笔录。严厉阐明了其冲逃岗撞伤收费人员的行为已触犯的法律法规，应当依法依规严厉处罚。王某本人认识到自己的错误行为，一再表示接受公安部门的处罚，并在今后一定吸取教训、改过自新。鉴于王某的认识态度和表现，对其进行了经济处罚和治安处罚。

从王某个人驾车恶意冲逃岗行为，违反了《收费管理条例》中第三十三条的规定，除让其补齐90元逃费外，还承担负伤稽查人员的所有医药费共计500元。

从法律的角度来说，王某的行为违反《中华人民共和国治安管理处罚法》，公安部门以王某扰乱公安秩序的性质，对其做出行政拘留5天的处罚决定。

【启示】

从上面这起事件中，我们应受到很大启示。对待那些恶意制造事端的小流氓、地痞，要紧紧依靠公安机关用法律手段从严打击，决不能使这种歪风邪气滋长蔓延，否则，稽查、收费人员的人身安全就难以得到保障。同时，我们在收费过程中，既要认真履行岗位职责，坚持做到“应征不漏、应免不收”的原则，又要针对不同情况、不同性质的冲岗逃费车辆，注意采取机智灵活的方法策略，切实以法以情以理和热情周到的服务赢得社会的信任。收费人员要注意自身的安全，遇事不能蛮干，不能冒险。时刻保持高度的警觉，做到安全第一、文明收费、热情服务、树立形象，以扎实有效的作风牢牢做好收费这一中心工作。

侵犯收费公路合法权益之七

——脚踢收费员，被拘留三日

汪金元

【事情经过】

2004年12月5日下午15:40分，一台牌号为乙J××88的小车进城时想冲岗，被当班的收费员拦下。当班班长李某和稽查员罗某上前询问，"师傅，你这车既没有月票又不免费，按规定要交费，麻烦你买一下票。"驾驶员半天不做声。于是班长李某耐心地向驾驶员解释，要求购票后才能通行。谁知此驾驶员根本不理会，依然我行我素，将车停在进城方向的主车道，声称"不走了"。后面的车辆越堵越多，不停地按喇叭催促小车驾驶员李某反而变本加厉。

鉴于上述情况，于是我们采取改道方式，让其后面的车辆购票通行。与此同时，收费人员立即向监控室进行了报警。

随后，在本站值班的110民警范警官来到了收费现场。向驾驶员出示警官证后，询问驾驶员"是怎么回事，让后面堵这么多车?"驾驶员还是那句话"我没钱"。于是范警官让驾驶员先将车停靠在收费站旁边再说。驾驶员仍然置之不理。但此时他却开始谩骂收费员。在又一次的耐心劝说后，驾驶员才极不情愿地掏出10元钱购票，并再一次地辱骂收费员。此时的收费人员忍无可忍，一时激动，回敬了驾驶员一句。此声音正好被驾驶员听到，于是驾驶员怒愤地冲向收费岗亭，强行打开收费岗亭的门子，抬起腿向收费人员狠狠地踢了几脚。

范警官看到此情况后，要求驾驶员将车靠边。靠边后，驾驶员自知理亏，嬉皮笑脸地掏出烟递给范警官："我已买了票。"范警官要求驾驶员到110值班室去做一个询问笔录。驾驶员不愿去，接着又换了一副面孔朝范警官大声吼叫，然后一个接一个地打电话叫人。范警官看到场面有些失控，赶紧打电话给110巡逻队，要求派人增援。

【处理结果】

110增援人员迅速赶到，将驾驶员带到110值班室。在经过一番政治教育和严厉警告后，对驾驶员进行拘留3天的处罚。

公司主管收费的领导很关心被打收费员的受伤情况，立即亲自开车将受伤的这名收费员送到医院做检查。经医院检查，幸好没有什么大的问题，于是安排她在家休息几天，避免乙J××88小车驾驶员再来找麻烦。

【启示】

对这件事情的处理，我们都拍手称快。认为领导及时地处理了这起事件，不但鼓舞了士气，而且还打击了驾驶员的嚣张气焰，同时还给广大的驾驶员朋友上了生动的一课。

但同时我们也应该看到，如果现场的这位收费员能一直坚持做到文明服务，那么后来的事情可能就不会再发生了。

侵犯收费公路合法权益之八

——既打人又冲卡被劳教

太子庙收费站

【事情经过】

事情发生在2002年的5月14日的晚上8点多钟，一辆牌号为丁×××××1的三菱吉普车，通过T收费站后停在广场上，紧接着一辆牌号为丁×××××3的北京吉普车又停在了收费车道上。当班收费员谢某在进行正常的收费操作程序后，请驾驶员缴纳通行费。这时候，三菱吉普车驾驶员将一本证件交给当班的外勤人员，外勤将证件又交给班长刘某检查核实，并上报监控室。在这期间，驾驶员等得不耐烦了，就提高了声腔开始骂人. 刘班长这时已经查实，这是H县城关镇某所的一名叫熊××的工作证，是个人证件，不属免征车辆通行费的范围。于是谢某就对三菱吉普车驾驶员说："对不起，师傅，您的车不属免征范围，请您缴费"。坐在三菱吉普车驾驶员旁边的一位个头矮胖、剃着平头、三十多岁的中年人说："跟他们啰嗦什么，我下去推栏杆，你开车走就是了。"说着，就下车准备推栏杆，意欲强行冲关。T收费站稽查班班长袁某正好在收费现场，看到情形不对，立即上前进行阻止："师傅，有理讲理，不能这样做。"这时，从丁×××××1三菱吉普车上下来六、七个人，不断叫嚣着。刘班长从收费亭走出来，准备向他们解释。期间，一股浓烈的酒精味也随风飘进了刘班长的鼻子，刘班长马上意识到，这是一群醺醺大醉的酒鬼，失去了正常人的理智，是没道理可讲的，只可智取，不可强攻。

这时，站长黄某和副站长邓某也同时赶到了收费现场，他们一边极力劝阻，防止事态的进一步恶化，一边与T镇的派出所取得联系，同时要求收费站监控室人员做好现场录像，现场收费人员维持好正常的收费秩序，有理讲理，不得动手。

【处理结果】

熊某一伙在得知派出所的执法人员正在赶来的路上，就挥拳将刘班长打倒在地，然后开动车子强行冲关而去。事后，警车追至五里桥时拦截未成功。鉴于事态的发展状态，黄站长将此事报告给了H县治安大队，并与H县交通局的黄局长取得联系，说明此事。黄局长对此事非常重视，连夜来我站查看现场录像带，对手下员工蛮横无理，无事生非的行径非常气愤，对因此给T收费站造成的各种不便表示了道歉。黄局长表示，他一定会严肃对待和处理这一事件，给T收费站全体员工一个满意的交代。

T收费站的受伤员工经过法医鉴定：刘、袁二位班长受轻微伤。这一事件发生

后,C 高速公路管理处的领导非常重视,第二天就赶到 T 收费站,一方面看望受伤的员工,一方面与 H 县公安局联系,并将法医鉴定书以及刻录成 VCD 的现场录像带交给 H 县治安大队,对 H 县城关镇运管员熊某一伙酒后无端扰乱 T 收费站正常收费秩序、殴打当班收费员这一事件,要求 H 县公安局依法进行严肃查处。

在铁铮铮的事实面前,动手打人的五名人员中,有三人被治安拘留,两人被刑事拘留。其中,驾驶员熊某被劳教一年,并开除了公职。至此,以熊某为首的"5·14 事件"人员全部得以伏法,这一事件对优化 T 收费站在 H 县境内的征费环境起到了良好的推动作用。

【启示】

事后,T 收费站领导在认真总结"5·14 事件"的经验教训时说,作为一名收费人员,一定要增强自身的综合素质,增强收费现场的协调及处理问题的能力,做到抓住先机,掌握主动,处事不惊,随机应变。

通过这一事件告诉我们,在如何处理好周边环境关系,处理好收费现场的各种突发事件的时候,在坚持原则的同时,也需要讲策略,讲方法,不断增强自身的综合素质和处理突发事件的综合协调能力。同时,由于收费站所在地的职能部门给予了大力支持,也使上述事件最终得以圆满解决,因此,加强收费站与当地政府及公安等部门的协调,也是确保收费站正常收费秩序的一个重要保证。

侵犯收费公路合法权益之九

——殴打收费员赔偿3 000元

幸福渠收费站

【事情经过】

2001年6月30日下午2：00左右，一辆车号为丁×××××1的黑色三菱吉普车开到X高速主线上的临时收费站二道收费窗口时，驾驶员符某说："Z收费站没发卡(纸卡)"，遂要求收费员王某收取Z收费站—X收费站之间的通行费。王××回答说："公司规定无卡车辆只能按全程计费，现在没有依据能够证明你是从Z收费站上的"。驾驶员符某见王某未遂其要求，就不耐烦地骂起人来，王某说："请你不要骂人"。符某嚣张地跳下车，一巴掌伸进窗口，狠狠地打在王某的脸上。打完人的符某立即开车准备冲关而逃，当班班长盛某上前堵截未果。

【处理结果】

值班罗站长接到主线收费站的报告后，连忙开车赶到主线站现场，吩咐站部驾驶员将车开到三菱车的前方以阻止肇事车逃跑。罗站长简短地询问了王某被打的事情经过后，坐上肇事车，令肇事车主将车开到站部，同时打电话向当地派出所报警。因当天气温较高，肇事车上坐着一个八十多岁的老婆婆已中暑，本着人道主义出发，罗站长让符某将有关证件及手机号码等留下，令其将车开走先送老人到医院看病，随后再来收费站接受处理。下午3：40分，派出所民警到现场了解情况，表示要及时进行处理。4：10分，站送收费员王某看门诊，因赶上休息日法医在休息，经多方努力，于晚上9：30王某才在区检察院作了法医鉴定：为轻微伤。

依据《中华人民共和国治安管理处罚法》第九条规定：对于因民事纠纷引起的打架斗殴或者损毁他人财物等违反治安管理行为，情节轻微的，公安机关可以调解处理。公安机关可以调解处理的违反治安管理的行为，应当符合下列条件：(1)这种行为是因民事纠纷引起的；(2)这种行为是已经构成违反治安管理的行为，并且情节轻微，但是应当受到治安管理处罚的。

处理结果：(1)符某必须承认自己的行为是错误的，且当面向收费员王某赔礼道歉；(2)符某保证不得再发生对王某的人身攻击；(3)符某赔偿王某精神损失费及医药费共3 000元整。

【启示】

(1)纠纷发生时，有两名当地围观农民因看不惯驾驶员的行为而动手推拉了肇事驾驶员，当班班长当时没制止。但如果发生了当地农民殴打驾驶员事件，而出事地是收费站，而事因又是由收费而引起的，则收费站将会承担一定的法律责任。

(2)收费员的文明服务意识有待进一步提高。收费行业作为服务性行业的性质，决定了收费员要有忍让和委曲求全的服务意识。

(3)班长应当充分发挥领头羊的作用。上述事件中，班长积极性不高，主人翁意识不强，没有行使作为班长应有的权力，最后只能由站长亲自出面处理，一定程度上贻误了时机。

(4)班长对政策掌握不透彻，执法水平不高，需接受进一步的系统培训。

侵犯收费公路合法权益之十

——打人要赔医药费、误工费、鉴定费

吴智军

【事情经过】

2004年7月6日13点20分，一辆“本田”小轿车在经过我收费站时，当班收费员请其购票通行，但驾驶员置之不理，仍然开车冲至收费栏杆处，被拦住后停在了挡车器前。车子被拦后，立即从该车走下一人，冲收费员叫嚷着，并把拦车器打开。当班收费班班长吴某上前与该人和驾驶员做工作，请其按规定购票通行。可其人和驾驶员非但不听，反而跑到收费窗口威胁收费员，叫其把拦车器打开，并称如果不打开就要其好看。当看到收费员不予理睬时，该人就跑到拦车器前强行将收费栏杆拉断，叫驾驶员强行通过。这时，该当班收费班长吴某上前拦住该车。对此，该人不由分说，随即向当班班长吴某脸上打了一拳，并紧跟着又踢一脚。当时，收费站立刻通知值勤的民警，民警在了解情况并观看录像后将该人带到民警值班室进行处理。

【处理结果】

此事本是一桩收费纠纷问题，仅仅10元的通行费，因为该人无理取闹、动手打人而演变成了一起治安案件。公司领导听说后非常重视，派行政部经理将该班班长送至医院检查、验伤；征费部经理到公安执勤室配合巡警处理该事。吴某经医院检查，诊断为：胸腹部软组织损伤，医嘱休息5天。

吴某作为收费管理现场第一负责人，对扰乱现场秩序和破坏交通秩序的行为，有责任去处理。当吴某被打时，坚持做到“打不还手，骂不还口”，较好地履行了自己的职责。事情发生后，公司领导对吴某的行为给予了充分肯定，并倡导公司上下发扬该精神，要求对打人者公安机关一定要处理公道。

经过处理，肇事者赔偿了伤者的一切医药费和误工费、法医鉴定费等经济损失，并向收费站写出检查，保证今后不再发生类似的事件。

【启示】

此次事件的发生，一方面反映某些人的法律观念不强；另一方面反映出市区收费站工作的复杂性，更加警示我们要通过不断提高自身的依法收费、文明礼貌水平和驾驭复杂局面的能力，不断增强自身的法律观念，以良好的服务、文明的形象赢得广大司乘人员的信任。以法律的威严、作风的扎实和一身正气震慑那些不法之徒。

侵犯收费公路合法权益之十一

——驾驶员扬言撞人被拘留

吴智军

【事情经过】

2004年5月20日17点18分，一辆大货车经过我收费站。根据收费标准该车应缴纳通行费，可该车驾驶员拒不出示证件，也不缴费。在经过我收费人员做工作无效的情况下，该车在车道已堵道约10分钟左右。在收费站执勤的公安民警黄某到达现场后，叫该驾驶员将其车开出车道以保车道畅通。可该车驾驶员不但不听，反而加大油门冲撞拦车器。该收费班班长吴某见势头不对，跳上该车要求驾驶员停车。但驾驶员一见不但不停，反而加油冲开拦车器。当班稽查员马某见势不妙，也爬上该车。路上吴某不断要求该车驾驶员停车，并告诫他说，他的行为这是违法的。该车驾驶员不但不停，反而加大油门，并对准路边一电线杆准备撞上去。这时吴某见事不对，果断地将车方向盘猛打，该车撞进路边花坛停住。因为速度过快，稽查员马某没抓紧，从车上掉下后昏迷。巡警到来后将驾驶员带到值班室去。

【处理结果】

货车驾驶员与收费站之间原是一桩收费纠纷，现在却演变成了一桩严重的民事纠纷。公司领导听说后十分重视，立即派人将受伤的马某送到医院治疗，并派公司人员到巡逻支队提供当时事件的光盘，要求严处该事件。

收费工作作为公司的经营工作核心，事发后，公司领导亲自到医院看望该职工并慰问。通过现场光盘、证人证言等一系列详实、完整的材料，该事件得以迅速处理：货车驾驶员被刑事拘留15天并处罚款，并赔偿了马某的医药费等，该事件最终得以平息。

【启示】

通过此事给我们的教训是非常深刻的：一方面反映个别驾驶员的法制观念不强，同时也警告我们收费现场的复杂性，多变性；另一方面反映了我们收费现场人员头脑过急，虽然其为公司收费认真负责的态度值得称赞，但所采取的方法不妥，这其实是一次可以采取更好办法进行解决的冒险行为，幸而没有造成人员大的伤害。公司虽然为广大员工办理了人身意外保险，但遇事千万要保持头脑清醒，不可置个人的安全于不顾。因此，广大收费人员还要进一步加强自身的法制观念、业务水平和处理问题的能力，认真贯彻公司的规章、制度，广泛做好政策宣传，依法、依理、文明地做好现场管理，做好收费工作。

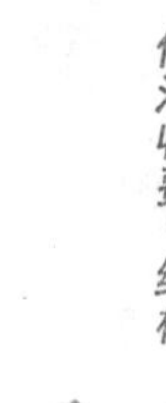

侵犯收费公路合法权益之十二

——当着警察面殴打收费员

李建国

【事情经过】

2004年12月2号下午15:15分左右,一辆牌号为乙JA××78的小车进城时经过D收费站,驾驶员对收费员称,没有钱,下次再来补票。当班稽查人员李某、罗某遂上前宣传经营性公路的收费政策以及收费的重要性,耐心细致地做说服工作。但是车上坐着两人,口出狂言,态度嚣张。

为了保证106国道畅通,我们只好打开备用车道让其他的车辆通行。过了一会,值班民警上前调解,并做工作。驾驶员大骂值班民警,并当着值班民警的面,指使车上的一个人下来,砸开收费窗户,用脚蹬、用手打收费人员陈某。当班稽查人员赶忙上前阻拦,仍难以控制。但是,我们本着"打不还手,骂不还口,文明收费"的原则,只能忍气吞声。后经"110"民警增援,才将事态平息,此车15:36才开出收费道。

【处理过程】

此事原本是小车驾驶员与收费站之间的一桩收费纠纷,结果变成一桩治安案件,公司经营领导班子非常重视,此次事件,在李总、胡副总、方经理、操经理的关心重视下,在值班民警和"110"民警的大力支持下,终于,在12月3日零时15分,将其送进了看守所,给了他刑事拘留3天的教训。公司领导也特别关怀收费人员陈某,安排其休息了两天。

【启示】

在公司领导与民警的共同努力下,给这几个违法人员以应有的处罚,对今后的收费工作,真正做到"应征不漏,应免不征",对广大驾驶员也上了一堂很好的教育课,特别对那些地痞流氓起了一个很好的威慑作用。

同时,为保住省级文明收费站、治安先进单位的荣誉,收费站也加强了收费政策观念和法制教育,进一步提高现场管理水平,以耐心、热心和诚心做好收费工作,为美好的明天而努力奋斗。

侵犯收费公路合法权益之十三

——不能擅自占用桥梁铺设光缆

姚长江

【事情经过】

2003年11月18日晚8时左右，某军工单位未经W公司领导同意擅自在W公司管辖的C桥厢梁下铺设光缆。W公司领导和内保队、工程部接消息后迅速赶往现场，阻止了对方的行为，并找到施工负责人，指出对方擅自铺设光缆是一种侵权行为，要求其将已铺设的光缆全部拉走。为尽快处理此事，天气虽已进入初冬，下着细雨，十分寒冷，但大家不叫苦，不叫累，坚守到深夜，一直在现场督促对方将光缆全部撤走为止。

【处理结果】

W公司通过相关部门从中协调，并向对方出具了公司法律顾问的法律意见书。最后，该单位主动到公司协商，与公司达成了铺设光缆的协议。

【启示】

该军工单位未经公司同意，擅自在公司经营范围内铺设光缆的行为明显系侵权行为。公司接管C桥经营权后，依法对C桥的附属设施设备及桥梁进行管理，任何单位或个人未经公司同意，都无权在桥体及其附属设备上增设其他设施，换言之，公司有权维护自己的合法权益不受侵犯。本文中，如当事双方无法通过协商解决此类问题，公司还可以通过法律手段进行维权。

侵犯收费公路合法权益之十四

——打砸收费站，要劳教

朱月清

【事情经过】

2002年1月17日下午14点59分，××烟草公司的一辆标有“烟草稽查”，车号为甲B××××的小车，经过F收费站四号车道向北行驶。该车行至收费岗亭旁边停下后，驾驶员却不肯按规定缴费。当班收费员坚持原则，不肯起杆放行。班长刘某上前去向驾驶员反复解释，但驾驶员就是不肯缴费。后来，F收费站领导和驻站警务人员也赶到现场做工作。但驾驶员和车上的一伙人仍不肯缴费，还出言粗暴，大有动武之势。在双方僵持不下的情况下，站领导报警请110干警帮助做工作。当时该车上也有人与烟草公司联系，叫来烟草专卖局的余局长。余局长在听取了双方讲述后表示，该车不依法缴费是不对的，以后要对下属员工加强教育，并保证以后不再发生类似情况。至于以后能否对烟草执法车辆适当照顾，将同站领导另外协商解决，但在未协商好之前，收费站仍按原规定进行收费。在余局长做出以上承诺和做了下属工作以后，该车当天没有过站，而是退回了F县城方向。该车从到达收费站直到离开，前后堵住四号车道达2个多小时。但想不到的是，时隔三天后，又是这辆车、又是该驾驶员、又是这伙人，也是在第四车道向北行驶，不但不肯缴费，反而发展到打、砸、抢F收费站人员、岗亭和票款的恶劣行径……。

2002年1月20日晚上21点12分，甲B××××小车来到四道窗口，按规定应缴10元通行费，但该车仍像1月17日一样就是不肯缴费。收费员廖某、班长王某向驾驶员解释近6分钟后，该车驾驶员不但不肯缴费，同时车上跳下5、6个人，不由分说，上前对准王班长就打。当时，除4人在岗亭内收费，岗亭外只有王班长和一名机动人员。王班长在这么多人的殴打下，不久便被打伤。当收费站内发生殴打事件时，监控员立即将这次的紧急情况报告给值班领导。待站长林某、警官周某等赶到现场时，这伙人仍是情绪非常激动，根本不听劝阻，他们见人就打，连林站长、周警官也都挨了打，前去劝架的系管员陈某也被打得鲜血直流。后在全站员工的全力制止下，第一次打架事件暂时等到平息，行凶者中的一人被抓获。21点35分，公安110特警赶到收费站。21点49分，120救护车赶到，将受伤的王班长、系管员陈某送往医院治疗。收费秩序这才逐渐恢复正常。

21点50分，不法之徒在外面的同伙还不甘心，他们继续在不断联系人员增援。该车驾驶员乘机冲掉一号车道的栏杆，返回县城方向接人。与此同时，其外面的同伙手拿铁器、木棒、石块等，冲到四号收费岗亭疯狂砸门、砸窗，岗亭门上的钢化玻璃立即被砸出一个直径约30多厘米的洞口，玻璃碎片纷纷落入岗亭内，或飞向收费员的

头上、身上。这伙人至此还不解恨，还在亭外威胁要进去殴打收费员，并站在收费窗口，阻止其他车辆缴费。赶到的110公安干警对这些行为进行了制止和劝阻。但这伙目无法纪的歹徒，依仗人多势众，既不听公安干警的劝阻，也不肯离开。21点55分，对方又拉来一批增援人员。22点05分，他们准备第三次冲击四道岗亭，110干警又上前进行了制止。看到这伙人还不肯罢休的情形，站领导分别向县政府有关领导和公安局领导进行电话报告，请求他们给予支持和帮助。县公安局领导接到报告后，又派出附近D镇分局的5名公安干警赶到现场。此时已是22点20分左右。

22点25分，这伙人又卷土重来。他们当着公安人员的面，手拿铁棍、角铁，将岗亭门玻璃全部砸碎，近10多人冲进岗亭，抓住收费员廖某就打，有人还乘机抢走部分通行费票款。后在110和D镇公安干警强有力的制止下，这伙人才停手出亭。在阻止他们行凶时，有1名公安干警也挨了打。由于行凶人员进入收费岗亭后，乱打乱砸，使设备严重损坏，四道岗亭不得为在22点30分封道和停止收费。以上事实经过，有公安人员、目击群众和录像资料为证。

事态平息后，公安干警对被砸现场进行拍摄录像和清点财产损失，总计人员受伤和损坏财产如下：(1)人员情况：员工受伤6人，其中2人重伤住院治疗；(2)财产损失：由于他们冲进岗亭打人，人杂混乱，缺少票款1 700元；班长王某被打倒在地时，摔坏手机1部；收费岗亭门上的钢化玻璃被打碎1块；四号岗亭打印机损坏；铝合金车道栏杆被强行冲岗撞断3根。

【处理结果】

根据以上事实，为了维护社会稳定，保障人民生命财产安全和合资公司合法权益，保证国家公路建设资金和税收不流失，F收费站第二天马上向公司和F县委、县政府及公安局领导呈送书面材料，提出严正要求：

1. 严惩肇事主谋和凶手、对拒交通行费和行凶造成人员受伤的不法之徒，一定要严加惩处，保障收费站员工合法权益，使员工依法收费有安全的环境和安全的感觉。

2. 砸门打人、入室抢劫，是严重的违法行为，要求公安机关彻底清查并将罪犯绳之以法。

3. 向受伤人员赔礼道歉，赔偿一切经济损失。除上述人员受伤治疗和财产损失外，对伤者的验伤费、医疗费、误工费、营养费、精神伤害等给予赔偿。

4. 要求烟草公司对职工加强教育，防止以后发生类似情况。

事件发生以后，站部派出专人到医院照顾受伤人员，并且做好稳定员工情绪工作，消除大家的思想顾虑。同时安排人员顶岗，保证正常收费等工作。公司领导对事件的发生十分重视和关心，蔡总、李总等领导特派人员前来了解情况，慰问、看望受伤人员。站内很多员工也自发购买水果和营养品，主动前往医院看望。F县委、县政府和公安局有关领导对此事也很重视，当晚已将6位行凶主犯作刑事拘留。县委政法委陈书记在外地出差赶回后，专程到收费站询问此事，并请收费站领导转告公司老总放心：县委、县政府及公安部门一定会公正、合理地抓紧处理。林站长等对县委领导的重视和关心表示感谢，并相信县领导和公安部门为维护社会稳定和一方平安，保障人民的生命财产安全和公司的合法权益，创造良好的收费环境，一定会认真处理好此事。

××烟草公司领导也深感对所发生的事件有着不可推卸的责任，故先后四次来收费站或到医院看望受伤人员，并主动提出，希望通过协商解决并赔偿所有经济损失。公司和收费站坚持认为，1 月 20 日事件是严重的报复性打、砸、抢事件，与一般的冲岗抗缴有原则区别，性质已经发生变化，所以应由公安部门依法处理。

在公司领导的关心下，在 F 收费站领导的努力争取下，在 F 县领导的重视和过问下，公安部门组织干警抓紧立案、调查取证，于 2 月上旬作出了处理决定：

1. 由××烟草公司赔偿 F 收费站经济损失 8 049.6 元。其中医疗费 4 234.6 元，被盗的票款 1 700 元，单位和个人财产损失 2 115 元。

2. 对××烟草公司给予治安处罚 36 000 元。

3. 当天参与打、砸、抢的主要成员分别给以拘留 17 天。其中 4 人后被取保候审，2 人被处以劳动教养。

另据了解，××烟草公司内部做出决定，已与 6 人中的部分人员解除了劳动关系。

以上处理结果，对××烟草公司少数人员依仗执法名义，经常违法冲岗逃费的行为进行了有力地打击，伸张了正义、主持了公道。

【启示】

通过 1 月 20 日事件及其处理过程，体现出了 F 收费站领导、员工和警务人员在面对突发恶性事件时，能团结一心、临危不惧、相互支援、相互关爱，有力地打击和制止了抗缴逃费现象的发生，证明了这是一支有战斗力的队伍。另外也使我们看到，社会上不安定因素依然存在，提醒我们要更加注意做好安全防范工作。特别在春运等节假日繁忙期间，一定要周密考虑，稳妥布置，确保人身、票款、车辆及收费站防火、防盗、防毒等各个方面的安全。

广大员工在得知上述事件的处理结果后，更加感觉到公司领导的关怀，坚定了依法收费的决心。大家信心十足、干劲倍增，纷纷表示要进一步提高文明服务水平，为收好费、多收费和超额完成公司全年任务做出更大的努力。

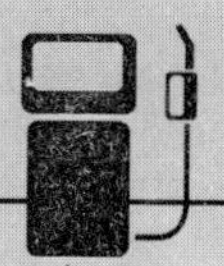

侵犯收费公路合法权益之十五

——起诉打人者

李晓群　冯　丽

【事情经过】

2004 年 3 月 16 日上午 10 时 4 分，一辆大货车经过 H 收费站。根据国家交通部、原国家计委(现为国家发展和改革委员会)《公路汽车征费标准计量手册》(第三册)和湖北省公路规费征收稽查局《车辆征费计量吨位核定表》，收费员对该车按规定标准进行收费，但驾驶员只想少缴费，双方争执不下。该车堵在收费站车道上约 15 分钟后，紧随其后的一辆轿车上下来二三个青年与货车驾驶员发生口角，互相谩骂，争吵。在收费站当班队长严某和值班民警做了双方的调解工作后，货车驾驶员把车开出收费站，轿车随即购票离开了收费站。轿车在收费站外超车至货车前方，从轿车上下来一年轻人，攀上货车驾驶室，对着货车驾驶员就是两耳光，随后扬长而去。货车驾驶员挨打后返回收费站，指着严某说："你们让黑社会的人(指小车上的乘客)打我，你等着！…"严某解释说："我根本不认识黑社会的人，也与你没有什么矛盾"。10 时 44 分，货车驾驶员喊来二、三十人，为首的自称是货车驾驶员的弟弟李某，到我收费站围着严某拳打脚踢，后被收费站工作人员拉开，巡警将其带到公安执勤室。

【处理结果】

货车驾驶员与收费站之间原本是一桩收费纠纷，现在已变成了民事纠纷。公司领导接报后对此非常重视，立即指派公司内保人员赶到公安执勤室。在公安执勤室，李某提出：一、他哥哥在收费站被人打，收费站必须拿钱给他哥哥看病。二、收费站须出具收费依据。公司内保人员和收费站站长等人立即对李某的要求予以反驳：一、收费站工作人员没有殴打货车驾驶员，且其被打地点也不在收费站内，但严某被李某殴打是事实。二、收费站执行的收费标准是依据国家交通部、原国家计委[2000]563 号文件[即《公路汽车征费标准计量手册》(第三册)]规定的货车应费吨位，按照省物价局批准的收费标准进行收费，且已在收费站的进站口位置竖有收费政策及标准的通告大标牌。但对方仍无理纠缠。公安部门要求，双方先各自看病，具体处理意见待事情调查清楚后再作决定。严某经医院检查，诊断为：胸背及左大腿软组织损伤；右耳后软组织损伤，嘱休息一月。

但李某等人还不罢休。当天下午李某带着二十多人把 H 收费站办公室及公司的大门锁上，并用小车将进出办公室的通道堵死，甚至连两轮摩托车也无法通过，致使公司无法正常办公。公司立即报警，公安干警到现场制止了上述行为。3 月 17

日，李某又带着五、六个人把收费站办公室大门锁上，再次用车堵上办公室通道。公司告知对方，此事已交公安部门处理，有争议通过公安部门解决。3 月 18 日，公司领导亲自将过桥缴费标准依据出示给李某。公安部门也告诫李某等人不得再为此事纠缠，不得再与严某本人发生纠纷。

收费工作作为公司的经营工作核心，公司领导历来十分关心现场一线收费员工的生活和身体健康。事发后，公司领导亲自到严某家中看望和慰问。在此事发生的一周后，严某妻子到公司反映，接到一个可疑电话，严妻怀疑对方还要找严某的麻烦。公司总经理立即安排内保队队长亲自调查此事，并将结果直接向总经理汇报。经调查，原来是对方（女性）拨错号码，误把电话打到了严某的手机上，严某及其家人这才消除了心中的忧虑。很快，严某假未休完就返回了工作岗位。

面对李某的反复无理纠缠，公司经营班子决定通过法律途径解决此事，并迅速收集、组织好现场的录像光盘、证人证言等材料。3 月 24 日，公司法律顾问参与此纠纷，以被告在收费站以外的地方被为第三者即轿车乘客所伤，第三者造成的后果应由第三者承担，作为收费站工作人员的严某与李某受伤无直接因果关系，严某被李某打伤为理由，向区人民法院提起民事诉讼，要求李某及其哥哥（货车驾驶员）承担连带赔偿责任，赔偿严某医药费、误工费、法医鉴定费等经济损失。同时，李某也以其兄在原告工作场所内被原告指使他人打伤，原告系职务行为的理由提出反诉，要求严某及其所在公司负过错连带责任，承担货车驾驶员的医疗费、车辆停运损失费等费用。经法院公开开庭审理，于 6 月 10 日下达一审民事判决书，判决被告李家兄弟赔偿原告严某医药费、误工费、法医鉴定费等计 3 035 元，二被告承担连带赔偿责任，案件的受理费、反诉费由二被告承担。一审判决后，二被告未在规定的期限内提出上诉，一审判决即生效。公司法律顾问受严某委托，于 7 月 22 日向一审法院提出《强制执行申请书》，现已执行完毕。

【启示】

上述纠纷通过法院诉讼终于得以平息，但此事带给我们的教训是非常深刻的：一方面反映出个别司乘人员的法制观念不强，同时也从一个侧面反映出城市收费环境的复杂性、多变性。另一方面，通过此事，也反映出我们的现场管理人员处理突发事件的经验存在不足，造成误解；把握突发事件的能力有欠缺，激化了矛盾；掌握收费政策的深度不够，宣传解释工作不到位，对我们的城市收费管理工作，需要做一次深刻的反省。

在内部管理上：货车驾驶员李某系因对收费标准有异议，才引发了随后的法律纠纷。如果现场的工作人员对收费政策能够认真学习，透彻理解，加以灵活运用，给过站司乘人员当场清晰解答，有理有据，以政策服人，同时坚持做好文明服务工作，被告可能就不会因此而在收费站内堵道，引来第三者不满，随后发生一系列不该发生的事也不会出现。如果现场的管理人员能认真贯彻公司的要求，抓好收费政策的学习督促与检查，落实到每一个员工；对收费现场出现的细小问题能及早觉察，有较强的政

策敏感性，及早预防和补救，类似的情况也是可以避免的。

严某作为收费现场管理第一责任人，对扰乱、影响现场收费秩序、交通秩序的行为，有责任去进行协调和处理。当严某被打时，坚持做到“打不还手，骂不还口”，严某在整个事件中始终坚持文明服务的行动，对纠纷的最终妥善解决争取了主动。事情发生后，公司领导立即对严某的行为给予了充分肯定，并承诺一定为其讨回公道，并要求法律顾问及公司有关部门全力以赴，切实维护好严某的合法权益。也正是由于公司的全力帮助，最终不但维护了严某的权益，得到了严某家人的赞同和信任，也得到公司员工对公司的认同，同时对社会的黑恶势力及个别欲在收费站闹事人员也给予了警醒，对维护和改善现场收费秩序和治安秩序起到了积极作用。

在法律关系上：本案为民事侵权纠纷。根据最高人民法院《关于人身伤害赔偿的若干意见》，构成侵权纠纷的一般构成要件应当包括：(1)行为人有侵权行为；(2)有损害后果；(3)侵权行为与损害后果之间存在因果关系；(4)行为人主观上有过错。本案中，殴打货车驾驶员的行为人是第三者，即轿车上的乘客，不是收费站工作人员严某，货车驾驶员受伤的后果是轿车上的乘客直接造成的，与严某无关。而严某的被打和受伤则是由货车驾驶员及其弟李某直接造成的，因此法院判决货车驾驶员及其弟李某连带赔偿严某的医疗费、误工费等损失是合理合法的。

法院之所以做出被告败诉的判决，其重要原因之一是，货车驾驶员被打的位置是在收费站之外，因此其受伤与收费站无关。假如其被打地点是在收费站内，因在接受收费服务时被他人打伤，无论打人者是否是收费现场工作人员，收费站都应承担一定的经济赔偿责任。在此，有必要提醒各路桥收费站的现场管理人员注意，一定要做好现场突发事件的协调工作，避免在收费站内出现司乘人员被打情况。否则，不但影响站内的收费、交通秩序，而且还要承担一定的民事赔偿责任。

通过上述纠纷，让我们明白了加强收费政策和法制教育的重要性，进一步提高现场管理水平，特别是提高现场第一责任人——队长管理水平的迫切性，也使大家认识到收费工作是一项政策性非常强的复杂工程，需要热心、耐心、诚心和敏感性，只有这样，才能做好收费管理工作。

侵犯收费公路合法权益之十六

——撞死收费人员，肇事者判七年

刘玲玲

【事情经过】

2001年7月19日晚11时许，被告人陈某与其他5人在某舞厅喝酒，陈某当晚先后喝了数罐啤酒。次日上午7时许，陈某以每小时超过80km的车速驾驶一辆无牌证的铃木250C摩托车回家，途径D市A桥收费站。

A桥收费站设有宽6.8m的东、西两条车道，在两条车道的中间和外侧，顺车道设有南北长32m的三条检查区，每条检查区的南北两端均设有检票亭。

当天，有数名收费站月票稽查人员和收费站工作人员正在A桥收费站检查车辆。当陈某由北向南驶近A桥收费站时，发现顺行站口有人查车，因害怕所骑的无牌证摩托车被查扣，欲从当时无人、无车的东边逆行车道上强行通过。摩托车行驶到距离收费站北端还有45m时，收费站工作人员发现陈某要冲关，即高声呼喊并示意其停车。陈某没有停车，仍以每小时80km以上的速度逆向从东边车道冲过北端检票亭。当摩托车行驶到距南端检票亭还有约20m时，站在西边车道南端顺行出口处外侧、检票亭附近的稽查员游某等人听喊声，从该处向东边车道跑去，准备拦截闯关的陈某。游某向东跑出大约10余米，即在距离收费站南端的检票亭约2m、东边车道顺行入口处的中间，与逆行高速驶来的摩托车相撞。陈某与摩托车一起倒地滑出30多米，陈某当即昏迷，游某被摩托车撞击后又被向南拖了10余米，撞在路边的防护栏上后又弹回路中。游某迅速被送往医院，后抢救无效，于凌晨3时许死亡。经法医鉴定，游某系被钝物撞致全身多处软组织损伤，颅底骨折出血，左腿大股骨、左腔腓骨粉碎性骨折，引起休克死亡。

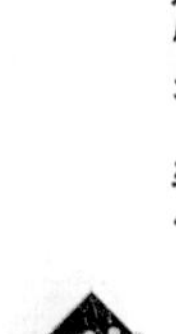

上述事实，有下列证据证实：

(1)现场证人吴某、杨某、李某等人的证言。证人证实：被告陈某当时是以大约每小时80km的高速驾驶摩托车，在收费站工作人员大声呼喊，示意其停车的情况下，仍强行在逆行车道上冲关。收费站稽查员游某在听到喊声后，从距逆行车道中心线约10余米处跑过来，在逆行车道中间被撞。证人姜某的证言证实，案发前，他和同事石某驾驶摩托车，以每小时70km的速度行驶到收费站北面上桥时，被告陈某驾车从后边进行高速超车。当姜某、石某行驶到桥中间时，陈某的摩托车已跑出约200m远。当时，姜某、石某听到陈某的摩托车发动机声音很大。但在冲关前，陈某是否加油提速，他们不能肯定。当他听到收费站人员叫陈某停车的喊声时，陈某的摩托车已驶过收费站北端检票亭。该证言证实了陈某驾驶的摩托车车速高于每小时70km的事实。

(2)尸体检验报告。报告中证实被害人游某系被钝物碰撞,致全身多处软组织损伤,颅底骨折出血,大股骨、左腔腓骨粉碎性骨折,引起休克死亡的情况。

(3)交通事故现场勘验记录、现场照片。证实被告人陈某所驾驶的摩托车车型,陈某在逆行车道的行驶路线以及被害人被撞击的地点等情况。

(4)被告人陈某多次供述,自己是因为酒后驾车,怕摩托车被查扣而高速逆行冲关时将游某撞死。

【处理结果】

本案的关键是被告陈某对高速驾驶摩托车冲关时将游某撞死造成的严重后果,在主观上是持放任的态度,还是持应当预见而没有预见或轻信能够避免的过失态度。要认定陈某的主观罪过如何,必须从当时的具体情况进行具体分析。

经向公安交通管理部门咨询:驾驶员从发现需要停车的情况后,到制动停车,一般约需时间为 2s。正常人的反应能力参数为 1.25s,即发现前方有目标反映到大脑需 0.5s,从大脑反应到手、脚并采取制动措施需 0.75s。这只是个参数,还要受技术熟练程度、反应能力大小等因素影响。如果喝过酒,驾车人的反应能力要相对迟钝。

案发时,月票稽查人员和收费站的工作人员都站在检票亭台阶上,被告人陈某为逃避检查,故意从当时无人、无车的东边逆行车道强行通过收费站。游某是在听到喊声后从 10 余米外跑向被撞地点。此时,陈某正驾驶着高速行驶的摩托车,注意力集中在前方,加上收费站内检票亭内的遮挡,视线广角相对狭窄,陈某无法看见游某的活动情况。

收费站工作人员示意被告人陈某停车时,陈某驾驶着摩托车距离该站北口有 45m。A 桥收费站全长 30m,被害人游某被撞点距离该站南口处 2m。三段距离相加,共计 79m。当时,陈某的摩托车车速为每小时 80km 以上。即使按每小时 80km 的车速计算,每秒钟应行驶 22m,这样通过 79m 的路程所需时间为 3.5s。该收费站每个机动车道口宽 6.8m,撞击点位于东边道口中间,距离路边 3.4m。游某从西边车道的外侧越过西边车道到东边车道的中间,最小距离为 10.2m。按照正常人的跑步速度,游某跑完这段距离所需时间为 2s。如果以收费站工作人员喊停车时为起点,当游某跑到被撞点时,陈某距此仅有 1.5s 的行驶路程。在此情况下,即使陈某发现游某时就采取制动措施,相撞也是不可避免的。如果再考虑到陈某当晚喝了酒,反应能力减弱,反应时间相对还要延长。或者游某并不是一听到喊声就向被撞点跑等因素,则陈某的制动反应距离就更短,相撞更不可避免。

综上,可以认定:(1)被告人陈某采取从当时无人无车的逆行车道上冲关的行为是故意的,其故意的内容是为了逃避检查和避免扣车。(2)陈某当时无法预料到游某会突然出现在逆行车道上进行拦截,在他发现后,车速和距离已经决定了相撞是不可避免的。因此,无法认定陈某对发生将游某撞死的严重后果事先在主观上持有明知或者放任的心理态度。

一审法院认定:被告陈某违反交通法规,酒后高速驾驶摩托车,为逃避检查逆行冲关，以致发生将突然跑至公路中间拦截违章行车的收费稽查员撞伤致死的严重后果，其行为已构成交通肇事罪，且情节特别恶劣，判处陈某有期徒刑七年。原告A收费站和被告陈某不服，都提出上诉。

省高级人民法院认定：依照1979年刑法第一百一十三条的规定，一审法院对陈某的定罪量刑并无不当，应予维持。最高人民检察院认为陈某的行为构成故意杀人罪的抗诉理由不能成立，不予采纳。

据此，最高人民法院依照《中华人民共和国刑事诉讼法》第二百零六条、第一百九十三条、第一百八十九条第(一)项的规定，于2002年5月30日作出终审判决：对陈某以交通肇事罪，判处有期徒刑七年。

【启示】

这一血的教训，带给我们深刻的反思。收费现场的开放性、情况复杂性的特点，要求收费站的管理者要高度重视站内人员、财产的安全工作，要加强员工的安全思想教育，教育员工学会如何在保护自身安全的同时征好费，收好费，避免不必要的伤亡。

侵犯收费公路合法权益之十七

——纠正降型车辆

任晶晶

【简要案情】

2002年农历正月初七上午10时许，驾驶员甲某等三人开车经过高速公路上的X收费站时，甲某因要求收费员降低通行费收费标准未得到同意，而与收票员发生争执。后甲某在缴费通行时感到受辱，即从地上拾起一块石头砸向收费亭，将收费亭的窗户玻璃击碎，破碎的玻璃碴将亭内收费员乙某的头面部划伤，经法医鉴定，构成轻伤。

【处理结果】

对此案应如何定性，存在以下三种不同意见。

1.甲某的行为构成故意伤害罪

(1)主观上，甲某对乙某的伤害结果持的是一种放任态度：①案发时间在农历正月初七，正值春运高峰期，甲某一路从高速公路下来，明知公路上车流量大，车道拥挤，收费员解释工作很重，仍故意不按规定标准购票，导致了双方发生纠纷；②从甲某用石头击打收费亭的部位看，其打中的是窗户，而非收费亭体的其他部位，玻璃很容易破碎，这是人人皆知的常识，并且能够形成有棱角的锐器；③从打击力度看，甲某持1～1.5kg重的石头砸向窗户，足以导致窗玻璃破碎。以上三点，可以充分证实，甲某在主观上明知自己的行为会产生导致亭内人员受伤的结果，但其放任了这种危害结果的发生，其在犯罪形态上是一种间接故意。

(2)客观方面，甲某实施了足以造成亭内人员受伤的行为，并导致亭内收费员乙某受伤的结果。

2.甲某的行为符合寻衅滋事罪的特征，构成寻衅滋事罪

由于考虑到高速公路的投入成本等原因，国家在制定通行费收费标准时，相同吨位车辆的高速公路收费标准要高于普通公路。甲某明知这一点，却执意要求收费员降低收费标准，加上春运期间车流量大，出现堵车情况时，后面车辆的便鸣笛声不止，最终导致发生收、交争执，甲某的行为根本就是一种“无事生非”的寻衅滋事行为。在缴费后货车发动向前行驶时，甲某又将这种“无事生非”的行为推向了高潮，竟然拾起石头砸向收费亭，这仍然是“无事生非”。收费亭窗玻璃被石头击碎，造成了乙某面部受伤的结果。这种结果是寻衅滋事的延续，属“任意损毁公私财物，且造成严重结果”的情形，构成寻衅滋事罪。

3. 甲某的行为不构成犯罪

首先，甲某的行为不构成寻衅滋事罪：《中华人民共和国刑法》第二百九十三条对寻衅滋事罪的几个方面进行了列举：①随意殴打他人，情节恶劣的；②追逐、拦截辱骂他人，情节恶劣的；③强拿硬要或者任意损毁、占用公私财物，情节严重的；④在公共场所起哄闹事，造成公共场所秩序严重混乱的。甲某同收费员争吵的行为不符合以上的几个方面，甲某持石头砸收费亭的行为也不能认定为寻衅滋事，因为行为是有前因的。

其次，甲某的行为也不构成故意伤害罪，理由是：①甲某主观上对砸坏收费亭具有直接故意，但对所伤害的人员不具有故意。甲某对收费亭内人员的受伤，由于疏忽没有预见，或者已预见但轻信能够避免；②甲某的行为危害结果亦达不到过失犯罪的标准。我国刑法对过失重伤行为规定为犯罪，而对过失行为造成的轻伤害不认定为是犯罪。乙某的伤情是轻伤，达不到过失重伤犯罪的标准。

本案经公安部门最后认定，甲某的行为构成故意伤害罪。

考虑正值春节期间，驾驶员某甲还有送货合同，属于置人轻伤罪，自诉案件，公安部门处以罚金；驾驶员某甲对高速公路收费站的受损设施进行了赔偿；对收费员某乙的医药费、误工费进行了补偿；并写出书面道歉，印发两百份给其他过往驾驶员，配合高速公路对过往司乘人员进行教育。

甲某已为自己的一时冲动付出了不小的代价，也给那些意欲在收费站寻衅滋事者敲响了警钟。

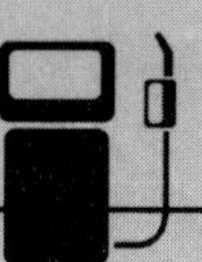

侵犯收费公路合法权益之十八

——故意毁坏收费站财物,判刑六个月

任晶晶

【事情经过】

驾驶员邹某于1999年4月11日下午5时许,酒后闯入X收费站的站部办公室,砸碎窗户玻璃14块,砸坏扩音器、电话机、验钞器、铝壶、铁炉子和桌椅等设备,烧毁计划生育账卡,给收费站造成经济损失2 012元。根据《中华人民共和国刑法》第二百七十五条规定,其行为已构成毁坏公私财物罪,X收费站遂向当地公安机关报案,并诉至当地司法机关,请求依法处理。

1998年4月份以来,货车驾驶员邹某因经常拒缴通行费而与高速公路收费员发生口角,并多次在高速公路上违章超速行驶,甚至提出要求,要高速公路的服务区帮助其与其他通行车辆调换通行IC卡,以骗逃通行费等行为,严重扰乱了收费站的正常秩序。X收费站工作人员曾配合交警部门,对此人做过处理。为此,邹某一直对X收费站耿耿于怀,并连续多次强行闯关,扬言要报复X收费站。1999年4月11日下午5时许,邹某借酒醉后闯入X收费站办公区,砸碎办公设备设施,给收费站造成经济损失2 012元。

【处理结果】

当地司法机关调查后认为,有现场证人的证言,被毁坏物品的照片,价格事务所对于被毁坏财物的估价鉴定结论书,以及被告人邹某在公安机关的供述,上述证据表明:邹某出于对协助交警执行工作的收费站不满而蓄意报复,故意毁坏X收费站的财产,情节严重,影响恶劣,其行为已触犯《中华人民共和国刑法》第二百七十五条的规定,构成故意毁坏财物罪。为维护法律尊严,确保人民法院的生效判决得到执行,保护协助人民交警完成执行工作的单位和公民的人身及财产权益不受侵犯,对邹某的犯罪行为,必须依法惩处。据此,当地人民法院于1999年11月3日判决:被告人邹某犯故意毁坏财物罪,判处有期徒刑六个月。

第一审判决后,被告邹某没有上诉,判决已经生效。

【启示】

由于收费行业的特殊性以及办公区域的重要性,都要求收费站要加强安全防范管理，不能随意允许陌生人等私自闯入办公区内。发现办公区内，包括收费站内有陌生人出现，每位员工都有责任上前进行盘查或请其离开。收费站还应对在该事件中勇于与犯罪行为作斗争的员工进行嘉奖，以鼓励大家共同来关心收费站内外的安全问题，做好预防工作，避免出现类似情况。

拒交、逃交、少交通行费形形色色之一

——D高速公路收费站终结“湘O”牌车辆免费纪实

德山收费站

【背景】

2003年5月26日，湖南省人民政府办公厅以湘政办函[2003]73号(下称“73号文件”)文件引发了湖南公路征费史上一场大变革——“湘O”号牌、水利、交通等系统的特殊车辆将结束延续多年的免交通行费的历史，从2003年7月1日起要按章缴纳通行费了。

这是一场打破传统观念的变革，这是一次交通发展史上的契机。

【行动】

流火七月，C高速公路上车水马龙。位于湘西北地区重要通道的D高速公路收费站成了这场变革的前哨阵地。

从2003年6月1日起，D收费站内、外宣传同时进行，双管齐下，大造执行“73号文件”的舆论攻势。收费亭成了固定的宣传阵地，收费员们向每一位过往驾驶员发放“73号文件”宣传单，而另一支流动的宣传队伍则顶着酷暑，穿行在C市以及邻近区县的公安、水利、交通、医院等单位。短短20多天，D收费站就发出“73号文件”一万多份，构筑起一张宽广无形的宣传网络。

6月30日晚9：00，D收费站会议室灯火通明。刚刚参加完上级组织的第一届党员大会的彭站长没有作一刻休息，就立即召开全站紧急动员会。在组织大家详细学习了“73号文件”及相关政策法规后，彭站长指出：“执行73号”文件影响之大、范围之广，是湖南交通收费史上前所未有的，这将是一场人性化的战役，我们收费员要将胆识、智慧、情感融入到征费工作中，要吃透精神，耐心忍让，不卑不亢，做到严格执法与活用政策并举”。

晚上11：40，管理处领导何某、周某、袁某、杨某一行风尘仆仆赶赴D收费站，要求D收费站的全体收费人员，一方面要确保执行“73号文件”的严肃性、实效性，另一方面要充分展示C高速公路精神，打赢这场战役。

铿锵有力的战前总动员正式拉开了“变革”战役的序幕。

一、驻站

每逢执行特殊任务，收费员们都要驻站，这在驻站期间公司是有着严格的纪律要求的，基本上过着与世隔绝的生活。从7月1日～7月10日，D收费站的员工们每天都是这样度过的。

管理处政工科陈科长6月30日深夜赶到D收费站，与员工们同吃、同住，驻站督导执行“73号文件”行动。陈科长的休息室成了一个特别的“军事”会商地，每天他都在这里与经验丰富的收费班长、收费员一道分析新情况，破解新问题，研究新对策。

马班长，C高速公路收费站执行“73号文件”中唯一的女班长。7月1日零点，“变革”的第一炮就是由她带领四位女收费员打响的。一个月下来，马班长的皮肤被太阳暴晒成了黑红色。7月3日，马班长出班休息，上午10：00多，7岁多的儿子从家里打来电话：“妈妈，您怎么还没有到家，我们都在等着你吃生日蛋糕呢！”马班长这时才想起今天是儿子的生日，而且上次回家时就许诺过一定回家陪儿子过生日、逛公园的。马班长几年前不幸失去了丈夫，儿子一直靠年迈的父母带着。噙着泪花的马班长手握话筒哽咽着说：“儿子，对不起，妈妈正在站里执行紧急任务……”。那天，马班长在日记里写道：“我是一个称职的收费员，但我愧对本已失去父爱的儿子”。

机动班周班长，早在6月20日就写好了结婚报告，准备7月10号举行婚礼，至今那份报告仍压在抽屉底下。

收费员小聂，家里被洪水围困，但在回家和驻站之间，她选择了后者，选择了坚守阵地。

……

7月10号，省高管局党委副书记、副局长冯某来到D收费站亲切慰问员工，认真听取收费站执行“73号文件”的情况汇报。在D收费站“假牌假证陈列室”前面，冯局长感慨地说：从2 000多本假牌假证中可以看出D高速公路收费站是一个有战斗力的集体，我相信执行“73号文件”，你们一定能打一个漂亮仗。

二、智斗

1. 事例一

7月4日，一辆挂着湘×××××3的警牌5t大货车，持T收费站发放的征费卡进入D收费站10号车道。该车只在前面挂着一块牌。当读卡机提示车主缴费时，驾驶员立即火冒三丈，并出言不逊。

听到争吵声，值班的黄班长立刻赶到现场。凭着多年的收费经验，他确定这是H县司法局的车。黄班长是站里的“打假”高手，前段时间，黄班长就得到这样一个信息，D市境内司法系统的货车大部分都承包给了私人。

一个念头迅速闪过黄班长的脑际。“师傅，您别急，我打个电话了解一下情况。”

拨114，再拨××××××2，H县司法局办公室的电话接通了。“您好，我是高速公路D收费站，你们单位湘×××××3警号车正在通过我站，因只有一块牌，而且又不是在执行紧急任务，请你通知驾驶员按章缴费，如拒不执行，我们将把情况上报省政府办公厅。”

“噢，是这样，我们司法单位的人怎么会知法犯法呢，那辆车我们已承包给了私人，应该缴费！你跟驾驶员讲，不要败坏了我们司法局的形象。”

听了对方的肯定答复后，黄班长返回现场，“师傅，对不起，让您久等了，您是私人

承包的警车,按照文件规定,应该缴费。”

驾驶员不再辩解,按章交了通行费。

2.事例二

7月22日,一辆挡风玻璃前放置一块WJ××N×××车牌,车身喷有“政法新闻采访车”字样的小轿车从C市方向驶进D收费站。

“请给我发军车免费卡。”

正在道上值班的班长发现这辆车在四天前曾经过D收费站。

“师傅,您的车不属于文件规定的军车,四天前,您从我们这里经过,不是主动缴过费吗?”

“莫提那天的事,我吃了暗亏做不得声!上次的通行费报不掉,是我自掏腰包,今天再不做背时的事。”

发卡员见驾驶员执意坚持要免费卡,便要求驾驶员出示相关证件,遭到对方拒绝。

当时高支队交警唐警官正在D收费站值勤,发卡员见状对驾驶员说:“请您把车子开出车道,我们请交警协助处理。”

唐警官取下放在挡风玻璃前的那块车牌,端详片刻:“这不仅仅是缴不缴费的问题,你这是套牌,属于严查对象。”

“我们是采访做节目的,交警是我们经常宣传的对象。”驾驶员边说边拿出记者证。

“谢谢你们曾经为宣传交警所做的工作。但依法收费,打击逃费是我们的职责,请您支持配合。”僵持之下,车上一位自称主任的男乘客走下车来说:“不免费就算了,搞那么复杂没必要,我们交费。”

三、回馈

在确保执行政策严肃性的同时,D收费站的员工始终没有忘记“回报社会,传承文明”的诺言。

7月8号,一台车身印有红十字标记的面包车驶进6号车道,按照文件规定,该车没有装备急救灯,且车内也没有急救设施,属于交费车辆。

驾驶员急忙从车上跳下来,神色慌张地对收费员说:“同—同—志,我们车内坐着一位临产孕妇,从家里出发时,一家子都急晕了头,钱都忘记带了。”收费员小陈立即走出售票亭,朝车厢内一看,孕妇满头大汗,正痛苦地呻吟着。陈敏没有多想,立即跑到亭子内,拿出一盒面巾纸递给车内的人:“拿着,擦擦汗。”为了节约时间,陈敏来不及再绕到亭子里操作放行键,自个儿用手推开了栏杆:“快赶路,救人要紧!”

7月15日中午,该车载着一个出生7天的小生命和产妇从C市返回,驾驶员一手接过IC卡,一手将一家人的集体感谢信交给收费员“谢谢你们救了两条生命,我一定要补上前一次的通行费”。

七月中旬,C收费站周边的县、市再度遭遇洪魔袭击,一时间,防汛指挥车、物资运输车、抢险车、部队救援车不断涌入湘北,D收费站内车流如织,收费员的工作量成倍地增长。

7月15号晚，站务会明确指出：防汛抢险是关系到人民生命财产安全的大事，我们收费员虽不能到抢险一线，但保持防汛专用车道的畅通，展示高路人良好的服务形象，是我们义不容辞的责任。

那段时间，每天的气温都在39℃以上，一有部队车辆经过，D收费站都会开辟专用车道，并派收费员顶着烈日站岗敬礼。

7月17日，路政科来电通知当天上午十一点半左右，某舟桥部队84辆军车将通过D收费站。当时正值吃饭时间，班长胡某连忙丢下手中的饭碗，赶到现场安排好专用车道，两名女收费员刘某某和刘某身着制服，在烈日下等待车队的到来。

84辆军车、84个标准的军礼，敬礼员的衣服都湿透了。

7月19日，一辆加长东风车满载抢险物资陷入水坑，被卡在了8号车道。当时天正下着瓢泼大雨，班长朱某找来千斤顶冲进雨中，与驾驶员一道趴在积水达两厘米深的水泥地面上，历时近20分钟，终于将车子推出车道，确保了抢险物资及时运往前线。

四、尾声

流火七月已经过去了，D收费站经历了一场没有硝烟的战争。全体员工没有一个叫苦言累，他们谈得最多的都是执行"73号文件"过程中的经验和体会。

鏖战一个月，D收费站的通行费实收率从86%升至93.4%，增收车辆通行费近20万元，并化解矛盾纠纷90多起，实现了"变革"前期的平稳过渡。

"非典"肆虐后的三湘大地已全面复苏，车流量日渐增多，随着几种特殊车辆收费的进行，一股新的假牌假证、套牌逃费潮必然来临，执行"73号文件"的任务仍然任重而道远。

拒交、逃交、少交通行费形形色色之二

——换卡逃费　严惩不贷

谢家铺收费站

【行动方案】

2004年10月6日深夜，X收费站的零点班和往常一样正常进行，车辆时断时续地进出收费车道，收费员井然有序地进行着征费工作。5时20分，一辆牌号为湘×××××2的大型货车从S市方向驶入车道。收费员确认其车型后将IC卡插入卡机中，显示屏上显示出该车型为3类，入口为D收费站，应交金额15元，但超时4小时40分钟。从S市方向出站为何持D收费站的超时IC卡？收费员觉得可疑，根据工作经验，初步断定这辆车可能是中途换卡以达到逃费目的。“师傅，你从S市方向来，为何持D收费站的IC卡，而且超时这么久？”“你们凭什么说我是S市方向来的，超时是因为途中车胎坏了进行维修所致。”“明明看见你是由S市方向来的！”双方陷入一场唇枪舌战之中。

【处理结果】

这时，有着丰富征费经验和现场纠纷处理技巧的值班站长鲍站长来到了现场。了解情况后，鲍站长告知驾驶员，收费站是全天24h进行监控录像的，可以从录像带中查看车辆的进站方向。面对铁的事实，驾驶员终于承认自己是由S市进站，为了逃缴车辆通行费，中途在W服务区与牌号为×J××××1的货车驾驶员互换了IC卡。最后，驾驶员补交了通行费，我们依照《湖南省实施〈中华人民共和国公路法〉办法》第三十六条规定，对当事人给予了经济处罚。为了严厉打击逃费车辆，鲍站长和当班班长把该车带到了N镇派出所，对逃费车主和驾驶员宣传了《湖南省实施〈中华人民共和国公路法〉办法》中对逃费和阻碍收费等违法行为的处罚条例，对他们逃费的违法行为进行了批评教育，责令他们写出深刻认识的检查，以警示进出高速公路曾经有逃费或抱有侥幸心理想要逃费的车主们不要违法，自觉依照《中华人民共和国公路法》缴纳通行费。

拒交、逃交、少交通行费形形色色之三

——严查倒卡者

德山收费站

【事情经过】

2004 年 10 月 18 日凌晨 3 时 40 分，X 收费站内井然有序。一辆牌照为鄂××××2 的卧铺车从 C 市方向缓缓驶入 X 收费站的 3 号收费车道。

卧铺车驾驶员把卡递给收费员按照操作程序读卡，电脑显示屏上显示该车的进口为 D 收费站，距离现在已超时 57h。这一反常情况引起了当班收费员的注意，但为了确定该车的行驶方向，收费员通知监控室核查该车进口的录像带，确定该车的驶入方向。与此同时，收费员对驾驶员进行询问，可是驾驶员一口咬定自己是从 D 收费站进入高速公路的。但当收费员问他为何超时 57h 时，他就开始百般狡辩，编造各种借口。监控室经过仔细审查后，确认此车的确是从 C 市方向进入收费站，当班人员凭长期的收费经验，判定此车一定是“倒卡车”，想通过与其他车辆倒卡来逃缴通行费。

【处理结果】

于是，收费员便要求他把另外一张通行卡拿出来，但该驾驶员却矢口否认，并拒交实际通行费，还一口咬定发卡员只给他发了这一张卡。在我们向他劝说、讲政策无效的情况下，我们一边打开其他车道，以保持收费站内畅通，一边叫来值班领导鲍站长。鲍站长带着驾驶员去看该车进口时的录像带。在铁一般的事实面前，该车驾驶员只好交代了他倒卡的行为，正如我收费员判断的一样——倒卡逃费。

【启示】

最后驾驶员拿出被他藏起的另外一张卡，并补交了通行费。为使抱有同样侥幸心理来以达到逃缴通行费目的的其他驾驶员或车主引以为戒，我们还依照《湖南省实施〈中华人民共和国公路法〉办法》第三十六条规定，对当事人进行了处罚。这一事件的圆满解决，成为我站在堵漏增收方面取得的又一重大突破，并积累下宝贵的经验。

拒交、逃交、少交通行费形形色色之四

——躲过初一　躲不过十五

德山收费站

【事情经过】

2002年9月16日，一台从Z市开往H市的牌照号为湘××××89的三类厢式货车，因只愿意按二类标准交费，在我站强行冲关逃费115元。当时现场当班收费员记下了该车的牌号并做了详细登记，监控室将录像资料存留，站部也将这情况通报了各班组。事隔近两月后，该车又经过我站时，但我站当班班长和收费员发现此车就是两月前在收费站冲关的那台车，遂要求他按规定接受处理。可驾驶员依仗是本地人，拒不承认冲关，也不接受处理，还大吵大闹，造成了车道堵塞。我们及时拨打110，当地派出所随即赶到，制止了事态进一步恶化。在处理过程中，驾驶员极力狡辩，并通过关系来说情，均被站领导一一回绝。该驾驶员冲关逃费的事实清楚，证据确凿，站部遂请求派出所对该车依法予以严惩。

【处理结果】

派出所按照《中华人民共和国治安管理处罚法》规定，进行了如下处理：

(1)给予驾驶员行政处罚。

(2)责成驾驶员补缴115元通行费，并处5倍通行费共575元的罚款。

(3)责成驾驶员赔礼道歉。

【启示】

在当前收费环境欠佳的形势下，冲关车辆逃费的行为时有发生，如何有效打击这种车辆，本案给我们提供了一个成功的案例。

(1)打铁还须自身硬，全体收费员要众志成城，形成一道堵漏增收的坚固防线。本案中冲关事件发生在四班，而发现并拦截是在三班，且又相距近两个月，这主要是我站对冲关车打击工作高度重视，而且在各种关系干扰事件处理时，能严词拒绝，有力地维护了我们的利益。

(2)基础工作要到位，录像带起到了关键作用。在处理过程中，该驾驶员百般狡辩，拒不承认冲关，最终却在录像带的证据面前不得不低下了头，否则，此事处理起来可能有很大的困难。

(3)工作方法得当。首先在执法过程中我们始终坚持文明征费，避免引发冲突。其次及时通过合法途径解决问题。公安机关在维护正常征费秩序、打击逃费等方面起到了震慑作用。

拒交、逃交、少交通行费形形色色之五

“特别通行”行不通，认真核对免费证

李晓群　邵英勇

【事情经过】

2004年11月的某天，收费员刚做好交接班工作，一台蓝色桑塔纳小车就驶进了收费车道。“你好，请您出示IC卡”，刚上岗的收费员面带微笑地从驾驶员手中接过IC卡。刷卡成功后，电脑显示该车为免费车，收费员对小车驾驶员说：“对不起，请您出示您的免费证件。”小车驾驶员有点不耐烦地说：“您怎么这么麻烦，我有《特别通行证》。”收费员仍然微笑着说：“我需要核对一下您的证件。”驾驶员一脸漠视，点燃一根烟，居然打起了手机。

【处理结果】

无奈，班长只好打开备用车道，保障车道畅通，然后来到小车驾驶员旁，问明情况后，对驾驶员说：“请您配合我们的工作。对于持有免费卡的车辆应主动出示您的免费证件，如果您的车属免征范围，我们也不会故意占用您宝贵的时间为难您。”小车驾驶员说：“我有《特别通行证》，快打开栏杆，让我过去。”小车驾驶员将车辆发动，仍执意不肯出示他的免费证件。班长微笑着对小车驾驶员说：“希望您能理解，应征不漏、应免不征是我们的收费原则。师傅，您也不是不明事理的人。”小车驾驶员瞪着站得直直的班长，终于还是把《特别通行证》递了出来。班长发现这张《特别通行证》与车上挂着的号牌不相符，于是要求小车驾驶员缴纳通行费，并且按照规定，还要没收这张《特别通行证》。小车驾驶员一听要没收，急着嚷道：“你们凭什么没收?”班长镇静地解释：“师傅，根据省高速公路局的文件精神，对持有省交通厅发放的《特别通行证》的车辆，经过检查、核实，《特别通行证》与车号牌相符的，一律予以免费放行。对伪造或者转借《特别通行证》的车辆，收费站有权没收证件，并对车主按有关规定进行处理。”班长拿出自己的证件递给小车驾驶员，继续说：“你看，在车辆特别通行证《发放表》中，找不到您的车牌号。”小车驾驶员自知理亏，态度马上好转，解释说，这是从朋友那借的，并表示今后再也不会逃费了，希望班长能原谅他，给他一次机会。班长核对后确定《特别通行证》不是伪造的，于是对小车驾驶员说，先将此《特别通行证》交给值班站长，请此证的车主亲自到值班站长那里去领取。

后来，站长对该证件的真正主人也进行了教育、批评。

【启示】

(1)收费员在车流量较多的情况下,一方面工作要认真又仔细;另一方面,在出现征费异议时,应及时报告班长,打开备用车道,以保证其他车辆的顺利通行。

(2)加强工作责任心,认真核对免费证件的真伪,看《特别通行证》是否与车牌相符,再与省交通厅下发的特别通行证明细表核对,看证号、序号是否相符,确认无误后才可按规定放行。发卡员也应按此程序进行发卡操作。

(3)根据省高速公路管理局文件精神,各收费站要严格把关。现场收费人员在接触和处理真假"特别通行证"时,切记注意文明用语,以文件精神为后盾,熟练运用和宣传相关政策、法规。对待使用"假证"的行为要坚决制止,并依规没收其使用的假证,起到"打击一个,威慑一片"的作用。

拒交、逃交、少交通行费形形色色之六

——坚持原则，注意态度，运用方法和技巧让“免费车”交费

蔡志丹

【事情经过】

2001年12月10日15点45分左右，一辆牌号为丁J××××的灰色进口轿车驶入了我站收费车道，车上只有一名身穿警察制服的年轻驾驶员，他打开左边车窗猫下身子望了收费员一眼，示意要求免费。收费班长走上前去敬了一个礼，请驾驶员出示有效免费证件。驾驶员从上衣口袋掏出一本警官证，班长认真地查验并进行了详细的登记（证件上照片、警号与当事人相符，且钢印完整；驾驶员系××市公安局一副科级侦察员，一级警司），然后告诉驾驶员：“根据有关规定，个人证件是不能作为免费依据的。”驾驶员极不耐烦地说车辆是公安局的，现在正在执行公务，追捕逃犯。于是班长又请他出示行驶证或特别通行证（班长知道凡是右方向盘的车大多为走私车，无牌无证，有牌的也多为套用），他推诿说出来时走得匆忙，忘记带了。班长说：“警官同志，公安部门是隐蔽部门，因工作需要，限配有一定量的特别通行证，我们的政策上规定是免费的，但要求牌证相符。另外，乘车一人为私，两人才为公，所以我们不能给您免费。”再一次遭到拒绝后，警官火了，发动引擎准备走。班长严厉地指出：“您是一名人民警察，是一名执法者，要为您的言行负责，您的姓名、工作单位、警号我们都已经进行了详细登记，并有实时的录像资料，如果您拒交通行费强行冲关，我们将如实向贵局和市政法委反映。”结果他还是不听劝阻，强行冲开栏杆扬长而去。

【处理结果】

当日16点05分，交接班后，站部正在整理材料时，该车又回到了站部院内。此时，这名驾驶员脸上没有了先前的霸气，亲自上楼诚恳地向值班站长和当班收费员赔礼道歉，请求我们的原谅，补交了通行费并主动赔偿了栏杆维护费。

【启示】

部队、公、检、法、司、国安等单位工作性质比较特殊，有些任务具有隐蔽性，这一点我们能够理解和支持。但有极少数人往往利用这项工作的特殊性搞特权主义，办私事着制服、开民用车，却以办案、追逃犯、暗访、检查等理由要求免费。面对这种情况，我们的收费员应尽量避免与其正面交锋，既要坚持原则，又要注意态度、方法和技巧。用国家法律法规和通行费征收的政策文件来武装自己的头脑；要

用文明礼貌、柔和的语言与当事人进行交流;用耐心的态度向当事人宣传解释收费的目的和用途。在方式上建议采用登记签名的办法,请当事人出示有效证件,将其姓名、证件号码、单位、免费理由等详细登记,请当事人在记录上签名,向当事人强调我们会尽快向他的主管单位联系核实情况。这样就会给那些企图逃费的当事人一定的心理压力,他们可能因为怕自己留下的签名而心有余悸,在经过一番思想斗争,想清楚利害关系,权衡利弊后,他就会觉得还不如小事化了,主动交费。

拒交、逃交、少交通行费形形色色之七

——“全国通用”，小站不行

刘立军

【事情经过】

2004年8月16日凌晨，夜色朦胧，C市方向驶来了一台二类车，进入我站收费车道，该车的驾驶室前方放置的一块写有“中华人民共和国绿色通道车”的字牌格外醒目。车刚停稳，驾驶员忙从驾驶室里捧出两个西瓜，边往收费窗口塞，边说：“我车装的是一车水果，不要看，来来，拿两个西瓜尝尝鲜、解解困。”我们婉拒了他的“好意”。身为稽查员的我并没有因为他的“热情”而松懈了自己的责任感，像往常一样，我执意要求上前看个究竟。

“收费员同志，不要看了，我没有骗你！”驾驶员信誓旦旦地说。

“所有绿色通道车都必须接受检查。这是我们的职责。”我向他解释说。在我再三要求下，驾驶员极不情愿地打开货厢门。我搬开后面几箱水果，用手电一照，里面却是些副食、百货，水果很少。我于是对驾驶员说：“根据绿色通道车实施政策，只有鲜活农产品达到70%的，才能享受减半征收的待遇，你车所载水果没有达到标准，不能免费。”

“你没看到我的是‘中华人民共和国绿色通道车’吗？全国通用呢！”

“这只能说明你在外省收费站享有优先通行的权利，而不能作为免费的依据。”

【处理结果】

“做事不用这么一成不变吧，咱们交个朋友。”说着，驾驶员又递过来一包精装白沙烟。

“收费员严禁向驾驶员索要财物，这是我们的制度，请你理解并交应缴通行费。”我义正词严地说道。

驾驶员见钻不到空子，占不到便宜，只好按章缴费。

【启示】

“绿色通道”政策的实施，体现了党对“三农”的关心和照顾，但在实施过程中，也给一些驾驶员逃缴通行费提供了可乘之机，常常使出各种伎俩蒙混过关，甚至以小恩小惠拉拢收费员，稍一放松就可能造成通行费流失。本案例中，首先是我们挡住了驾驶员小恩小惠的诱惑。俗语说，吃人家的嘴软，拿人家的手短，我们自己思想素质得过硬；其次工作细致。做到坚持开厢检查，不怕麻烦，看清楚，弄明白；第三，坚持原则。发现问题后，没有被驾驶员花言巧语和物质利诱所动摇，坚持使其按章交费。

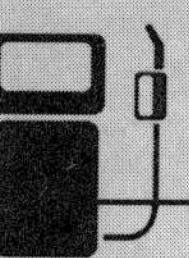

拒交、逃交、少交通行费形形色色之八

——低类卡逃费举例

王小科

【事情经过】

某日，一台大货车经我站上高速。在发卡亭前，驾驶员要求发卡员发四类卡，收费员核对其行驶证后发现是东风5170型，按政策，更正后的实际载重质量应为27t。收费员对驾驶员说明该车是属于大吨小标车，更改后的收费车型应为六类。驾驶员一边表示已经知道此事，一边仍要求发卡员发四类卡，说其有关系，拿四类卡出站没有问题。驾驶员迟迟不肯拿六类卡走，还一个劲地说好话。

【处理结果】

发卡员和稽查员拿出国家发改委下发的治理大吨小标车辆型号及具体参数《第五册》，找出相对应的标准拿给驾驶员看，并向驾驶员宣传解释，治理“大吨小标”车辆行动已在全国范围内按照“统一标准、统一口径、统一行动”展开。此外，我们有相当严格的规章制度，你朋友的这种行为有私放人情车的嫌疑，情节严重的还将会被解除劳动合同。在一番口舌之后，驾驶员不再言语，领着卡上了高速。

【启示】

(1)一件小事引发出了另一种情况，就是刚才那个驾驶员声称在出口站有熟人，可以不改卡，要是别的驾驶员或车主在进出口两站都有熟人或朋友，那领低类卡、变相逃费是不是就很顺利了？

(2)我们必须加大现场稽查力度和次数，加强原始资料的保管，特别是监控室的录像资料和交费记录，为发现异常情况提供可靠依据。

(3)抓好制度的落实。有完善的制度，不落到实处，便形同虚设，长久下去便会产生许多管理的漏洞和不良的后果，因此对出现的个别现象应及时纠正和进行制度的处罚，以达到警示的效果。

人在社会上生存不可能没有亲朋好友，只要不违反制度和政策，适当地给予方便(这里说的方便并不是帮助逃缴通行费，而是更加温馨的服务)是可以的，但是因违反政策和制度而丢了工作，实在是得不偿失的事。相信在内外稽查和自身自觉的环境下，这种利用“低类型卡”在进、出口两站点变相逃费的现象，也只是提醒广大收费人员的一个案例而已。

拒交、逃交、少交通行费形形色色之九

——入口骗卡逃费　出口升档保收

李桂伯

【事情经过】

10月27日晚8时20分，夜幕降临后，收费现场与往日一样的平静，当班收费的二班全体收费人员正有条不紊地忙着收费、发卡，用欢乐笑语送别了来来往往的司乘人员。这时候一辆车牌为丁×××××1的货车从C市方向慢慢地驶入了T收费站的三号车道。

当班收费员谢某是一名有着丰富经验的收费员，在业务技术方面曾获得原管理处授予的“四星级收费员”的荣誉称号。等货车刚一停在收费窗口时，谢某很熟练地判断该车车型为2类车，遂按了2类的车型键。驾驶员将通行卡递给收费员，收费员立即刷卡，但电脑屏只显示“入口车型是1型”的文字，与其配套的变挡车道语言报话器却不报价，谢某很客气地对驾驶员说：“师傅，请您配合一下，把您的汽车行驶证给我看一看”。驾驶员摆出一副很配合的样子，二话没说，不慌不忙地从提包里拿出了一本汽车行驶证，递给了谢某。行驶证上标明该车型为解放1048型，属2类车。于是，谢某就要按2类车来收费了，驾驶员连忙狡猾地对收费员说：“不对，不对，是我拿错了”。由于驾驶员逃费心切，来不及多想，就从语言上透露出了逃费的破绽。谢某的心里咯吱了一下，突然在脑子里闪现出假证逃费的阴影，她便马上产生了警觉，这个驾驶员可能还有一本假证！她立即向稽查员和班长作了一个手势，叫在一起研究对策后向对方说，这里由我和班长负责。在稳住对方的同时，稽查员立即把三道关闭，打开四车道并收费，以保证其他车辆的正常通行。与此同时，谢某心不慌手不乱，脸不露色，一边语重心长地对驾驶员说：“师傅，请你把另一本证件给我看一看。”驾驶员见事不妙，赶忙说：“我没有，刚才是我讲错了，不可能有两份证件。同时，驾驶员一口咬定“我的不是2类车，是1类车，我只能交1类车的通行费”。收费员不同意按1类车收费，双方因此争执好久，僵持不下。时间一分一秒地过去了，货车驾驶员仍然不愿意交费，谢某后来又从政策情理上向驾驶员做解释，但是驾驶员对此没有什么反应，始终不把另一本证件交出来。在场的二班袁班长见讲道理无效，立即决定采取其他办法。当着驾驶员的面，袁班长立即要求通知站部领导与高支队联系，将该车扣留。这办法真奏效，驾驶员一下子不吱声了，就好像一个皮球被扎了一针似的，开始连忙向收费员承认：“我还有一本证，是假的，是我用来在入口时骗收费员用的。今天由于入口车辆太多，收费员来不及注意，就蒙混过关拿了卡。但是，我没想到你们出口这么把关严。拿来给你看是没有问题的”。这一下真相大白了，露出了用假证骗卡逃费的真相，证实这名驾驶员果真是在骗卡逃费。

【处理结果】

由于在袁班长的带领下，全班员工齐心协力，以高度负责的工作态度，依法行政，文明收费，执法如山，通过多种途径，多种方法，终于识破了该驾驶员利用假证逃费的行为。班长当场收缴了该车的假行驶证，并使驾驶员按该车的实际车型缴足了通行费。同时，通过耐心教育，使驾驶员对所犯错误产生真正悔过，驾驶员最后写了检查书，并接受了相应的经济处罚。该案例在当地产生了一定的反响，从而有力地打击了个别驾驶员持假证逃费的嚣张气焰，使我们的依法升档保收工作落到实处，确保了通行费的正常入库，维护公司的正常利益。

【启示】

此事虽然得到了妥善的解决，但也带给我们以深刻的启示，向我们每天坚守在收费一线的收费员与领导敲响了预防警钟。要求我们每时每刻都要警惕那些用各种手段制造骗卡、逃费的情况，不能让逃费一时得逞，哪怕是不法驾驶员手段再高明，我们拥有了“道高一尺，魔高一丈”的反假逃费的能力，就可以确保通行费不流失。作为通行费征收管理部门与单位，需要坚持用持之以恒的策略，开展打击逃费的持久战争。同时，注意不断提高员工的业务技术与技能，加大依法行政力度，加强收费一线员工对工作的高度负责任意识，增强基层班组集体的凝聚力。对持假逃费的车辆，坚持“发现一个，处罚一个，打击一个，教育一批”的收费管理指导思想，将逃费行为消灭在萌芽状态，不断改善收费环境。

拒交、逃交、少交通行费形形色色之十

——X收费站现场识假牌、假证经验谈

刘玲玲

【事情经过】

2002年9月19日，一辆牌号为丙×××××9的大货车从X收费站入口上Y高速公路。当班发卡员蒋某请驾驶员出示有效证件，驾驶员从一堆红绿证件中拿出一本厂牌型号为EQ1048的行驶证递给蒋某。蒋某核对证件后，很快确认这是一本假行驶证，就对驾驶员说："对不起，您的证件是假的，请出示你的有效证件"。驾驶员立即反驳道："你凭什么说我的证是假的，我只有这本行驶证！"蒋某不慌不忙拿着驾驶员出示的假证继续解释道："一、您的证件上字迹模糊，且字体与真证件不符；二、您的行车证上的车辆全照角度不规范，真证件上的车辆全照为45度，您的为20度左右；三、您的证件上既无发动机号，又无车架号；四、您的证件纸张较薄，没有真证的硬度，所以请您出示有效证件"。驾驶员本想狡辩什么，却又道不出一句话，无可奈何、困难地从车上拿出了实际厂牌型号为EQ1076D1型的另一本行驶证。蒋某按真正的行驶证标明的吨位标准后发给驾驶员IC卡，并请驾驶员将车停在一边等候处理，驾驶员却加大油门逃去了。下班后，蒋某将收缴的行驶证上交了站部。站部对蒋某学以致用、认真识假的行为给予了表扬及奖励，同时召开全站骨干会议和班组讨论会，认真分析了假行车证的辨别特征：

(1)假证做工粗糙、字迹模糊；

(2)缺少发动机号和车架号；

(3)车辆的年检印章不规范；

(4)车型与证件不符(参照其他道路运输证与车辆购置附加费证件等进行核对)；

(5)车辆拍照的角度不对；

(6)纸张较薄，纸质较差。

会上，站部领导要求大家从以上六个方面认真核实车辆证件的真假，尽职尽责做好堵漏增收工作，并制订了员工收缴假证的奖励办法。有了识假的方法和经验，收费员们更加信心百倍，在识假缴假上更加得心应手，取得了很大的收获。例如，2004年9月25日17：20，收费三班当班期间，一台牌照为WJ××－××××9的蓝黑色桑塔纳小车经X收费站出口。收费员刷卡后屏幕显示：入口Y收费站、军车。收费员请驾驶员出示军车证件，驾驶员神色慌张，言语吞吐，慌乱中称是J市监狱车辆，其证件现不在车上，全部拿去年审了。班长龚某对驾驶员提出了"既为监狱司法车，为何挂军牌"的问题，驾驶员一时结舌难以应答，茫然地愣在一边。龚班长义正词严："使用假军牌属于违法行为！"驾驶员当即下车，请求龚班长高抬贵手。龚班长提出对假

军牌应予以没收时，驾驶员对龚班长拉拉扯扯，死缠硬磨，以物质诱惑龚班长。在遭拒绝后，又提出不没收证件以接受"罚款"代替。龚班长都予以了严词拒绝，并对其拉拢贿赂的行为给予了严厉地批评。后经请示站领导，对J市的驾驶员王某持假军牌逃费行为给予了没收假军牌、写出深刻检讨和补交通行费的处理。驾驶员王某在事实面前诚恳地接受了处理，并保证以后决不再使用假牌、假证逃费，不再发生类似以上的其他挂假牌逃费的情况。X收费站同样认真分析了识假的方法：

(1)挂假牌者往往以借口不予出示有效证件；

(2)驾驶员神色慌张，心虚言乱，道不出假牌全称或直接领导者；

(3)出示的证件为假证；

(4)无其他相关证件加以证实。

【处理结果】

X收费站及时对收费过程中发现的持假牌、假证逃费的情况进行总结、分析，使收费员工能准确有效地辨识假牌假证，发现情况能够及时处理。自2003年以来，X收费站累计收缴各类假牌10多块，假证65本，增加通行费收入5 200多元，严厉地打击了造假、用假行为，既维护了正常的收费秩序，又达到了堵漏增收，提高通行费收入的目的。

【启示】

针对部分驾驶员利用假牌、假证来少缴或免缴通行费的现象，为贯彻落实"应征不漏，应免不征"的收费原则，达到堵漏增收，提高通行费收入的目的，X收费站加大了对免费证件和货车吨位的核定力度。尤其是自2002年7月到D收费站参观、学习该车有识别假牌、假证经验后，凭着参观学习所得，结合工作实践，在识别假牌假证上，可以说，X收费站的收费人员实现了由"肉眼凡胎"变成了"火眼金睛"的飞跃。

拒交、逃交、少交通行费形形色色之十一

——真假“李逵”

迎丰桥收费站

【事情经过】

9月19日下午，一辆挂着军牌车号为戌G×××××的蓝色桑塔纳驶入我站收费窗口，收费员定眼一看，只在车前挂了一块军牌，而且看上去就可以确定是一块伪造的军牌，收费员于是马上通知班长核查该车。当班班长和稽查员随即上前对该车进行核查，说道：“师傅，请出示您的行驶证和驾驶证。”驾驶员极不耐烦地嚷着，并拒绝出示证件，随后便开车向栏杆冲去。稽查员马上对该车进行拦截，驾驶员有所收敛，将车停了下来，随即班长进一步对其解释，根据省政府[2003]73号文件精神，任何车辆经过收费站都必须接受缴费检查。该驾驶员听完后更加嚣张，伸手抓住当班班长的衣领进行人身攻击。正在这紧急关头，我们三四个收费员立即上前将驾驶员制止住了。双方僵持了大约半个小时之后，突然又来了一台和这台桑塔纳车牌一模一样的军车，只是该车是一台白色的本田车。当班稽查员随即将情况向该驾驶员说明。当即从本田车里走下一位穿着军服的军官，他向当班班长出示了该本田车的所有证件，并一把揪住了前面那台蓝色桑塔纳的驾驶员。原来该白色本田车才是真正的戌G×××××，那台蓝色桑塔纳的驾驶员顿时像霜打的茄子，一幅可怜巴巴的样子，而且一分钟不到，就只身拔腿逃跑了。

【处理结果】

站值班负责人考虑到该车可能是盗窃而来，并冒用军牌，就立即通知了当地派出所对该车进行了暂时扣留。第二天，该车驾驶员来到派出所接受了收费站和派出所给其的双重处理。

【启示】

(1)收费员在现场当班遇到特殊情况时一定要学会保护好自己，避免自身受到任何伤害。

(2)稽查假军车的时候，一定要能迅速找到其破绽之处，几句话点出关键，别人才会马上心服口服，而且最好能与当地公安、交警、警备区等部门采取联合行动，效果才能达到最佳。

拒交、逃交、少交通行费形形色色之十二

——这台车不能免费

刘玲玲

【事情经过】

2004年10月3日18时18分，一台牌照为WJ1×—×××7的小车经过X收费站驶下高速公路。当班收费员根据规定请驾驶员出示行驶证核实，驾驶员说："你有什么资格叫我拿行驶证！这是军车，快点放行！"驾驶员边说边将车往前行驶。当班班长立即赶到车前将车拦下，并和言地对驾驶员解释："请您原谅，这是我们必要的工作程序，请予以配合支持。"驾驶员有点恼怒地递给班长一个"军官证"。班长再次耐心地说："对不起，按规定只凭军官证是不能免费通过，还请您出示行驶证。"驾驶员抢过班长手里的"军官证"，把眼一瞪，恶狠狠地叫嚷着，其同伙也在一旁恶言相加。

【处理结果】

班长和收费员们没有被他们的恶言和威胁吓倒，也没有人予以还嘴，而是出示了有关的收费文件，继续礼貌、耐心地做解释工作，并请驾驶员仔细观看了收费站日常全额收取假军车、假警车等通行费的记录后，班长一个标准的敬礼，对驾驶员铿锵有力地说："您没有合法的有效证件，请按章缴费。"驾驶员和乘客望着收费员们严肃认真的样子，自知理亏，最终按规定缴了费。

【感想】

在日常的收费工作中，诸如以上各类的假牌、假证、假冒车并不少见，尤其是在车流量大的收费站，发生这种情况更多。严格治理假牌、假证、假冒车，堵漏增收，是提高通行费收入的一个重要方面。以我们的工作实践，对收费现场如何严格治理假牌、假证、假冒车问题，笔者有以下几点粗浅的想法。

一、高度的责任感，是严格治理假牌、假证、假冒车的首要要求

强烈的责任心和严谨的工作作风，是收费现场员工做好各项工作的有效保证。

1. 发卡员发卡，严把假牌、假证、假冒车的第一关

现场的发卡员对入口的挂牌军车(含临时军牌)、警车、持特别通行证等的免费车辆，要以高度负责任的工作态度，不怕麻烦，逐一核查证件。除车流量特别大和其他特殊原因外，都要认真细致地发放好每一张免费卡，避免给假牌、假证、假冒车以可乘之机。

2. 收费员核卡，严守假牌、假证、假冒车的第二关

现场的收费员对出口的特别是以上所述的免费车辆，都要认真核查车牌的真伪、证件的虚实、证号的一致等。一旦发现异常情况，应立即报告班长，并通知稽查员做好相关处理工作，杜绝假牌、假证、假冒车辆蒙混过关。

二、灵活的处理方法，是严格治理假牌、假证、假冒车的必要措施

严格治理假牌、假证、假冒车，需要灵活地运用收费政策，讲究方式方法，对症下药，才能取得良好的治理效果。

1. 耐心解释，宣传说服

发现假牌、假证、假冒车辆时，要及时向假牌、假证、假冒车辆的司乘人员出示有关收费文件，以温柔的话语，淡淡的微笑向其做耐心细致的宣传说服工作（在此过程中，现场员工一定要注意做到有理有节，礼貌大方等），请其及时缴费。

2. 拖延时间，坚持原则

对一时难以说服，坚决不肯缴费的司乘人员，适当采取“拖”的办法，如另开车道或将他们引出收费道（避免堵车）等，然后由收费员轮番上阵做解释，耐心稳妥，打一场持久战，促其主动缴费。

3. 公安协助，严肃执法

对个别粗暴、难以处理的司乘人员，一定注意忍让克制，避免激化矛盾。可将情况及时汇报站领导，请求公安干警协助，给对方施加政策法律压力，督促其按章缴费。

4. 大胆果断，决不姑息

不论遇到什么样的假牌、假证、假冒车，要有大胆的勇气，果断的做法。首先，不要被对方的“特殊身份”或嚣张狂傲的气势所畏缩吓倒，要树立起坚定执法，维护正义的信心。争取主动，必要时可用强硬地语气向对方表示我们坚决尽职和决不放过，彻底消除对方的侥幸心理。通过软硬兼施，最终令其接受处理。

总之，收费现场在严治假牌、假证、假冒车上，收费员们要有高度的责任感，认真细致的工作态度，大胆执法的坚定意志。在执法过程中讲究方法和技巧，注意好文明形象，妥善地处理各类假牌、假证、假冒车，为堵漏增收，提高通行费收入尽职尽责，做出应有的贡献。

拒交、逃交、少交通行费形形色色之十三

——“绿色通道”来了

黄惠峰

【事情经过】

2004年10月29日上午，一辆车号为鄂×××××8的装有酿酒原材料的东风油罐车经过J收费站。油罐车一直开到站内的挡杆前才停下，驾驶员坐在车内，什么情况也不说明，一直在那里按响喇叭。当班稽查员迅速上前询问情况，驾驶员说他的车有“绿色通道”的牌子。

【处理结果】

我们向他解释了“绿色通道”的含义，并指明，“绿色通道”车辆是有着严格的限制标准的，只对装有农业生产资料的车辆有效，而他的车上拉的是酿酒的原材料，不符合“绿色通道”车辆的规定，也就不属于免费车的范围。油罐车驾驶员又辩解说，原料是由粮食酿造而成，也应该属于绿色食品系列。我们解释说，他忽视了一个现实，烟酒行业属高消费行业，国家是要征收重税的，根本谈不上国家扶持产业。国家出台“绿色通道”优惠政策只是为扶持一些高投入、低产出的农业、生产加工行业。最后，驾驶员见免费无望，只好交费离开。

“绿色通道”，顾名思义，是为了方便农业生产产品的运输，降低销售环节成本的一项利民举措，是国家保护广大农民群众的积极性而出台的，相关行业都对它大开绿灯。但由于它的申办过程过于简单，使“绿色通道”的牌子出现了泛滥的不正常情况。个别车主就认为，拥有一张“绿色通道”的牌子，就拥有了一张免费证。于是，一些拉煤、拉地板砖的车辆也放上“绿色通道"的牌子，要求收费站免费放行。话说回来，他们车上装有货物，我们收费人员还好向他们解释，因为“绿色通道"的牌子上面很清楚地说明，只对装载农业生产资料的车辆才有效，他们也不好说什么；但一旦遇到空车，就要颇费一番口舌了，幸好公司领导在及时听取收费站的反映汇报后，采取了措施，统一了收费口径，才避免出现混乱。

【启发】

“绿色通道”是一项利民措施，我们收费站应严格执行国家政策文件，做到“应征不免，应免不征”。同时也要时刻牢记公司制度，细致工作，不错放，不漏收。

拒交、逃交、少交通行费形形色色之十四

——拒交通行费

操　奎

【前言】

随着汽车工业的不断发展和道路交通设施的不断完善，我国政府充分认识到公路建设带来的巨大社会效益与经济效益其对经济、军事、政治都有重大的意义，并起着越来越重要的作用。

但是道路的发展仍远远不能适应车辆迅速发展的要求。城市道路作为保证城市居民的各种及提供物资运输需要的交通空间，是城市交通的最基本设施。因此，国家加强了公路建设，以求交通事业的顺利发展。然而我国的公路建设资金严重不足，需要大量的商业资本来投资公路建设，大量的商业投资建设公路，就必然在国家经济法律许可的范围内进行收费经营。因而，1999 年 10 月 31 日，全国人大常委会第十次会议讨论表决通过了《关于修改〈中华人民共和国公路法〉的决议》，国家主席第 25 令公布规定"国家允许依法设立收费公路"。

106 国道建设为贷款修路，依据国家的计量标准收取车辆通行费，贯彻执行国家的"贷款修路，收费还贷"的政策。然而，近年来部分单位和个人错误地认为，通行费收取是一种重复收费现象，于是出现了很多逃费、拒缴、抗缴的事件，给收费工作增加了一定的难度，也导致部分费源流失，也使我们收费人员在工作中遇到了很多的麻烦。

【事情经过】

2004 年 8 月，L 县某交通单位的一台面包车因拒缴通行费，故意堵道，并与我站工作人员发生了冲突。为打击这种扰乱收费秩序车辆的嚣张气焰，我站借助媒体，公布了此车的这种恶劣行为，并因此得到了市级领导的高度重视。按照省政府的 42 号与 29 号文件规定，此事属于应交费车辆，因此市领导督促市纠风办追查此事，最终使车主与在我站闹事的人得到了相应处分。从以上这点也充分地暴露出有关部门对履行缴费义务的认识还不够深刻，可见收费工作的开展仅靠收费站工作人员的单方面努力是不够的。

媒体作为一种传播途径，能及时地揭露社会中的一些问题，通过舆论的方式批判拒缴通行费的行为，宣传政府的法规政策，帮助提高人们对收费工作的认识与目的。此外，各单位领导也会对其所在单位人员进行法规教育，积极提高自身纳费意识，自觉履行缴纳通行费的义务，配合我站的收费工作，为他人履行交纳通行费树立楷模。

由于人们的自觉缴纳通行费意识淡薄，不仅使得我站收费工作的开展有相当大的难度，而且还使收费工作具有一定的风险性。

2004 年 5 月的一天，一辆富康轿车因多次冲逃且拒缴通行费并强行冲岗而遭到我站工作人员的拦截。经过不断地做工作，该车主仍极不配合，并造成了严重的交通堵塞。迫于形势，我站工作人员迅速拨打了“110”，最后经公安干警和站部领导的一番努力劝说，该车主最终同意将车开出车道，并同意靠边接受处理。但是，在其离开收费车道后，车主并没有停车，而是急速驶向市中心，最后发展到要把车辆开到长江去，欲与我们同归于尽。幸亏坐在前排的公安干警及时拔下车钥匙，车才在江边的护堤上被卡住，避免了一场车祸的发生。

作为该车驾驶员，多次冲逃并故意堵塞国道，严重扰乱了公共交通秩序，更为严重的是他还威胁到工作人员的生命安全，这一系列行为的发生都源于其自觉缴费的意识淡薄。从这一个侧面上我们可以看到，社会上广大群众还是没有完全理解设立收费公路的目的，没有认识到公路收费“取之于民，用之于民”，没有认识到设立收费公路利在当代，功在千秋，没有意识到每个公民在享受权利的同时还应自觉履行自己的义务。同时，也反映出了发展社会主义文明，促进个人素养的完备，培育权利和义务相统一的公民意识，培养有纪律的公民，使每个公民具有遵纪守法的行为习惯，认识到自觉缴纳通行费的重要性的任务还任重道远，另外也体现出公安机关的鼎力协助，采取必要的强制手段，制止并惩处不法分子的恶劣行为，是促进收费工作的开展的必要保障。

公路是城市社会经济活动的动脉，随着经济的发展，交通需求的迅速增长与交通基础设施缓慢变化之间供需不平衡的矛盾日趋尖锐。为综合解决城市交通拥挤问题，国家提出了“贷款修路，收费还贷”的政策，这项政策也是国家为加强公路建设的一项重要决策，为加强公路收费工作的贯彻执行与征收，我站将在当地政府的领导下同相关部门通力协作，采取有力措施，加强通行费征收工作的管理，宣传和协调、解决收费工作中的问题，维护征费秩序，以国家利益为重，严守岗位，恪尽职守，照章收费，并竭尽所能地促进车辆的自觉缴费意识。

拒交、逃交、少交通行费形形色色之十五

——刁难

迎丰桥收费站

【事情经过】

10月20日下午，一台牌号为丁H×××××的大型东风货车进入收费站，经收费员确认车型后，驾驶员出示IC卡及100元现金。收费员打票后找零给驾驶员，这时，驾驶员突然提出自己的车装载的是水果，属于鲜活的农副产品，按省政府规定要求减半收通行费。于是收费员询问驾驶员为什么事先不提出装载的货物是农副产品，而是打出票后再提。驾驶员回答说："我就是故意要让你们赔钱啊！"收费员说道："你故意要让我赔钱，那我就不给你减半征收通行费，你这种想法太令人费解！""你敢！你们如果违反国家政策规定，我就马上打电话到省政府农民减负办公室投诉你们！"在双方进入僵持的情况下，当班人员迅速请示站领导到现场解决。

【处理结果】

值班站长了解了事情的全部过程后，逐一核对了该车的各种手续，在听取驾驶员口述的各种"理由"之后，首先给驾驶员再次陈述了"绿色通道"车辆政策规定的两个必备条件：一、只有本省籍车辆运送的本省生产的鲜活农副产品才能减半征收通行费；二、车上的装载质量必须达到总核载质量的70%。驾驶员承认知道这个政策规定，然后站长反问了其装载的是什么货物？驾驶员继续理直气壮地说："是水果！""什么水果？""什么都有！"驾驶员并主动打开车厢给我们验证。发现车内装载的的确是水果，但其中主要是香蕉和荔枝，这时站长心平气和地问驾驶员："湖南省哪个地市产香蕉和荔枝？"驾驶员回答说："香蕉和荔枝肯定来自广东省，但我是从长沙市水果批发市场运输过来的，难道不能减半征收通行费？"值班站长又说："不是本省生产的农副产品当然不能减半征费！开始给你宣传了"绿色通道"政策，你不是说弄明白了吗？"为了证实站长的话，驾驶员又仔细阅读了"绿色通道"政策的文件，自知理亏，方才按规定交了100元通行费离去。

【启示】

这个事件给我们的教育非常深刻，首先，我们必须要吃透文件精神才能运用到不同的实际工作中去；其次，收费人员要有自信，个别收费员被驾驶员的嚣张气焰所吓倒，因此出现不必要的问题；第三，严格执行文件精神，要讲究方法和技巧，方能立于不败之地；最后，就是我们的收费窗口必须张贴"绿色通道"车辆应该"主动申明"的告示，告知驾驶员，这样有利于争取在收费纠纷处理中的主动权。

收费公路管理教训之一

——免征范围外的"免征车"

迎丰桥收费站

【事情经过】

2002年6月的一天，灰濛濛的天空下着小雨，收费站内的交通、收费秩序井然，收费员们正有条不紊地征收着国家的每一笔通行费。

忽然，一台东风大卡车载着两条救生船鸣着喇叭直接开过收费窗口，停在了电动栏杆前面。收费员还没明白过来是怎么回事，就听见驾驶员大声叫嚷："快点开栏杆，别耽误我的时间"。见此情景，当班班长和稽查员马上上前了解情况。"师傅，您还没出示您的IC卡呢"。话音刚落，就见车窗内扔出一张卡来并伴随着驾驶员的催促声，稽查员马上将卡交给收费员。"师傅，您的车不属于免征车，请您交费"，收费员心平气和地对驾驶员说道。"什么？你知不知道，我的车属于紧急防汛车，是政府紧急调用参与洞庭湖抗洪抢险的"。驾驶员气急败坏地吼道。

【处理结果】

当班班长随即让稽查员打开备用车道，疏导后面的车流。同时一想，当前确实是全省的紧急防汛期间，虽然未接到紧急防汛期间车辆免费的文件规定，但还是应该核对一下驾驶员证件的真伪，做一下详细登记。不料，这时驾驶员已自己直接拨通了省防汛指挥部的电话。没过几分钟，省交通主管部门给站里打来了电话，要求对此类紧急防汛车辆快速放行，并对收费站的做法提出了严厉地批评。

【启示】

上述情况，收费站工作人员认真执行收费政策，严格岗位职责是没有错误的，但为什么还挨了领导的批评呢，这就值得我们深思：

(1)收费现场人员在遇到特殊情况时，应马上通知站部值班负责人，避免我们的工作陷入被动。

(2)收费工作政策性极强，但也需要灵活运用。当我们在收费现场处理特殊征费情况时，不要一味地按照条条框框办事，要学会特殊情况特殊处理，灵活变通。

(3)当我们尽快处理完个别特殊情况后，要将情况详细记录在案，并及时将此情况向上级交通主管部门报告，尽量减少此类情况的发生。

总之，我们的收费工作并不是来一台车、收一笔钱那么简单和单调的。我们在认真工作的同时，一定要将事前、事中、事后的情况全盘掌握，做到随机应变，我们才能化被动为主动，变退守为进攻，我们才能充分享受到工作所带给我们的快乐。

收费公路管理教训之二

——珍惜生命，关爱他人

迎丰桥收费站

【事情经过】

10月24日拂晓，天亮前的寂静被一声惨叫划破，Y收费站正在当班的收费员只见前方200m处的匝道上"嘭"的一声，掉下一团黑影，随着一声闷响便无声息了。出事了！当班班长迅速做出反应，和督导员一起迅速奔至桥下，只见一青年男子倒在血泊之中，已呈昏迷状态。见此情形，班长立即拿出手机拨打120急救中心，同时督促督导员站在事故现场前方50m处，指挥下行方向车辆慢速行驶。

20分钟后，救护车赶到，将伤者迅速送往医院抢救。

原来，该男子是从广东打工回乡的农民工，乘一辆广州开往D市的卧铺客车回家。客车驾驶员为图方便省事，在高速公路匝道上停车下客。该男子下车后想横穿公路出去，但在翻越中央隔离护栏时，由于天黑，不慎从桥中央宽约一米的缝隙中掉下。桥面距离路面高约6m，该男子摔下后当即休克。若不是发现及时，事态可能还要更糟。

【启示】

作为一线的收费员，在完成自己本职工作的同时，还必须肩负起宣传交通安全，劝阻行人上高速公路的责任。虽然我们不能制止车辆在高速公路上停车下客的事，但宣传工作还是必须要做。向所有过往客车的司乘人员宣传我们的分段计费制，奉劝驾驶员为了自己和他人的生命安全，必须出站下客；也奉劝乘客拒绝路上下车。要把宣传工作做细，用典型的事故案例去说服、打动他们，真正做到防微杜渐。

生命是宝贵的，为了这宝贵的生命，请不要贪图一时之便利而去损害它。只有珍惜生命，关爱他人，社会才会更加美好。

第二篇
建设高素质队伍

什么是素质？

所谓素质，是指一个人在政治、思想、作风、道德品质和知识、技能等方面，经过长期锻炼、学习所达到的一定水平。它是人的一种较为稳定的属性，能对人的各种行为起到长期、持续的影响，甚至起决定性作用。

打不还手，骂不还口之一

——面对公安特权

徐仲华

【事情经过】

2003年11月19日16时，数名公安干警驾驶的几辆小车从C收费站3号车道经过，自称执行公务，要求免费通行。但显然，这些车辆挂着的是民用牌号，并不在国家和省政府规定的免费车辆之列，且对方也拿不出执行公务的相关证明或函件，同时，收费站也没有依照惯例接到任何放行的通知，因此，收费站无权满足其免费放行的要求。于是，收费站工作人员向领队车辆的驾驶员解释清楚上述原因，并礼貌劝其购票。对方不但拒绝购票，还从车上跳下来，在收费站内大声叫嚷："我就不购票，你们能把我怎样?!"并让其同行车辆上的公安干警都从车上下来，用人、用车，将收费站上下方向的六个车道全部堵住，不许任何车辆通行。这还不够，后又将收费站与人行道间的隔离钢护栏扭断，还有封车道的专用小车、遮阳伞底座等，站内所有可以"借用"之物都拖来堵在车道内，形成一张牢不可破的铁"网"。收费站的当班队长谢某和工作人员吴某等立即上前劝说，对方非但不听，反而将谢某和吴某等人在几个车道内扯来扯去，并说："你们干什么的?! 我在执行公务，你们敢妨碍我，我就把你们都带走!"还有个别干警口中骂骂咧咧。发展到后来，更甚的是大庭广众之下，这帮执法者"斗志"上来，把谢班长和另外两名收费人员在站内拳打脚踢，将收费人员帽子踩在脚下，衣服扯破，眼睛打青，并造成身体多处软组织损伤…，整个收费站内一团糟。此时正值市区上、下班高峰时期，需要过站的公交车、大车、小车都排起了长长的车龙，交通出现严重堵塞。对这些执法犯法的干警，许多围观市民非常不满，纷纷指责，大声鸣不平，这帮人的无法行为已造成了极坏的影响。公司领导和内保队及时到现场解决，对方也不听劝解。

【处理结果】

《中华人民共和国道路交通安全法》明确规定，故意堵塞国道的行为属违法行为。而个别公安干警，作为执法人员却知法犯法，严重损害了国家执法机关形象和政府声誉，严重损害了外商投资企业的合法权益，造成了极为不好的社会影响。在事发第二天，当W公司领导将这一情况实事求是地反映给市委、市政府时，市委、市政府领导对此事高度重视，责令市公安局立即对此事进行严肃查处。市公安局及肇事者所在的公安分局通过调查了解，弄清楚了上述事情的经过，先后几次召开党委会、管理层人员会议，组织基层派出所所长以上人员集体观看事件的现场录像，分别写出心得体会；对肇事者进行了撤职、留职察看等严厉处罚；代表肇事者向W公司表示了歉意，公安分局领导亲自到受伤的收费员工家中进行看望慰问，同时将此事的处理情况以文件形式向W公司作了通报。

【启示】

通过这一事件，反映出公安队伍中的极少数干警素质还有待提高。作为执法人员，自己更应该以身作则，严格要求自己，遵守各种法规，正确履行自己职责，而不能利用职权给自己搞特权，开绿灯。同时还要根据我国的社会经济发展，及时转变思想观念，才能更好地去执法。C收费站的经营权在被依法转让后，受转让企业的合法权益是受到国家法律保护的，换言之，过站车辆除国家规定的免费车辆外，都应交纳通行费，这点在国家新颁布的《中华人民共和国收费公路管理条例》中是明确了的。理由很简单，外商投入巨资收购了收费站，不仅要收回成本，而且还要有盈利。作为人民警察，应该理解企业，应该保护企业的经营权益不受侵犯，而不应该来破坏和扰乱企业的经营环境和秩序。

另一方面，作为收费站的员工，也应该转变思想观念。过去大家从事的是事业性收费，现在是经营性收费，其性质是完全不同的。收费站的一切工作都要围绕“多收费，收好费”这个中心任务来开展。同时，还要加强各种有关的法律、法规学习。进行收费工作，在国家政策规定的收费范围内，认真落实“应收不漏，应免不收”的收费原则，坚持“文明收费 、热情服务”的收费准则。上述事件之所以最终能够得到圆满的解决，与现场收费人员谢班长和另外两名收费人员始终坚持做到“打不还手、骂不还口，认真收费、文明礼貌”是密不可分的。在此鼓励大家都能在日常的收费工作中，像文中的C收费站工作人员一样，文明服务，坚持原则，把该收的费一分不漏地收起来，共同推动我们的收费事业顺利向前进。

打不还手,骂不还口之二

——面对彪形大汉的施暴

汪金元

【事情经过】

2004年5月17号的上午10时15分,一辆小车途经我收费站时,欲强行冲岗,被当班收费员曾某拦住。随后当班收费班班长李某和公司分管现场领导上前做工作,宣传依法收费政策,并请他按规定缴纳通行费。此时,从小车的副驾驶室下来一个彪形大汉,满脸怒气,满口脏话。边说边走到了拦车器前,伸手去推拦车器杆。这时,当班收费班长李某和稽查人员上前阻止他的这一行为,没想到"大汉"竟出手打人。李班长胸前被打了几拳,随后脖子又被卡,衣服也被撕破了。

【处理结果】

收费现场人员迅速进行报警,驻站民警及时赶到现场,将相关闹事人带到公安执勤室,接受处理。此事件的发生,使收费车道前后共堵塞十几分钟,之后才恢复了正常。

这本是一起区区10元钱的小纠纷,现已变成动手伤人,扰乱正常收费和正常国道畅通。公司领导非常重视这件事情,并指派相关部门经理做好事发现场录像光盘,同时开车送李班长到医院进行检查和法医鉴定,经医院检查诊断为:胸背及右手软组织损伤,咽喉充血,需住院观察。

李班长在住院期间,公司领导在百忙之中多次到医院看望,对其家属进行慰问,几天以后又陪同李班长到医院进行复查,当确诊无大碍的时候,才决定办理出院手续回家休养。

与此同时,有关部门将已刻好了的事发现场录像光盘交给公安民警,连同公安民警的询问笔录一并交公安局法制科。当天下午4时14分,公安部门对闹事人作出治安拘留6天的处理决定,对小车驾驶员不交费、冲岗、扰乱国道正常畅通行为,处以经济处罚,并赔偿了受伤的收费人员的医疗费、法医鉴定费和制服费等损失。

【启示】

以上是一桩10元钱的小事,带给我们带来的教训却是深刻的,一方面反映出极个别驾乘人员的道德素质不高,我行我素,法制观念不强;同时,又从一侧面反映出城市收费环境的复杂性、多变性。通过这件事,对收费现场领导和员工提出了更高的要求,要不断提高领导和员工的综合素质,工作要有耐心、诚心和敏感性,依据相关政策法规，做好宣传解释工作，切实做到“打不还手，骂不还口”。

随着改革的不断深入和劳动力市场竞争激烈，加之企业改制（员工身份置换）给企业带来了生机和活力，公司领导及时抓住这一大好形势，针对收费中心工作，强化制度落实，规范收费现场管理，对员工进行了思想、道德素质教育和法制教育，使之成为务真求实、遵纪守法的员工。通过教育，公司员工的观念更新了，多方面素质在不同程度上也有所提高，能够清醒地认识到“要努力扎实工作，诚信做人，遵守公司的各项规章制度”；反之，将会在改革的浪潮中惨遭淘汰。

打不还手，骂不还口之三

——面对吐口水的驾驶员

郭　军

【事情经过】

2004年11月8日，一台车号为×J×1××8的大货车驶入收费车道，我真诚微笑着对驾驶员说："师傅，您好！请出示一下行驶证"。我一看型号是CA5173，我就对驾驶员说："师傅，您好！根据国家发改委的新标准，您的车型已经纠正为27t，我们要按六型车辆征费"。当驾驶员听到这里，破口大骂起来："你没有读过书啊！你没有看到我行驶证上面是10t吗？你是新来的吧！不会收费啊！要是不会收，你就别占着这个位子"。驾驶员的话越骂越难听。我拿出中央七部委联合治理超限超载文件和国家发改委标准，耐心微笑地对驾驶员解释："师傅，您看这是中央七部委联合治理超限超载的文件，您的车以前是大吨小标，现在国家发改委已经把您这种车的吨位恢复了，您这个车要按新的吨位征费，您看，您这个车型跟新吨位完全符合，现在已经升到27t了"。驾驶员听到这里还强词夺理说："不要跟我说这些大道理，我这个行驶证上面是10t，你一定要收我27t的钱，就你特别讨厌，小小年纪就学着这么讨厌，老子就是本地的，以后你别到镇上去，去了老子就要打死你。"驾驶员蛮横的骂着。我还是耐心微笑地对驾驶员说："师傅，请别这样说，我们也只是为了工作，是按上级的要求办事，我们并不是故意为难您，我知道您的车以前交3型，现在突然要交6型，心理一下子接受不了，这个我们能够理解。但师傅您要起到你的车本身就是27t，以前是大吨小标，我们的国家每年投资大笔资金用在道路维修和养护上，才有这么好的路走，路好走了你们的效益才会提高，您应该支持国家的公路事业，请您配合我们的工作"。师傅听到这里极不情愿地把钱掏出来吐了口口水在钱上，骂骂咧咧地把钱交给了我，接到这吐了口水的钱，我快速打出票，用真诚的微笑对驾驶员说："师傅，您走好"。当驾驶员看到我真诚的微笑后，因骂咧而扭曲变形的脸上就"唰"地一下变红了。

【处理结果】

驾驶员不好意思地忙对我说："小兄弟，对不起，我给你换一张吧。"我说："师傅，没关系，只是您能够理解并支持我们的收费工作就心满意足了。"驾驶员会意地点了点头，一场收费矛盾在我的真诚微笑中得到了圆满化解。

【启示】

上述故事中，收费员凭着自身的经验和技巧，用真诚的心微笑着去跟驾驶员解释，让驾驶员知道中央七部委治理超限超载的目的，什么是大吨小标，大吨小标的吨位如何恢复，恢复吨位后是多少，尤其重要的是收费员始终保持着一份真诚和微笑，不卑不亢、耐心细致地跟驾驶员交流，使驾驶员由不理解到理解，使车辆顺利通过。这样，既避免了矛盾又保证了通行费的足额征收。

真诚和微笑拉近了我们和驾驶员之间的距离，架起了彼此之间理解的桥梁。真诚和微笑成了我们工作中解决问题的良方。在收费站的我们常常面对五湖四海、南来北往的驾乘人员，我们的态度和用语直接影响着他们以及他们身边人的心情和态度。因此，我们不得不正视自己在窗口服务时举足轻重的作用。正如水中涟漪的中心，一个能影响很多，一个能波及泛滥成很多。我们简单的微笑，简单的一句“您好，一路平安”，就能让更多的人记住我们的真诚，我们的关怀，我们的祝福。“态度好一点、脾气少一点、工作细心点、微笑真诚点、文明用语多一点、对驾乘人员热情点”，是我们不变的原则，也是我们工作中实践的标准。

打不还手,骂不还口之四

——面对酒后失态的运管干部

刘立军

【事情经过】

2002年9月4日10时左右,一台车门上印有“中国运政”的白色面包车停在了我的收费车道口,满嘴酒气的驾驶员递过一张IC卡,刷卡显示“免费”。收费员的责任感使我没有轻易地按下“放行”键,我微笑着对驾驶员说:“麻烦您出示一下证件”。驾驶员极不情愿地拿出了一本证件。我一看是一本某县运管所的个人证件,就解释说:“个人证件不能作为免费依据,你这车辆只有有效的路政使用证且证照相符才能免费”。驾驶员不耐烦地说:“出来匆忙忘记带啦”。“按照规定,这种情况是不能免费的”,我依旧笑着解释说。“进站发什么卡,你就怎么收费,怎么这么啰嗦啊!”“进站虽发的免费卡,但以出口核实为准,这是收费制度”。“你们不就是要钱吗,我有的是钱”,说着,驾驶员从口袋里掏出一把零钱往我面前一扔。

【处理结果】

我强忍着激愤的情绪,把扔在地上的钱一一捡起,清点好,把多余的钱和票递给他,仍和颜悦色地对他说:“注意安全,您好走”。驾驶员夺过票和钱,扬长而去。

事后得知,这个驾驶员是我们收费站一位员工的远房亲戚。谈及这件事时,这位员工说那位驾驶员对那次的酒后失态感到很不好意思,说当时主要是面子关系,又发的免费卡,不是想存心拒交通行费,特别嘱托这位员工向我转达他的歉意,并说他很钦佩收费员的服务态度和气度。

【启示】

在这次收费中,驾驶员发酒疯、骂人、丢钱,这些都是在考验收费员的业务素养。假如当时收费员不能控制自己的情绪,很可能就会引发矛盾,甚至使事态恶化。收费员没有以牙还牙,而是耐心解释,以优质文明的服务,既坚持原则,达到了应征不漏的目的,又表现了我们收费员较高的业务素养。污言秽语、满嘴酒气的驾驶员,和颜悦色不亢不卑的收费员,两种表现形成鲜明对比,谁优谁劣、谁胜谁负,不言自明。相信那位深感歉意的驾驶员以后经过每个收费站时再不会有类似行为了。

打不还手，骂不还口之五

——面对酗酒闹事的军人

姚长江

【事情经过】

2003年元月20日下午3时45分左右，一辆无牌小车缓缓驶入C收费站的不停车收费车道，车内坐3名着军装的男子，满脸通红，浑身散发着浓烈的酒气。当时正在收费站检查工作的公司管理人员蒋某、欧阳发现该车未安装路通卡，无法由路通卡车道通行，就礼貌地上前说："同志，您这辆车不能从路通卡车道通行，请您走次票车道"。此时，车内一名男子摇下车窗，对着他们张口便骂。蒋某站在车旁继续耐心向他们宣传有关收费政策，但驾驶员根本不听，既不购票，也不退出车道，致使后面的持卡车辆不能正常通行。在劝说无效的情况下，欧阳电话与军分区领导联系，请求对方协助解决。这时，车上下来一名军人，上前一把推开蒋某，抢了欧阳的手机，然后狠狠地摔在地下，尔后发动车子欲强行离开，后被闻讯赶到的交警、巡警、公司内保队及收费站工作人员拦下，随后肇事车被带到公司办公院内。

【处理结果】

军分区领导接报后迅速赶到公司了解情况，当即对这三名肇事军人酒后无理取闹的行为提出了严厉批评，并令其向公司及当事人赔礼道歉。

【启示】

收费现场管理具有复杂性、多样性的特点，对现场管理人员驾驭复杂情况的能力提出了很高的要求。这次事件中，由于我们的收费人员掌握收费政策性强，并坚持做到了文明服务，以理服人，使肇事方认识到了自身的错误行为，并赔礼道歉，化解了矛盾，维护了公司的形象。

公司在整个事件的处理中占据了主动的地位，得益于收费人员处理复杂局面的能力和文明服务态度，为矛盾的最终顺利解决奠定了必要的基础。

打不还手，骂不还口之六

——面对行凶军人

乐庸强　何洪强

【事情经过】

2002年10月30日晚9时40分左右，一着军装的人驾驶一辆民用车牌的小车，经过C收费站售票口时，将车灯大开，异常刺目，致售票员周某无法看清车型。周某礼貌地对该军人说："师傅，请你把车大灯开小点，行吗？"这名军人一听，张口便骂，极其蛮横。旁边的其他售票员见状气愤地说："你是军人，请注意影响"。这名军人气冲冲地下车来，径直走到售票口前，对着周某就是两拳。周某闪开了，不肯罢休的驾驶员又接着冲进售票亭，狠狠殴打周某的头部。收费站其他工作人员发现后及时上前进行阻止，公司内保队闻讯后也立即赶到收费站，将行凶打人的军人带到了收费站办公室。

【处理结果】

公司领导得知情况后，及时安排车辆送周某到医院检查。因头部流血，身体多处软组织损伤，周某被安排住院观察。期间，公司领导多次到医院探望、慰问伤者，同时联系军分区警备纠察队，与当地公安巡警大队、派出所共同参与处理此事。当晚，经公安部门和军分区警备队调查了解，肇事者系某部战士，酗酒后驾驶地方牌照车辆在收费站行凶滋事。该部队领导当场严厉批评肇事者，表示回去以后，一定要加强军容、军纪教育，杜绝此类事情再次发生。11月6日该部队领导带着肇事者一起来到公司调解，并向公司领导及伤者赔礼道歉。

【启示】

在本次事件中，售票员展现出了很高的工作素质，基本做到了"骂不还口，打不还手，文明收费，文明服务"。同时，从另一侧面也折射出社会部分群众对我们收费工作的不理解，甚至有个别驾乘人员产生很大的抵触情绪。因此，我们在加强自身队伍素质建设，规范现场管理的同时，还需要加大收费政策宣传力度，使我们的依法收费工作得到当地政府及社会各界的大力支持和积极配合，方可更好地杜绝类似事件发生。

打不还手,骂不还口之七

——面对违章驾驶员的恶语

祝　强

【事情经过】

2004年11月26日,正值我队上小夜班,就在要下班的时候,天空下起了小雨,但大家仍然坚守自己的工作岗位上,等待接班人员的到来。

这时,一辆牌号为鄂×××××8的黑色轿车行至收费站时突然从上桥方向逆向驶入下桥方向的四号车道。导引员发现这一情况后及时进行制止。但由于车窗关闭,驾驶员未能听到导引员的高声提示,小车继续前行,直到压上了路障机。上桥方向的导引员发现这一情况后,便对该车进行了拦截。由于该车驾驶员违章逆向行驶,致其所驾车辆压上收费站的路障机,虽不能算逃票冲站行为,但已对收费设备造成了直接损害,应当赔偿设备损失。

【处理结果】

该车驾驶员拒不接受收费站处理,还谩骂我们的工作人员,其随车人员也是恶语相向,指手画脚。在这种情况下,我队的每位员工坚持耐心细致地做好解释工作,本着"打不还手,骂不还口"的原则,理智地回答着对方的每一个问题。后来,该车驾驶员自觉理亏,随车人员也要求收费人员酌情处理赔偿问题。考虑到该驾驶员是因违章导致了撞损路障系统设备情况的发生,便要求其补购一张过桥费,另赔偿50元后放行。

【启示】

这件事的发生,让我深刻认识到文明服务的重要性,特别是在窗口行业,遇到突发事件,一定要保持清醒的头脑,牢记公司的服务宗旨,不能意气用事,在保护公司财产的同时也要很好地保护我们自己。上述事情得到顺利处理,为我们今后再处理类似的情况积累了经验,打下了基础。

打不还手，骂不还口之八

——面对如此耍特权的交警

杨榜周

【事情经过】

2003年6月30日晚20:30左右，H收费站内灯火通明，当班工作人员正紧张有序地售票，疏导南来北往的车辆，可谁也没想到市某交警大队干警李某的到来，一下子打乱了收费现场的平静。

事情是这样的，当晚李某驾驶一辆鄂××××4的蓝色普通型桑塔纳轿车进入H收费站3号车道，径直冲到路障机跟前，见3道路障机还没有放下，就无奈地把车倒回到售票窗口停下。李某满嘴酒气，对着售票员就破口大骂说："老子是某交警大队的李某，刚处理完公务，赶快放行，否则就别怪我不客气！"当班售票员王某微笑着说："虽然我认识你，但不能放行，一是我没有接到上级领导允许放行的通知，二是你开的是民用车牌，不符合放行的条件"。李某听后，更是大发脾气，根本不听当班队长及导引员的进一步解释，气势汹汹地说："老子今天不走了，找你们站长算账去！"说毕就把车门锁上，骂骂咧咧地来到站部办公室，一见到站长，就边骂边用手机约人。不一会儿，几个人涌入办公室院内并大声叫骂。为了不发生正面冲突，值班站长暂避起来。由于没有找到值班站长，他们只好扬长而去，但这一事件造成了收费站内长达40分钟的交通堵塞，使收费工作受到了严重的影响。

【处理结果】

H收费站站长立即把这一事件向公司领导作了汇报，公司领导闻讯后非常重视，立即赶往H收费站，一边安慰值班站长，不要惧怕恶势力，一边向公安部门进行汇报，得到了交警支队和李某所在大队领导的重视，李某受到了严厉批评以及相应地处罚。

【启示】

通过这件事，使我们更加清楚地认识到，任何在收费站耍特权的人和单位，只要我们坚持依法收费，文明服务，都可以通过正常渠道进行解决。切不可盲目地与之发生冲突，影响公司的形象，因为一个企业的生存还需要依赖于社会各界的支持。经过我们全体收费员工的共同努力，上下齐心协力，依法依规，文明服务，久而久之，良好的企业形象就会扎根于人们的心中，这也必将推动我们的事业发展越来越顺利，越来越壮大。

打不还手，骂不还口之九

——“还口”的教训

蔡光斌

【事情经过】

2004年5月2日晚6时，白某和往常一样准时到C收费站接班，极其自然地从事着自己的导引工作，积极疏导着来往的车辆。现场没有一点异常。可谁想到，一场矛盾纠纷却突然发生了。

晚9:00左右，一辆出租车在3号车道售票亭购完通行票后又突然倒回到售票窗口前，声称售票员所找的零钞有误。售票员答应和监控员核对一下录像后给予答复，并请其将车驶离车道，停靠在收费站外，以免影响后面车辆通行。而该驾驶员却坚持要在现场等候结果，这样，3号车道便出现了短暂不畅的情况。恰恰这时，后面驶来一辆小车，导引员白某见状上前劝其改走其他车道，谁知白某的一片好心却得不到对方的理解，该驾驶员不但不听劝告，还出口伤人。白某在忍无可忍地情况下回击了。于是，二人你一言我一语，矛盾由此产生并迅速激化。当班队长有事临时不在现场，其他同事见状立即上前进行劝阻，可野蛮的驾驶员还是乘白某不备之时，挥拳朝白某的脸上打去，鲜血顿时从白某的口中流出。这时，队长迅速赶到现场，一面安排人员控制肇事驾驶员，一面通知公司有关领导和值班站长，并请来值班巡警一同协助处理纠纷。

【处理结果】

事件发生后，公司领导高度重视，亲自带领内保队同志迅速赶到现场。一边了解情况，一边安排人员将白某送往医院医治，并责成内保队与巡警配合，严肃追究肇事者责任。

经医院诊断，白某两颗门牙被肇事者打落，构成轻微伤。在内保队及公安机关的积极介入下，肇事驾驶员赔偿了损失，并受到了相应的治安和经济处罚。

【启示】

虽然这起典型的寻衅滋事治安事件得到了妥善地处理，但对于我们从事服务行业的员工来讲，也需要从中总结教训，提高个人服务素质。遇到类似事件，如果导引员白某当时头脑能够冷静一点，多忍让一点，尤其是在矛盾发生以后，多一点自我安全防范的意识，或许事件不至于发展到如此严重的地步。

痛定思痛，我们更加认识到了在日常工作中文明服务的重要性和必要性，时刻牢记白某的教训，为我们的收费工作创造一个更加良好的工作环境。

打不还手，骂不还口之十

——以牙还牙？“还手”的教训

何洪强　冯　丽

【事情经过】

2004年9月17日上午7时50分左右，一小车在H收费站购票时，因发生票务纠纷而停在站内堵道。另一车道的售票员李某打开水经过这里，见状上前帮忙做驾驶员的解释工作。蛮横的小车驾驶员不满意李某的解释，竟高声大骂李某。双方遂发生口角。这时，小车后面来了一辆公交客车，客车驾驶员辛某见现场情况就下车观望。突然，骂了人还觉不解气的小车驾驶员干脆跳下车来，挥拳打向李某，被激急了的李某也抡起手中的水杯砸向小车驾驶员。不料，小车驾驶员闪身躲开了，杯子正好落在辛某的脸上，致辛某的左外侧唇部受伤。收费站立即派人将辛某送往市区某医院检查治疗。

【处理结果】

事发后，公司领导和收费站负责人找到李某谈话，李某也认识到自己的错误，主动提出与公司内保队一起到医院看望、慰问伤者，并赔礼道歉，得到了对方的谅解。后由收费站出面，召集公交公司、辛某和李某三方协商后，就辛某被误伤一事最终达成合解协议：(1)辛某受伤的挂号费、治疗费由李某承担。(2)辛某受伤期间的误工费、营养费也由李某承担。(3)此调解为一次性了结，今后三方不得再为此事争议。至此，李某共赔偿伤者各项损失1037元。

【启示】

作为收费站一方，努力多收费是其最终目的；作为通过收费站的车主，千方百计少交费或不交费是其最好的打算，这样，收费与拒交费是一对贯穿于收费经营工作始终的矛盾体。那么，作为收费人员，应主动承担起化解收、交矛盾的责任，一方面加大收费政策宣传力度，严格落实“应收不免，应不免收”要求，以取得广大过站驾乘人员的理解和支持，另一方面要不断加强自身素质建设，不但拥有熟练的业务操作技能，还必须有很强的工作责任心和过得硬的“打不还手，骂不还口”的素养，以我们的一片真心、诚心、热心来打动对方，得到对方的理解，最终实现顺利收费的目标。本文中的李某受到对方激怒，便采取“以牙还牙”的做法显然是错误的，在给自己带来经济损失的同时，也对收费站的社会形象造成了不良的影响。

收费行业作为“窗口”行业之一，我们每个员工的一言一行、一举一动，不仅代表着公司的形象，而且代表着市民的文明程度。文明服务是收费人员的最基本的岗位要求，希望每一个从事收费工作的人员都能从大局出发，讲究职业道德，以自己的小委屈换来社会对收费工作的大支持，那么，收费与交费间也就不成其为矛盾了，创建和谐的收费环境也就不成其为问题了。

创建文明“窗口”靠大家，靠我们每一个收费员，从一点一滴做起。

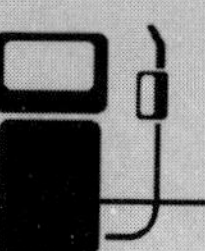

打不还手，骂不还口之十一

——面对行凶的工商干部

江西森林公司

【事情经过】

2001年6月9日晚上20点20分左右，一辆车牌号为赣××××4的吉普车由经过K收费站4号岗亭时，驾驶员鸣响喇叭要求收费员起杆放行。收费员罗某一看该车，既非免费车，又不是月票车，即婉言拒绝，并耐心说服驾驶员缴费。但此时，车内有一人不但听不进解释，反而开口骂人并准备推开车门下车，当时被车内同事拉住。车内靠窗一人掏出5元钱，交给已经赶到的班长陈某手中，陈班长也马上把通行费票证交给缴款人。此时驾驶员将车发动准备离开。但想不到刚才那位身穿工商管理制服的骂人者，突然推开车门气势汹汹跳下车来，口中叫嚣着要打收费员。班长陈某见此情况就将其拦在岗亭外劝阻，但此人根本听不进陈的劝阻，酒性大发，趁陈某不备抬起手来打了陈某一记耳光，并还要冲进岗亭。陈某被打后没有还手，仍继续劝阻，又被此人朝胸部打了一拳。收费员罗某目睹了陈某被打过程，看到当时外面没有本站人员，就走出岗亭准备协助班长做对方工作。但想不到此人发了疯一样，扑过来就掐住罗的脖子，还要动手打罗。陈见状赶紧拉住其手，并警告他不要再行凶施暴。但那人变本加厉，又举手打陈一记耳光，边打边喊要打死陈、罗二人。在此紧急关头，接到监控员报告赶来的站长助理黄某、驻站警务人员蓝某及时到场进行制止，当时车上也下来多人围着黄、蓝进行威胁。此时大家发现，车上下来的人都喝了酒。在人多混乱中，那位行凶者趁陈班长不注意，又向陈头部猛打一拳。后来由于站内很多员工赶来，驾驶员感到再闹下去没有好处，才招呼同伙一起离去。对于以上事发过程，当班监控员做好了记录和录像。

【处理结果】

事情发生后，站领导十分重视，一方面送陈某到医院检查治疗，并安排其休息；另一方面想方设法调查当天行凶人员姓名和单位，要为员工讨回公道。后来经过站长多方联系和核实，确认当天行凶者是G市工商局××区分局市场建设中心的招聘干部高某。经找到该局领导联系和反映，此事引起了××分局领导的高度重视。8月30日，该局派出法制科廖科长、纪检组陈主任、吴主任一行数人来到K收费站，调查了解6月9日的事件情况。他们来站后，找到班长陈某、收费员罗某做了口述笔录，看了当天录像（后复制一盘带回作证），并请K收费站写出书面材料，证实事发过程及提出有关要求。他们还向站领导和当事人表示：在当前开展民主评议行风过程中，发生这起酗酒闹事、行凶伤人,有损工商形象的事件感到十分气愤,并向站领导和当事人表示道歉和慰问。他们把材料和录像带拿回去,向局领导汇报,必将对肇事者做出严肃处理,并将处理结果在近期向K收费站作出反馈。

9月上旬,工商局方面再次派人来站,反馈两项决定:(1)对伤人的肇事者高某做出行政记过处分;(2)由该局赔偿陈班长的医疗费用、误工费等损失。朱站长和当事人对工商局领导的重视和处理结果表示感谢和满意。

【启示】

从上述事件的整个发生和处理过程中,表现出了值得借鉴的几个方面:(1)班长陈某、收费员罗某能以公司利益为重,坚持原则。在对方无理取闹,甚至殴打自己时,能临危不惧,克制忍耐,体现了两位员工的良好素质。(2)监控人员工作到位。能在关键时刻发挥作用。(3)领导重视。一方面及时赶到现场制止对方行凶,保护员工不受伤害;另一方面为了伸张正义,不让肇事人员逃脱责任,想尽办法调查打听,终于帮助员工讨回了公道。K收费站员工在得知此事的处理结果以后,不少员工表示,领导如此重视、关心我们,为我们撑腰,以后我们就更有信心,不怕干扰,不怕威胁,把收费工作做得更好。

打不还手,骂不还口之十二

——面对飞脚踢东西的派出所干警

邹克虎

【事情经过】

2003年5月24日上午,Y市某乡派出所的一辆"O"字头小车快速在J收费站冲卡时,被站内杆子栏下。这时车上下来两名身着警服的公安人员,一脸怒气,冲到杆子前面,飞起一脚将杆子踢歪。当班女班长胡某见此情况,马上上前制止。当时,双方都用劲捉住杆子,由于胡班长"寡不敌众",杆子被对方抬起,然后重重地打在了胡某的脸上,结果胡某的脸被打肿,内牙打松。发生的这一切,坐在随后"警"字号牌小车里的该所教导员都看得一清二楚,却置若罔闻。随后,这两部小车扬长而去。

【处理结果】

根据湖北省人民政府鄂政发[2001]42号文件规定,政法部门除"警"字开头的车辆外,其他任何公务用车都不能享受特权,都应当自觉交纳车辆通行费。所以,这起事件是一起严重破坏国家收费政策的违规行为。事发不到一个小时,J收费站站部迅速成立了事件处理领导小组,公司总经理亲自担任组长,具体指导。公司一方面安排胡班长住进医院,一方面从监控室调出录像带,并附上省政府的[2001]42号文件,一起送到了公安局局长的办公室。

公安执法人员公然违抗政府规定,故意打伤收费人员,Y市公安局党委对此引起高度重视,立即在当天召开党委会,并拿出处理意见:(1)责令两名当事人,除上门赔礼外,并由个人负担胡某的一切医药费,同时在全局作出深刻地检查;(2)该所教导员在场不及时制止,包庇纵容民警,负有不可推卸的责任,通报全局;(3)以公安局党委名义发文,下属各基层单位要迅速组织学习,杜绝此类事件再次发生。

【启示】

通过这件事,我们有如下几点体会:

(1)无论是打官司还是上访,都要有证据。对收费站长来说,监控录像是提供现场证据的重要手段,监控设备固然要好,一流的监控人员也至关重要。试想如若此次事件,站部拿不出事实证据,凭什么能说服公安局领导?因此,我们在以后的工作中要进一步加大监控力度,确保做到有据可考,有理可依。

(2)当地政府部门对收费工作还是很理解和支持的,这就要求我们在平时的工作上注意与当地政府及有关部门多交流沟通,多宣传,把收费政策宣传到全社会,取得他们的理解和配合。

(3)领导重视是排除收费障碍、把收费工作落到实处的有力保证。

(4)从讲文明、讲服务、讲政治这一角度出发，收费站工作人员应力争做到“打不还手，骂不还口”，把整个收费工作统一到文明服务的高度上来。

打不还手，骂不还口之十三

——收费员与驾驶员“评理”之教训

胡　军

【事情经过】

今年“五一”的早晨7：00时左右，一辆电动三轮车从城关方向通过J收费站，当时的收费站值班人员放下了栏杆，并对该车征收通行费2元。该车主先是说没有钱，在打货时都用完了（因为经常有人以此借口逃费），见收费人员不为所动，后来又说只有1元钱，交费不要票。收费人员依照规定，坚持要他交足通行费，同时对他进行耐心地解释工作。当时正值上班时间的人流、车流高峰期，在此过程中，后面被堵的人群中发出大声地喧哗，纷纷指责该车主浪费众人的时间。该车主见势不对，就从身上掏出两枚硬币，砸向收费人员，并口中骂道“拿去买药吃吧！”，一边发动车向前驶去。收费人员气不过上前评理，驾驶员随即抓住收费人员，出于本能，收费人员也顺手抓住了驾驶员，驾驶员就大喊大叫，说收费人员打人了。

大约一个小时后，该车主和他的妻子，找到当时的值班领导。车主妻子说她的丈夫被收费人员打伤了，全身疼痛，要去医院住院治疗，否则打电话叫他们村里人来堵路。经过站领导反复耐心地调解无效后，为避免造成更恶劣的影响，收费站只好拨打“110”报警。警察赶到后，通过询问当事双方和查看录像带，召集双方人员指出双方的错误，并进行调解。出于人道主义考虑，收费站同意车主可以到医院检查身上是否有伤。经过CT检查和拍片，主治医生根据检查结果，诊断车主病情只是皮外伤，并无大碍，在开了一些消炎药和外用药后各自离开。

【处理结果】

警方根据医院诊断报告，再次召集双方人员进行调解。由于该车主自知理亏，其妻子在事实面前也无话可说，就在警方出具的调解书上签了字，拿药回家了。

【启示】

通过这件事，使我们更进一步认识到收费工作的复杂性。如若收费员当时能忍一忍，不去拉驾驶员，事情也就过去了。所以，作为一名收费人员，只有进一步提高思想认识，真正做到“骂不还口，打不还手”，在任何情况下都能冷静地应对，这是收费工作对收费人员的基本要求。千万不能因一时冲动，激化收缴矛盾，而给企业造成不好的影响和不必要的损失。

打不还手，骂不还口之十四

——加强监控管理　突出内外合作

迎丰桥收费站

【事情经过】

某年7月16日晚上8点20分，一辆本地捷达小轿车途经我站。车上坐着四个喝得醉醺醺的汉子，到站后无理取闹，拒不缴费。收费员进行解释，驾驶员不但不听，而且下车强行推开栏杆。班长及稽查员进行了及时地阻止，监控员也录取了该驾驶员的违规行为录像，并详细记录了时间、车牌、车号，及时通知值班站长赶到现场。站长及当班人员对驾驶员进行解释，驾驶员仍是不听，还多次与我站收费人员发生冲突，强行推杆，并把我站收费员推倒在地。8点40分，领导打电话向当地派出所报案。10分钟后，派出所民警赶到现场。驾驶员见民警赶来了，就连忙躺在地上打滚、耍赖，声称我站收费员把他殴打致伤。

【处理结果】

民警赶到现场后，为了对事情作进一步了解，要求调取现场录像。民警在站长的带领下，来到了监控室。经站长批准，监控员调取了当时的录像，与站长、民警一起对录像进行了反复地查看。最终证实，上述事件纯属驾驶员无理闹事。在民警的协助下，驾驶员补缴了全部通行费，赔偿了收费员的医药费，向我站收费员道歉，并接受了处罚。9点10分，此小车离开了收费站。

【启示】

虽然此事得以解决，但是从中我们可以看出：监控员在发现收费现场出现纠纷苗头时，需要在协助现场工作人员做好化解工作的同时，及时记录下事情发生的时间、车号，及时通知值班领导赶往现场处理，并迅速调整摄像镜头角度，高清晰地抓拍到纠纷的全过程，并妥善保管备查，这样，为以后的纠纷处理准备好第一手材料，我们的说话才更有分量。

现场工作人员也要加强对突发事件的应变处理能力。像本案例所提到的借酒逃缴通行费的情况，酒后驾车与扰乱正常收费秩序，都属违章违规行为，现场收费员可与高支队、当地公安部门联系，对酒后驾驶和拒绝交费的行为坚持按章严肃处罚，相信类似拒缴、逃缴通行费行为的人应该会记住这次的教训的。

打不还手，骂不还口之十五

——微笑的力量

德山收费站

微笑能使一个人的心情舒畅，微笑能使别人自觉接纳你。有句话说得好："伸手不打笑脸人"。是的，工作中我们常常会见到一些蛮横不讲理的驾驶员，只要你面带微笑地给他们耐心作解释，他们一定会被你的笑容所感动。

C市有一个运输个体户驾驶员，他有一台小东风车，型号为1050，牌号为丙××××8。每次当他进入本站时，脾气都不好，有时还骂人。收费员每次看见他都觉得"头疼"。这天，他又驾驶着他那辆小东风进入了收费车道，当他驶近收费窗口时，收费员微笑着对驾驶员说："您好！请问您的车是多少吨（车型）？"他瞟了收费员一眼，不耐烦地说："你爱给多少，就给多少吨！"收费员还是微笑着给他耐心作解释，请他出示行驶证。他先是一怔，然后故意慢慢地将行驶证交给收费员，收费员面带微笑地接过证件，发了一张二类卡给驾驶员，并说了一声"一路顺风"，他才如梦初醒般地说声"谢了"！此后，这位驾驶员每次进入本站时，都会主动拿出行驶证接受收费员检查。

微笑是一种神奇的力量，能使一个人在每一天都快乐，所以面对生活，面对工作，面对自己，我们时刻记住要微笑，因为微笑就是快乐，微笑就是幸福，微笑就是希望！

打不还手，骂不还口之十六

——微笑服务还不到位的反思

乐庸强　何洪强

【事情经过】

2003年10月31日晨2时左右，一辆"浙×"牌小车停在H收费站购买过桥票。当班售票员赵某在打了票据后，将票据与找零递给驾驶员。由于车子距离收费窗口较远，虽然售票员将半个身子探出售票窗口，但驾驶员坐在车内，伸着手就是接不到票。售票员请驾驶员配合一下，但对方不予理睬，双方因此发生口角。这时车上下来4人，其中两人气势汹汹地冲到票亭口辱骂并伸手殴打赵某，赵某急忙闪开，并将票亭门反锁。此后两人气急败坏地将票亭窗户玻璃砸破、铁门踹开，冲进亭内围攻赵某，后被其他收费人员拦住，这四人遂仓皇驾车逃逸。

【处理结果】

内保队接报后迅速和巡警对此事展开调查取证。31日上午，公司领导召开紧急会议，通知两桥收费站，如发现该车，立即通知内保队到现场处理，并请求公安局车管部门协查肇事车。当天11时左右，内保队在C桥发现该车，即将该车扣押，移交巡警队处理。巡警队核实，肇事者当晚因酗酒在收费站无理取闹，破坏收费设施，殴打收费人员，即依据《中华人民共和国治安管理处罚法》，对肇事者分别处以200元罚款，赔偿收费设施损失750元的处罚，并令写出书面检讨，向公司赔礼道歉。在公安部门的大力配合下，此事得到圆满解决。

【启示】

这起事件，除了四名肇事者酗酒后在收费站闹事的原因外，从中也暴露出我们在收费管理中存在着漏洞：(1)个别员工劳动纪律性不强。事发当时，当班队长姜某和队员王某无故脱岗，未能及时制止事态扩大，对事件进一步发展带来一定程度的影响；(2)个别收费人员的文明服务意识有待进一步增强。售票员赵某在对方故意不配合的情况下，没有继续耐心做好微笑服务，坚持打不还手，骂不还口，礼貌服务。否则，事态就不会更加恶化下去。

送人玫瑰,手有余香之一

——收费员帮助无助者

谢立元

【事情经过】

2005年8月18日,一个炎热夏日的晌午,火辣辣的太阳炽烤着大地,空气中弥漫着令人窒息的味道。此时,收费岗亭里收费员们依然有序地工作着。但接下来发生的一件事情像一缕轻风,吹淡了炽热和烦闷的气息,给收费亭岗带来了感人的一幕。

正在2号收费亭发卡的发卡员张某,突然意外地发现,有一个行人竟然违规在高速公路上行走。她出于对工作负责与本能反应,立刻上前去制止,走近一看,是一名疲惫不堪,面容憔悴,衣衫不整的年轻人,令她大吃一惊。该青年男子系湖北武汉人,途经C市却不幸遇上小偷,身上的财物被小偷洗劫一空,无奈在C市露宿街头,已有两天三夜没有吃喝,于是他打算徒步沿高速公路步行到长沙投奔亲属,现在正饥渴交加。此时张某的心被强烈地振动了。班长黄某知道情况后,来不及考虑便把这名青年男子带到了小卖部,迅速买来一碗面和一瓶水,递给他。看着他一副狼吞虎咽的样子,黄某心中思绪万千,谁又能保证自己会一帆风顺呢?常言道"出外靠朋友",自己虽然与他素不相识,但是"送人玫瑰,手有余香",如果能够帮到他,自己也会感到高兴。青年男子吃饱了,黄某又交给他一些钱留着备用,并叮嘱尽快回家,以免家人担心。

青年男子望着眼前这个陌生却又值得铭记一生的人,心头涌着无数感激的话,却一字也无法说出,只是用含泪的眼眸看着黄某,用力地点点头……。

【启示】

虽然这只是一件很普通的小事,但所谓"一粒小水珠照样能够折射出太阳的光辉"。我们收费员的身上透射出的,不仅仅是强烈的职业责任感,更多的是闪亮的优秀品质。

送人玫瑰，手有余香之二

——救助劳改释放人员

德山收费站

【事情经过】

2003年2月22日，和往常一样，Y高速公路正处于紧张的春运阶段，X收费站的收费员们也井然有序地工作着。这时，不知是谁嘀咕了一句："那儿是不是来了个人啊"？大伙儿顺着岔道隐约看见好像是有个人东张西望地沿着车道向收费站走来。出于收费职业的警觉，当班班长黄某，冲着愈来愈近的身影喊道："喂，你是干吗的？"那个人突然向收费亭奔跑过来，一脸的喜悦，他兴奋地拿出一个小本本，嘴里还反复念着："终于碰到人了，终于碰到人了，…"

经交谈了解到，原来这位一路蹒跚而到的路人是一名刚从附近监狱刑满释放人员，他曾因盗窃罪被判入狱5年，如今重获自由，从监狱乘车辗转地来到C市的某城区时，身上仅剩下的20元钱花光了，无钱再坐车。但释放后的他，因思家心切，便不顾劳累，徒步向老家Y市的方向奔走着。一路上，他看到发展中的C城已旧貌换新颜，不禁激动万分，想想在铁门铁窗里浪费的5载春秋，他又流露出重新做人的无比感慨。当他走上高速公路的时候，陌生与无助无法抗拒地倾袭过来，高速公路在他的记忆里哪曾有过，这是怎样一条平坦舒适的路啊！他向路边飞驰而过的汽车频频招手，示意他们能停下来，但过往的车辆却无视他的存在，一辆辆地从他的身边疾驰而过。在一次次地期冀与失望之后，他颓丧地感觉到大家很不愿接受他这位经过洗礼的囚犯。这时只剩下一个信念支撑着他继续前行，那便是回家。疲惫、饥饿笼罩着极度落魄的他，一样的绿化，一样的护栏……，突然他眼睛一亮，那不是一个岔路口吗？接下来，便出现了开场的一幕。

【处理结果】

某收费站的员工们听完他声泪俱下的叙说后，都表现出极大地关注。大家向他解释，高速公路上的车辆速度比一般公路快多了，因而高速公路也是禁止行人通行的，更不能拦车等等，以此来消除他的沮丧。大伙儿还热情招呼他进休息室歇歇脚。有人突然想起他现在一定饿坏了，需要补充食物，虽然当时已过了收费站的用餐时间，但是收费站仍然给这位特殊的客人准备了一顿丰富的晚餐。由于收费工作的特殊性，当班时间内工作人员不能进入生活区，但为了保持这位特殊客人刚刚被鼓起的生活信念，使他能够及时回到家乡去，班长黄某立即请求后勤人员帮忙，大家倾囊相助，凑了几十块钱。这位劳改释放人员颤抖地接过大家的一片心意，已经是泣不成声了。最后,工作人员将他送到国道上。他终于坐上了回家的客车,大家透过车窗清楚地看到他那依依不舍的眷恋。

【启示】

收费人员与劳改释放人员相互挥手致意的场景,在一瞬间,定格了人世间最美好的情感。在飞速发展的今天,我们深深地感受到世界变化了,高速公路发展了。与时俱进的高速公路人,站在物质文明与精神文明交汇的支点,正向世人展示着高速公路人的风采。

送人玫瑰，手有余香之三

——车祸发生以后……

德山收费站

【事情经过】

11月12日23:14分，天空阴霾，阴雨绵绵。D收费站像以往一样接待着南来北往的过客，一切都是那么井然有序。突然"嘭"的一声巨响，一辆牌号为湘××××××3的跃进牌小货车因制动失灵，与正停在超宽车道缴费的冀×××××2解放牌大货车发生追尾。顿时，解放牌大货车被前推了1m之远，跃进牌小货车由于惯性，整个车头陷进了大货车的尾部，车前部的顶篷整个被掀开，车身严重变形。当时小货车上共有三人，两名乘客只受了点轻伤，但驾驶员被严重变形的驾驶室挤压，困在了里面，动弹不得，生命危在旦夕。

【处理结果】

当班收费员立即报告班长、监控员，并将情况汇报给站领导。站领导当机立断，一方面火速通知120急救中心、交警、路政中队前来救助；一方面组织人员赶到出事现场，协助处理现场情况，一场紧张的抢救工作由此展开。

由于跃进小货车的车头与大货车尾部挤压在一起，驾驶员的腿被卡在了驾驶室动弹不得，这给抢救工作带来了相当大的难度。这时，小货车驾驶员的下身血肉模糊，人已进入了休克状态，如不及时进行抢救，就有可能因失血过多而死亡。现场所有的人员都积极地投入了抢救工作中，有的帮忙打探照灯，有的用千斤顶将车子顶起，使两车分离…。大家争分夺秒，通过共同努力，11:29分终于将两车分离出来，这时小货车驾驶员斜靠在破碎的挡风玻璃上，不省人事。副站长高××与杨和团支部书记秦××将玻璃碴小心地从驾驶员身旁清了出来，又爬上车将小货车驾驶员从驾驶室抬了下来，送往医院。虽然此时他们的身上已被车上的碎玻璃划了一道道口子，衣服上沾满了斑斑血迹，可是他们无暇顾及这些，心里只有一个愿望：救人要紧！

【启示】

车祸猛于虎，如果小货车驾驶员在距收费站500m的时候减速行驶的话，他应该有很长一段时间来采取应急制动措施，就有可能避免这次恶性事故的发生。从这次追尾事件中，警示人们，在出行之前一定要做好车辆的全面检查工作，行车中要保持高度的警觉性，自觉遵守交通规则，遭遇紧急情况时不要慌乱；要珍爱自己，善待生命，请不要因为你的疏忽给自己必你的家人带来痛苦。

同时，通过这次救助事件，也反映出了D收费站干部职工高尚的人道主义精神，为“优质服务年”活动又注入了鲜活的内容。

送人玫瑰，手有余香之四

——追查交通肇事逃逸者

刘立军

【事情经过】

2001年7月15日，几位焦急不安的群众来到我们收费站。经询问得知，原来一台东风大货车在附近镇上碾死了当地一位农民后逃逸，他们抱着一线希望找到收费站，看收费站能否提供线索。收费员安慰他们，不要着急，我们会尽力相助的。

【处理结果】

根据群众提供的情况，我们通过调看监控室现场录像带，发现了一台类似的大货车是从我站驶入的高速。于是我们立即通过监控中心向全线各站通报该车情况，请求协助拦下。最终，在X收费站将该车拦截，我站又派车将这几位群众送到X收费站前去确认，证实被扣车辆正是肇事车。这一交通事故最终得到了及时地解决，附近群众无不称赞我收费站这一见义勇为的行为，也深切地感受到远亲不如近邻的情谊，收费站与当地群众的关系因此变得更加融洽了。

【启示】

能力所及的小事一桩，但却赢得了周围群众的以诚相待，这给我们收费站如何处理周边关系提供了有益的启示。

在这一事件中，我们只是帮忙当地群众打了几个电话，用车送了他们一趟，这些都只是举手之劳，微不足道，但对身处危难之中的群众，却是见义勇为，事小情深。这件事也使他们切身体会到收费站不仅收费铁面无私，也是能急他们之所急的好邻居；也再一次证明了，将收费站做好人好事与协调当地关系结合起来，使“有困难找收费站”这一公开承诺落到了实处。

抛弃那种当地群众有“刁民”的错误认识，寓依法征费于文明服务当中，寄热心相助于日常小事之时，定会在无形中化彼此的陌生为熟悉，化生疏为理解和支持，何乐而不为呢？

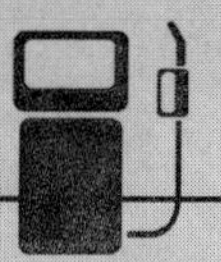

送人玫瑰，手有余香之五

——雷锋精神是我们的竞争法宝

谢家铺收费站

【前言】

伟大的毛泽东主席曾题词“向雷锋同志学习”。雷锋——一个家喻户晓的名字，一个传世的英雄，他的精神已永远地印在广大人民群众的心底，激励着人们，指引着前行的正确方向。

【事情经过】

3月5日，一个平常而又不平常的日子，X收费站当班收费员发现一辆由深圳G镇发往湖南常德L镇的卧铺车停在离X收费站不远的天桥上。X收费站当班班长与稽查员立即上前询问缘由，原来是因为这台卧铺车没有油了。于是收费人员立即通知监控室，召集所有在站人员的当班人员过来，大家一鼓作气将卧铺车推出了收费站，然后又给卧铺车免费加满了汽油。驾驶员郑某怀着感激的心情立即写下了一封致X收费站全体员工的感谢信，号召所有过往的车辆向高速公路X收费站全体收费人员学习。最后，郑某感动地握着我们的手说：“太感谢你们了，我跑车这么多年，看到了不少收费站写着‘向雷锋同志学习’的标语，他们却言行不一，而今天，在你们站才真正地感受到了雷锋精神的存在”。在场的收费人员只说了一句大家都会说的平常话：“这是我们应该做的”。

【启示】

就是这一句平常的话“这是我们应该做的”，生动地体现出了×收费站全体收费人员一直以来孜孜不倦的工作作风和助人为乐的雷锋精神，再一次展示了高速公路路人的风采。作为服务行业，企业的形象就是生存的原动力，相对于某些方面说，它是静止的，而同时它又是涌动的热情和成功的动力，是企业形象之原动力的根本表现和具体存在。优质的服务需要专业知识，需要付出热情，需要给予帮助，更需要微笑，用微笑的面孔面对每一个驾驶员和乘客，成为体现我们人性化服务的标志，就会更容易被驾驶员和乘客接受，我们的服务质量也必将会被社会认可。

对广大驾驶员来说，从S市到C市或从C市到S市，有319国道和长常高速公路两条道路可选择。这两条路，谁的路面安全性强，谁的道路便捷，谁的服务更好，驾驶员就可能经常选择通过这条路。如果用微笑服务、雷锋式的服务，必将提升我们的竞争力度，给企业带来更大的效益。所以说，把最优质的服务送给驾乘人员，就是一个微笑服务、提供急人所急帮助的一个过程，因为“服务是生存之本”。只要提供的服务更专业，微笑更亲切、更自信，帮助更切实，就会越走近人性化服务这一潮流，那么企业将会走得更远，做得更大，变得更强。

提高收费人员素质的措施之一

——假牌、假证陈列室对记者的触动

琬　缨

【事情经过】

2004 年 5 月 13 日，湖南某报社记者肖某、C 高速公路管理公司与收费站的相关领导，在管理处办公室欧阳主任的陪同下来到了我站，就湖南某报社准备发表反映我省高速公路收费专题报道事宜，了解我们在收费过程中遇到的问题和目前依法征费的尴尬遭遇。虽然高速公路收费目前确实存在一定的尴尬，但国家的资金决不能在我们手中流失，只要我们高速公路收费工作人员能依法征费，按章征费，文明服务，不徇私情，国家高速公路收费资源就会得到保障。彭站长详细介绍了我站三年来的收费工作，同时对目前的收费现状发出了“公安发证机关变着法子发牌子、地方领导想方设法弄牌子、人大代表铁定心思要面子”造成湘“0”车、人情车、面子车泛滥，给正常收费增加难度的感慨。认为湖南日报准备发表的《监督服务》，介绍高速公路收费专题报道很有必要，这无疑能及时宣传高速公路收费法规政策，介绍我省高速公路的发展建设情况，加强群众对高速公路的理解，提高全民缴费意识，化解冲突，消除特权，促进我省高速公路正常发展。

随后，他们一行参观了我站的假牌、假证陈列室。面对着一张张用来逃费的假牌、假证，聆听那张张假证背后的故事，大家深深地感到了收费工作的难度与艰辛。湖南某报社的资深记者肖某感慨地说，没想到你们还会办展览，给我提供了第一手资料，我一定要做好这次专题报道，不容特权车、人情车、面子车泛滥，还高速公路一个洁净的收费环境。

【启示】

收费工作是一项复杂的工程，需要得到方方面面的理解和支持。其中，宣传工作十分重要，充分发挥媒体和社会舆论沟通、监督作用，是做好收费管理工作不可缺少的一项工作，给他们提供原始资料是重要的基础工作，应当得到收费管理者的重视。

收费模范之一

——辨车一眼准，唱收唱付一口清的廖枝兰

秦光建

廖枝兰是今年年初招聘的新员工，也是站部今年向共青团常德市委推荐的市级青年岗位能手。该同志到站后能够虚心向老员工学习，苦练基本功，练出了"辨车一眼准、唱收唱付一口清"的过硬本领：30 秒点钞达 160 张，月平均误判率在 1.5‰以下。

为了配合开展创建"省级文明路"百日优质服务活动，展示长常形象，打造长常品牌，使创建活动深入人心，国庆前夕我站率先向社会推出了文明收费、诚信收费形象大使——廖枝兰，使"省级文明路"创建活动锦上添花。

在工作上，廖枝兰摸索出了有自己特色的收费工作法，即以情感人、以诚待人、以理服人、以柔克刚；廖枝兰式收费服务理念，即用真诚、用笑脸、用祝福、用技能收好费、服好务。

在我站将她树为站标兵后，她戒骄戒躁，真正做到当好榜样、带好头，带动全站人员与广大驾乘人员进行互动，促进社会文明的进步，为创建"省级文明路"造声势、造影响，让驾乘人员通过形象大使了解长常高速公路收费员的精神风貌。她常说，我们是八、九点钟的太阳，我们激情燃烧，我们朝气蓬勃，我们只有在太阳刚升起之际更加勤奋、更加敬业，才能干好本职工作。我们高速公路是寸路寸金，收费还贷的重任压到我们年青一代身上，我们不仅要依法收费，更要文明征好费，还要在收费过程中传播文明。我们要带着激情去对待每天的工作，让每天的太阳光芒四射、青春洋溢。

收费模范之二

——我们的好班长

德山收费站

黄××同志是我们D收费站收费一班的班长。在工作中,他不仅有非常丰富的业务知识,而且对待过往的驾乘人员有着一颗热情洋溢的心。在工作之余,他和我们一起探讨人生,告诉我们做人的道理,给我们无微不至的关怀,让我们感觉他更像是一位好大哥。

我来D收费站工作才四个月,刚来的时候觉得一切都很陌生。实习期间站领导把我分配到了一班。跟着黄班长我心里踏实,因为他有一种极强的亲和力。黄班长在告诉我如何辨别车型的同时,也传授我识别假牌、假证以及假钞的正确方法。他把他所掌握的毫无保留的告诉我,使我能够很快地独立上岗了。

对于过往驾乘人员的困难,黄班长也总是尽最大的能力去帮助他们。记得有一次,有一辆四川过来的五吨货车,由于后面的钢板移位,在拿了通行卡之后卡在了我们站的三号收费亭,进退两难,当时驾驶员很着急,天气并不是很热,却大汗淋漓,根本不知道该怎么处理。黄班长看到这一情况后安慰驾驶员说:“不要急,我们来一起想办法。”话说出之后,只见他脱下外套,拿来千斤顶,爬到车底,硬是把车给一点一点的移出来。驾驶员握着黄班长满是油污的手感激得不知说什么好,笨拙的嘴动了动,还是没有说出话来。最后他用力握着黄班长的手流着泪走了。事后我经常看到这辆牌号为川×××××6的车,每次他总是说,走高速公路让他心里踏实。

对待同事,黄班长更是满腔热情。有一次,家在Z市的同事张某,他的母亲心脏病突然发作,当时张某的父亲正在外地出差,不能回家照顾生病的妻子。张某接到父亲和邻居打来的电话,甚是焦急。一方面他正在参加站里组织的军事训练,脱不开身;另一方面作为儿子,不能回家照顾生病的母亲,他感到惭愧。吃饭的时候,他茶不思、饭不想。黄班长注意到这一情况后,询问张某是怎么回事,张某就把自己的困难说了出来。黄班长一面安慰张某,一面向领导汇报。在得到领导的批准后,黄班长塞给张某一百元钱,给他母亲做营养费,并请他带去了全体同事对他母亲的问候。

黄班长始终如一的做人原则,折射出了他高尚的人格,他所做的每一件事情,都是给我们树的榜样。有人曾戏言:黄××是幼儿园的园长。不错,我们一班的平均年龄只有24岁,都很年轻,可能在很多方面我们做得还不够好,但是我们有朝气,有活力,更有潜力,这就是我们最大的优势。我们还在不断地成长,也在慢慢地成熟。我们大家都相信,在黄班长的带领下,收费一班会更出色,会干出更多令人信服的成绩来的。

黄班长就是这么一个人,他从不计较个人的得失,把别人的困难当作自己的事情来处理。我为自己感到庆幸的同时,也为D收费站骄傲,因为我们拥有这样一位出色的班长。

收费模范之三

——身穿“防弹衣”的班长

德山收费站

【事情经过】

晴朗碧空，万里无云。“青年文明号一条路”八个大字，在骄阳的照耀下，是那么的醒目。它矗立在D收费站的收费广场上，成为一道亮丽的风景。它不仅是全路员工的骄傲，更是D站收费人严肃执法，不徇私情的一座丰碑，仿佛在讲述着D站收费人清正廉洁，反腐拒贿的动人故事……。

10月29日，正好是授牌的第二天，获得荣誉的喜悦还挂在D站收费人的脸上，收费员们那张张热情洋溢的脸带着灿烂的笑容，正在忙碌着。一辆牌照为丙××××8的解放牌厢式大货车驶入车道，收费员在查证时发现该车的行驶证上标明的型号为1040型，而根据《公路汽车征费标准计量手册(第三册)》，这种厢式货车应是5×××型，于是断定该车的行驶证是一本假证。班长胡某过来仔细核定确认后，将驾驶员叫到了班长值班室，进行严肃的批评教育。开始，驾驶员一口否认其使用的是假证，并编出了听来很充分的“理由”。当胡班长将他的“理由”一一驳倒，并严肃告之：“根据《湖南省实施＜中华人民共和国公路法＞办法》之三十六条规定，对于你这种偷逃费行为，可以给予通行费的5～10倍处罚，而且假证还必须没收。”驾驶员一听这话，着急了，偷偷地从口袋里掏出200元钱来，悄悄地塞给胡班长，小声地说：“兄弟，拿去买烟抽吧。都是几个当地人，求你高抬贵手，这次就放了吧！”

【处理结果】

胡班长正义凛然地拒绝了他，说：“师傅，你这一套在我们这里是行不通的，我不能知法犯法。”“何必这么认真，现在谁不找机会为自己捞上一把。”胡班长说：“我站在这个岗位上，不该拿的决不会拿。”驾驶员无奈，只好如数缴纳了罚款。走时，深有感触地说：“同伴都说D收费站的人个个如‘黑包公’，今天一看，果然如此。碰上你们算是倒霉了。”

【启示】

事后，胡班长拒腐蚀，不贪占的事迹在全站传开了，无不称赞他有一件射不穿的“防弹衣”。

收费模范之四

——走出校园第一师

曹　灿

2002年11月1日我带着梦想来到了Y高速公路D的收费站。

从一个校园学生转变到社会工作人员，我的思绪万千，感慨万分！曾几何时，一个人待在家里翻看着杂志，观看着新闻，不愿与外界接触；而如今，面对陌生的环境、陌生的面孔。我那天生的内向性格又在作祟，我把自己囚在室内，根本不能融入到集体生活中去。站领导发现了我这毛病，及时找我谈心，还号召同事们多来关心新同志，并安排我跟谢淑萍——一位热情服务、乐于助人的优秀收费员学习收费。当我进入收费亭，看到她那忙碌的身影和跟我打招呼时的表情时，我感到一种只有在妈妈那里感受到的眼神，那热情的笑容，那可亲的面孔！一下子拉近了我们之间的距离，我内心那堵对陌生人而垒起的墙彻底瓦解了。谢姐从零开始一步步的像教小孩子牙牙学语一样地教我。有时前面教我的，到后面我又忘了，她还是不厌其烦地再次教我，始终要我牢记四个字：谨慎、细致！在她的谆谆教导之下，我对收费工作有了初步的认识。下午，她就让我自己实践。我依照程序一步步地来，先输入车型，再收钱，验钱，最后打票，找钱。中间有什么差错，她都在我旁边及时提醒我，教我如何判别车型，辨认行驶证，减少误判率等。整整一个班她都没停过，始终在旁边，告诉我很多收费知识和收费应该遵守的纪律，还说以后不管在工作上还是生活上遇到什么困难都可以找她帮忙。望着她和善的面孔和不厌其烦的工作态度，我越来越觉得她是那么的亲切，跟她相处，我感到特别地轻松，特别地温暖。

特别使我难忘的是，有一天下班后，原以为一天的工作就这样圆满成功了，没想到意外的事件发生了——这一天所收的通行费款中竟然发现了一张100元面值的假币！当时我站在那里愣了，反复地回想着自己收费时的情景，不知所措。谢姐忙说："不关你的事，你先回去休息吧"。面对她对我无微不至的关心，我不知所措：钱肯定是我收的。虽然我每张都通过了验钞机，但是现在造假技术很高，假币也有很多可以蒙混验钞机过关的。走，还是不走？我的心里矛盾至极。这时谢姐又说："太晚了，你先回去吧，不用等我了"。默默地，我走了。心里真的是好难受！第二天，同事告诉我那100元假币谢姐自己赔了，她说是她在车流量大时没有留心而收的。我什么也没说，默默地为她端了杯开水，心里真的是好惭愧。谢姐看我闷闷不乐，又开导我，叫我不要把情绪带到工作中来，过去的事情就让它随风而去，工作时要始终保持轻松、谨慎的态度，这样做事才能有事半功倍的效果，反之亦然。

从此，我由一名生性懦弱，慑于社交，性格内向的人，在同事们的帮助下变成了一个热爱生活、热爱本职工作的合格收费员，并在2003年初与同事一起成功地主持了Y管理处2002年度的年终总结表彰大会和会后的文艺晚会，得到同事们的一致好评。从此，我强烈地感受到工作、生活给我带来的勃勃生机，D收费站这个集体，同事们给了我无尽的欢乐，使我扬起了希望的风帆。

规范收费，灵活应对之一
——证据综合运用使闯关人低头

肖　华

【事情经过】

一辆大货车在F收费站的收费窗口交纳了通行费后重新发动，紧随其后的一辆小车就在前面大货车交费离开后，电动栏杆还没有降下的一刹那尾随冲关而去。当班收费员立即按惯例记录下冲关车辆的车牌号，却发现车牌被故意弄得泥迹斑斑，仅只记录下车牌上的其中三个数字。两天后，该车再次进入F收费站发卡车道，发卡员凭现场值班印象，对该车进行了拦截，并交报告班长，对其两天前冲关的行为进行处理。

【处理结果】

驾驶员始终拒不承认自己两天前曾经在F收费站尾随冲关，因为他知道自己车牌被故意弄得模糊不清，就要求调收费站录像，查看冲关证据。经收费站监控室调出当天录像，发现车道摄像机只摄到该车后半部分的侧面图像（因为该车是尾随冲关，摄不到前面车牌和车辆全貌）。驾驶员这时就更加“底气十足”，狡辩说，这侧面图像的冲关车根本不是他驾驶的车辆。在收费站对其进行处罚的僵持过程中，驾驶员拨打了公安110进行调解处理，并在派出所办公室提出，针对收费站“诬蔑”他冲关，要求赔偿名誉损失费和误工费。在这种情况下，F收费站要求派出所指派一名民警，对其车辆进行仔细查，看是否能在车内搜到两天前该车在进高速公路入口处领取的未交回的通行卡，同时，尽快从监控录像上调查，该车冲关时前后两辆车的车牌所属车主的证明。结果是，在其车内搜到了一张未缴费的、距离冲关时间前50分钟的通行卡，并通过征稽所查到该车冲关时其前后两辆车的车主，证明两天前确实是这辆车在他们之间冲关。在派出所和收费站取得的人证、物证面前，这名驾驶员终于低下了头，接受了派出所对其“扰乱高速公路收费公共秩序”的治安处罚200元和收费站追交通行费的处罚。

【启示】

虽然该起收费纠纷得到圆满解决，但在我们收费站的内部管理和怎样查找有利证据的方法技巧上应该也有深刻的启示。

如果在该车准备冲关时，我们的收费员和在外值勤的安全督导员能对紧跟大车后面的小车驾驶员的细小变化及早预防，该车是不可能成功冲关的。因为准备冲关

的车辆一定与前一辆跟得特别紧，安全督导员完全可以预计到该车的冲关可能，可以指挥前一辆车刚驶出车道后停下，这样，后一辆车即使想冲关，也驶离不出车道。这就要求在收费过程中，现场人员要有较强的预见性和高度的责任感。

二是，如果将我们的电动栏杆自动降落的时间差，调整到前一辆车离开栏杆5米之内降落，也不会给后一辆车“有机可乘”的机会，这就需要我们的维护员加强电动栏杆的日常维护。

三是，班长要将冲关信息及时反馈给站部值班负责人，并及时收集证据，做好详细记录（包括车型、颜色、特征、行驶方向等），以利于及时联系下一个收费站或警务站协助拦截；或通过征稽所、交警队查找到冲关车辆的所属单位，督促其主动来接受处理。这样，尽快对其进行处理，更能达到惩戒效果。也会避免几天以后再拦截到该车时，换了驾驶员或因证据不足，收费站反成“被告”的尴尬局面。只有这样日积月累做好了每一件工作，才会有稳定而又长治久安、良好的收费环境。

规范收费，灵活应对之二

——退还多收的“35元”

迎丰桥收费站

【事情经过】

10月20日上午，一辆三类货车从甲站进入高速公路，在乙站出站交费时，本应该只交60元通行费，而收费员发现是张无入口站信息的“空卡”，电脑上显示只有一个月之前其他站的该卡回收信息，于是收费员就轻率地手工输入了该站的站号，打印出了95元的通行费票据，驾驶员与收费员僵持了近两个小时，最后只好无奈地多交了35元通行费。

下午该车返回到甲站，纠集近30人堵塞了收费站全部车道，说就是因为上午甲站给他发了一张空卡，让他多交了35元并耽误了几个小时，强烈要求退回乙站多收的35元和赔偿因此事带来的一切损失，否则要找省交通厅进行投诉，找新闻媒体曝光。

【处理结果】

甲站负责人将驾驶员请到办公室对此事进行了调解，并首先要求解散纠集的近30人回去，确保车道的畅通。听取完驾驶员讲述的全部经过之后，调查了上午当班的发卡员和该车在乙站交费时的情况，基本属实。然后给驾驶员解释了发生此情况的原因主要是高速公路电脑系统出了问题，要求予以理解并帮助乙站退还了多收的35元通行费，至于因此事耽误的时间损失不可能做经济赔偿，理由其一是上午驾驶员在乙站交费时没有心平气和地给收费员讲清来龙去脉，其二是更不应该纠集近30人回甲站堵塞所有车道，明显违反了《中华人民共和国治安管理处罚法》的规定。

【启示】

这件空卡事件，虽然最后推到电脑系统出了问题的原因上，最终还是得到了解决，由此带给我们的教训其实是非常深刻的。第一，如果我们的发卡员在上班时认真仔细的核对每一张卡，当卡机出现双卡时及时按制度规定进行恢复，就不会有空卡现象的发生；第二，如果我们的卡机维护工作到位，使用的通行卡能得到及时的定期清洁和更换，并且均由监控中心统一调配卡箱，就算发了空卡也有发卡站的站号调入信息；第三如果我们乙站的收费员当时遵守了先收钱后打票的工作程序，对出现空卡时先主动询问驾驶员的入口站，并通过监控室与入口站及时联系核实后，再根据实际情况进行处理才是正确的方法。因此，工作的每一个细节只有保持严谨的工作作风才能使我们的收费事业得到更多人的理解和支持！

规范收费,灵活应对之三

——惨痛的教训

迎丰桥收费站

【事情经过】

2004 年 7 月 6 日,一台喷有红十字的救护车开进了收费车道。收费员在电脑收费系统读 IC 卡后发现是张交费卡,并没有车牌,于是要求驾驶员出示有关证件,驾驶员拒绝收费员的要求,并声称车上有急救病人,耽误了时间收费站要负责。

【处理结果】

班长考虑到车上确实有病人,就要求驾驶员出示个人的证件进行登记,以便日后查阅。想不到驾驶员关掉发动机,声称要停在车道不走了,看到车上因疼痛而挣扎的病人,班长一边做驾驶员的思想工作,一边通知了值班领导。由于驾驶员的蛮横无理,致使该车在车道中滞留了 10 来分钟之久。事后得知,车上的病人是一名产妇,由于路途耽误的时间太久,延误了治疗时间,致使胎儿死于腹中。家属要求驾驶员承担责任,驾驶员却称是收费站耽误的治疗时间。后经过公安部门介入调查,发现此车是 6 年前就已经报废的违章车,没有任何的证件,车内也没有医疗设备,在急救方面根本起不到任何作用,并且在当天的收费现场的录像中发现车辆在收费站停留的时间只有 8 分钟,而从入站到领导同意放行只有 3 分钟,在这之前的 5 分钟都是因为驾驶员的无理取闹所造成的,该驾驶员应该负全部责任。

【启示】

收费过程中确实会有许多意想不到的突发事件,虽然收费站在此事上不要负任何责任,但留给我们的经验教训却是非常的深刻。在面对人命关天的那一刻,我们在处理问题上需要再果断一些,再人性化一些,根据实际情况及早免费放行,再做好详细的如实记录,或许,事情的结果就可能更好一些。

规范收费,灵活应对之四

——“不翼而飞”的票据

幸福渠收费站

【事情经过】

2003年11月的一天,一辆帕萨特小车从我站下高速,当车刚停靠在收费窗口时,驾驶员将IC卡和通行费递给收费员,迅速将车开到电动栏杆前,催促收费员打开让其通行。收费员将票据打出,拿着电脑票走出收费亭,一边喊道:“师傅,请把票拿好!”驾驶员逐停车,收费员走出收费亭将票送到驾驶员车窗边,并立即返回收费亭抬杆放行,又开始了收费工作,谁知下台车刚交完通行费,该驾驶员却将车倒回来,下车来到收费窗口向收费员索取票据,收费员连忙说:“我已经把票给你了呀!”驾驶员却矢口否认,只是一味地索要电脑票,并扬言,如果不把票给他,就要举报到上级机关,投诉我们收钱不给票。

【处理结果】

该车驾驶员在收费车道不肯将车驶离车道,以致后面的车辆无法正常通行。班长立即打开备用车道,值班站长也赶到现场处理此事。在了解事情经过后,对驾驶员解释道:“师傅,通行费票据当时已递交到您手中,是不是您放错了地方,再仔细找找,请您先把车靠边停放,不要把车道堵塞了!”驾驶员听了顿时发火说:“你们的收费员根本就没有把票给我!收钱不给票,还说我把票弄丢了,我要举报你们!”驾驶员根本没有把车开离车道的意思。值班站长不急不忙地说:“师傅,这件事情很容易弄清楚,我们有监控录像,只要把当时的录像重放一遍,事情就会真相大白的。您可以先把车停放到我们站部院内,以免影响我们的正常收费秩序,请您配合我们的工作!”可是驾驶员却表示,不把票给他就不离开车道,并要对过往的驾驶员宣传我们收费站收钱不给票的事情。值班站长当场严厉地告诫他:“师傅,你这样做首先要考虑到你所要承担的责任。第一,你的车堵塞车道,严重影响了正常的收费秩序,我们可以对你进行行政处罚。第二,你对此事所做出的言行方面的负面影响,我们可以起诉你诬蔑他人。请您不要一时冲动,给自己造成不必要的麻烦!”驾驶员这才有所收敛,但嘴里却说:“你怕我是吓大的哦!好咯,我跟你去看录像!”一边说一边将车开到站部院内。监控员将当时的录像资料重放,当镜头中出现该车快速地驶离车道时,由于当时车窗没有关闭,只见一张小纸片从车窗飞了出来——原来电脑票是被风吹到了车外。驾驶员当即羞愧难当,连忙说:“真的不好意思!错怪你们了!只能怪这该死的风,我也是太急性子了,对不起啊!”

【启示】

事情已经明了,“飞”走的票据也在当班收费人员的协助下找回了。从表面看,似乎是这名驾驶员在无中生有,故意找麻烦,可仔细深究,我们的工作还是有不尽如人意之处,才会让人有机可乘,才会让我们的工作处于被动的局面。如果我们收费员的工作责任心加强一点,对事情有一定的预见性,做好了文明用语,认真地按照唱收唱付的操作规程,在递交票据时提醒驾驶员,还会引发如此多的下文吗?我们的收费工作面临的是形形色色、参差不齐的人,而我们也只有提高自身善于观察和发现问题的能力,掌握事态发展的主动权,并锻炼自己良好的语言表达能力,掌握文明规范用语,才能使故意刁难者无把柄可抓,无麻烦可找!“打铁还须自身硬”也是这个道理。

规范收费，灵活应对之五

——“电老虎”，真厉害

王小科

【事情经过】

国庆节长假期间的第五天，一台车身喷有“电力 110”的吉普车从 S 市方向驶入我站。驾驶员要求收费员免掉此次通行费，并说自己是附近农电站的×××，与我们站长很熟，收费站用的电还是从他们那送出来的呢！接着便拿出手机假装给站长打电话。收费员反应也很快，忙说：“站长开会去了，不在这里”，并拿出“73”号文件给驾驶员看，告知驾驶员，他的车不属于“免征范围之内”，需交纳通行费。再说现在“电力”是商品，况且我们站也每月按时交纳了用电费用。最后，驾驶员才极不情愿地交纳了通行费。可就在十几分钟以后，我站就突然停电了，且接下来的几天内也频频出现类似现象。

【处理结果】

停电以后，我们只有用发电机组供电维持正常收费工作。站部打电话到农电站，被告知是线路维修。如果只是因为拉闸断电进行线路维修，那么为什么其他的地方就没有停电？再加上时间上也选择在“电力 110”车缴费事件之后，事有蹊跷。于是，站领导驱车到农电站的上级主管部门，在得到最近没有线路维修任务的肯定回答以后，便把这件事的来龙去脉、一五一十地告诉了他们的主管领导。经电力领导调查了解，原来是农电站职工×××为泄私愤私自拉闸所造成的。考虑到长期以来双方一直是友好单位，以后还要长久进行供电与用电的合作，而且，一个普通职工犯了错误要允许他有改进的机会，于是收费站主动放弃了电管所主管领导对当事人赔偿损失和赔礼道歉的要求，电管所也表示，今后绝对不会允许再出现电业部门的过站车辆有拒交通行费的行为。

【启示】

上述事件后，我作为一线的收费员，对以后再遇到的个别打着认识站长的旗号想达到免交通行费目的的车主，首先考虑到的就是应为站长把好关。等对方想找站长或打电话给站长，我们可灵活应答说站长有事离开了。这样，收费员完全可以替站长挡一挡，就会更有利于收费工作的开展。同时也要注重平时与周边关系、友邻单位、往来部门的协调，和他们保持一种朋友的情谊。

只有各项工作都做在前面，我们的中心工作才不会显得被动，收费站与地方的鱼水关系才得以稳固长存。

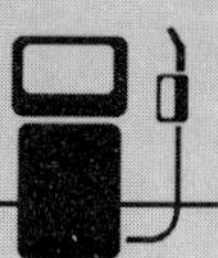

规范收费，灵活应对之六

——“U 型车”的无奈与收费员的建议

德山收费站

【事情经过】

驾驶员王某于今年 8 月 12 日开着自己的小货车从我站进入高速公路。车刚驶离收费站入口仅几十米远，小货车的前大灯便坏了。当时，天色已晚，他便将车停到路边下车查看，正巧被巡逻的高速公路交警碰到，交警对其在高速公路违章停车的行为进行了 200 元的罚款。因其没有车灯，夜间在高速公路上行驶极其危险，交警遂责令其返回入口处。王某只得又返回到我站的出口处，递上交费卡，收费员将其 IC 卡读写后显示为 U 型车，照章必须缴纳全程通行费 65 元。王某立即向收费员解释，是由于自己的车灯坏了，交警也罚了款，没办法继续前行才掉头回来的，况且只在上高速公路后开了几十米，路很近，不应该交这钱。当收费员表示只能按电脑上设定的程序收费时，王某无奈地磨蹭了近半个小时后，不得已交了全程通行费。

【处理结果】

随后，王某找到收费站负责人反映此事说，自己并没有逃费的行为，只是由于车灯坏了才返回的，拿自己当 U 型车处理太不合理，太冤了。收费站负责人告诉王某说，你的情况如果是属实的话，我们的确表示理解，但高速公路的收费是电脑全自动收费，正常的车上了高速公路，从 A 站入高速，必须从 B 站出来才正常，而你的车从 A 站入高速，后又从 A 站出来，在电脑收费系统中叫 U 型车，必须交全程，这是打击逃费的一种措施。如果你当时能在收费员把 IC 卡放入卡箱之前将情况说清楚，我们一定会想办法让你从最近收费站的出口出去，甚至还可以帮助你将车灯修好，继续前行。但是，IC 卡一经读入电脑收费系统便不能更改了，就必须收全程费用，请你体谅我们的工作。

【启示】

U 型车征收全程通行费，作为打击逃费的一种措施的确无可厚非，但是如果上述情况真的属实，我们是否可以具体问题具体分析，特殊情况特殊处理呢？毕竟电脑是人脑的产物，这一情况已向上级反映，另外制度上应当有驾驶员的救济途径。

规范收费,灵活应对之七

——换位思考

迎丰桥收费站

【事情经过】

初冬的清晨,浓雾笼罩着三湘大地。我站已从零时接到上级封道的通知起,已关闭车道 6 个半小时了,入口的车道里已排起了长长的车龙。有的驾驶员是从凌晨 4∶30 点过来的。7∶10 分天渐渐亮起来了,雾也淡了一些。车道前几位驾驶员正在咨询收费员,何时可以开道,收费员回答要等高支队的通知。接下来又从客车上下来十几位乘客,有的人说要到 S 市赶飞机、火车、……,人群越聚越多,尽管收费员努力地想说明封道的原因和目的,但还是有人开始大声抱怨起来:“高速公路不是给人出行提供方便快捷的吗?为什么要耽误我们的时间?谁赔偿我们的损失?”人群中开始躁动起来,愈演愈烈,许多人甚至敲起了收费亭门、窗以及车道栏杆等附属设施,形势是一触即发。

【处理结果】

值班站长闻讯后马上赶到现场,和收费班长及督导员一起,劝慰急躁的人们安静下来。说明冲动是解决不了问题的,同时解释封道的原因也是为驾乘朋友的安全出行着想,一边马上向上级领导汇报,和高支队取得联系,仔细说明收费站这边的天气情况,并且强调大家要赶一个小时后的一趟航班,问能否开道。在得到开道的通知后,站长马上组织疏导车流,叮嘱驾乘朋友保持行车距离,注意安全。望着一辆辆远去的车辆,收费员的脸上露出了欣慰的笑脸。一场即发的纠纷,片刻得到了化解。

【启示】

当遇到了现场纠纷时,一定要冷静。一方面要平息躁动的情绪,另一方面要换个角色替对方着想,切实解决对方的实际困难,才能让事情得到圆满解决,也才能化解纠纷。

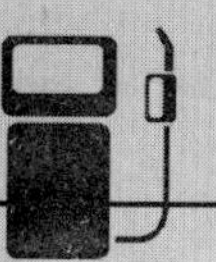

规范收费，灵活应对之八

——尾随冲岗又撞人，法理难容

乐庸强　何洪强

【事情经过】

2004 年 1 月 28 日下午 1 时左右，一辆小车经过 H 收费站时，紧紧尾随在一辆大巴车的后面企图冲岗逃票。收费站当班安稽员潘某发现这一情况后，立即示意其停车，并跳下到车道内进行拦截。但该车未停，径直将潘某由车道抵出收费站外后逃逸。潘某受伤后被同事立即送往医院检查治疗。

【处理结果】

公司迅速向当地公安部门报案，公安部门根据收费站提供的肇事车的牌号迅速查找到车主为胡某，系市区某单位职工，公司遂通过公安部门找到该单位，协商解决该车在收费站冲岗并撞人一事。在当地公安部门的调解下，胡某最后答应赔偿潘某治疗费 1 880 元，并补交通行票。

【启示】

该事件以冲站小车驾驶员赔偿潘某医药费、补购通行费为结局，整个事件得到了较为圆满的处理。但我们从中也可以看出，有个别车辆在经过收费站点时，总是想尽千方百计来逃费，像本文中的尾随能够挡住收费人员视线的大车达到逃费冲站的目的情况，由于其做法不易被提前发现并得到及时制止，更具硬性拦截危险性高的特点，给收费现场管理工作带来了一定的难度。如果我们依靠人体来拦截这些车辆，不但容易对收费人员的生命安全造成威胁，更容易酿成重大的交通事故，影响整个道路的畅通，给公司带来巨大的损失。同时，随后的有关追讨工作也会耗费收费站不少的人力、物力和精力，而且也不一定能使事件得到圆满解决。所以，在具体的收费工作中，对于冲岗车辆，拦截时需要讲究技巧与方法，掌握拦车的时机，切忌不顾安全、以生命来赌气，将得不偿失；但也万不能因怕出现安全事故而放任这部分车辆随意逃费，这就走上了另一个极端。安全与堵漏二者的均衡，需要在确保自身安全的情况下，根据当时的车流量、车速、车距及天气等情况随机应变。一个极端走向另一个极端的做法是不可取的。

规范收费，灵活应对之九

——遭遇“上访车”时的灵活

何晓剑

【事情经过】

2004 年 6 月 29 日上午，两辆满载着近郊农民、到市政府上访的中巴车经过 H 收费站时要求免费通行。根据省人民政府下发的收费政策文件，上访车辆属应费车辆，该两车的通行收费标准分别为 10 元/车。当班队长及安稽员都上前耐心解说，劝其购票。驾驶员不从，但称先押 20 元钱，待其返回时再作处理。收费站按规定是不接受押金的，考虑到对方上访时的焦急心情，当班队长同意了对方的提议，但同时也反复向驾驶员声明，如在当天中午 12 时该队下班前这两台车辆不能返回接受处理，收费站将把押金打出通行票据处理。至中午 12 时，仍不见该车返回收费站，当班售票员经请示队长同意后，遂将这两台车辆所押的 20 元钱打成了票据。

下午 3 点钟左右，这两台车返回到 H 收费站，一前一后停在收费站的 2 号车道内，车上的驾乘人员要求收费站退还上午所押的 20 元钱。当得知所押的钱已经被打成票据，不能退还时，从这两台车上竟跳下来二、三十个人，将车道堵住。上访农民们你一言，我一语，越说情绪越激动，从其中部分人员的过激言语来看，他们正逐渐失去理智。而他们的吵嚷声也引来许多路人驻足观看，车道内被堵车辆的喇叭声也此起彼伏，一时间，收费站的秩序变得有些混乱了。倘若此时有人别有用心蛊惑煽动，发展下去，事态可能会很难控制。为了顾全大局，保障收费工作的正常进行，收费站值班领导果断地从自己的衣兜里掏出 20 元钱交给驾驶员，由驾驶员劝大家上车后离开。

【处理结果】

根据省政府鄂政发[2001]42 号文件规定，收费站的工作人员要求上访车辆购买通行票是无可厚非的，应属正常收费，依法收取合理的通行费是没有错。根据新的《中华人民共和国收费公路管理条例》第三十三条和五十七条规定，收费站可以以上访车拒交通行费，故意堵塞收费道口，扰乱收费经营秩序为由报告公安机关，甚至打官司，索赔因其堵塞造成的损失，都是合理合法的。但这样做的后果，很可能是一场得不偿失的赔本买卖。在当时那种混乱的情景下，收费站退费无疑是最经济、最快速的方法，也是没有错的。这就是处置紧急情况的一种灵活方法。

在鄂政发[2001]42 号文件中，明确规定了什么是应费车辆，哪些属免费车辆。但考虑到收费工作中经常遇到的实际困难，公司授权当班队长在遇到此类车辆时可酌情进行处理。上述事件中的群体上访，上访者本身就有委屈，遇到阻力时，很容易情绪激动，聚众起事。所以，收费站遇到此类车辆过站一定要慎之又慎。毫无疑问，当班队长的行为是从维护公司利益出发，尽力劝说驾驶员购票，尽量减少可能会给公司造成的损失，表现出的是对工作负责的态度，其精神是值得称赞的。但劝说工作仅仅只做了一半，在对方提出暂押 20 元钱，而不是购买 20 元票的情况下，就将其放行，这就为以后事件的发生留下了隐患，以至于对方返回时不愿购买过桥票，再次引发矛盾，引起争端。

我们坚持依法收费，但在这个还需要大力普及法律知识的时期，我们还需要耐心、细致地做好收费政策宣传和解释工作。

【启示】

在收费过程中，总会遇到这样和那样自认为“情况特殊”的车和人，人们在日常生活中偶尔遇到的不寻常的事情或自认为不寻常的人在经过收费站时，也总会以为自己“情况特殊”而可以找出各种各样，甚至千奇百怪的理由，以特殊化的方式要求免费放行，转嫁损失。多年以来，特殊情况特殊对待，特殊化的思想在一部分人心中根深蒂固，殊不知，无论如何特殊，都必须在法制、法规的约束下进行。对待这类事情，我们应掌握依法征费的原则，结合公司的有关规定，把相关政策宣传透彻，解释到位，“征”，应征得心服，“免”，要免得有意义。处理现场问题时，要态度明确，不可模棱两可，避免留下后患，这样才能确保收费工作的顺利进行。

规范收费，灵活应对之十

——“一元钱”引发的思索

郭 琳

【事情经过】

2004年元月29日，正值春节前夕，大家都在忙忙碌碌地为春节做准备，而此时的C收费站也较往日冷清了许多。

21:05分左右，一辆车牌为X0971的红色出租车缓缓驶进C收费站3号车道收售窗口处，车内乘客递给收费员2元硬币时，收费员张某只接住了一枚，另一枚不知道掉在哪里。收费员张某用生硬的语气让乘客替她找回那1元钱，乘客恼火地说：“我明明给你的是2元钱，怎么就成了1元钱，你拿掉了是你的事，你想贪污。”张某也涨红了脸，与乘客争辩，车内的4名乘客也气得从车内出来，与张某争吵，而过往的驾驶员也都伸出脑袋来观看。一时间，收费站内好不热闹。

【处理结果】

当班队长和安稽员一边诚恳向乘客道歉，一边耐心解释，乘客才慢慢地走出收费站，其中一位边走边还用手机给公司领导反映收费站的服务问题。

【启示】

这件事虽然平息了，但由这1元钱所引起的思索却是深刻的。首先，作为一个窗口行业，我们曾多次强调文明服务，优质服务，而我们的优质服务、文明服务不能仅仅落实在口头上、文字上，而应该扎扎实实地落实在行动上，落实在我们的工作中。如果我们这位收费员在工作时思想集中，钱也许就不会拿掉；即使拿掉了，我们用微笑的面孔，委婉的口气向驾乘人员解释，也许就不会发生后来的故事了。如果当时哪位年纪大的乘客高血压病发作，而由此引发诉讼，那将会给公司造成很大的损失。

类似这类情况的案例在我们的工作中经常出现，有的收费员在收费时思想不集中，驾驶员给多少钱也记不清楚，就出现了售票窗口扯皮的情况，既耽误了别人的时间，又影响了我们的窗口形象，而有些收费员想不与对方发生纠纷，就多找驾驶员钱，结果又会给自己造成短款，同样地，还会给收费工作和公司的形象带来不利影响。

现在很多服务行业都把“顾客是上帝”作为行业服务准则，有的还把行业要求“十点规范”挂在墙上。而我们公司也曾采纳驾乘人员的意见，将我们的电脑语音服务系统进行了调整；就在2004年10月，又曾根据收费现场出现的一系列问题，对现场管理制度做过一些补充规定，这一切，都说明我们在人文管理上在不断地进步。我们作为代表公司、直接与驾乘人员打交道的收费人员更要认真遵守文明服务规章，增强文明服务意识，落实文明行动，因为“主人看客好，曲经永相通”。

愿我们大家积极行动起来，通过不断地提高我们收费服务质量，能使远方的驾驶员绕道从我们收费站经过，也愿我们的公司在未来的道路上越走越好。

规范收费，灵活应对之十一

——捐款，为受伤的驾驶员

肖　华

【事情经过】

一辆满载樟树的大货车进入 F 收费站的发卡车道，车上装载的树杈超出车厢将近 4 米。驾驶员领了卡，当车厢全部驶出了车道后突然停下，时间有两三秒钟，这时升起的电动栏杆正好自动落在超长的树杈中间，重新启动的货车上的树杈将正落下的电动栏杆向前带开并折弯。这时，驾驶员并不知道栏杆被折弯的情况。原来驾驶员将车靠边停下来是向收费员问路的。收费员也正要弄清楚他为什么要在车道内突然停车，后又突然起步？双方因此在电动栏杆附近，为了划分栏杆被折弯的责任发生争执。在近半个小时无结果的情况下，又一辆车经过发卡车道之后，电动栏杆再次自动降落，正好将正在处理纠纷的大货车驾驶员的鼻梁打断，顿时鲜血直流，驾驶员疼得呼天喊地。

【处理结果】

收费站值班负责人立即用单位小车将驾驶员送往医院。在医院手术室，医生说幸亏来得及时，鼻梁软骨组织还能隆起，大家这才终于放下心来了。该驾驶员在医院住院治疗了十多天，花费近 3 000 元。经了解，该驾驶员家境比较困难，收费站负责人不但多次到医院看望驾驶员，帮助其联系了比较便宜的病床，并帮助解决了他的一些生活困难，还发动全站职工对其进行捐款近 1 000 元。该驾驶员对此感动不已，出院的那天，他说："原本打算就此事和你们收费站打官司要求赔偿的，你们收费站这样周到，我也不好意思了。"

【启示】

这种电动栏杆自动降落打人、砸车的事，在收费站经常会遇到，难道我们在收费和发卡过程中就不能"预事在先"去尽量避免吗？

如果全班人员的配合协作能力强的话，看到明显超长的车辆通过栏杆之前，估计栏杆会自动降落在超长的物体上，班长和安全督导员完全可以预先操作"手制动"，将电动栏杆拉住，等该车通过后再恢复，也就不会发生上述一切不该发生的事。毕竟，装载超长货物的情况是有限的。至于电动栏杆刚刚砸了车，正在处理的时候又砸在人的身体上，是更不应该！我们的发卡员明知这个车道在处理纠纷，难道就不能主动

到另外一个车道进行发卡吗？当然处理纠纷的同志也没有预见到有栏杆会再次落下伤人的可能性。还有就是收费站硬件上缺少警示“电动栏杆自动降落”的告示牌，在出现事故打官司进行责任划分的时候，对收费站造成不利。

总之，通行费取收过程中的每一个细节，我们全体收费员都要做到“预防在先，防患于未然”，才能收足费，收好费，才能给自己带来快乐与充实，给他人带来幸福与平安。

规范收费，灵活应对之十二

——敬业在雨夜

宋红兵

【事情经过】

2004年8月2日傍晚，我队刚一接班，暴雨就下个不停。我队导引员们都冒雨坚守在各自的工作岗位上，履行自己的职责。21点05分左右，风助雨势，下起倾盆大雨，激起天空里雾气濛濛，收费站内也朦胧不清。这时，一辆两轮摩托车驶向路通卡车道。因看不清前方东西，该车误闯，撞坏了收费站内的路通卡杆子。就在这时，队长宋某、安稽员李某、王某等3位同志不顾一切冒着风雨冲了上去，将摩托车拦下。3个人的衣服很快都淋湿了，却没有一个人躲到休息亭去避雨。

【处理结果】

摩托车驾驶员被拦截后，却拒不接受收费人员要求其赔偿损坏设施的正当处理，反而纠缠不清，无理取闹。我们一边向其解释公司的规定，一边告知其从路通卡车道通行是错误的，把他带到前方醒目的“路通卡专用车道”及明示摩托车行驶车道的交通指示牌前。为了使其心服口服，还特地请他到监控室查看现场撞坏收费设施的录像，核实现场情况。面对实事，摩托车驾驶员无言以对，主动拿出50元作为损坏路通卡杆子的赔款，尔后感激而去。

【启示】

纵观事件全过程，我们深深体会到，无论是任何人，遇到任何事，只要坚持以理服人，严格按规章制度办事，就没有解决不了的问题。

规范收费，灵活应对之十三

——假钞

迎丰桥收费站

【事情经过】

2004年7月19日10时许，一辆车号为湘H7××××蓝色货车，缓缓地行驶至第四车道出站收费窗口停下，当班收费员像往常一样文明礼貌地对驾驶员说："您好！请出示您的IC卡"。这时，货车驾驶员从驾驶窗口递过来一张IC卡，收费员接过此卡后，立即输入卡机，电脑立刻读出"二型、75元"的信息，紧接着驾驶员又递来一张100元新版人民币，该收费员接过人民币后，按正常规律反复查看和手摸人民币，发现此颜色较浅、纸张较软，手感不好，立即产生了疑惑。于是就将此币放进了验钞机内，验钞机便读出"这张是假币"的信息。收费员抱着对工作认真负责的态度，将此币递给了驾驶员说："请麻烦您换一张！"驾驶员不耐烦地从荷包里又抽出一张新版人民币，递给了收费员。收费员接过后，放松了警惕，收钱、打票，并找零25元给了驾驶员。站在收费员旁边的班长说："慢点，再仔细检查一下。"他接过100元钱，放进了验钞机内，验钞机又立刻读出"这张是假币"的信息。收费员很气愤地对驾驶员说："你连续拿假钞来骗人，太可耻了！请把刚才找给你的25元退还给我，或者拿张100元的真钞票！"并在第二张假钞上加盖了"作废"印章。这时驾驶员大发雷霆，气焰嚣张地冲着收费员说："你有什么权力作废我的钱！我就是不换！而且你们已经打票找零给我，之前你没有当面搞清，我不认账！"驾驶员态度恶劣，并下车准备打人。当班班长心平气和地向驾驶员耐心解释说："这是经过了验钞机检验过的，我们不会搞错。麻烦你再换一张"。驾驶员不但不听，反而用各种语言谩骂现场收费人员，这样僵持了一阵，紧跟在货车后面的车排队得越来越长，严重地影响车道畅通。

【处理结果】

在打开备用车道的同时，站长马上赶到现场，一边做驾驶员的思想工作，一边打电话通知派出所处理此事。派出所接到通知后，立即派来了两名干警。他们调查了解双方的情况后，请来了附近银行专业人员对假钞进行了技术鉴定，确认驾驶员使用的人民币是假币，并没收了驾驶员的假币，并教育货车驾驶员今后要遵纪守法。这时驾驶员像霜打的茄子，低头承认了自己的错误，换了一张100元真钞，表示今后不再使用假钞，并向派出所的同志主动交出了500元假钞。

【启示】

虽然该起因假钞引发的纠纷得到了较好的处理，但在我们的收费工作中还缺乏处罚假钞的现场处理经验。对重复使用假钞的驾驶员不能放松警惕，要多留个心眼，在每一张钞票未确定真伪之前，切忌轻率打票找零，钱票只有当面点清才会少一些不必要的麻烦。今后，我们一定要加强对收费员的业务和法制教育培训，开展技术竞赛，培养一支业务精、执法能力强、办事水平高的收费队伍。我们的收费员要爱岗敬业，忠于职守，工作细心、快、准、稳的识别假钞。遇到这种情况，要及时向站长汇报，及时报告公安部门处理，加大对假钞事件的打击力度，遏制假钞在社会上的泛滥，确保国家和人民的财产安全，确保交通畅道。

对特殊、突发事件的处理之一

——对一次冲卡逃费堵道事件的新闻报道效果

毛忠良

【背景】

国家和省、市、区人民政府，对收费公路、桥梁和隧道中，哪些车辆通行收费站应该交费，哪些车辆通行收费站时免交通行费，什么样的车型（即载重、座位多少）应该收取多少通行费也规定得清清楚楚。比如湖北省人民政府的42号和29号文件就明确规定：除正在执行公务的军车、警车、医院抢救病人的救护车、执行抢险任务的救灾车以外的车辆，在通过国家批准确性的收费站时，都一律要先交通行费，然后才能通过收费站通行。违者，应按有关规定予以处罚。

然而，在湖北省的100多个"收费还贷"的收费站和20多家转让收费经营权的独资或合资的收费站，都为那些特权车的冲卡逃费行为所困扰甚至无可奈何。特别是湖北省过去所发放的"0"牌车（多为公安机关定编以外的车辆和党政机关领导的车），交通系统配备"中国公路"、"交通规费征稽"和"中办交通征稽"等显示牌的车辆，"习惯"了过站冲卡不交费的特权"待遇"，但这些车辆均不属于免交通行费的车辆范畴。就一个收费站而言，对这些"特权"车，管吧，又管不了！不管吧，费收流失又太大！特别是对转让收费经营权的收费站而言，这个收费经费权是花钱买来的，长此这样下去收不到费，其费收流失实在是承受不起。如G公司所在地是H市的政治、经济、文化中心，这个市辖有11个县市区，仅交通系统就有小客车近300辆，这些车辆是必须要进市区过往公司的D收费站。按照规定，这些车辆通过东门收费站都必须要交费。但是真正自觉交费的极少，大多数都是冲卡逃费，扬长而去。

为了扼制这一违规行为，公司要求收费员工按照规定收费，结果是一严管就冲卡堵道，扰乱收费秩序和治安秩序，严重影响道路畅通和正常收费。于是我们就借助新闻监督来落实收费政策和打击冲卡逃费者。

【事情经过】

2004年6月10日11时许，一辆挂"丙J×××22"牌证车身喷有"中国公路"字样的面包车在通过L收费站时，坚持不交通行费，并欲强行过境。该车被收费站稽查人员拦下后，他们竟将106国道的过境通道堵塞长达20余分钟。车上驾乘人员还出口伤人，令过往车辆和其他驾乘人员怨声载道。为了不让国道受阻，收费站工作人员只得无奈放行。

【处理结果】

此事件经求助当地的主要新闻媒体《××晚报》后，报社领导非常重视，随即派记者赶赴现场调查，记者在调看了收费站监控室录制的国道被堵的录像以后，于6月11日在该报一版以“过境不付通行费，闯卡不成堵通道——丙J×××22，好‘拽’！”发了专稿。

专稿是这样写的：“本报讯（记者××）昨天上午，一辆挂丙J×××22牌照的中型面包车在L收费站坚持不付过境费，并欲强行过境，被收费站稽查人员拦下后，竟将106国道的过境通道堵塞长达20余分钟。车上驾乘人员还出口伤人，令过往车辆和其他驾乘人员怨声载道。当日上午11时许，记者接求助电话称，L收费站通道被一辆中型面包车堵住，影响很不好。当记者赶到现场时，堵道车辆已通过过境站，记者随后在收费站监控室看了通道被堵时的录像。10时40分许，一辆车身写有“中国公路”字样的中型面包车欲过境入H市，面包车径直驶过过境站售票亭，一直到栏杆处停下，收费站工作人员上前要求其买票，该车坚持不买，并与收费站工作人员发生争执。眼见此路不通，该车又退回绕道另一通道，并欲强行通过，被收费站值勤民警阻止。此车还是坚持不购买过境票，停在通道内堵塞交通。稍后一辆同样印有“中国公路”字样的中型面包车亦赶到收费站。收费站工作人员见事情僵持不下，国道过境通道以被堵20余分钟，只得放行。

堵塞过境通道的车辆牌照号，L收费站监控室录像显示为：丙J×××22，据记者了解，该车属H县运管所。该报在头版同时配发了评论员文章：标题是“何来的霸气？”文章说：众所周知，L收费站是鄂港合资的招商项目，市“四大家”领导的车子从这里通过，也是主动交费，不讲“特权”。运管所作为道路交通运输管理部门之一，理应带头遵守有关交通规章，服从管理。H县运管所的这辆丙J×××22却偏偏我行我素、强行闯关，真不知道他是哪来的霸气，抖的什么威风？

这次事件经新闻媒体及时披露后，不但在社会上引起了强烈反响，而且受到了市委领导的高度重视，中共省委委员、H市委段书记看了这篇报道后，当即作出重要批示，责成市纪委、市监察局迅速调查、严肃处理。

6月23日，《××晚报》就市委书记的批示，又在该报一版用头条新闻以红底白字、特大号蓝色字体为标题刊登记者追踪报道“市委书记就霸王车闯卡报道作重要批示——市纪委、监察局已派出调查组赴L县”。报道是这样写的：“晚报讯（记者陈××、陶×）本报11日在头版刊发《过境不付通行费，闯卡不成堵通道》一稿，披露了H县运管所一面包车在L收费站不付通行费，欲强行过境，并堵塞通道的事实。该文引起了市委段书记的关注，并对此作了重要批示。段书记在当天阅读本报后，立即在报纸上作出批示：感谢《××晚报》的舆论监督，请市纪委、监察局、纠风办严肃查处，并责成H县委、县政府上报公开处理结果。H市纪委、监察局领导对此也予以高度重视，并表示将派出调查组进行进一步调查处理。记者昨日获悉，调查组同志于21日赶赴L县。

6月29日,《××晚报》又在该报一版显著的位置,以特大号蓝色字体刊登跟踪报道该事件的处理结果:文章的大标题是"H县严处'霸王'车"。报道是这样写的:"晚报讯(通讯员罗××、罗×)本报披露H县运输管理所丙J××22'霸王'车在L收费站违规闯卡,市委书记对此作出批示后,H县委对此高度重视。县委主要领导迅速责成县纪委、监察局成立专班,配合市委调查组对此事进行严肃查处。6月24日,H县纪委、监察局专门发文,给予4名涉案责任人依规进行了处分:给予该所副所长党内警告处分,分别给予该所稽查队队长毕×、副队长郑××、征管员朱××行政警告处分。同时,H县委通过会议和文件号召全县各级部门,一定要从这一事件中吸取教训,在今后的工作中要强化对基层执法人员的监督管理,要依法办事,自觉遵守各项规章制度,带头勤政为民,正确行使手中的权力,认真履行各项管理职能,切实维护人民群众的根本利益。

这一冲卡逃费事件的新闻监督和追踪报道,在社会上引起了强烈的反响,广大群众纷纷指责"特权车"冲卡逃费的违纪违规违法行为,肇事者所受的处罚是咎由自取、罪有应得。

【启示】

通过这一事件在新闻媒体上的公开曝光、连续追踪报道后,那些冲卡逃费的"特权车"基本上没有了。这不但给收费站增加了费收,而且维护了收费站的收费秩序和治安秩序,也使我们收费站的领导和员工认识到新闻媒体监督是落实收费政策、处理冲卡逃费行为的重要力量和有效手段。

对特殊、突发事件的处理之二

——突破性大型群体堵桥事件的处置

姚长江

【事情经过】

2003年11月18日上午9时左右，市某大型国有企业因单位改制，万余名职工带着抵制情绪，集体来到W公司经营管理的两座桥梁上静坐示威。W公司的两个收费站因此被堵塞，机动车辆无法通行。

【处理结果】

事件发生后，W公司领导及时赶往现场，查看情况，安排现场员工维护站内秩序，保护收费设施不受损坏，票款不被丢失。并组织机关后勤管理人员，分成两班，协助站内工作，防止意外事件发生。同时，公司领导向市政府有关部门反映情况，密切关注堵桥动向。当晚7时，人员撤走，道路被疏通，公司领导迅速安排收费站人员引导两桥车辆分流通行，要求售票员提高售票速度。至晚8时左右，两桥的交通恢复正常。在这11个小时内，公司领导和员工废寝忘食，始终保持着高度的警惕性，确保不与堵桥人员发生正面冲突，维护了收费人员和设施安全。

11月19日，堵桥事件继续发生。公司领导和全体员工放下手头的工作，又紧张地投入到这场保护收费设施的战斗中。在整个堵桥过程中，公司员工与堵桥者未发生矛盾纠纷，收费设施完好无损。

【启示】

这起万人堵桥事件是该市有史以来最严重的一次，它不仅影响了城市形象和交通，又妨碍了公司的正常收费，造成了费源的严重流失。但公司领导对这起突发事件处理果断，方法得当，分工合理，职责明确，及时分流车辆，从而保护了收费设施及人员安全。

对特殊、突发事件的处理之三

——超宽车把岗亭撞翻了

乐庸强　何洪强

【事情经过】

2002 年 4 月 29 日晨 5 时左右，一辆大货车经过 H 收费站交费时，由于车上货物超宽，加之车辆靠收费亭太近，行驶中将 3 号收费亭撞损，票亭及亭内的电脑等设备受到严重损坏，收费员也因此受伤。当班队长迅速组织队员将受伤人员救出亭子，送往医院检查治疗。

【处理结果】

W 公司领导、内保队接报后，立即赶到收费站，并联系交警队事故组，对现场拍照取证。在掌握一系列证据后，交警部门认定此事故责任在肇事车，交警并建议 W 公司与肇事车主自行协商解决此事。公司领导也提出民事赔偿要努力和解，不能得理不饶人。随后，公司领导安排人员对现场立即进行清理，保证收费站内的交通畅通。4 月 30 日上午，收费站将伤者的病历、发票单据，监控室、工程部将电脑设备、票亭设施损失维修单据交内保队。30 日下午，肇事车主范某到公司内保队协商解决此事。双方达成协议，由其赔偿 W 公司电脑、票亭设施设备损失 10 000 余元，伤者医疗费、误工费计 2 000 余元。

【启示】

此事发生以后，公司领导非常重视，请工程技术人员从安全、美观角度考虑，迅速提出设计方案，为两桥收费站的所有收费亭安装防撞柱，同时要求收费站每一个安稽员，要及时发现超宽车辆，过站时及时将其导入超宽车道，并在收费站上方的醒目位置处安装超宽车道指示牌，保证过往车辆，尤其是超宽大型车辆能够顺顺利利地进站，高高兴兴地出站。

对特殊、突发事件的处理之四

——自我加压的深思

迎丰桥收费站

【事情经过】

下午 4 时许，正是收费现场的车流高峰期。收费员们正紧张地工作着，这时从邻近边道上走过几个行人，他们手里提着行李朝高速公路上走来，可能是上高速公路上去等车或拦车。这时，安全督导员急忙迎上去询问情况。他们说，已经和去广州的长途客车驾驶员说好了，要我们先到高速公路上去等，车到接了我们就可以走。安全督导员解释到："对不起，行人是不可以上高速的，这样做不但违反了《中华人民共和国公路管理条例》，也会造成交通安全隐患，给自己带来不必要的伤害。你们还是叫驾驶员下来接你们，反正高速公路是分段计费的，总的通行费是一样的，不会多收的。""驾驶员不肯下来，已经打了电话了"。他们见安全督导员执意不肯让他们上去，犹豫一下，这几个人便无奈地往回走了。安全督导员见状，便重新返回收费亭去处理现场纠纷去了。可这几个人见安全督导员不在那里了，又趁机快速向高速公路上走去。

没过多久，通过高支队和路政方面传来的消息，在我站附近的高速公路上 D 市至 S 市方向发生了一起交通事故，几个行人在跨越中间隔离带的时候，其中一人被一辆飞驰而过的小货车撞伤，大面积出血已送往医院抢救。几位行人的基本特征与安全督导员劝阻上高速的那几个人的特征基本吻合。

【启示】

如果我们的安全督导员或收费员注意到上述情况后，能够严厉禁止他们上高速，即使在劝退后，仍然要留意他们的动向，或许可以避免这场事故。

我们的收费人员有必要去给这些为图一时方便而上高速的行人提个醒，向他们宣传和解释高速公路的安全常识。但是，维护高速公路的交通安全和当地社会稳定是一项多部门参与的社会话题，单靠我们一个收费站或收费员的努力是达不到理想的效果，只有联合高支队、路政和当地政府、派出所等部门，在他们的支持和配合下，对沿线的住户、学校及广大群众进行宣传和教育，做到家喻户晓，同时对违反者及时进行批评教育，这样才能消除安全隐患，确保一方平安。

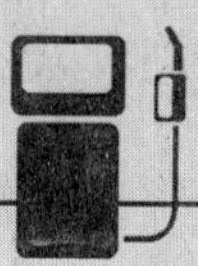

对特殊、突发事件的处理之五

——如何处置群体围观事件

幸福渠收费站

【事情经过】

2004年的夏天，由于连日的雷雨天气，收费区域的大片照明设备被雷击烧坏。收费站在对设备进行抢修的同时，收费班长和督导员在车道指挥车辆行驶，确保交通畅通。这时，发卡2道有一台运鱼的车，因为车型有疑，发卡员正认真核对车型。督导员见后面有车来，就准备去打开备用车道。这时，一台装满货物的大货车疾驶而来，见2车道停了车，而另一条车道即将打开，在车即将驶入2车道时，突然扭转方向，准备将车驶入备用车道通行。由于车速过快，又装满货物，只听见“砰”的一声，在一片紧急制动车声中，货车停了下来。班长和督导员急忙上前察看，只见该货车将车道隔离带撞出了一个缺口。驾驶员也吓呆了，旁边两位乘车的人直埋怨：“怎么回事？你怎么开的车？”驾驶员打开门，下车看了被撞坏的地方说：“我看到这边堵了车，那边车道又没有指示说不能走，而且还有人在开道了，就决定走那边道，谁知，唉……”

【处理结果】

班长一边指挥该车靠边停放，保持现场收费秩序的畅通， 边通过监控室向值班领导汇报了此事。值班领导到达收费现场查看了被撞坏处后，找到驾驶员，要求对方照价赔偿。驾驶员一听要他赔偿，立即反驳说：“照价赔偿？你们的车道没有指示标志，我怎么知道那边不能走咯？现在我的车也被撞坏了，那我找谁去照价赔偿呢？”“指示标志我们正在抢修当中，在没有维修好之前，我们的督导员在车道指挥车辆，就是为了避免类似的事情发生。当时并没有人指挥你的车走另一条车道，你没有遵守秩序，造成的一切损失都应该你自己负责。我们的设施是因为你的违规才被撞坏的，你当然要照价赔偿！”旁边两个乘车的人马上插嘴说：“难道你们收费站就没有一点责任吗？你们的车道没有指示灯，使得我们撞坏了车，还要我们出钱赔偿，哪里有这样的道理？”此时，周围涌了许多围观的驾乘人员，不明真相的他们都在一旁议论纷纷：“你们收费站没有把指示标志搞好，现在撞坏了人家的车，还要别人照价赔偿，真的是不讲道理咧！”“不要怕他们，跟他们打官司去，看到底是谁赔钱给谁？”驾驶员一听有人替他说话，更加觉得有理了：“对！责任应该由你们收费站负，赔我的车！”值班领导见到这种情况，说道：“大家都不要激动，责任该由谁来负，该由谁赔偿，还是让事实说话。我们收费现场二十四小时都有监控录像，只要看录像带，就知道是驾驶员违规还是我们失职。如果大家想主持公正，可以派几位代表一起去看录像带！”随后，驾驶员和三名围观的驾乘人员跟随进了站内。观看录像时，随着镜头中出现督导员正在打开车道，并未指挥该车驶入车道，而是该车突然地转向从而导致撞向隔离带的场景后，驾驶员和三名围观的驾乘人员面面相觑，其中一名围观者说到："原来是这样，有人指挥，你还撞坏了车，撞坏了设施，怎么还要他们赔偿你呢？"驾驶员在事实面前不得不照价赔偿了被他撞坏的设施。

【启示】

在处理此类突发事件时，现场的收费人员应注意，在聚集了一定的围观人员时，要不失时机地把握现场势态，向围观者讲清受处罚者的违法事实和执法依据，取得旁观者的支持，使当事人减少受罚的逆反心理。另外，收费现场的设备有故障需要维修时，应该及时并尽量避开车辆通行的高峰期，由此造成的不便也应该及时地向驾乘人员作出合理的解释，取得驾乘人员的理解，以求得更好的工作效益。

对特殊、突发事件的处理之六

——你们会用手语收费

陈志斌

【事情经过】

一台桑塔纳轿车呼啸而来，停在收费窗口，驾驶员摇下车窗，把通行卡递给收费员后，迅速摇上车窗，将车子向前开去，收费员接过通行卡后直纳闷："这是台什么车？怎么不交费呢？"把通行卡放进读卡器内，电脑显示出应交金额。小车一开到电动栏杆前，轮胎压到了感应线圈，发出刺耳的报警声。

【处理结果】

在外面执勤的班长，迅速跑过来，听了收费员简要的事情经过后，班长走到小车旁，请驾驶员出示证件。驾驶员慢吞吞地摇下车窗，从口袋里掏出行驶证，往窗外一伸，看也不看班长一眼。班长接过行驶证，一看是市民政局××福利印刷厂的车，班长把行驶证递还给驾驶员说："师傅，您的车不符合免费条件，请您交费。"驾驶员一边接过行驶证，一边用眼瞪着班长说："我的车不是免费车，那什么车是免费车？!"班长说：我们是根据省人民政府2003年73号文件的规定，除国家规定的军队(含武警)车辆和正在执行任务的……"，"好了好了，不要拿省政府的文件来压我，我也有东西给你看。"驾驶员不耐烦地打断班长的话，从工具箱里拿出一张养路费票据给班长看："你看，我的养路费都是免的，这应该不是假的吧！也是人民政府发的！"班长严肃地对驾驶员说道："养路费和通行费是两码事，我们是严格按省政府文件办事，不符合免费条件的车只能按规定交费，请您交费！"驾驶员见班长态度十分坚决，马上又嬉皮笑脸地对班长说："同志，照顾一下咯！我们残疾人也不容易咧！"说着，驾驶员从口袋里拿出一包槟榔递给班长："来来，吃槟榔！"班长摇了摇手说："谢谢，我不吃槟榔，请您配合我们的工作，把费交了！"驾驶员见这种架势，知道不交费是不行了，但是又不甘心，于是又对班长说："硬要交费，跟我们后面领导说去，他说交就交！"收费员拿着票对厂长说："您好！厂长，麻烦您把费交了！"厂长坐在那里一动不动，不理不睬的。驾驶员笑眯眯地说："哦，我忘了告诉你们了，我们厂长是聋哑人！""哦，是这样，没关系的！"收费员一边说着，一边用手语向厂长示意"您好，请您配合我们的工作，麻烦您把通行费交了！""啊！这你们也会啊？"哑巴厂长突然说出话来，班长和收费员都呆住了"原来您不是聋哑人啊？"厂长不好意思地笑了笑，对班长和收费员说道："同志，我是和你们开玩笑的，不过，我真的不明白你们怎么知道用手语对话呢？"收费员微笑地回答说："是请聋哑学校老师教的！考虑到我们的服务只有更全面，才

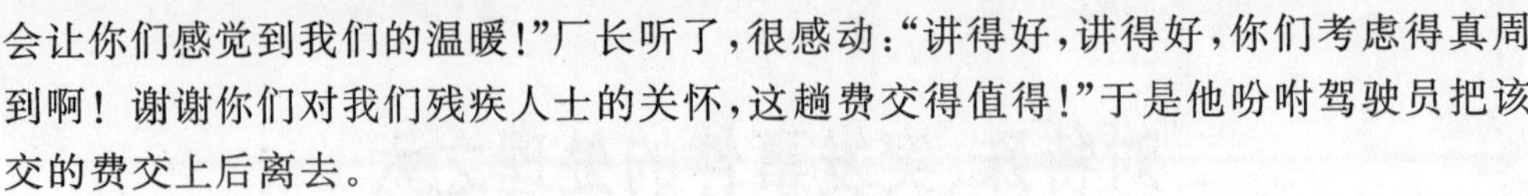

会让你们感觉到我们的温暖!”厂长听了,很感动:“讲得好,讲得好,你们考虑得真周到啊!谢谢你们对我们残疾人士的关怀,这趟费交得值得!”于是他吩咐驾驶员把该交的费交上后离去。

【启示】

收费窗口是面向全社会的服务窗口,我们收费员面对的是来自五湖四海、各行各业、社会各阶层的消费群体,这就要求我们通过多种算途径不断地提高自身综合素质。在提高业务水平的同时,也要提高服务理念。服务工作是无止境的,没有最好,只有更好!我们只有想他人所想,急他人所急;别人没想到的事,我们要争取想到;别人做好了的事,我们要做得更好;只有这样,才能真正意义上体现出我们“道路有端,服务无限”的服务承诺!

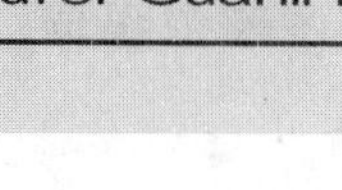

对特殊、突发事件的处理之七

——智擒"贩卖假钞团伙"

李成杰

【事情经过】

2001年12月3日下午3时，由G市管辖的H县开至Z市的中巴客车鄂×××××8在途经D收费站并进入Z市市区时，该车驾驶员拿出一张崭新的新版佰元人民币纸钞缴纳通行费。收费人员凭着多年的收费经验和工作的敏感性，立即通过眼睛和手感对它的真伪进行判断，并很快断定这是一张新版百元的假币。随后该收费员以兑换零钱为由将此情况迅速告知了当班班长。当班班长与收费员分析、商量："像这么新的假币很可能不止一张，车上可能有贩卖假钞的贩子"。于是他们一方面稳住该车驾驶员，另一方面立即与驻站公安民警进行联系接洽，并将他们的猜测和怀疑向当班的公安民警进行了反馈和说明。公安民警立即将该车进行了扣留并询问该车驾驶员这张百元钞票的来龙去脉，驾驶员讲，这张百元新币确实不是他的，是车上的一伙乘客上车时购票时交给他的，并称这些人目前还在车上。得此情况后，公安民警立即向巡逻支队进行了汇报，并将该车扣押到了收费站的车道外。等巡逻支队的民警赶到后，我站收费人员协助三位民警上车将三名涉嫌贩卖假币的人员抓获。经突击检查和审查，从这三名假币贩子的身上查出了二百多张崭新的百元假币。在铁的事实面前，他们不得不低头认罪，并对贩卖假币的事实供认不讳。随后，公安民警们将这三名犯罪嫌疑人押上警车，等待他们的将是法律的惩罚。

当班收费人员积极协助驻站巡警，智擒贩运假钞的团伙的事情传出以后，立即在当地引起了比较强烈地反响。市公安局、市公安局巡警支队的领导高度赞扬我们收费人员识大体、顾大局、讲法律，敢于并善于同一切违法犯罪分子作斗争的勇气和崇高精神风范，并派人到公司进行了慰问和感谢，大大提升了D公司在社会中的形象。

收费班全体员工智擒运假钞团伙的做法，在社会其他各界也引起了很大的反响，一致认为：D公司不仅仅是为收费而收费的合作企业，而且是维护社会治安、打击违法乱纪行为的典型代表。这一事件充分展示了中外合作企业员工的风采和思想觉悟，也说明了收费站不仅仅只是收费工作的"窗口"，也是配合公安部门抓捕罪犯的"窗口"。

【启示】

此次事件本是公安机关的工作范畴，看起来与我们的收费工作关系不大。甚至有些人认为，我们的收费人员只要收好自己的费，其他的事情可以不理，俗话"多一事不如少一事"，但我们的收费人员以对社会负责的态度和维护大局的角度出发，协助公安民警打击犯罪分子，展示出了我们的队伍不仅能够做好收费工作，而且在打击罪犯、维护社会治安的重要关头，证明还是一支识大体、顾大局、讲法制、有觉悟的团体。在今后的工作中，公司应以此类的正面事件为素材，认真加强员工队伍的思想政治、职业道德、法纪法规等方面的教育活动，大力倡导团结协作、认真负责，勇于同一切违法犯罪分子作斗争的正义行为，一切以人民的利益为重，一切以公司的利益为重，牢记收费这一中心工作，认真履行各自的职责，积极主动堵漏增收，依法收费、文明礼貌，不断提高全体员工的整体素质，大力弘扬正气，为争当文明市民、争当文明收费员而努力工作，在各自工作岗位发光发热，取得更大的成绩。

第三篇
加强内部管理

收费管理要坚持“六为”
人本管理为理念，提高收费为宗旨；
降低成本为目的，规范管理为手段；
优质服务为方向，窗口建设为目标。

本篇共 70 个案例和文章，包括：如何做好政治思想工作、如何度过收费权益转让的“阵痛期”、如何当好收费站长、如何当好班长、如何民主评议骨干、如何让收费员进行心理调适、如何提高钱币识别率、如何解决各类收费纠纷、如何严格劳动纪律、如何防止财务违法违规现象、如何做好收费现场的电力保障等。

收费公路劳动管理走向法制化之一

——一起因罢工引发的劳动仲裁和劳动诉讼案件始末

江西森林公司

【背景】

2004年1月16日，贯穿X省南北的Y高速公路T至N段竣工通车，该高速公路与普通公路的105国道平行，成为河北、山东、安徽、江苏、上海、浙江等省市车辆经过X省前往广东的最快通道。大量货车改走高速公路以后，S公司的K、F两收费站的通行费收入急剧下降，下降幅度达到前两年同期收入的70%，可以说是“一落千丈”。面对外部原因造成的严重困难，S公司只能通过降低成本、压缩费用来维持公司的正常运作。由于过站车辆减少，员工的工作量十分不足，K收费站的8个车道就只开了6个车道收费，F收费站再开全部的4个车道收费也已经显得没有必要。因此，关闭部分收费车道和公司减员就成为了员工最为关心的话题。在当时形势不明、流言不断的情况下，大部分员工采取了等待和观望的态度，相信公司会周密考虑，带领员工去克服困难。但是，就在大家盼望公司早作决策的时候，一起罢工的暗潮正在涌动。

【事情经过】

进入2004年7月份以后，K收费站的少数人自感由于本身一贯表现不好，惟恐被列为减员的对象，惴惴不安。于是，为了改变对己不利的局面，其中就有个别人怀着各种各样的个人目的，利用此时员工想法较多、思想不稳之机，打着要求公司增加工资、公司不得以任何理由和借口开除员工等旗号，从7月19日开始，采取电话联络、找人动员、相互串联、私下聚会等形式，积极准备，筹划罢工。

7月20日下午，在陈某甲、罗某、陈某乙等人的召集下，有10多人聚集到K收费站附近罗某租住的地方开会，研究如何具体实施闹事问题。当时陈某甲正在休假，他就利用班长身份，在19日打电话通知其班内员工20日下午到罗某那里开会，并要求他(她)们每人准备好1 000元现金。陈某甲本人当天也专程从Z市的家中赶来开会，并在会上频频发言，出谋划策。陈某乙当天不忘特地到办公室领了笔和报告纸，准备在会上做记录之用。在会上，他们围绕采取什么方式向公司提要求，提哪些内容，怎样开展罢工，怎样收取活动经费(另一说为押金)等问题展开了讨论，最后形成几项决定：①采取张贴书面小字报形式向公司提6点要求；②由罗某发起，从7月21日12点开始，该班带头停止收费工作；③参加闹事人员每人须交1 000元活动经费，待事成功后再发还本人，如果中途退出就不再退还。

散会以后，陈某甲继续休假，但却时刻在关注着事态的发展；罗某为了达到首先停止收费的目的，他采取找班内员工个别谈话的办法，逐个动员她（他）们21日下午上班时间不要拿售票箱，并交出1 000元现金作为活动经费。但使他没有料到的是，他的行为没有得到其他员工的响应。而陈某乙在会后马上动员班内员工交钱，当时有的员工没有带足1 000元，陈某乙就动员她借钱。这样，在一天之内，陈某乙就收齐了本班9位员工的活动经费。21日凌晨2点至5点之间，在K收费站的食堂、综合大楼的一、二层楼梯口等处，贴出了以"职工要求"为题的小字报。从7月19日至7月21日，K收费站即将有人闹事的消息，在暗中传开了，有个别人已在为闹事即将取得成功而暗暗高兴；而多数人在为K收费站的未来感到担忧。此时的K收费站已是"山雨欲来风满楼"。

正在组织者们暗自庆幸目的即将达到时，公司分管现场工作的领导兼K收费站站长朱某得知了站里即将罢工的消息。当时朱站长正在深圳开会，得知这一重要消息后，他感到事态已经十分紧急，就马上打电话给副站长黄某下达指示：①做好多数员工的工作；②密切注意站内动态、加强监控岗位工作；③要亲自监督各班的交接班。得到以上指示以后，黄某站长从20日晚上开始，迅速找到员工谈心，要求大家分清是非，正确对待，不要轻信流言和盲目参与，自觉维护公司利益。接着黄副站长又亲自到现场，监督各班交接班，不给闹事者以任何可乘之机；并且加强了对收费区域和监控室的巡视，预防闹事者采取突然行动。在这段时间里，大多数员工都不赞成采取这种极端的做法来对待公司，他（她）们以各种方法进行抵制，或以其他方式拒绝参与。

在收费站领导有效的制止措施和多数员工的自觉抵制下，一场有组织的罢工计划最后以失败告终。

【处理结果】

事发以后，S公司要求K收费站尽快查明闹事真相。K收费站经过调查，及对员工提供的材料进行分析印证，证实陈某甲、罗某和陈某乙，不但自己积极参与，还鼓动游说他人参与，在前期酝酿和后来的参与过程中都起到了重要作用。根据这一事实，为了维护公司的合法权益，确保正常收费秩序，保持企业内部的团结稳定，公司于2004年8月2日对陈某甲、罗某作出了辞退决定，对陈某乙作出了撤销班长职务的处理。

2004年8月22日，陈某甲、罗某甲因不服公司所作的辞退决定，向X省劳动争议仲裁委员会提出仲裁请求，后转由K市劳动争议仲裁委员会代为受理。陈某甲、罗某在要求仲裁的材料中要求：①依法撤销S公司对两人所作的辞退决定；②为两人补办养老、医疗、失业三项保险；③发给二人经济补偿金和额外补偿金。作为被诉对象的S公司K收费站，站长朱某在接到陈某甲、罗某的申请仲裁副本后，立即准备应诉材料，并将《中华人民共和国劳动法》，公司制订的《收费站竞争上岗方案》规章、《关于对陈某甲、罗某予以辞退的决定》等文件复印整理，对王某等七位员工的调查材料，以及公司与陈某甲、罗某的劳动合同、二人工资结算单等相关资料一并提供给仲裁

委。仲裁委为了进一步了解真相，核实举证材料，特派邹某、卢某等承办人员先后两次来到K收费站，分别单独找到提供证词的人员一一进行了核实。陈某甲、罗某所聘请的律师张某也来站了解陈某甲、罗某被辞原因，并索要相关材料，我方都正常接待和满足了对方的要求。我方认为，陈某甲、罗某煽动罢工是客观存在的事实，相信仲裁机构会尊重事实，秉公审理，所以没有聘请律师，只委派K收费站副站长黄某出席应诉。仲裁委在确认我方举证材料充分和有效的情况下，于2004年9月23日作出裁决：①维持公司对陈某甲、罗某二人的辞退决定；②驳回陈某甲、罗某提出的撤销“行政辞退”决定、补办医疗保险和失业保险、补发经济补偿金（含额外补偿金）的申请请求；③K收费站将为其办理的养老保险登记本发还陈某甲、罗某本人；④仲裁费200元由申诉人负担。

申请仲裁失败后，陈某甲、罗某又于2004年10月10日将K收费站及站长朱某告上K市人民法院，请求：将辞退文件送达本人；撤销辞退决定；为其补办基本养老保险、医疗保险、失业保险，或赔偿未办保险造成的损失；责令发给经济补偿金和额外补偿金。我方接到通知后，立即作好了出庭应诉的准备。但在11月19日开庭时，陈、罗提出搞错了申诉对像，所以要求撤诉，法院同意了二人的请求。

2004年11月22日，陈某甲、罗某重新聘请律师以后，再次向K市人民法院提起上诉，把申诉对象改变为：S公司。二人的诉状中提出：①依法撤销9月23日仲裁裁决书；②由S公司发给陈某甲、罗某补偿金16 658.25元；③发给额外补偿8 329.10元；④诉讼费由S公司负担。法院受理后，根据我方提供的举证材料，由K市法院派员找到举证人本人，在我方采取回避的前提下，当面核实了举证材料的真实性，并且还找到收费站其他员工和驻站的公安警务人员进行了深入细致地调查和取证。为了打赢官司，陈某甲、罗某把2004年7月20日下午在罗某租用处开会改说是“朋友喝啤酒聊天、根本不存在闹什么事的问题”，这一说法在前二份申诉材料中都没有出现过。另外，二人还找到已被撤销班长的陈某乙，由陈某乙、申某和谢某做调查笔录，叫江某、邱某写出证明材料，递交法庭作为旁证，以此来证明罗某、陈某甲的以上说法是“事实”。在不了解情况的人看来，这是很高明的一招，但这也是经不起一驳的。第一，当天参加会议的有10多人，陈某甲当时正在休假中，是特地从家中赶来的，陈某乙是从收费站赶来的，谢某是从潭口家中赶来的，还有申某、肖某、赖某等人都是特地从家中赶来的，真的是单单为了聚在一起喝啤酒聊天吗？据其他参加者证实，当天喝啤酒和商量怎样罢工，都是事实。第二，为陈某甲、罗某作笔录证明的陈某乙、申某、谢某当天都从家里特地赶来开了会。被撤销班长的陈某乙不但参加了开会，还在会上做记录，会后是他第一个收全了一个班的“活动经费”；江某、邱某二人的“证明材料”，是罗某预先写好后，分别叫二人照抄的。现在反过来找他们作为证人，把明明存在的事实一笔抹去。但是尽管陈某甲、罗某精心编造谎言，蒙蔽法庭的做法，使本来简单的案情复杂化，但参加会议和知情的毕竟还有其他正义的员工，他（她）们为反驳陈某甲、罗某的虚假谎言，再次提供书面材料，证明当天开会和陈某甲、罗某企图罢工等客观存在的事实。K市人民法院在经过调查和对双方举证材料相互印证的基础上，于2005年1月18日作出判决，驳回陈某甲、罗某的诉讼请求，诉讼费1 510元由上诉人负担。

法院的判决真正体现了以事实为依据、以法律为准绳的办案原则，依法保护了S

公司的合法权益。陈某甲、罗某败诉后，又于2005年2月5日再次向K市所属的G市中级法院提起上诉，请求撤销K市法院的判决；要求S公司发给补偿金和额外补偿金24 987.35元和承担诉讼费1 510元。

陈某甲、罗某及其代理人，2005年2月5日向G市中级人民法院递交的诉状中，他们认定：2004年7月20日下午是“工友在一起喝啤酒聊天，不存在煽动闹事这一事实”。他们认为再次上诉最有把握的证据是：“有仍在S公司上班的6位员工自愿担风险为我们作证，足以证明煽动闹事并非事实”。在诉状中，关于7月21日凌晨，K收费站内有人偷偷贴出小字报一事，陈某甲、罗某推说并非他们所为，与他们无关。陈某甲、罗某及其代理律师还有一说是：K收费站在2004年7月没有出现过罢工，陈某甲、罗某本人不存在放走车辆不收费的情况，这些可以说明煽动闹事并非是实事。为了找到应予补偿的依据，对方律师引用《中华人民共和国劳动法》和《中华人民共和国民法通则》多项条款，指责K市法院引用法律条文不当。

针对陈某甲、罗某及其代理律师递交的诉状内容，S公司采取了四项措施：①为了驳斥陈某甲、罗某一伙虚假之词，充分证实当时的事实，K收费站重新对当时参加会议和了解情况的员工进行调查，做出补充材料递交法庭，揭露陈某甲、罗某一伙在说假话；②聘请两位知名律师全权代理公司出庭应诉，使公司提供的充实材料经过律师的筛选补充，从法律角度与对方代理人展开辩驳，确保公司在有理的情况下不吃“哑巴”亏；③找到在K市法院审理期间为陈某甲、罗某作证的人员谈话，指出他们提供虚假证明的行为是错误和不负责任的行为，要求他们在维护合法利益和“同事多年情面难却、出于对他们同情”这二者之间作出正确选择。原来为罗某、陈某甲作伪证人员的思想有了转化，表示以后不会再去做违法、有损公司利益的伪证。这就为以后到G市中院应诉排除了干扰。④消除举证人员的思想顾虑，争取二位员工当天能够出庭作证，当面戳穿陈某甲、罗某一伙企图蒙蔽法庭的谎言，说出陈某甲、罗某一伙组织闹事未遂的真相。我方为在中级法院取得主动和从气势上压倒对方作好了充分地准备。

2005年3月11日上午，在G市中级法院第6审判庭，由陈某甲、罗某提出的劳动纠纷争议案正式开庭审理。通过双方当事人的陈述，反驳对方主张，回答法官提问，证人出庭作证，双方开展辩论和是否接受法庭调解等一系列司法程序，我方提供的有力证据和证人所作的证词、律师反驳主张得到了法庭的确认，在经过3个小时的审理和合议后，法院当庭宣布判决结果：驳回原告方诉讼请求，维持原判；诉讼费由原告方负担。到此为止，一场历时半年多的劳动争议诉讼，终于一锤定音，至此，S公司胜诉，公司依法维权取得了彻底胜利。

【启示】

企业职工对企业有意见有要求，完全可以通过合法途径提出，采取私下组织罢工的做法，显然是企业管理所不容的。企业正当的辞退，最终得到劳动仲裁和诉讼的支持。

收费公路劳动管理走向法制化之二

——宿舍丢钱

李成杰

【事情经过】

2001年10月12日，根据公司经营班子的决定，公司行政部在组织对员工宿舍进行调整时，将员工吴某的生活用具、用品从一个房间搬至另一个房间时，将员工吴某使用的桌子搬至走廊里。当搬家人员离开时，行政部既没安排人员看管放在室外的员工物品，也未通知员工吴某到场。员工吴某当天正上白班，当他得知自己的东西被搬出后，即上楼到房间查看，发现桌子抽屉里放的、压在废报纸下面的860元人民币不见了。当时，吴某即找到公司行政部和公司副总经理反映情况并要求赔偿。

事情发生后，公司领导十分重视，即安排一名副总经理组成调查小组对此事件进行调查。调查结果是：当时进行搬迁和在场指挥的3人均未发现有现金，而且吴某的桌子抽屉也未上锁。之后，公司领导在总经理办公会上对此事作了全面分析，责成调查小组组织当事人调解，但调解后均未形成一致意见。为此，公司领导决定向公安部门报案，G市公安局某派出所的王警官和公司法律顾问着手对此事进行调查及调解。经调查，查明以下事实：

一是公司规定，收费岗位上的员工上班时不得随身带现金；二是公司行政部在调整房间时未通知员工吴某本人到场；三是吴某的桌子被搬到走廊后一直无人看管；四是吴某的桌子抽屉一直未上锁；五是员工吴某与其他2人合住一个房间。根据以上事实，由派出所和公司法律顾问组织调解，最后双方达成调解协议：

一、公司及行政部负责人在调整员工宿舍时应通知而未通知员工甲到场，承担60%的责任。

二、员工吴某在3人合住的房间里，将重要的私人财产——现金随便放在一个未上锁的抽屉里，负有过失责任，应自行承担40%的责任。

三、由于这次调整员工住宿房间是公司统一安排的，公司负有管理责任，由公司支付吴某经济损失200元。

四、经过这次事件后，调解的双方都应该吸取教训，不得再为此事与公司纠缠，应努力做好本职工作，增强法制观念。

【启示】

上述事件处理完之后，公司专门召开了总经理办公会，总结了这次事件的教训，并从中得到了一定的启示。

一是管理必须增强法制观念。在管理工作中，做任何事，讲任何话，都要依法行事。工作中必须养成认真细致的作风，才能避免侵犯他人权益事件的发生，同时，也能更好地维护自己的合法权益。

二是管理必须依法、依章办事。这次事情发生的情况比较复杂，特别是涉及到个人的人品问题，切不宜以行政行为代替法律行为，也不可以感情来替代法律。这次事件的处理结果体现了以法律手段化解公司内部矛盾的有效性。

三是管理必须规范化。这次事件发生后，有人曾想借助此次事情推波助澜，蓄意闹事，将事态进一步扩大，很可能给公司带来名誉上和经济上的损失。公司领导十分重视，经营班子团结有力，讲究方法，及时依法化解矛盾，使该事件得到了妥善地解决。

此次事件之所以能够妥善解决，给我们带来的另一个启示是，法律顾问的法律意见为公司解决了一大难题，为今后公司出现类似或其他纠纷找到了一个解决问题的好途径、好办法。

此次事件的发生，虽然给我们带来了一些不必要的麻烦，牵涉了公司领导很多的精力，但从另一方面看，此次事件的处理过程也是一次深刻的经验教训和管理提高的过程。此次事件可以说为进一步规范公司内部管理、提高管理人员依法行事提供了一个良好的素材。

收费公路劳动管理走向法制化之三

——一次终身后悔的教训

江西森林公司

【事情经过】

2003年9月3日晚上8时左右，正在下大雨，S公司驾驶员小裘办完公事，在驾驶一辆小车返回收费站的途中，经过N市红谷大道二路时，突然发现有3个行人，两前一后急穿马路的双黄线。当时，由于天正在下雨，影响了驾驶员的视线，而且车速又快，当发现行人时，车、人已经相距很近了。小裘来不及思索，马上采取紧急刹车。但由于制动距离不足，车辆出于惯性，还是撞倒了其中的一位行人，一起意想不到的特大交通事故就这样发生了。

【处理结果】

被撞受伤者是一位40多岁的中年男子熊××。受伤者经送往医院抢救，虽然保住了伤者的性命，但是由于受伤主要部位是在头部，经N市公安局法医鉴定为脑颅损伤，属二级伤残。这次事故发生后，伤者出现脑神经错乱，已经丧失劳动能力，生活不能自理。为了挽救伤者和使其康复，公司前期已帮助垫付医疗费用高达20万元。

根据N市公安交通管理局××大队对事故责任勘察认定：驾驶员小裘对事故负有主要责任；受伤者熊××对事故负次要责任。

2004年8月，在N市公安交通管理局××大队的主持下，就这起交通事故损害赔偿纠纷先后进行过两次调解。尽管××交警大队领导做了很多工作，但由于双方意见分歧太大，最终未能达成和解协议。

在调解不成的情况下，此案转入法律程序。

2004年9月8日，熊××以交通事故受到伤害为由，向N市东湖区人民法院递交诉状，要求S公司赔偿原告熊××医疗费、误工费、护理费、精神损失费等共计72.6万元。

接到对方诉状副本后，面对原告方提出如此高额的赔偿请求，引起了公司领导的高度重视。经分析认为：对方在事故中受到伤害，已经失去劳动能力且生活不能自理是客观事实，公司承担责任给予相应赔偿是应该的，但是应该实事求是，尽量剔除我方不应负担的那部分虚高成分。本着经济赔偿一次性了断和不留后患的原则，公司及时采取了两项措施：①聘请经验丰富的资深律师参与案件诉讼；②指定专人负责协调和疏通各方面关系。经过多方努力和法院办案人员多次调解，于2004年12月8日双方终于达成如下协议：由S公司一次性赔偿原告熊××各项费用合计49万元。

至此，这起历时一年多的交通事故赔偿纠纷终于画上句号。在这起交通事故的处理过程中，公司还支付诉讼费、律师费、事故检测费、招待费等合计 2.23 万元。其中，除保险公司赔偿我方 10 万元、驾驶员本人垫付 2 万元以外，公司实际支出费用达到 39.23 万元。

【启示】

这起交通事故的发生，给公司造成了巨大经济损失，也使熊××瞬间变成了残废人，这些对年轻驾驶员的小裘（当时是 24 岁）来说，更是教训深刻，终身难忘。现摘录他在自我检讨中的部分内容，借此提醒领导和同行们共同重视安全工作，但愿此文能够成为安全教育的活性教材。

"发生此次严重交通事故，不仅给公司带来了巨额财产损失，同时也给公司各位领导增添了很多麻烦，感到非常后悔内疚。我对这起事故进行了深刻反省，造成这次严重交通事故的主要原因是：车速过快，忽视晚上光线不好和正在下雨两大因素，反映了自己缺乏交通安全意识；平时缺少交通安全法律法规学习，没有真正树立起安全第一的思想；对待工作麻痹大意，高速行车，造成安全隐患；主观意识没有充分预计到客观环境的变化，总认为自己业务如何精通，技术如何过硬，因此驾驶车辆时，不给自己和车辆留有反应余地和提前预防，而当发生意外情况时，自己反而手足无措，把自己和车辆推向了险境。我要从这次事故中吸取深刻教训，在今后工作中，提高自己的主观能动性，正确面对客观事物，努力学习交通法律法规，树立安全第一思想，钻研业务技能，摆正工作态度，不开英雄车，切实做到"宁停三分、不抢一秒"。树立"交通事故无小事"的思想，深刻体会驾驶员岗位的重要性，提升自己的岗位责任感，做到安全行车。不仅仅只是为了个人安危，同时也直接关系到公司财产安全和他人的生命安全。在以后工作中一定要把自我保护、领导安全、公司利益和关爱他人生命融为一体，时时刻刻牢记"安全第一"，平时做好车辆保养维护，熟悉车辆性能，减少事故发生频率，力争把事故隐患消除在萌芽状态，杜绝类似恶性事故再次发生。今后要加倍努力工作，来弥补自己对公司造成的损失，尽心尽力完成领导交办的各项任务，做一名称职的公司员工。"

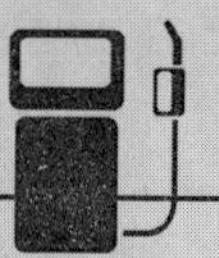

收费公路劳动管理走向法制化之四

——职务过失责任，单位赔偿

刘玲玲

【事情经过】

黄某是某收费站的一名职工。去年9月22日，站领导安排其前往市区购买洗车水管。在返回途中，黄某驾驶的摩托车与对面飞驶而来的一辆摩托车相撞，当场造成黄某耳鼻出血，处于昏迷状态，经送医院治疗后基本康复，对方则经抢救无效后死亡。

【处理结果】

事后，市交警大队认定，对方负主要责任，黄某负次要责任。通过调解，黄某承担对方全部损失4万余元的30%，即12 000余元；对方承担黄某近7 000元的医疗费用的70%，即5 000元左右。为此，黄某找到收费站领导，要求收费站代自己支付对方的事故赔偿费用及自己在这次事故中的全部医疗费用。单位领导认为，由于黄某的过失造成了对方的死亡，事故赔偿费用12 000元应由黄某自己负担，至于黄某本人的医疗费用，单位也仅同意支付70%。黄某不服，遂反映到有关部门。

【启示】

本案涉及两个方面的问题：其一是工伤事故的处理问题，其二是民事责任的承担问题。国家劳动部颁发的《企业职工工伤保险试行办法》(劳部发[1996]266号)第八条第八款规定，企业职工因公外出期间，由于工作原因，遭受交通事故造成伤害的，应当认定为工伤。本案中，黄某是根据站长助理的安排去买东西，在返回的途中遭受交通事故而受伤，因此应当认定为工伤。对于交通事故引起的工伤，依据劳部发[1996]266号文件第二十八条之规定，由于交通事故引起的工伤，应当首先按照《道路交通事故处理办法》(现已更新为《交通事故处理程序规定》)及有关规定处理。交通事故已经赔偿了医疗费用的，企业不再支持相应待遇。本案中，如果对方已承担70%的医疗费用，余额部分可由单位承担。如果对方未予支付，单位可先期垫付，待黄某获得赔偿后予以偿还。

对于民事赔偿部分，根据《中华人民共和国民法通则》第四十三条："企业法人对它的法定代表人和其他工作人员的经营活动，承担民事责任。"由于黄某是在执行公务过程中造成他人伤害的，因此责任应当由单位来承担。

收费公路劳动管理走向法制化之五

——超标准扣工资违法

任晶晶

【事情经过】

2002年5月18日王某因不服所在单位某收费站对其做出的“赔偿经济损失8 000元,罚款500元”的规定,向当地劳动争议仲裁委员会提起申诉,请求依法维护自己的权益。

经查,5月1日,王某在单位上夜班时,邀请社会闲杂人员与同事在其宿舍打麻将,自己当班期间借上厕所为名离开工作岗位,溜回宿舍观看他人打麻将,致使收费站会议室的彩电及音响设备被盗,造成直接经济损失8 000元。站长张某得知此事后,于5月6日书面请示管理处政工科同意后,作出:自6月份至来年3月期间每月从王某工资中扣除800元,以赔偿收费站因财物被盗造成的全部经济损失,同时对王某处以500元的罚款的决定。王某接处罚通知后当场表示,丢失财物自己应当赔偿,但希望站里能考虑自己才毕业参加工作一年,工资不高,每月才九百多,又未结婚的实际情况,能否每月扣除200～300元。政工科科长表示,这是站长的决定,他无权更改。

另据查,该某收费站的《职工守则》及劳动合同都明确规定:因劳动者原因导致公物损失的,应照价赔偿:上班时间赌博的,罚款500元。

【启示】

国家劳动部在《工资支付暂行规定》([1994]489号)第16条规定:“因劳动者本人原因给用人单位造成经济损失的,用人单位可按劳动合同的约定要求其赔偿经济损失。经济损失的赔偿,可从劳动者本人的工资扣除。但每月扣除的部分不得超过劳动者当月工资的20%”。本案中,申诉人在值班时将站里价值8 000余元的财物丢失,应当依照劳动合同的约定及公司有关规定予以赔偿。但被诉人每月从申诉人工资中扣除的赔偿经济损失数额达到了苏某工资的81%,远远超出劳动部最高20%的规定标准,这种做法显然违反了法律规定。

另外,国发[1982]59号《企业职工奖惩条例》第12条和16条规定:对违纪职工进行行政处分时,可以给予一次性罚款,但罚款金额一般不要超过本人月标准工资的20%。因此,本案中,被诉人依据公司规定对王某罚款500元,显然属于罚款金额过高,应当纠正。

同时在内部管理上,站领导在对当事人王某作出处罚,要求其对所犯错误的事实写出深刻具体的检查的同时，由于王某所在班的班长管理存在疏忽，未能及时发现和纠正王某的错误行为，对收费站财务被盗负有管理不到位责任，应负连带过错。通过这一事件，该收费站认识到需要组织本站的相关干部认真学习国家的有关劳动法律法规，包括《工资支付暂行规定》和《企业职工奖惩条例》，避免今后再出现上述错误，影响企业形象和员工的工作积极性。

收费公路劳动管理走向法制化之六

——企业处罚要讲程序

任晶晶

【事情经过】

2002年3月1日，某公司与待业青年胡某签订《劳动合同书》，胡某被招聘为该公司的收费员。同年6月26日，胡某作为该公司收费员进行收费时，将两张涂改了月、日的通行票据售给驾驶员刘某。车行至入城路口处，收费站稽查员李某等人在执行例行检查时，将上述涂改票查出。当月29日某公司根据《企业职工奖惩条例》为依据，以胡某违反本公司《稽查工作条例》规定为由，引用该条例第五条“收费员贪污票款、收钱不扯票或少扯票，收、售回笼票、废票、出售假票、白票、罚款收据等其他非法票据，凡犯以上行为之一者，除如数退赔外，并处1 500元以上的罚款，重犯者酌情给予行政处分，再犯者，解除合同，予以开除公职，临时人员予以辞退”的规定，用便笺通知胡某，对其作出售白票行为罚款1 200元、售回笼票行为罚款2 500元，合计3 700元的处罚，并限胡某次月15日前交清，否则不安排工作；并从7月1日起停止胡某的工作，停发工资。在公司的限期内，胡某并未缴纳罚款。于是，8月30日，某公司又重新做出决定，由于胡某态度不好，增加罚款200元，罚款总额达到2 800元，增加缓期半年转正定级的处分。10月18日，胡某以未售白票、回笼票，公司的罚款做法不合法，不安排其工作、停发工资、缓期定级等问题违反《劳动合同书》规定为由，向县劳动争议仲裁委员会申请仲裁。

【处理结果】

同年11月15日，县劳动仲裁委员会作出裁决：①某公司的罚款无事实依据，予以撤销；②某公司停止胡某的工作，停发其工资的做法是错误的，应立即恢复工作，补发停工期间全部工资360元；③对胡某“缓期半年定级”的决定是错误的，应按合同规定按时定级。

某公司对此裁决不服，遂向县人民法院起诉，称：本公司是根据《稽查工作条例》规定对胡某售白票、回笼票的行为，作出罚款2 800元、缓期定级的处分，县劳动争议仲裁委员会认定的事实与客观情况不符，要求法院依法维持其对胡某的处分决定。胡某辩称：某公司没有事实依据就认定其售白票和售回笼票的行为，既违反了国家的劳动法规，又违反了双方所签《劳动合同书》第六条第二款“对乙方予以行政处分，应当征求工会的意见”的规定，原告就停止了被告的财产权利和劳动权利，因此，要求撤销原告对被告的全部处罚决定，恢复工作，补发工资，按期定级并赔偿损失。

县人民法院经审理后认为:①胡某所售出票据上无年、月、日,是该站票证员的行为。因此认定被告售白票的行为不能成立;②对于驾驶员刘某所购的通行票据,即被告售给刘某的两张票面金额为十元、但涂改过月、日的通行费票,当时,被告虽声言具体月、日写错了,但无法证实是其当场写错;从该公司的财务科"收费员票据领发单"上看,被告前一天领取的10元票据的号码为"179301~179400",而被涂改的票面号码为"177803~177804",二者不相吻合,被告对此不能自圆其说。根据该公司管理制度规定,收费员凡出现错写年、月、日情况的,应连同未售完的通行票据一并交回单位,作废票处理。对此规定,被告亦声言清楚。因此,对被告出售回笼票的事实应予认定。被告对此应承担违纪责任。③原告违反《企业职工奖惩条例》的有关规定,对被告的违纪事实,在未经查证属实,也未经职代会讨论或征求工会意见的情况下,即用便笺通知对被告的处罚决定,之后又重新作出对被告的处罚,变更罚款数额为2 800元,其中"态度不好,罚款200元",这与《企业职工奖惩条例》第十九条所规定的"允许受处分者本人进行申辩"相悖。因此,原告的处罚决定程序上不合法,实体亦有不当,侵犯了被告的合法权益,应承担相应的责任。

据此,县人民法院"本着既维护企业依法严格管理,又维护职工的合法权益的原则",于2002年8月11日,依照《中华人民共和国民事诉讼法》第八十五条、第八十六条、第八十八条之规定,主持双方当事人自愿达成调解协议如下:

①某公司恢复胡某工作,并补发其从停工之日到恢复工作期间的基本工资;

②胡某自愿接受某公司的经济处罚1 000元。

收费公路劳动管理走向法制化之七

——有孕就能违纪吗

任晶晶

【事情经过】

邓小姐是某收费站的收费员，丈夫是跑车的个体户，生意做得红火。最近邓小姐给丈夫怀了下一代。一天下午，丈夫给正在上班的邓小姐打去电话："我今天晚上要从省城运货回来，顺道接你一起回家，省得……"

话还没说完，邓小姐打断道："来的时候要记得我在 2 车道，莫走错了。"

当班时，邓小姐乘人不注意，悄悄地将丈夫的车更改为免费车予以放行。月底，站部进行收费资料审查时发现了可疑点，经过数据汇总核对，发现一台大货车总是在邓小姐上晚班的时候，进行更改后免费通行。在站长和站稽查小组进行的现场调查时，将邓小姐逮个正着。邓小姐不得不说出了实情—与丈夫串通逃缴通行费。

【处理结果】

公司领导得知此事，非常重视。大家一致认为邓小姐的行为明显属于"私放人情车"行为，且多次出现，影响较坏，按照公司规定，此行为属严重违纪行为，根据《中华人民共和国劳动法》(以下简称《劳动法》)第 25 条的规定，可以给予其解除劳动合同的处罚。邓小姐在承认了错误以后，却坚持认为收费站不能与自己解除劳动合同，原因是她现在怀有身孕，属于特殊保护时期。

收费站可否与怀孕的邓小姐解除劳动合同？

《劳动法》第 29 条规定：女职工在孕期、产期、哺乳期(以下简称"三期")内，用人单位不得依据本法第 26 条、第 27 条的规定解除劳动合同。这是《劳动法》对女职工在"三期"内给予的特殊保护。但从中也可以看出，法律对女工"三期"内的保护并不是无限的、无原则的，而是有范围、有条件的。换句话说，倘若女工在"三期"内，不是因为《劳动法》第 26 条、第 27 条中规定的情形，而是因为她严重违反了用人单位的劳动纪律或规章制度，以及出现了《劳动法》第 25 条规定的其他过失，被用人单位解除劳动合同的，法律是不对她进行什么特殊保护的。

国家劳动部在对有关问题的批复中曾明确指出："不得在女职工孕期、产期、哺乳期解除劳动合同"，是指企业不得以女职工怀孕、生育、哺乳为由解除劳动合同，至于女职工在"三期"内违纪，按照有关规定和劳动合同应予辞退的，企业可以辞退。

【启示】

本案中，在收费站的管理制度中已有明确规定，“私放人情车”的行为，属于严重违纪行为。但是邓小姐为了贪图小利，替丈夫省下几趟的通行费钱，不惜违反公司的规章制度，以为自己处怀孕期，可以享受特殊保护，收费站就无权解除与她的劳动合同。孰不知，法律是公正的，决不会纵容孕期妇女出现乱纪的行为。对于严重违反用人单位劳动纪律的孕期女工，《劳动法》允许使用第25条的规定，企业可以解除其劳动合同。因此，收费站与邓小姐解除劳动合同的行为，

是合法的，并没有侵犯女工的合法权益。

收费公路劳动管理走向法制化之八

——如何配合路产部门处理路损案件

冯　丽

【事情经过】

2005年2月4日下午3时左右，公司内保队接报：刚刚翻新的C桥桥面被一拖车的轮毂划伤。内保队及时赶到现场，与工程部人员一起处理此事。

原来，2月4日下午3时左右，刘某的一台清障车拖拉一台已报废的货车，由南向北行驶。当行至C桥第54号灯杆处，报废车的右后轮轮胎爆胎，造成轮毂辗压路面进而导致了桥面划伤。经测量，桥面划伤长度为930m，宽度为4mm，桥面损坏面积为3.72m^2。

肇事的清障车在经过收费站时被拦下。

【处理结果】

根据湖北省物价局、湖北省财政厅鄂价费[2003]100号文件附表1-1序号第9条标准：损坏路面履带车、铁轮车按100/m^2赔偿，应赔偿372元。后经交警大队事故组处理，由车主赔偿公司损失300元。

【启示】

一般而言，收费公路的经营者，在经营收费管理工作的同时，还担负着路面养护的职责。随着社会经济的发展，公路上行驶的车辆越来越多，各种车辆压坏道路的情况也呈日渐增加之势，道路养护费用支出明显出现上升趋势，公路经营者的管理难度与管理成本也显著增大。因此，完善道路监管，采取积极的养护策略，不失为降低经营成本，减少损失的一种有效手段。

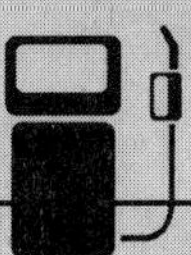

收费公路劳动管理走向法制化之九

——认真学习行业法规，严格执行行业政策

乐庸强　何洪强　李晓群　邵英勇

【事情经过】

2004年5月17日W公司接驾驶员举报，C收费站有售票员存在“收钱少打票”问题。公司领导立即组织人员对举报情况进行监控核查，发现：5月17日下午售票员梁某于17:28对一辆应费标准18元的大货车，收进20元钱后打出面额为10元的通行费票据。随后，梁某紧接着打下“免费”键，将打出的票和找回的2元钱递给驾驶员。接着急急忙忙给还未来到售票窗口的下一辆车打票。17:48分一辆应费标准18元的货车停在售票窗口交费，梁某用同样手法收钱少打票。该售票员在上述售票过程中既未根据公司规定讲文明用语，又未唱收唱找。根据这些情况，公司又分别抽查了5月13日、15日、16日梁某的当班录像，发现在连续4个当班时间里，梁某以同样手法先后9次故意收钱少打票，接着打“免费键”以加速消除电脑字幕，逃避监控的行为。5个班次，共查实梁某贪污的票款64元。

【处理结果】

公司领导从对本人负责任的态度出发，指派二级监控人员与分管收费领导对梁某的贪污行为反复录像核实，并找到梁某本人谈话、调查。梁某自以为自己做得很巧妙，很聪明，别人发现不了，在公司领导第一次找其谈话，讲明利害时，梁某拒不承认自己有贪污票款行为。当现场录像及核实情况的汇报材料呈现在梁某面前时，梁某大声啼哭，苦苦哀求公司能给其一次悔过改错的机会。考虑到梁某的家庭困难及本人悔过的决心，公司经营班子慎重研究后决定，责令当事人陈某退回贪污票款64元，待岗三个月，写出深刻检讨通报全公司，并处罚款。

【启示】

综观整个事件，我们可以清楚地看到，该售票员多次贪污票款的行为应属严重的违纪行为，甚至可以说触犯了刑律。贪污票款一直是收费工作的“禁区”，曾有人形象地将这种行为比喻为收费工作的“高压线”，一旦触上，其后果不言而喻，不但害了自己，也使自己家人的受到伤害，这也是收费工作的特点所决定的。通行收费工作是一项直接与现金打交道的工作，能够坚持在收费中拒绝金钱诱惑，自律自洁，也是从事收费工作的职业道德要求。梁某的行为被发现后，W公司的领导从挽救本人的角度出发，未对梁某做出法律要求，并保留了其工作岗位，充分体现以人为本的管理理念。相信梁某经过这次教训，在以后的工作生活中会增强自尊自重，认真汲取教训，做好自己的工作。其他收费人员也应能从上述事件中吸取教训，加强职业道德和法制观念，杜绝类似事件发生。

收费员如何进行心理调整之一

——几种调整收费人员心理的方法

德山收费站

笔者从电台及报纸上经常可看到收费员被人打或打人的报道，今年我省就发生过多起驾驶员恶性殴打收费员的事件。除了由于有些司乘人员修养素质不高、法律意识淡薄外，与有些收费员脾气暴躁，处事不够冷静，工作方法欠妥有相当大的关系。

首先，请看下列两组镜头。

镜头一：一车停在收费道内，驾驶员因欠费与收费员发生争吵，起因仅仅是因收费员说的一句话“你没钱就不要走高速公路，要解决经济问题找民政局去”。

镜头二：收费员要求驾驶员出示行驶证以便验证车型，见驾驶员动作有些迟钝，马上大声呵斥：“慢吞吞地，不能快点吗？”于是一场争吵随即发生。

……

这样的镜头在收费站随处可见，究竟是什么原因造成的呢？

我从事了一年多的现场管理工作，在工作中发现有的收费员随着收费工作时间增加，与刚进收费站时相比，脾气变得是越来越坏，出现了现场纠纷逐渐升高之势。最为典型的表现是，说话大声大气，指手画脚，工作缺乏耐心，处理问题过分简单化。工作中有时不是以理服人，而是以势压人，这其实是一种心理的病态现象。因此，我曾借工作之便，就“你觉得你的脾气与进站时相比有何变化”等问题，向30名收费员做过调查，反馈的信息是，回答“变差”的有24名，回答“说不清”的有2名，回答“没有变化”的3名，回答“变好”的有1人。由此可以看出，80%的员工情绪与进站时相比变得更加暴躁。暴躁的脾气使其在收费执法过程中不够冷静，容易导致发生扯皮，甚至殴斗事件，直接影响到高速公路执法者的形象。因此，探讨这种心理变化的原因，进而采取相应的对策，就显得尤为重要。下面就这方面的问题谈谈自己的看法。

一、性情发生变化的原因

什么原因促成了收费员性情发生这么大的变化呢？通过调查，发现不外乎以下几个方面的原因：一是由于收费站的地理位置所决定。收费站一般位于郊区，业余生活相当贫乏，整天面对空旷的田野，使人有一种心理上的孤寂感；二是长期生活在嘈杂、空气污染的环境中（主线站在这一点上表现得更为明显），大脑得不到适当的调节，使性情变得易怒、易暴；三是重复枯燥的“三点一线”式和工作、生活方式，使收费员变得寡言少语，长期积聚的郁闷得不到及时的排遣和发泄，使性情变得呆板、麻木；四是反复多次的扯皮纠纷（有的收费员受到无理谩骂甚至人身威胁）使收费员变得缺乏耐心，容忍度下降；五是高速公路严格的管理，特别是电视监控系统的使用，使收费员个性得不到张扬，以致长期压抑而形成逆反心理等。

以上五点是收费员性情变得异常的主要原因，这也是由于收费站工作的特殊性所决定的，任何人也没有能力改变。要解决这一问题，应当对收费员定时、定期地进行心理鉴定和治疗，甚至定期疗养，但是收费工作性质和现阶段经济条件还不能做到这一点，我们只能依托收费站现有条件，因地制宜地对收费员的心理状态进行一些适当的调整，以期达到收费员以健康的心理进行正常的工作，这样才能做到规范执法，文明征费。

二、解决问题的方法

怎样才能使收费员拥有健康的心理，正确地对待自己的工作？以我之见，有以下几种方法。

（一）自我调节法

首先，收费员要用一种乐观的心态对待自己的工作。俗话说，“知足者常乐”。炎热的夏季里，我们坐在洁净的收费亭内，享受着空调送来的徐徐凉风时，再看一看窗外的稻田中，农民却正顶着烈日在收割稻子，我们就会为自己所拥有的工作环境感到满足了。总之，在现有的条件下，当我们不能改变环境时，就应该学会改变自己，让自己适应环境。收费站的环境虽然有些孤寂，但远离城市的喧哗不失是一块学习的宝地。上班时切忌带着情绪工作，工作时不要想令自己不开心的事情，保持乐观的心情。看问题，应从积极的方面入手，尽量看事物的阳光面，忽略阴暗面。让自己时刻保持一份好心情。

（二）幽默化解矛盾法

幽默是一种才华，是一种力量，收费员要学会用幽默解决与司乘人员的一些小矛盾。其实，有些纠纷往往是相互谈话时，用词不当引起的。引发成为纠纷后，在争吵过程中双方可能都会缺乏理智，给彼此造成伤害，不仅影响自己的工作情绪，而且有损收费站的窗口形象，在社会上造成不良影响。例如，我站一名收费员遇到一名驾驶员认为收费站的通行费标准过高，而板着脸说收费站的收费太黑时，当班收费员就幽默地回答：“现在是白天，离天黑还远着呢。”驾驶员被收费员幽默的话语一下子逗笑了，一场不必要的口水战也就此避免了。因此，收费员应学会用幽默这道桥梁，拉近与司乘人员的距离，弥补与他们之间的鸿沟，润滑人际关系，减轻人生压力。

幽默是每一个希望减轻自己人生重担的人所必须依靠的“拐杖”。

（三）转移敷衍法

何谓“敷衍”？《现代汉语词典》说：“做事不负责或待人不恳切，只做表面上的应付，敷衍了事。”这里说的“敷衍”并不是指“做事”，而是单讲特殊情况下的“待人”——“只做表面上的应付。”有时，这种应付是应该的，而且简直是必须的，无可抱怨和指责的。遇到有些司乘人员故意找碴，或一些居心叵测的司乘人员故意调戏年轻女收费员时，在这种情况下，就没必要跟他再表示工作上的热情，也不要跟他争吵或谩骂，以免影响工作，而应对他转移话题或敷衍，让他知趣地离开。只要是省时间，省口舌，无损于工作，能对其敷衍时，就敷衍之。敷衍是消极之举，无奈之举，其结果往往却可能是积极的。

（四）精神转移法

收费员既是执法者，又是服务者，其工作性决定了收费员的工作既要按原则办事，又要服务得体。但是有些驾驶员对此不甚了解，他们有的动用特权，采用威胁的手段以达到免费的目的；有的蛮横无理，持强耍狠以达到免缴或少缴费的目的；达不到目的，便破口大骂，有的甚至动手打人。对此现象，组织纪律上对收费员有严格的约束，要做到“打不还手，骂不还口”，收费员的情绪得不到宣泄，长久以来他的情绪就会变得异常暴躁。我站收费员曹某因严格征费而受到驾驶员的无理谩骂，情绪波动十分大。站领导得知这一情况后，及时想办法调整好她的情绪，告诉她，这样的事情在服务行业是司空见惯的，不要把此事放在心上，不要用别人的无知来伤害自己。小曹听后，心情豁然开朗起来，继续以饱满的热情投入到工作上去。因此，在我们的收费员受到委屈后，要及时给以安抚，适当地讲一讲幽默笑话，甚至开展一些有利于身心健康的活动，让收费员从烦躁的情绪中摆脱出来，将注意力转移到其他事件上来。另外，收费站领导要高度重视打人、肇事等事件，及时采取一切必要措施，让违法者得到严厉地惩处，这也不失为抚慰收费员工受伤心灵的良药。

（五）精神宣泄法

我们有的收费员由于种种原因，心理承受力较差，在情绪受激后无法自制，容易发生过激行为。如果将这种情绪带到工作中去，必然对无辜者造成伤害，引起不必要的矛盾。如果能够通过其他适当的方式，诸如向好朋友或领导倾诉、找人打打球等，使收费人员这种紧张、激动的情绪得到及时宣泄与平衡，对个人的身体、心理健康都是大有裨益的。

收费员如何进行心理调整之二

——“麻烦”,“不麻烦”

刘泽华

人的一生难免会有麻烦别人和被别人麻烦的时候。

在生活中我们经常会遇到这样那样的麻烦。有时因为一件小事和同事闹了点小小的不开心,事后也知道错在自己,只要真诚地和他谈谈,误会马上就可以消除。不过很多的时候我们并没有这样做,因为总会在心里对自己说:“反正也不是什么大事,何必那么麻烦,顺其自然吧。”往往就因为自己耽误了最好的时机而导致误会越来越深。

在工作中往往也是如此。在收费过程中有些驾驶员会这样那样地无理取闹,给我们找些这样那样的麻烦。有时他们会故意堵塞车道,有时他们会故意出口伤人,侮辱我们的收费人员,有时还故意拿张百元大钞难为你,有时故意把车开离收费窗口,远远地等着收费人员探出身子去取钱、递票。当遇到类似情况时,只要我们态度诚恳,不怕麻烦,往往就会消除和驾驶员之间的许多冲突,树立起我们的窗口形象。可是我们有些时候并没有那样做,而是觉得非常窝火,觉得这样的驾驶员真是麻烦。这样一来的结果,就是容易造成收费站和驾驶员之间的误会,影响了我们的整体形象。其实,换个角度来思考,这些根本不是什么麻烦,而是我们应尽的责任。我们有责任做好自己的本职工作,为出行的司乘人员营造一个愉快的旅途。只要花一点时间和精力,多付出一些耐心,就可以得到司乘人员的尊重,缩短彼此之间的距离,同时又能充分展示自己的人格魅力,“麻烦”又何尝是真正的麻烦呢!

收费员如何进行心理调整之三

——一位新员工的心声

德山收费站

“交通网络”是国家经济腾飞的基础，人们致富的门路，交往沟通的媒介，生活繁荣的标志。“路”，成为百姓心目中的一个格外关爱的热点名词。我作为一个普通的交通征管收费员，对自己每日相伴的“高速公路”和自己工作着的C高速公路D收费站，更有一种职业执著之情。

当我刚来到D收费站时，站里规范的管理、优良的员工素质、高效的工作机制、良好的文明服务形象、优雅的生活环境都给我留下了深刻的印象。

走在二楼办公室的过道上，便随处可见悬挂在墙上的文明收费岗、优质文明服务宣传窗、创建口号、名言警句等牌匾；在办公室的东侧还建了学习室、娱乐室、健身房等活动场所，不但丰富了员工的业余文化生活，更是陶冶了员工的情操。办公区内的一角还搭起了小鱼池、小猪圈、小菜园，这一系列灵活多样、内容丰富、效果明显的文化创建活动真可谓把“两个文明建设”表现得淋漓尽致，让人感受到高度文明的高速公路形象。

站里实行的半军事化管理更是对员工的一种考验。它不但能锻炼我们的体魄，磨炼我们的意志，更能强化我们的组织纪律观念，造就过硬的作风，提高服务形象。

创造了如此优美的环境，使得我们在集体中生活就像在自己家中一样舒适，不由感到无比的亲切和自豪。

年复一年，日复一日，发卡、收费、敬礼、微笑……，重复的动作刻印在重复的四季里，重复的记忆串解着重复的人生，这便是收费员们从事的工作。这种看似简单而又机械化的程序，却深藏玄机。做一项工作容易，但要做好、做精一项工作，就需付出艰辛的努力。作为一名收费工作者，平时听得较多的，领导强调得较多的，就是文明优质服务。的确，七尺岗亭，联通四海；小小窗口，情系九州。收费员服务质量的好坏，直接影响到我们在广大司乘人员心中的形象。为塑好窗口形象，收费员坚持挂牌上岗、礼貌服务、唱收唱付、敬礼收费，也正是这一张张灿烂的笑脸、一句句温馨的话语、一声声亲切的问候，换来了司乘人员的理解和尊重。文明收费能改变司乘人员的缴费意识，能缩短与司乘人员之间的距离，更能锤炼收费人员的品质，这几点，每一位一线员工都深有体会。

“榜样的力量是无穷的”，近日来站领导正在高速公路系统中大力地宣扬一位朴实、谦虚、认真、踏实的收费员“孙曼”。四载春秋，孙曼以饱满的精神和对工作持之以恒的态度，任劳任怨，在七尺岗亭里抒写着自己的青春。“是金子总会发光”，她四年中获得的荣誉称号、比赛奖项和四星级收费员称号，便是她勤奋工作的最好见证。“孙曼精神”，这面旗帜已插到C高速公路的每一个角落，插向整个湖南高速系统。

她的精神同时也成为我奋进的目标，并将成为我生活的启迪和工作的航向。

我将用我的微笑去滋润疲惫的司乘人员，用我的青春在这银色的岗亭里散放出光彩。坚守对工作的执著，我将忠于职守，勇于创新，力求上进，力争为D收费站添光增彩，贡献自己一份力量。

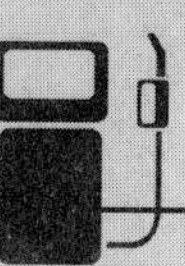

提高对站、岗位职能的认识之一
——如何当好收费站站长

朱心明　朱月清

作为一名收费站站长，特别是在中外合作体制的企业中，如何围绕公司制定的提高收费、降低成本、规范管理、优质服务的经营思路，在实际工作中有效运作，以达到最好的经济效益和社会效益，是每一位管理者必须思考的课题和努力实现的目标。本人经过六年多来的工作实践，取得了一定的成绩，积累了一些经验，也有一些有待改进的方面，感受颇深。现将体会浅谈，抛砖引玉，希望能为推进公司的发展，深化体制改革，提高经济效益，起到一定的促进作用。

一、按照市场经济规律运作　完善中外合作企业体制

我所在的S公司下辖K和F两个收费站，始建于1992年到1993年间，原来都是省稽查征费局的所属单位。当时建站收取“交通规费”的原则是“贷款修路、收费还贷”。收费站的管理机构设置、收费人员编制、工资费用列支都沿用国有事业单位模式，每个站有60多职工(其中一部分为正式工、大部分为临时工)，收费任务相对宽松，奖励办法固定呆板，职工积极性难以调动，对当地车辆收费过于放松，存在个别人员乘机私收票款等问题。总之，当时沿用计划经济体制管理和运作，存在着很多弊端。

1998年10月1日，经省人民政府批准，还贷公路收费权益进行了转让，由中外合作的S公司经省人民政府批准，开始经营管理两站。当时公司从实际考虑，一下子直接接手管理和经营两个收费站有一定的难度，因此，就协商请稽征部门原来的班子代为经营管理。与此同时，将已聘任的站长人选充入领导班子中，进行培养和锻炼。到1999年7月1日，在条件基本成熟的情况下，由公司全面接管，进行直接管理和经营。我作为公司独立管理后的首任站长，配合公司领导在体制改革方面做了大量工作。

公司全面接管以后，首先按照企业“精简、高效、节约”的原则，大幅度精简管理班子人员。由原来的书记、站长、副站长、站长助理、办公室主任、多名股长等一整套的管理机构，精简到站长1人、站长助理1人；员工也由60多人精简到50人；同时对全体员工实行聘用制，管理人员和普通员工之间没有正式工和临时工之分；工资在原有基础上略有增加，但对奖金发放作了较大的变动，即由公司确定计划任务，两站超额完成任务后，超额部分根据一定比例提取奖金，多超多得，不超不得。这一灵活的奖励办法对两站员工上下团结一心，力争超额完成公司任务，调动广大员工的工作积极性起到了很大的促进作用；费用定额由原来按月度收费总额提取一定百分比，改变为按实际需要实行包干制，使费用开支比代管时期每月节约将近50%；设备在保持完好的基础上，维修费用仅为以前的30%。

通过上述采取一系列措施，既继承和沿用了原来经营管理方面的成功经验，又将

以前存在的各项弊端大刀阔斧地进行了改革，使两站体制精简、职责明确、成本降低、效益提高。奖励办法灵活，办事制度公开，极大地调动了全体员工的工作积极性。六年多来，两站为公司创造了可喜的经济效益和较好的社会效益。

1. 公司全面接管初期，对经营主体发生的变化，当地一些政府部门、包括当地车主和驾驶员中有不少人认为：收费站已由私人老板出资买下经营权，已经不是代表政府收费，所以就经常有人寻找各种各样理的由、通过各种各样的关系，要求免费或过站不用缴费，对正常收费经营管理造成了很大的压力。面对来自外部各种压力，收费站首先坚持按省政府的批复文件精神和公司制定的具体规定依法收费，维护公司合法利益；同时也积极、主动协调好与当地政府之间的关系，加强联系和沟通，说服当地主要领导正确理解和支持我们公司在当地的依法收费工作，争取他们帮助做好下属部门和当地车主、驾驶员的工作，纠正各类人的各种对中外合作企业存在的偏见，理解中外合作企业经营收费，是改革开放的需要和市场经济情况下的新型经济体制，是以省政府批准的招商引资项目，是国家政策允许的、合法的企业行为，从而增强人们的缴费意识。通过近一年的不懈努力，使人们观念随之发生了变化，抗缴、逃费等各类不正常现象逐渐减少，收费环境得到很大改善。

2. 抓好员工观念的转变。由于公司的收费员工大部分是由稽征部门留下来的，他（她）们在稽征部门已有 6 年左右的工作经历，公司刚接管时，有不少员工认为原来在稽征部门收费是代表政府执法收费，现在是为公司进行经营性收费，无形之中好像就比原来低了三分。针对这种普遍存在的不正确想法，我通过召开大小会议、找员工谈心等形式，宣传合作公司经营收费的合法性、介绍公司拥有的雄厚经济实力和广阔的发展前景，扭转员工思想，促进观念转变，增强员工对公司的认同感和信任感；要求每位员工自觉地把自己的利益和公司的效益挂起钩来，鼓励大家树立信心，挺起腰杆，理直气壮、依法收费。在公司接管后的两年多时间内，公司从关心员工出发，为大家办理了社会养老保险、意外伤害保险、女职工生育保险等各类保险，为员工解除后顾之忧。

公司的关心和员工得到的实实在在的利益，使员工对公司的认同和信任大大增强。几年来的实践证明，广大员工能与公司团结一致、同舟共济，自觉维护公司利益，为公司以后的发展和壮大做出了较大的贡献。

二、围绕收费这个中心 切实做好各项工作

1. 加强内部管理，提高员工素质。

要搞好收费工作，必须要有一支素质好、业务精、守纪律、服务优的员工队伍。我所工作的收费站从实际出发，经常组织员工学习交通法律法规，公司规章制度和上级有关文件等，从而提高员工依法收费的意识和能力，增强员工遵纪守法的自觉性；在业务方面，根据实际需要，不断组织学习与收费有关的业务知识，让大家能够熟练掌握和运用，特别在学习交通部、国家计委联合审定批准的《公路汽车征费标准计量手册》（第三册）时，选择其中常用的内容编辑成小册子，人手一份，便于查找操作。并在通过一定时间的学习后，对员工的学习情况进行测试，提高员工对车辆吨位的判断能

力，加快收费速度，减少堵车现象发生。此外，站部还根据上级领导要求，经常对员工进行文明、礼貌、热情为驾驶员服务等方面的教育。为了培养员工守纪律和保持半军事化的工作作风，站部还专门聘请驻地武警官兵来站，对员工进行军事化训练。通过训练，大家重温了军事化生活的严格和艰苦，使员工在列队上下班、整齐着装、挂牌服务等方面更为规范。

通过形式多样的教育、培训和学习，员工队伍的整体素质、业务水平、遵章守纪、文明服务各个方面有所提高，公司在社会上的声誉也相应提高和扩大。省电视台、G市日报、F市晚报等媒体的记者曾闻讯先后来到两站，对站领导和来往驾驶员进行采访，并在报道中对两站的工作和取得的成绩给予了肯定和好评。

2. 抓好地方协调，争取外部支持。

由于我们收费站远离公司，要按照公司制定的经营方针，搞好收费工作，必须取得当地党政领导和有关部门的支持。作为站长，要积极、主动做好当地市(县)委、政府、公安、交警、税务、银行、社保、稽征、包括环保、保险、水、电等方方面面的协调工作，保持经常性沟通和联系。站部主动邀请他们来站做客或举办一些活动，增进感情，拉近彼此距离。只有在建立相当融洽的关系以后，一旦站里出现突发情况，就会得到有关领导和相关部门的全力支持，保证有一个安全、良好的收费环境，为实现公司经营目标打好基础。

3. 完善其他方面的工作

(1)在规范内部管理、做好外部协调的同时，加强监控，抓好设备维护保养、故障修理也是企业内部管理的一项重要工作。保持设备完好和先进，提高监控人员工作责任心，是对现场一线工作最直接的支持和配合。通过监控工作，可以最直接地了解现场的情况，可以为及时发现问题和处理突发事件提供第一手资料。

(2)维护员工正当权益。收费工作本身与缴费对象之间是对立的，尽管我们是按规定收费，但作为缴费者总是希望能少缴一点。由于种种原因，收费过程中发生争议、甚至收费员被人殴打等情况时有发生。每当发生这类情况，首先要分析在事发的过程中，是收费人员违反规定引发的，还是对方原因造成的？如果收费人员是在没有过错的情况下受到伤害，我们一定会千方百计为员工的正当权益奔走呼吁，争取公司和当地有关部门的支持和帮助，维护员工依法收费的合法权益。反之，对违反公司规章制度的人和事，不管有无背景，根据情节和认识态度，给予适当处罚。尤其对于私收票款等严重损害公司利益的行为，只要一经查实，证据确凿，就毫不手软，报请公司给予开除处理。作为一线的直接管理者，一定要以身作则、一身正气、不徇私情、赏罚分明，对违反公司制度、损害公司利益人员，起到有力的威摄作用，使广大员工能够尽心尽责为实现公司最高利益而努力。

(3)厉行节约，把好经费关。公司每月核定的经费，要求项目清楚，专款专用。但在具体使用时，怎样精打细算、厉行节约，管好和用好每一项经费，严格执行经费定额，是基层管理者的重要责任。对有些能够通过人为努力达到节支的项目，如加强设备日常维护，减少故障发生，节约维修费用。控制办公用品随意领用，节约办公费用等。对计划外的大笔支出，必须先上报公司批准以后才能使用。多年来，我按照公司规定，严格把关，执行计划，为公司降低成本起到了较好作用。

(4)关心员工生活，抓好后勤保障。后勤工作关系到每位员工的切身利益。使员工在工作和生活方面感到满意，业余生活丰富多彩，上班以后能够全身心投入工作，是站领导必须考虑和关心的又一方面。为使员工吃得好，站部要求食堂人员多动脑筋，尽量在花色品种、饭菜质量、调剂口味等方面做到多样化、质量好，让员工吃得满意；在住房安排、用水、用电、洗澡等关系生活的各个方面，周到考虑、合理安排，尽量满足和保证；为让员工安心在站，站部因地制宜，创造条件和组织活动，订阅报刊杂志，购买体育设施，丰富员工的业余文化生活，让大家感到安心、舒心，真正把收费站当成自己的家。

如何当好一名中外合作企业的收费站站长，适应合作企业的运作体制，在确保公司利益的前提下，处理好公司同地方的关系，处理好公司与员工的关系，还有很多方面值得研究和探讨。以上所述只是自己六年多来的一些体会，希望得到广大同行的补充、完善和指正，力争在以后的工作实践中，把工作做得更好，为公司创造更好的效益。

提高对站、岗位职能的认识之二

——如何当好班长

德山收费站

班长，作为基层骨干，收费一线的领头者，在整个收费管理工作中起着举足轻重的作用。怎样发挥班长作用，协助站领导工作，带领班组搞好收费工作，是一个需要摸索的过程。三年来就我担任班长一职，谈一谈自己的一点粗浅认识。

一、正确认识，摆正位置

要当好班长，首先应该了解自己所处位置的重要性，在收费站全局工作的地位和作用。一个班长，是收费站的基层管理人员、二层骨干，班长的一举一动直接体现收费站的形象，班长的作风好坏直接影响整个收费站的整体作风，班长的管理能力也代表整个收费站二层管理人员的管理能力。由此可见，班长在整个收费站里起着举足轻重的作用。只有正确认识班长的作用和地位，才能主动去发挥班长在站里的作用，正确对待这个班长地位。

二、身先士卒、以身作则

“打铁必须本身硬”，榜样的力量是无穷的。要求别人做的事，必须自己首先做到。只有做到了身先士卒，以身作则，才能搞好班里的管理，完成站里交给的各项工作任务。在班内，班长要起带头作用，要勤快，无论班里的大小事都要亲自动手，亲力亲为，搞好调查研究，做到心中有数，不蛮干、乱干。处处严格要求自己，对工作中遇到的各种问题要想够、想透，在工作中不断总结经验、不断充实完善自己，才能带领全班同志把班里的各项工作做好。

三、以礼待人，团结同志

一个班的同志们经常在一起，就像一家人一样。班长不说是父母亲，至少也算得上是大哥、大姐。大哥大姐要经常关心全家人的吃饭穿衣，问寒问暖。班里的同志有什么困难要主动帮助；班里的同志有一点进步，取得了一点成绩，要及时给予肯定和鼓励。无论从政治上，从生活上，都要关心他们，要以礼待人、和蔼可亲。只有这样，班长才有凝聚力，才能组织全班同志出色地完成站里交给的各项工作任务。

四、服从组织，尊重领导

服从组织，尊重领导是每一个国家工作人员的天职，更是班长的天职。组织的安排，领导的要求，班长要带头服从，并在班里组织实施。班长要带头学习政治、学习业务，领会好领导的意图，使自己具有高度敏锐的政治思想觉悟、灵活清醒的头脑、清晰的思路，能熟练掌握、灵活运用正确的方针政策的能力，只有这样才能将领导的意图、组织的安排在班里进行落实。要经常向领导汇报、反映班里的各种情况，汇报反映工作中的成绩和问题，主动争取站领导的支持，更好地完成领导安排的各项工作。

五、谦虚谨慎，戒骄戒躁

毛主席曾经讲过："谦虚使人进步，骄傲使人落后"。毛主席的这条教导是一条千真万确的真理，作为班长要牢牢记住。要经常听取班里同志的批评和意见，做到"有则改之，无则加勉"。取得一点成绩不骄傲，要看作是大家共同努力的结果。要坚持学习，做到"活到老、学到老"，经常充实自己。

以上是我担任三年班长以来通过实践所谈的一点体会，有什么不当之处或不完善的地方，敬请批评指正！

提高对站、岗位职能的认识之三

——如何全面理解收费站的职能

德山收费站

【事情经过】

2004年2月12日，D收费站的全体员工齐心协力，扫除站内积雪，保证了收费广场及车道安全畅通，确保未发生一起因冰雪原因引起的站区交通事故。

今年开春以来，一场及时的大雪覆盖着三湘大地，减少了病虫灾害，赢得了农业专家和农民兄弟的齐声叫好。但同时，厚厚的积雪也严重影响了车辆的通行安全，潜伏着诸多交通隐患。为了确保站区的行车安全，我站迅速组织一支十几人的铲雪突击队，购置了铁铲、竹扫帚、斗车等工具与大雪展开搏斗。上午10点左右，同志们顶着纷纷扬扬的大雪，踩着厚厚的积雪，打响了扫除冰雪的歼灭战。身上落满了雪，抖一抖继续干；鞋子湿透结上了冰，还依然坚持工作；有的用扫帚扫，有的用铁锹铲，还有的用斗车推，大家干得热火朝天，直到晚饭时才彻底清除了广场的积雪。据计算，这一天共清扫积雪面积16 000m²（人均一千多平方米），为确保安全畅通，向司乘朋友交上一份满意的答卷。

【启示】

收费站既要负责收好车辆通行费，同时也要认真做好管辖范围内的道路（桥涵）安全预防工作，确保交通畅通与安全。由于收费工作区是敞开露天场所，因此更容易受到自然环境的影响，尤其冬天下雪地区，积雪和冰层都会影响到车辆的安全出行，站内及道路上的积雪必须得到及时地清扫。当然，由引及彼，我们还要注意到其他可能影响到行车的路面情况，如散落路面的砂砾、小石子、油污等，都必须对此引起高度重视，及时采取措施，避免造成不必要地损失。

提高对站、岗位职能认识之四

——如何确定收费班组长管理思路和运作方法

蒋世强

近十年来，我省高速公路发展很快，到目前为止，我省已有十几条(段)高速公路投入运营。高速公路收费站过59个，随着高速公路建设的全面铺开，收费站的数量还会不断增加。如何规范收费行为，提高收费效益，突出收费文明，造就收费队伍，需要每一位收费管理工作者严肃思考。认真总结，以下是作为收费班组的面和点的管理思路和动作方法。

一、完成收费任务作为管理工作的中心、标尺，关键在于约束收费人员的行为、强化收费人员的自觉投入意识。

按照目前收费还贷的现实需要，完成收费任务无疑要放在收费站管理工作的第一位，收费任务是丝毫不能含糊的经济指标，更是衡量管理工作成效的硬指标。这一中心工作如无法完成，其他工作就无从谈起。为确保通行费的征收到位、充分发挥收费人员的主观能动性，我们应从三个方面入手，细化收费任务，结合车流量统计，进行量化到人的数据管理。细化收费任务分为三个层次：①一是将全年任务细化到每一个月；②是将每月任务细化分到每一班组，每一个人；③是将每天任务细分到每一个人，按照进口收费，出口验票，两进两出，三个班次的原则，以每天6名收费员的标准，确定每个人的收费任务。重点应放在每人每天的收费任务完成方面。细化收费任务后，必须结合每天的车流量统计，才能获得准确科学的收费数据。

二、针对收费主体(班组及个人)，建立相对严整的管理制度和奖惩办法。

运用制度的严肃性和约束力，规范收费班组建设和收费人员行为，是完成收费任务的根本保障。在制度落实上，我们在坚持做到公开、公正，一视同仁，奖罚兑现，以取得全体收费员的信服和自觉遵守。

三、发挥稽查作用。

加大稽查力度，健全稽查制度，形成稽查氛围，是了解收费动态，把握收费方向，堵塞漏洞的重要途径。由于收费过程中各种诱惑的存在，因此加强内外稽查，控制实征率，彻底杜绝收费人员侥幸心理，必不可少。在日常操作中，我们必须坚持每日稽查，不定时稽查。

四、坚持文明服务是形象，是需要。

关键在于持之以恒，发挥群体效应。收费站作为窗口行业，推行文明服务是促进收费站管理的内在需要，是调和与司乘人员关系的“润滑剂”，是树立高速公路文明形象的必要手段。①加强对文明服务工作的检查与考核。对内，我们充分利用电视监控、监听功能，督促收费人员使用文明用语，唱收唱付，敬礼收费，礼貌对待过往司乘人员等行为。②提倡文明风尚，奖励文明行为。文明素质的高低，是一个行为人在社会活动中能否得到尊重的客观标准。同样道理，收费人员的工作能否得到社会的理解和支持，文明服务效果最为重要。③结合创建“青年文明号”，拓宽文明服务的广度和深度。“青年文明号”活动的宗旨就是结合收费管理的实践，创造一流工作业绩，弘扬高度职业文明。

总之，以上点、面结合的收费工作管理思路需要在日常工作中，通过点点滴滴地积累、落实。这些只是我个人的对收费工作的几点心得，请大家批评指正。

提高收费水平的措施之一
——如何做好文明收费

德山收费站

收费站是一个对外的“窗口”单位，通过这个“窗口”可以折射出我们湖南高路人的整体素质和形象，因此文明服务是必不可少的。由于收费工作的特殊性质以及种种客观上的原因，给我们的征费工作也带来了一定的难度。针对这些形形色色的人和车。结合我在日常工作实践中的操作实践，我把这些具体情况加以整理、分析，针对不同的征费对象总结出了一条文明收费的经验，即：掌握政策、运用法规、以情感人、以诚待人、以柔克刚、以正压邪。经过多次的实践，我发现这条经验屡试不爽，取得了很好的成效。

一、掌握政策

作为高速公路的收费人员，在工作中必须熟练掌握相关的收费政策和法规，如《中华人民共和国公路法》、《湖南省实施中华人民共和国公路法办法》、《湖南省高等级公路管理条例》、《湖南省车辆通行费征收管理暂行规定》，以及湖南省政府湘办函[2000]52 号文件、湖南省物价局[2000]湘价重字第 121 号文件和《公路汽车征费标准计量手册》(第三册)等，在这些文件明确了高速公路为什么要收费，哪些车必须收费，按什么标准收款，对拒缴通行费应给予什么样的处理。这些政策是我们收费的依据，因此熟练掌握它是每一个收费员进入工作岗位的基础和前提。

二、运用法规

在工作中难免会遇到各种错综复杂的问题，如何做到既能完成通行费的征收，又使驾驶员对我们的工作满意？这就要求我们能灵活地运用政策，既体现了我们的优质文明服务，又向驾驶员进行了必要的法律和政策宣传，使工作效果事半功倍。

三、以情感人

主要是针对个体客运车、货车而言的。这些车主出门在外，看重的是平安、吉利，只要你能晓之以理，动之以情地和他们讲清楚我们的征费目的和征费纪律，再给予他们一些力所能及的帮助，使他们始终感受到一种祥和、温馨的氛围，他们一定会积极配合你的工作。

去年，一台牌号为湘×××××7 的 1050 型绿色东风牌货车途经我所在的车道，由于驾驶员不了解我们的收费政策，拒交二类车的通行费，而且态度十分蛮横。在这种情况下，我十分耐心地向驾驶员宣传我们的收费政策，并向他出示了《公路汽车征费标准计量手册》(第三册)。在我的政策宣传攻势下，驾驶员不情愿地交了二类车的钱，并发动汽车准备上路。谁知，车子在这时耍起了脾气，闹罢工，驾驶员费尽周折也无济于事。见此情况，我叫来了其他同事帮驾驶员把车推出了车道，并为他提供了修理工具。修好了车的驾驶员临走前很不好意思地对我说："小妹妹，刚才我的态度那样子，你们还这样帮我，真是不好意思。就冲你们收费站的这份热心和乐于助人，我以后一定每次都跑你们这条路……"

四、以诚待人

这个方面主要是对某些政府机关车辆而言。与此类车主发生摩擦的主要原因是他们采取挂"运政"、"征稽"牌或挪用他人免费证件等方式来逃费。他们并不是交不起费，而是面子在作祟。在这种情况下，我坚持以诚相待，坦诚地向他们叙说我们收费员、收费站的难处，以及我们征费纪律的严肃性，以取得他们的支持与谅解，这样一来既保持了他们的面子观念，又顺利地收到了通行费。

2002 年 10 月 7 日，一辆车身漆着"中国运政管理"的小车由我所在的车道通过。凭经验，我确信这台车不是交通部门的车，因小车的牌号为 11 号，它应该是某县委或政府机关的车，于是，我礼貌地请驾驶员出示运管牌的使用证。驾驶员一听要看使用证，就立即满脸堆笑地对我说："算了，小妹子，我是××县政府的。我们每天低头不见抬头见，何必做得那么认真，再说收的钱你又得不到。"我站起来微笑地回答到："是的，收的通行费全部都要上缴财政，我一分钱也得不到。但是，如果我今天放你过去之后，我不但这个月奖金全没了，可能连工作也没了，再说，你依法交费，单位可以报销，何必要为难我呢?!"驾驶员听后一怔："没有那么严重吧？不要紧，我和你们领导是朋友，打个电话就可以了。"我怕他打电话为难领导，赶快说："别打了，你们既然是朋友，就更不应该为难我们领导，因为"应收不免"是我们的收费原则。"听了这番话后，这名驾驶员拿钱缴了费。

五、以柔克刚

主要运用于个体老板这一类型的车。这类车主有钱，不在乎几十元的通行费，但大多脾气比较暴躁，往往三句话讲不好，就有可能会翻脸。和他们打交道，首先就要给他们戴高帽，讲好话，并拿出有说服力的文件给他们看，这样一来他们就是有火也不好发了。

至于那些刁蛮的痞子驾驶员，就只能采取"以正压邪"的方法了。这些车主一般讲话粗俗无理。针对这些驾驶员，一开始我就用浩浩正气压制他，使他明白他必须缴费。但在这过程中要注意态度问题，不能和驾驶员发生争吵、对骂甚至打架情况，而要做到立场坚定不移，态度不卑不亢，语言文明礼貌。

总之，实际工作中的情况是千变万化的，我们要始终牢记一点："遵守收费原则，注意工作态度，讲究工作方法，以期达到最佳效果"。"多一个会心微笑，多一句关怀的话语，多一点力所能及的帮助，多一颗为他人着想的心"，这就是我在三年多来的收费工作中的体会与经验。我想只要每个收费员都能够做到这四个"多一点"，我们的收费工作一定会像旭日东升一样——步步高！

提高收费水平的措施之二
——如何提高收费车辆车型的识别率

德山收费站

提高收费车辆车型标准的识别率，是考核收费员综合业务素质的一个重要指标。为了尽可能地降低误判率，收费员们都使出浑身解数，并都掌握了一套对自己而言是行之有效的识别方法。我根据三年多来的收费经验的积累，慢慢地摸索并总结出了一套方法，给大家做一下参考。

一、勤动嘴

对于标志不清楚或没有绝对把握的车辆，首先就是要勤问。千万不能抱有侥幸的心理，或者因为想偷懒，而造成一些没有必要的误判。

二、勤动手

一些车辆生产厂家为了进行促销，在出厂时就把车辆型号降低，这样就造成了从外观上看，大小相同的两部车却出现两种车型的情况，如果我们不查看证件的话，就很容易造成误判。所以，查看证件不但能够降低误判率，而且可以发现许多假证件，大力地打击驾驶员持假证逃费的不法行为，净化我们的征费环境。

三、勤动脑

以下几种方法不妨一试。

1. 归纳记录法。来到D收费站，每个收费员都会有一个小记录本，里面分门别类地记载了一些车辆的车牌、车型等内容。这个小本子就是我们有效降低误判的一个小法宝。确实，对于一些经常经过我站的车辆每次都查看其证件很容易引起驾驶员的反感，并由此而引发一些不必要的纠纷，甚至造成堵塞车道影响车辆通行。小“东风牌”汽车一直是我们征费工作中较难识别的车型，我站员工经过潜心研究、认真对比，发现货箱挡板由两节组成的为一类车，由一节组成的为二类车，运用这一方法辨别该类车的车型准确率达到了99%，基本做到了辨别车型“一眼准”。

2. 经验积累法。平时在看证的过程中多留个心眼，根据车辆的名称、外观结构、地域来总结车辆的特点、状况。针对这些情况，我把这些车辆按地区分类，逐一进行登记，并在空闲时间里经常翻阅，尽可能地熟能生巧。例如×风、春×这两种品牌，至少都是5t以上的货车，又如C市的×龙牌等车辆吨位偏小等。

提高收费水平的措施之三

——如何降低误判率

太子庙收费站

前不久,高管局对我们收费站提出了车辆误判率不得超过8‰的要求,我站收费稽查科也把误判率的指标考核纳入到了季度考评和星级收费员的评定工作当中,这对于我们收费员,特别是发卡员提出了更高的要求。站里针对怎样降低车辆误判率问题开展了一次大讨论,每个班组都提出了很多建设性的意见,为以后我站堵漏增收、降低车辆误判率提供了一些切实可行的方案。

车辆的误判有两种情况。

一种是免费车和应费车的误判。造成免费车和征费车的误判原因主要由于现在假军牌、假免费证件、多车一证的现象造成的。这就要求我们的发卡员一定要小心,对免费车的免费手续严格把关。对于使用假牌、假证及套牌的,一经发现,一律没收。发卡时对于免费车辆的车牌及车窗上的免费证件要仔细看清后再发卡。再一个就是杜绝人情车、面子车等,只有这样,才能有效地降低对免费车和交费车的误判。

二是车辆类型的误判。造成车辆类型的误判原因很多,现在在高速公路上行驶的车辆类型、型号越来越多,原交通部与国家计委联合审批下发的《公路汽车征费标准计量手册》(第三册)已难以满足要求,这就要求我们收费人员平常要努力学习业务知识,对于经常经过收费亭的不熟悉的车辆要多查多问,然后登记下车牌和型号,这样既加深了对这种车型的印象,也便于下一次的查找。当发卡员不能确认车辆的类型,到底该发什么卡时,最好能通过值机员与出口的收费员取得联系,得到对方的配合,以事实为依据,按类型收费。

总的来说,作为收费人员,控制车辆误判率要从源头抓起,努力提高自己的业务水平和技能知识,在工作中树立起高度的责任感和使命感,这样才能真正有效地降低误判率。

提高收费水平的措施之四

——如何把好收费政策关

肖　平

收费工作是一项政策性极强的工作，掌握政策的水平高低、执行中把握的尺度得当与否等，无不影响收费工作的正常进行。为了使管理落实到位，让各项规章制度在日常工作中发挥实效，X收费站员工紧紧围绕“把好每道关，收好每次费”这一主题，积极采取有效措施，全方位齐动员，多次分班组召开征费工作会议，从实际情况出发，讨论修订了收费岗位制度，并制订出了严格纪律、优质服务、洁净环境来引导约束员工的一系列具体办法。

首先，要学会熟练掌握并灵活运用收费政策。近来，国家和省政府有关部门制定了一些新的政策，在促进了收费管理工作规范化的同时，相应地为收费工作也带来了一些问题。如，要落实上级有关增加农民收入、积极开辟鲜活农产品“绿色通道”的规定，又要按照政策做到“应收不漏，应免不征”的征费要求，来收好费，多收费，这两者之间就形成了一对矛盾。既使绿色通道政策得到落实，关心农民生活，还要堵住通道费流失漏洞，H收费站员工摸索总结出了一套落实政策的方法即：“一看、二问、三查、四对照”。“一看”，即看车上的载货是否真的符合文件中规定的，达到核定荷载70％以上的本省产品是鲜活产品；“二问”，即问驾驶员车辆运载产品的种类、产地和车辆吨位；“三查”，即查看货运单、货运品名、发车地点和到达地点；“四对照”，即对照车牌、行驶证、货物、货运单，采用这种办法后有效打击了逃费行为。其中，要求收费员要熟练握政策内容，对一些打着假冒“绿色通道”或不符合减免的车辆能耐心做好解释工作，确保“绿色通道”车辆的畅通，同时打击一些想钻政策空子，冒用绿色通道牌子企图逃费的车辆，真正做到堵漏、增收两不误。“把好每道关，收好每次费”使我站今年的通行费收入有了明显的增长。抓好收费工作并不是一句空话，而是我们周密策划、组织实施付出的艰辛劳动。

其二，加强国家新发收费文件的学习。在国家发改委新的征费标准下发执行后，高速公路的车辆通行费有所增加。许多“大吨小标”车辆恢复了正常吨位，带来这部分车辆的收费标准陡然上升一个或几个档次，这令许多驾驶员难以接受，加上各收费站点在执行文件的过程中力度不一，加大了收费现场的工作难度。为确保通行费应收不漏，应免不征，X收费站将恢复吨位的车辆车型汇总后发放到每个收费员手中，要求收费员按照文件中的新标准核对车辆车型后统一收费。车型判别是直接影响收费额变化的重要因素，为此，站里把收费工作中处理相关问题的方法和经验总结出来，组织大家学习掌握，减少车辆吨位核定错误。若收费员降低收费标准，一经收费站发现，收费员除代驾驶员补缴少收的通行费外，还要按照省高管局的有关规定接受严肃处理。这样，促使收费员主动加强对新文件的学习，帮助收费员有效地找准车型

之间的细微差别，提高收费员对各类车型的判别能力，减少了随意性，避免了一车两型等情况，使收费员处理现场问题的能力大大增强了，同时也使收费员的工作责任感和敬业意识得到进一步加强。

其三，加强对军车、警车、持特别通行证等免费车辆的检查力度。每天，从我站进出的免费车辆较多，X 收费站各班组牢牢坚持“把好每道关，收好每道费”的方针，加强了对军车、警车、持特别通行证等免费车辆的检查力度，加大了对“五假（假牌、套牌、假证、无牌、无证）”车辆的查处力度。对经过我站出口的军、警、救护车等车辆，严格按照省政府 73 号文件的要求，对三证不齐的上述车辆坚持按章收费，并耐心做好解释工作。对持特别通行证的车辆按照“逢证必检”的要求，认真对照检查，有效打击了持假证上高速的车辆。这样不仅在社会上树立了我站执法严明，秉公无私的形象，而且堵塞了征费漏洞，严肃了征费秩序，对优化收费环境，起了良好的效果。

其四，积极配合。壮大收费队伍，充实岗亭力量，对做好“把好每道关，收好每次费”起到了很大的作用。对个别车辆横在车道不走的现象，我们及时增开车道，有关人员积极配合，一边在给车主耐心做解释工作，一边及时疏导车流，井然有序。双管齐下，车主只能缴费通行。这些对收费工作的开展起了积极作用。

其五，加强职业道德学习，开展文明服务。“把好每道关，收好每次费”不能仅是收到费就了事，还要讲求社会效益。为此，X 收费站对收费员的行为规范制定了制度和上岗流程表。要求收费员在车辆驶入收费窗口时，做到“一张笑脸，一声问候，一套规范操作，一声祝福平安，一片真情付出”。对不符合要求，不按制度执行，或出现司乘人员吵架的，站领导都及时按公司制度进行处罚，做到奖罚分明。很好地激发起收费员的收费积极性，使每个员工都能用微笑化解司乘人员的旅途疲劳，用文明的话语化解驾驶员对交钱上高速的不满情绪和误解，用人类最美好的微笑语言，用诚挚朴实的语言化解征费纠纷。

“把好每道关，收好每次费”表面上只是一句简单的话，做起来却相当困难。有时在征费中遇到蛮不讲理的司乘人员，要求收费员能及时调整好自己的心态，把委屈埋在心里，而用微笑、关心、呵护、文明忍让的工作态度，使驾驶员找不到碴子，用“以柔克刚”的方法化解矛盾，使紧张气氛一下子和谐下来，很好地完成征费任务。

总之，只要我们站在收费岗位上，就有责任和义务“把好每道关，收好每次费”，使“应征不漏，应免不征”的政策落到实处。经过努力，我们虽然取得了一点成绩，但还需要进一步总结经验教训，进一步开拓创新，找到更有效、切合实际的方法，严格把关，一点一滴地积累，聚沙成塔，促进整个收费工作再上新台阶，通行费收入能稳中有升，收费形势有更显著的好转。

提高收费水平的措施之五
——如何判断高速公路逃费

罗朝辉

高速公路收费管理是高速公路管理的核心。随着通行费方式的改变，骗、免、逃、漏通行费的方法更新，手段也更隐蔽，对公司造成的经济损失也越来越大。总结起来，其方式大致有以下几种。

一、大车持小证、车证不符

这种方式在高速公路上最为普遍，一般以货车为主。主要表现为现有车辆行驶证或养路费上的“核定吨位”与车辆自身真实的“核定吨位”不符。车主为了达到逃避通行费的目的，往往会伪造一套假的车辆行驶证或养路费，再将上面的“核定吨位”数据在真实吨位基础上降低一个等级。收费员收取通行费时，发现三型车却持二型车的证件，双方往往会引发纠纷，引起堵车情况。

二、大车挂小牌，车、牌不符

一般情况下，挂蓝颜色的车牌即表示该车载重在 2 吨以下，为一类车，这类车主要是轿车及轻便客货车。挂大黄牌，一般为 2 吨以上的货车及 17 座以上的客车，为二类以上车辆。有些车辆本应挂黄牌的，却挂上了蓝牌，就会误导收费员将二类车或三类车发出一类卡，这样就造成了车辆通行费的少收或漏收。

三、假冒军警等特种车辆

一些车主将目光瞄上了免征通行费的特种车辆上，将临时假牌照进行塑封，然后放在车挡风玻璃前，再卸掉车身前后的真实牌照，来冒充特种车辆。或将一副军牌拆开来，放在两台车上用。甚至还有的一副车牌，被不同时用在同一型号、外观一样的两台不同的车上使用。或者干脆挂上假军牌来达到偷逃通行费的目的。

四、假冒特别通行证和假冒“绿色通道”车辆，达到逃费的目的

主要表现为：通过电脑制作出假的《特别通行证》，看上出十分想像，如果不仔细检查，是很难看出来的，从而达到逃费的目的。假冒“绿色通道”车辆的主要表现为：车上并不是装载本省货物，或装载鲜活农产品没有达到 70% 的有效空间，或装载非农产品，只在耀眼处放一点农产品来蒙骗收费员。

五、利用“无卡”或换卡来逃缴通行费

首先谈“无卡”。作祟者一般为一台车。例如，一台从 Y 收费站上高速的三类车从 D 收费站出来，骗 D 收费站收费人员说无卡，收费员收其全程通行费 165 元，另加

35 元 IC 卡工本费，计 200 元。当该车返回由 D 收费站进入，需从 D、Y 两收费站之间的 J 收费站下高速，这时拿出 Y 收费站的 IC 卡，J 收费站就只能收取 10 元通行费，这样该车就逃缴 155 元通行费了。需要到比 D 收费站更远的 X 收费站时，再拿出 D 收费站的 IC 卡从 X 收费站下高速，这样又逃缴通行费 155 元，如此反复，以达到偷逃通行费的目的。

"换卡"一般需要两台车或两台以上的车辆配合，以营运客车为主，一般"换卡"车辆的驾驶员彼此都认识。当两台车相向而行时，通过电话联系，约好中途会面地点。到达会合点，两车将彼此进入高速公路的入口 IC 卡进行互换，然后持交换后的入口 IC 卡注明的进口站附近地方出站，来达到逃费的目的。

六、"U"型车和强行冲关

例如，一台从 X 收费站上高速的一类车到 Y 收费站附近办事，可以不用出站，待事情办完后再从原路返回，这时，该车既可以从 X 收费站出来，也可以从距离 X 收费站最近的 J 收费站下高速，都能达到不交或少交通行费的目的。我们按其通行路线，将这些车辆称为"U"型车。

还有一种就是强行冲关逃缴通行费。

怎样杜绝逃费现象呢？

首先，要增强收费员的工作责任心。严格按国家发展和改革委员会公告中公布的车型收费，在收费过程中做到"多查，多看，多问"。严查特别通行证车辆，对"绿色通道"车辆必须注意三点：①必须是本省货车；②必须是装载本省农产品；③装载总质量或有效空间必须达到 70％以上。同时符合上述三点要求的车辆才可以执行"绿色通道"车辆收费政策。对于"无卡"或换卡的逃费行为，收费员一定要注意认真核对车辆进站的方向，及时发现问题，及时处理。

同时加大稽查力度。不定时、不定期进行现场稽查，发现一起就按程序严肃查处一起，震慑其他企图偷机逃费车辆。对于冲关车辆，原则上不要去追，要详细登记好过车时间、车牌、行驶方向、车身颜色和通行车道，并做好录像跟踪工作，等下次发现后作一并处理。

总之，收费员要加强学习，提高收费技能，熟悉掌握运用各种法律法规，多做、做好宣传解释工作，提高文明服务意识。同时，建议协调好有关主管部门，从源头上把关，来杜绝逃避通行费的行为。

提高收费水平的措施之六
——如何发挥收费班组集体的力量

刘玲玲

社会学认为人是万物的主宰。无论是在工厂、企业，哪一个单位的活动都离不开“人”。从社会发展来看，朴素的社会学认为人是万物的主宰。收费现场管理应该从“人”入手。收费现场的人员管理，首先是班组人员的管理，即由班长与班员组成的小团体的管理。充分地发挥好收费班组的总和力量，有利于促成收费站完成收费任务和达到各项工作目标。

一、发挥班长的力量

收费班长作为最基层的管理人员，在现场员工管理工作中起着非常重要的作用。班长作用的好坏，直接影响到班组管理水平的高低。选好班长是班组管理的先决，班长的综合素质能否胜任岗位要求是基层管理的关键。班长的综合素质除了要有较高的政治、思想、业务素质外，还应具备以下几点：①当好“主角”与“配角”。班长是班组的主角，又是站部的配角。作为主角，应该是能根据站部各项要求制定好班组计划，并把所定计划严格落实到收费工作中去。作为配角，应该是能当好“信息员”，把站领导的各种指示迅速地传达给班员，又把班员的各种动态、意见等及时地反馈给领导。②“导演”才能不可缺。班长应有高度的责任感，其责任就是要全力带领班员实现站部的各项目标，怎样去实现目标是班长“导演”才能的展现。③表率的感召力。班长的言行直接影响班员的工作情绪和工作态度的好坏，好的表率才具有强烈的感召力。④挑战精神。班长在明确站部的各项目标后，应设定更多的具有挑战性的目标。例如：站部下达班组每月的硬性收费指标，在这个“指标”的基础上，要有超额或大幅度超额完成指标的计划，并鼓励班员永无止境地朝更高目标努力。“群雁高飞靠头雁”，发挥好收费班组总和的力量，首先要发挥好班长的力量。

二、发挥班组总和的力量

好的管理可以使普通人发挥出天才人物的才能，可以使每个人发挥出比他个人才能大得多的能力，也可以使每个人的弱点减缩到最小程度，因此站部要充分创造条件，使班组每个人的能力和积极性都能最大限度地发挥出来。要善于发现班组中的“拔尖”人物，以他的优秀业绩作为动力，促进每个班员上进。还要善于发现班组中个别班员的缺点和弱点，创造条件克服和抑制这些弱点的发展，从而使整个班组的力量大大超过原有的个人能力的总和。

1. 合理正确地奖惩，充分发挥班员的积极性。

为了充分发挥班员的积极性，应对班员的工作做出合理的、公正的评价，正确地评价他们的工作。班员的责任心，是对他们进行奖惩的基础，是评先、评优的依据，使每个班员都能尽到自己的责任，保持旺盛的工作热情，有上进心。在工作中开展竞赛活动，在班组中形成一种良好的工作作风和"以上进为荣，以消极为辱"的习惯。

2.竞争激励的方法，充分挖掘班员的自身潜能。

为了充分挖掘班员的自身潜能，应开展形式多样的竞争竞赛。例如，开展"星级收费员"竞赛，"文明班组"竞赛，"班长竞争上岗"等。对在竞赛中取得优异成绩的班组、班员，给予相应奖励；并对在竞赛中落后的班组、班员，指出不足和存在的问题，提出改进建议等。让班员在竞赛中能够充分认清自己的工作能力，看清楚自己的不足，对照成绩找差距，鼓励他们迎头赶上，充分发挥班员潜在的能力。

提高收费水平的措施之七
——如何对车辆进行升挡收费

彭志红

如何收好费、收到费，已经成为我们工作的重点和难点。在实际工作中如何对车辆进行升挡收费？

一是车主行驶证是否与中华人民共和国国家发展和改革委员会第54号文件相符(以下简称54号文件)。如湘×××××8车，他的行驶证上为CA5076型，标明的核定载质量是3t，车主要求按二类车交费，而54号文件上核定该车型的载质量为5t，该车实际上就是“大吨小标”车。遇到这样的情况，怎样说服车主按三类车的收费标准交费？可以从行驶证核定的总质量、型号人手，对照文件，寻找突破口；再从车的轮胎、车头仔细观察，找出破绽，有理有据，以事实服人，车主自从理亏就会心服口服按三类车标准交费而去。

二是外形看起来特别小的车辆。这类车辆主要是想以轮胎小和车身短等车辆外形特征为借口，来达到少缴通行费的目的。如两台车号分别为湘×××××2和湘×××××9的货车，它们都是CA5173型，核定载质量为27t。按规定应为六类车，但是车主都只愿交四类车的通行费。而且驾驶员又依靠是当地人，态度非常凶蛮，根本不听收费员的解释。但是既然有文件依据，我们就要理直气壮地做好耐心解释，坚持到底，车主最终还是会按章交费的。

三是与54号文件核定的吨位不一致车辆。只要与文件中的型号一致，我们就依据文件核定的吨位标准收费，同时要向车主做好细致、耐心的解释工作。

那么如何做好解释工作呢？就我个人的经验体会而言，我觉得应做到以下几点。

一是要面不改色。色即指“和颜悦色”，面带微笑，语气要柔和。这一招对车主很有感召力。俗语说：伸手不打笑脸人，你说话时总是笑眯眯的，他也不好拉下脸来。

二是平时自己多学习。熟悉业务，才会举一反三，触类旁通。对有些车主不按大吨位交费，你就旁敲侧击，建议他买哪种车合算，此时，车主往往后悔自己买车时没选好车型。这时你给他参谋一下，他自然觉得你言之有理，再僵持下去也没多大意思，就只好交费离去。

三是讲究方法。对蛮横的车主，他有时间跟你磨，你也不要害怕，也不要跟他争执。这时，你可求助班长和其他工作人员，采取轮流战术，俗称“拐弯”，给车主一个台阶下。在其他工作人员解说的基础上，你委婉地对驾驶员说：“您看，我们收费，监控看着，领导管着，稽查员查着，万一少收了，赔钱不说，随时都有下岗的危险；而对于你们这些大老板来讲，无非不过是少赚一点……”驾驶员见你说得入情入理，再说，我们也确实是按章收费，也就会软了下来，交费离去。不过当他走时，一定记得跟他说声“谢谢配合我们的工作，好走！”听到我们真诚的祝福，车主的气也就消了。

收费员在每天的工作中，只要你仔细观察，不断总结经验，改进不足，一定会摸索出一套行之有效的工作方法，用最快的速度收好费，收到费，做到文明服务与按章征费两不误，合理的征好费。

如何解决收费纠纷之一
——克制·忍让·解释

刘玲玲

收费管理工作的最主要的目标就是完成收费任务，树立良好收费形象。收费任务就是收费额，是收费站必须完成的计划任务额。收费形象是收费站的环境面貌，以及收费员在为司乘人员收取通行费服务时表现出的良好行为。收费形象包括收费现场的形象和收费人员的形象两个方面。收费现场的形象是指收费岗亭的建筑设计、环境卫生、装备设施等硬件方面的形象。人员形象是指收费员在收取通行费过程中表现出来的表情、语言、仪态等，是收费形象表现的主要方面。

要足额或超额完成收费任务和维护收费站良好形象，做好征管工作，有时也会遇到摩擦和矛盾。

如 2004 年 11 月 1 日 15：30，湘×××××5 车从金桥站入口，驾驶员持 3 型卡到 X 收费站出口。经收费员核实，该车的型号为 EQ1166G2 型，正确的载重吨位应该为 5 型，于是收费员请驾驶员按 5 型车的标准缴费。驾驶员却说："我一路从广州回来，都是按 3 型车收的，到了家门口倒被你卡起了，来了鬼！我只交 3 型车的钱！"收费员坚持要按标准收费，驾驶员坚决不肯交费并出口威胁收费员。这时，从驾驶室里跳出四个男乘客，其中一个乘客冲到收费亭门边用脚猛踹亭门，整个收费亭都被"震颤"了一下，他还恶言恶语道："你想死了吗?！我看你活得不耐烦了"。另外两个乘客冲到电动栏杆前将栏杆强行抬起，并招呼驾驶员蛮行冲关。在亭外的安全督导员见此情景，就将栏道设备设置到"栏杆"位置，一男乘客发现后冲上来，一把推开安全督导员，接着把栏道设备扔到了车道绿化隔离带上。安全督导员把栏杆拿下来，男乘客又扔上去。班长在旁边进行劝阻和解释时，却遭到了对方一群人的拳头相向。驾驶员在一旁狂喊："打死这些鬼，老子今天奉陪到底……"。司乘人员的蛮横无理和肆意闹事引起了当地群众的愤怒，大家纷纷指责这帮无理之徒并上前帮助收费员。为避免问题扩大，班长忍着痛赶紧制止。面对对方如此的粗暴行为，我们的收费班长、安全督导员及收费员都采取了冷静、忍让的态度。整个过程中，没有一人还口，也没有一个还手。后来，站长和公安民警赶到现场，将此事平息，驾驶员最后按规定标准交了费。

试想：如果我们的收费员没有良好的素质和维护站形象的意志，而采取"以牙还牙"的态度，那么后果将不堪设想，无论哪一个被打伤或受损都将影响到我们的形象，势必要耗费一定的财力、物力、人力，这样就会增加收费成本，而且直接影响到收费额。正是因为我们的收费员能真正做到既坚持原则不让步，又有诚恳的服务态度，既有高质量的服务水平和工作技巧，又有超强的忍耐力，使驾驶员最终自觉交纳了通行费，从而不但既保证了收费任务的完成，又树立了良好的收费形象。

在实际工作中，要真正做到收费形象与收费任务的统一，却不是件容易的事。为此，要牢牢把握一点，就是高素质的收费员是解决收费形象与收费任务问题的关键所在，要具备长远的战略眼光，从改善收费员形象入手，千方百计地通过各种方式和途径提高收费员自身的素质。必须要求收费人员有优质服务的观念，坚定树立文明服务形象，寓征费于服务之中。因为文明收费能改变缴费意识，平静司乘人员的心态。用文明征费、优质服务，达到吸引更多的车流量和增加征费收入的目的。

在收费现场，为过往司乘人员排忧解难，可采取免费提供茶水、应急药品、修车工具、加水等服务项目，坚持挂牌上岗、礼貌服务、唱收唱付、敬礼收费等方法，相信能赢得司乘人员的理解和尊重的。每位一线的收费人员在征费过程中应务必做到“回避”、“忍让”、“解释”。“回避”就是回避矛盾，避免对抗和矛盾激化，最终达到按章收费的目的；“忍让”就是个别不讲理的司乘人员有意刁难、谩骂、侮辱时，要做到骂不还口，对粗暴动手的司乘人员打不还手，通过公安机关进行依法处理；“解释”就是做深入细致的思想工作，耐心解释法规、政策，使司乘人员自觉缴费。

推行文明服务，树立文明形象，是为征收通行费创造有利社会环境的重要途径，是收费管理的重要环节。只要我们有效调动收费人员的文明热情，充分肯定收费员的行为价值，持之以恒，常抓不懈，文明服务的效果一定会得到全面展现，也一定会带来更大的经济效益。

如何解决收费纠纷之二

——预防纠纷及解决的最有效方法

幸福渠收费站

一、发生收费纠纷的主要原因

收费纠纷的发生,既有诸多复杂的客观原因,也有我们内部工作人员素质不高、服务质量滞后等方面的原因,概括起来有:①强行冲关。部分驾驶员无视交通法规拒交通行费,强行冲关,当被收费人员截停后,仍不接受处理,态度蛮横,而引发的纠纷。②索赔争议。部分驾驶员对收费出口自动栏杆的工作原理不了解,过站时撞断自动栏杆,或因驾驶员自己的原因撞坏收费设施后,不愿赔偿而发生纠纷。③蒙混过关。个别持假军警车牌、过期临时车牌或持一块军牌的驾驶员,存着侥幸心理企图蒙混过关,被收费员识破,要求其补交通行费而发生的纠纷。④是无理取闹。个别思想素质差,依持特殊身份的驾驶员驾驶非特种车辆拒不缴费,且在收费站耍威风、摆架子,甚至动手打人、骂人而发生的纠纷。⑤争议车。因为大吨小标,交警核定吨位与国家发改委所核定的吨位不同,收费员政策的掌握带来的收费水平的差异,使同一辆车在不同时期通过同一个收费站执行的收费标准不同而引发的纠纷。⑥对高速公路行车要求不理解,在收费过程中与收费人员发生纠纷。

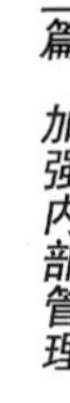

二、收费中应当引以为戒

收费纠纷的发生,不仅影响到职工的思想稳定,危及职工的人身安全,给现场收费人员带来巨大的心理压力,如果处理不当,还会影响到正常的收费秩序,给公司的社会效益和经济效益带来负面影响。应吸取以下教训:①处事不冷静。在发生收费纠纷的初始阶段,收费与缴费双方不注意采取克制态度,冷静地控制局面,处理纠纷,而是召集增援力量,携带棍棒器械,摆出一副决战的架势,放任矛盾的激化,造成纠纷升级。②方法不灵活,尤其是对执行紧急任务的军警车、医疗救护车,殡葬车等,由于未能及时果断地予以灵活处理,因而导致纠纷的发生。③行为不文雅。收费员在处理过程中,意气用事,出现过激的言行,造成司乘人员的逆反心理。④语言不文明。收费员在处理纠纷时,不注意语气,伤害了对方的自尊心。⑤形象不庄重。收费员服装不整齐,随意或不佩戴标志,精神不振,缺乏交通管理执法者应有的威严。⑥上报不及时。收费员在与驾驶员发生纠纷时不及时汇报,甚至隐情不报,使收费纠纷的善后处理工作陷于被动的状态。

三、预防收费纠纷的几种对策

收费纠纷的发生,尽管有其复杂的种种原因,但只要认真摸准收费纠纷的特点和规律，采取切实可行的预防措施，就能最大限度的避免收费纠纷的发生：①把执行规定的原则性与处理方法的灵活性结合起来；②把高度负责的精神与严谨规范的服务结合起来；③把大胆严格的管理与耐心细致的宣传结合起来；④把现场处理与善后处理结合起来；⑤把自行协调解决与请求上级协调解决结合起来。⑥把整治各种违章车辆与社会治安综合治理结合起来。

如何解决收费纠纷之三
——感谢投诉主

迎丰桥收费站

【事情经过】

10月30日上午，一辆黑色别克小车停在收费窗口交纳通行费，读卡完毕后在打印通行费票据时打印机出现故障，电脑票据被卡住未打印上信息，于是收费员撕了手工票据并盖好日戳章交予了驾驶员，驾驶员拿票后离去。一个小时后该车车主找到站值班负责人进行投诉，说收费员有贪污票款行为。该车主出示了上午通行我站时的手工票据，他认为高速公路收费站应该使用的是电脑打印票据，而且手工票据上日戳章为10月20日，属于10天之前的过期票，这应该是属于明显的贪污票款行为。

【处理结果】

首先站值班负责人对该车主表示感谢，感谢他及时将该情况向我站进行反应，并随即来到收费现场进行核实。将该车主所持手工票据票号与现场当班收费员手工票据票号核对后发现，该车主所持票据确为今日售出的票据，检查废票登记本后，该车上午通行时因打印机故障出现的一张空白票也已经注销。最后检查收费员日戳章后发现，收费员将日戳章上日期调错了，把10月30日调成了10月20日，至此，问题终于查清。随即站值班负责人向该车主表示了歉意，并对该收费员按制度进行了处罚。该车主表示只要不是卖废票欺骗他们，工作差错他们可以原谅，并对处理结果表示满意。

【启示】

像以上这种日戳章加盖错误的情况我们是完全可以避免的，虽然看上去是件很小的事情，如果没有司乘人员及时反映的话，过往的司乘人员都会误认为我们在侵吞国家的通行费，对我们收费站以及收费员形象的影响是非常大的。如果收费员当班时认真核对了日戳章和当班班长认真做好了当班时的各项检查督促工作，就不会出现以上这种情况。

总之，我们的通行费收取工作是开不得半点玩笑的，我们只有全身心地投入到每一项细小的工作中，对我们的每一项工作时刻都做到尽善、尽美，我们才会立于不败之地。

如何解决收费纠纷之四

——依靠民警制服闹事人

迎丰桥收费站

【事情经过】

7月16日晚上8点20分，一辆本地捷达小轿车途经我站。车上坐着四个喝得醉醺醺的男子，到站后无理取闹，拒不缴费。收费员进行解释，驾驶员不但不听，而且下车强行推开栏杆。班长及稽查员进行了及时地阻止，监控员也录取了该驾驶员的违规行为录像，并详细记录了时间、车牌、车号，及时通知值班站长赶到现场。站长及当班人员对驾驶员进行解释，驾驶员仍是不听，还多次与我站收费人员发生冲突，强行推杆，并把我站收费员推倒在地。8点40分，领导打电话向当地派出所报案。10分钟后，派出所民警赶到现场。驾驶员见民警赶来了，就连忙躺在地上打滚、耍赖，声称我站收费员把他殴打致伤。

【处理结果】

民警赶到现场后，为了对事情作进一步了解，要求调取现场录像。民警在站长的带领下，来到了监控室。经站长批准，监控员调取了当时的录像，与站长、民警一起对录像进行了反复地查看。最终证实，上述事件纯属驾驶员无理闹事。在民警的协助下，驾驶员补缴了全部通行费，赔偿了收费员的医药费，向我站收费员道歉，并接受了处罚。9点10分，此小车离开了收费站。

【启示】

虽然此事得以解决，但是从中我们可以看出：监控员在发现收费现场出现纠纷苗头时，可协助现场工作人员做好化解工作，同时需要及时记录事情发生的时间、车号，及时通知值班领导赶往现场处理，并迅速调整摄像镜头角度，高清晰地抓拍到纠纷的全过程，为以后的纠纷处理准备好第一手材料，并妥善保管备查。

现场工作人员也要加强对突发事件的应变处理能力。像此案例所提到的借酒逃缴通行费的情况，酒后驾车与扰乱正常收费秩序，都属违章违规行为，现场收费员可与高支队、当地公安部门联系，对酒后驾驶和拒绝交费的行为坚持按章严肃处罚，相信类似拒缴、逃缴通行费行为的人应该会记住这次的教训的。

如何解决收费纠纷之五

——依靠巡警处理伪造军牌的打人者

姚长江

【事情经过】

2003年4月9日晚9时左右，一辆无牌小车的车前玻璃处放置一块假警牌，在经过H收费站时，被安稽员发现，要求其购票，遭驾驶员拒绝。队长王某见状，立即上前向驾驶员讲解有关收费政策，不料却遭到驾驶员的野蛮殴打，造成王某身体多处软组织受伤。

事情发生后，公司领导和内保队闻讯赶到现场，将肇事者移交巡警大队处理。

【处理结果】

巡警大队经过调查了解，该车内放的那块军牌确系伪造(已另案处理)，遂责成肇事者向队长王某当面赔礼道歉，并赔偿了王某的医药费等。

【启示】

伪造使用假军牌是违法行为，但收费人员没有处理权，一般应由军队有关部门处理，但收费站又远离军队管理部门，因此一般报告移送巡警即可。这个事件又反映出另一个问题，对打人者，收费站员工无制止权，不制止将导致我方人员受害，而制止又易引发别的矛盾。

如何解决收费纠纷之六

——严肃处理收费员失误

乐庸强　何洪强

【事情经过】

2003年2月8日晚9时30分左右，一辆面包车由X城驶向F城，经H收费站购票时，当班售票员陈某误判车型，将10元标准的车售出5元票，且收钱时只唱收未唱找。当晚11时左右，该车返回收费站时，当班售票员要求其购10元通行票。因与刚才的收费标准不一致，该车不服，就在收费站堵道近一个小时，后在公司内保队的调解下，方才开出车道。

【处理结果】

此事发生后，公司经营班子召开紧急会议，做出处理决定：一、当班队长作为收费现场管理的第一责任人，负有直接管理、教育不到位的责任，责令写出书面检讨。二、售票员陈某不按规定标准收费，给收费工作造成不良影响，损害了公司的形象，通报批评，并按公司规定扣发陈某部分当月浮动工资。

【启示】

在这起事件中，由于售票员工作责任心不强，业务知识不熟练，对车型模糊的车辆未作认真核实，即擅自降低收费标准，涉及金额虽不大，但影响很不好，既给公司造成经济损失，也带来不良的社会影响，值得所有管理者及收费人员引以为鉴。

如何解决收费纠纷之七

——收费标准不一易引发纠纷

乐庸强 冯 丽

【事情经过】

2004年9月5日下午，公司内保队接到监控室报告：16点10分有一辆牌号为鄂××××01的中型货车经过C收费站的2号车道时，在要求售票员按10元标准收取通行费未果的情况下，强行冲压路障逃票，现在距C收费站1 000m左右的地方被值班交警拦下，请公司派人前来处理。接报后，内保队值班人员白某与收费站内的值班巡警立即赶往现场。

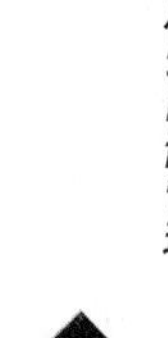

【处理结果】

据驾驶员称，该车于当天上午8:22在H收费站4号车道按10元标准交了通行费，其票据显示售票员的工号为001号，下午16:09该车在经过与H收费站执行同一收费标准的C收费站2号车道时，收费人员却要收其18元，驾驶员只想交10元，于是就发生了驾驶员强行行驶、压路障逃票的情况。经查验该车行驶证，行驶证上标明该车的核载为2.75t，白某当即指出"按规定，货车吨位在2.1～5t以下的应交费18元，收费人员收你18元是对的。你驾驶车辆冲压路障的行为是不对的，压损路障设施要依物价部门批复的标准赔偿损失。"驾驶员也承认了自己的错误，愿意接受处理，赔偿路障损失。

为进一步核准驾驶员反映的收费站标准不一致的情况，公司还通过二级监控对现场进行了核查。具体情况是：9月5日上午8:22，当鄂××××01中型货车停在H收费站4号车道时，交给当班售票员陈某10元钱，陈某接过钱后，未经验证，直接打出一张10元票据放行。9月5日下午16:08，该车返回经过C收费站2号车道时，鄂××××01货车驾驶员再次递过来10元钱购票。售票员平某一眼看出该车应费标准为18元，要求驾驶员再补8元钱购票，驾驶员不同意，说："上午在H收费站只收10元!"16:10该车强行冲压路障逃票，前方的收费人员进行拦截时，该车拒不停车，于是拦车人员就通知前方交警协助将该车拦下。

【启示】

根据二级监控的核查情况，反映出H、C两收费站在现场管理方面存在的两个问题：①个别售票员在售票工作中，不认真验证吨位，少收费，导致执行同一收费政策的两座收费站的收费标准不一致，进而引发矛盾纠纷，导致冲压路障事件发生。②负责拦车的收费人员出现了不文明服务的行为，很容易激化矛盾，甚至出现打架等恶性事件。综合十几年的现场管理经验，现场发生的很多纠纷、治安案件都是由于收费人员的不文明行为最终使小事演化为大、重大事件，给员工个人的人身安全、公司财产造成不同程度的损失。

本次事件中的相关人员根据规定已受到相应的处理，也给其他从事收费工作的人员敲响了警钟。

如何解决收费纠纷之八

——一起不该发生的纠纷

方　军

【事情经过】

2003年11月17日下午15点05分，一辆牌号为鄂×××××7的中型货车经过我收费站进城。值班收费员根据其车型，依据国家交通部、计委《公路汽车征费标准计量手册》(第三册)和湖北省公路规费征收稽查局《车辆征费计量吨位核定表》，对该车按五类车收取30元/次的车辆通行费。驾驶员却只想按20元/次标准缴费，其理由是，他上午9点出城时，收费员是按20元/次的标准收取通行费。驾驶员并将出城时所购通行费的票据出具给收费员看，未得到收费员同意，由此双方发生争执。这时当班稽查员伍某上前做说服解释工作，并拿出《公路汽车征费计量手册》，找出与该车相对应的车型征费吨位解释给驾驶员听，这时驾驶员才极不情愿地掏出30元钱购票。满腹意见的驾驶员购票后，在慢速发动车子的同时，辱骂收费站收费员和稽查人员。稽查员伍某忍耐不住便与驾驶员发生口角。收费员见到驾驶员与伍某发生了争吵，遂放下挡车器将该车挡住。伍某上前打开货车车门，拉住驾驶员与其评理。在拉扯中不慎将驾驶员拖倒在地，致其受伤。驾驶员指着伍某说："你凭什么打人，我今天就堵在这里不走了"。这时已是下午15点13分，车道已被堵8分钟，造成站区收费秩序混乱，站值班巡警赶到现场后，将该车带出车道至公安执勤室接受处理。

【处理情况】

驾驶员与稽查员伍某之间的收费争吵纠纷本应不该发生，现又上升到致人受伤的民事纠纷。此事发生后，公司领导非常重视，立即指派分管收费的副总和收费部经理赶到民警执勤室协助民警处理此事。在民警值勤室，驾驶员称其挨打后身体多处受伤，要求公司派人送往医院治疗。公安部门按治安纠纷正常处理程序要求，驾驶员先自己去看病，具体处理意见根据事情调查情况和伤情诊断结果再做出决定。

经医院检查诊断，并做了法医鉴定。鉴定结果：驾驶员左手肘部有明显红肿和外伤，背部、左腰部、大腿等多处软组织损伤，最后鉴定为轻微伤。驾驶员据此向公安部门提出：一、他是在按规定购买通行费后，被收费站人员放下档杆，挡在车道内致其打伤，对此事件收费站应负全部责任。二、公安部门应按治安处罚条例严肃处理，对打人者伍某实行行政拘留。三、要求收费站支付其全部诊断医疗费用，并赔偿因此造成的车辆停运损失和诊断治疗期间的误工费、营养费、精神损失费等共计5 000元。

经公安部门调查、取证，核实收费站现场监控录像后认为，驾驶员与收费人员之间的收费矛盾和驾驶员对收费人员的辱骂是此次事件的诱因，但与致使驾驶员受伤没有直接因果关系，造成驾驶员受伤主要原因是伍某处事缺乏冷静，行为过激，伍某应对此事负主要责任。后经公安部门调解，处理结果为：①伍某的行为致人受伤，已违反治安处罚条例，对其提出口头警告。②伍某一次性赔偿驾驶员医疗费、误工费共计 500 元整。③驾驶员不按规定购票，谩骂他人，造成车辆受阻，影响正常收费工作秩序，其行为亦造成不良后果，对驾驶员提出批评教育。

【事件分析】

上述纠纷表面上看是稽查员伍某处事急躁、不冷静所造成的，但从整个纠纷发生的过程看，造成此次纠纷的原因是多方面的。

一、收费标准不一致是诱因

通过公司对上述事件的调查和取证，鄂×××××7 中型货车属"大吨小标"车，实际征费吨位为 5.5t，应缴通行费 30 元/次。收费员坚持收费标准，依据规定标准收费没有错。关键在于该车在当天上午 9:02 通过收费站时，上一班次的收费员只按 20 元/次收取了通行费。同一个收费站，同一天，出、进城收费标准的不同给驾驶员造成心理上的不平衡，是造成此次收费矛盾的主要原因。反映出我们在内部管理上还存在管理不严、监督不力，落实收费政策不到位，收费员收费业务不精，责任心不强的问题。

二、收费员违规操作

因对收费标准产生异议时，经做说服和解释工作，驾驶员购票后，收费员打开档车杆放其通行。而当驾驶员边开动车辆边与稽查员伍某发生口角时，收费员又放下档车器，为矛盾进一步升级创造了条件。收费员违规操作，对此事负有不可推卸的责任。

三、文明服务不到位

当驾驶员因缴费有异议，心存不满，辱骂收费站工作人员时，稽查员伍某应正确、冷静对待，坚持做到"打不还手、骂不还口"。但是伍某不仅没有做到"打不还手、骂不还口"，反而致他人受伤，造成现场收费秩序混乱，收费通道受阻，给公司造成了不良的社会影响。

此事的发生引起了公司经营班子的高度重视，通过对上述事件的分析，为进一步严格和规范管理，经公司研究，对伍某等人作出了处理决定：①对稽查员伍某处以行政记大过处分，并扣罚当月工资 500 元。②对当班收费员吴某处以行政警告，并扣罚当月工资 300 元。③对上一班次收费员梁某提出通报批评，并扣罚当月工资 100 元。

【启示】

1. 现场收费工作人员应认真学习收费政策，对政策有透彻的理解，并熟练掌握收费标准，准确识别车辆类型，当司乘人员对收费政策有异议时，应有理有据，及时、准确、清晰地解答，以理服人，同时坚持做好文明服务工作，提高服务质量和水平。

2. 收费员在收费过程中应坚持规范操作，唱收唱付，做到一车一杆。车辆购票，钱票点清后必须起杆放行。不得以任何理由再次挡截车辆，人为制造矛盾，应确保车道安全畅通。

3. 现场稽查人员应不断提高自身综合素质，增强法制观念，对收费现场发生的异常情况，敏感性要强。遇到收费矛盾，影响收费秩序、交通秩序的行为，应主动协调处理，善于化解矛盾，坚持做到“打不还手、骂不还口”，树立良好的对外形象。

4. 收费工作是一项政策性非常强的工作，也是社会关注的焦点，收费公司的经营班子应注重收费政策、公司规章制度的贯彻落实，坚持不懈地抓好收费工作的督促、检查工作，并坚持落实到每一个员工和工作中的每一个细节，不断提高管理水平，提升公司对外形象，努力做好收费管理工作。

如何解决收费纠纷之九

——文明用语欠缺引发的举报

方　军

【事情经过】

2004 年 6 月 28 日 14 时 32 分我公司办公室接到一个贾姓驾驶员打来的投诉举报电话。贾某投诉称：当天上午 9 时 30 分左右他驾驶正三轮摩托车通过 G 收费站进城时，本想购票通过，正在这时看到牌号为鄂×××××7 的小车被收费栏杆挡住。一名高个子、约 30 岁左右的收费站工作人员走过去与这个小车的驾驶员打了个招呼后，叫售票员打开栏杆将该车免费放行了。我看到此情况，便不想缴费，并与其评理。高个子收费员不但不做解释工作，反而态度极为粗暴，他恶狠狠地说："我想免谁的车就免谁的车，今天我非收你的钱不可。"对该收费员的以上行为，驾驶员贾某向公司投诉：一是举报该收费员不按规定收取通行费，私自放车通行；二是投诉该收费员服务态度低劣，形象差。贾某要求公司领导严肃处理，同时作为投诉、举报人，驾驶员请求公司将此事的调查处理结果用电话告知他本人。

当日下午 5 时许《××晚报》记者得知我收费站发生的上述情况的新闻线索后，就此事到公司进行调查、采访。

【调查情况】

公司办公室接到举报、投诉后立即将情况向总经理汇报，公司领导得知情况后，非常重视。立即指派分管收费工作的副总组织相关部门经理迅速进行调查处理。经调查当班在场的收费人员和查看录像资料：当天上午 9 时 20 分进城方向车道的收费员因临时有事，当班稽查员刘某（即举报人所称的高个人）顶岗售票。9 时 23 分，一车队（小轿车）进站，带队的车辆一次性购买了 10 台车的通行费，并告知售票员，其中一台鄂×××××7 小车因有事，稍后过来时请放行。刘某当即在当班日志上记下了该车的牌号。9 时 27 分时，收费员到岗，刘某对工作没做任何交接，便回到稽查岗位。9 时 30 分，一台正三轮摩托车从备用车道进城，刘某上前将其拦住，要求其购票通行。驾驶员贾某先称自己是下岗职工，家境贫困，要求免费放行，后又称自己是残疾人等，以各种理由不愿购票。刘某及当班的其他两位工作人员一直对其做解释工作，驾驶员仍纠缠不休。这时鄂×××××7 小车被挡车器挡在收费站，刘某走过去核对车牌号后，示意收费员放行。此刻，驾驶员贾某以刘某"私放车"为由，坚决要免费过站，稽查员刘某这时沉不住气，着急了便说："我想免谁的车，就免谁的车，今天你非购票不可"，由此双方发生争吵。站值班民警来到现场调解，驾驶员贾某自知讲不过理，便调转车头走乡村小道绕过收费站进城了。

【处理结果】

对驾驶员贾某投诉、举报刘某“私放车辆”的情况，经查不属实。驾驶员对稽查员刘某工作态度的投诉，公司领导按制度规定，对刘某处以通报批评，并令刘某做出书面检查。公司将调查处理的结果于当日下午4时许用电话告知了举报、投诉人贾某。贾某不服，认为公司避重就轻，有意包庇刘某，便将这一情况反映到报社，要求通过媒体进行曝光。为此《××晚报》记者来公司调查采访。记者通过调查，证实事情与公司调查结果相符，晚报记者认为，公司对刘某的处理是实事求是的，处理办法也是严肃的。在这件事情上，驾驶员贾某为逃避交费，在收费站内无理纠纷达十分钟，影响了正常的收费工作秩序；同时贾某所反映的情况歪曲了事实，有夸大事实，打击、报复收费人员的心态，不具备新闻价值，此事没有报道的必要。

【启示】

发生此次投诉、举报事件，如果说我们的收费人员在岗位交接时把每项工作都交接清楚了，如果说我们收费人员在做解释工作时能做到耐心、仔细，始终坚持文明礼貌服务，那么驾驶员贾某就可能会购票通行，也不至于发生后来的一系列事情。

通过上述事例，让我们明白了加强收费现场管理，加强文明、礼貌服务，加强员工素质教育、增强服务意识，加强社会监督、促进收费管理的重要性和迫切性。收费工作面对的是整个社会，要与各种各样的人打交道。不仅要求我们的工作人员政策性要强，而且要求具备在复杂的环境中处理好各种突发事情的能力。在上述事件中带给我们的启示有三点。

1. 在收费工作中，班次、岗位交接工作要加强。收费工作是一项连续性、复杂性的工作，交接班不仅是财、物、岗位的交接，更重要的是工作的交接，尤其是工作上没有处理完的事一定要交接清楚，以避免造成不必要的矛盾。

2. 收费人员应不断提高自身素质，增强服务意识和市场竞争意识。随着公路建设事业的发展，网络布局的变化，道路变得越来越四通八达，驾驶员对所行驶道路的选择余地也越来越多。车主在享受收费公路路况良好、安全、快捷畅通的同时，更重要的是享受收费工作人员高质量的服务。当前公路收费经营正面临潜在的危机。因此我们要及时调整经营思路来适应市场要求，加强文明、优质服务，树立车主是“上帝”意识，不管遇到多么刁蛮的驾驶员，都应坚持做好耐心、仔细地说明、解释工作。只有这样，才能争取到更多的车流。上述驾驶员贾某因收费人员服务不到位，绕道、避缴通行费就是最好的证明。

3. 收费管理工作虽利用了先进的科学技术手段对收费现场进行监管，但是这种手段也不是万能的。通过上述事件，让我们明白，在加强内部管理的同时，应充分利用社会各界和媒体的监督力量，来进一步促进我们的收费经营管理工作。司乘人员是我们的服务对象，他们的满意程度是检验我们各项工作好坏的标准。我们可采取在司乘人员和社会各阶层中聘请义务监督员的办法，对我们收费人员的服务态度、依规收费工作进行监督，及时对我们的收费管理提出建议和意见，以此不断加强和完善收费管理工作，只有这样，我们的收费管理才能做得更好。

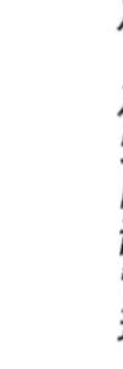

如何解决收费纠纷之十

——女班长勇斗地痞

江西森林公司

【事情经过】

2002年2月11日(农历大年三十)上午11点多,一辆小车由K市向G市方向行驶,经过K收费站三号岗亭停了下来。收费员肖某一看,这不属于月票车或免费车,就没有起杆放行,并请驾驶员购票。驾驶员不理不睬,一直不停地按着喇叭。当班女班长黄某听到喇叭声,就马上走过去,一看此人认识,姓刘,绰号“青白”,是当地东山村有名的地痞。黄班长走过去后,很耐心地问驾驶员:“你有没有买月票?”,驾驶员回答说:“没有,今天是大年三十,还要收费?”黄班长又问他:“你是否同站领导打了招呼?”此人听到黄班长不停地询问,就感到很不耐烦,并且他也意识到这位女班长不太可能放他免费过站,因此就突然打开车门跳下车来,冲过去拔掉挡车栏杆,准备强行冲岗。黄班长一看驾驶员的举动,马上奔过去进行阻拦。驾驶员依仗自己人高力大,争执中将毫无思想准备的黄班长一下子提了起来,扔到地上,准备继续强行冲岗。当时,黄班长的第一反应是,自己虽然已经摔倒,但不能让他轻易冲走,今天拼命也要把他制服。她不顾疼痛,快速爬到“青白”的身边,使劲把他抓住。黄班长的突然举动,使“青白”一时反应不过来,呆呆地站在原地,脸色发白,不知所措。在黄班长的坚持下,在现场员工和过路群众的指责下,“青白”自感丢尽脸面,终于表示同意交费。

【处理结果】

通过这次较量,“青白”以后几次过站时都能主动交费。他还通过其他班长和员工对黄班长表达自己的歉意。黄班长为了维护公司利益,临危不惧,勇斗地痞的事迹,也在K、F两收费站传为佳话。

如何解决收费纠纷之十一

——钱扔地上谁来拾？

蒋宏兵

【事情经过】

2004年11月3日晚约9时，我正在收费站办公室换零钱，听到外面有人在争吵，就急忙跑出来，看见在四号车道旁的摩托车道上，一辆摩托车因栏杆未升起就通过，被收费人员拦住，骑车的青年人与我站的工作人员争吵起来。我和值班巡警赶忙跑过去询问情况，原来，骑车的青年人将交费的两个硬币扔在了地上，而我站工作人员又不愿意弯腰去拾起，就要求该青年人自己拾起再放他走。

【处理结果】

我了解清楚了情况后，首先，制止住双方的争吵，并将两个硬币拾起来交到我站工作人员手中，撕下了一张两元票据。然后，我和巡警将该青年带到收费站治安室，对他进行简明地说教，指出他的这种做法是不对的，是对收费站工作人员的一种侮辱，以后不能再这样做。青年人也承认了错误，保证今后不再犯，最后巡警放他离开了收费站。

【启示】

“依法收费、文明服务”是我们收费行业的服务宗旨，司乘人员过站交费时将钱扔在地上，要我们的工作人员去捡，这种做法是不对的，是对我们工作的一种歧视性的侮辱，是对我站工作人员的人格的一种侵犯。但是，作为一名收费人员，我们回过头来想一想，我们在日常工作中遇到这种情况也不是一次两次，我们挨骂、挨打也是常有的事，我们不是都挺过来了吗！我们有的员工能放高姿态，从自身的工作性质考虑，屈一下身，拾起钱，撕张票，递过去，一切就会烟消云散；而有的员工就没考虑那么多，你硬我比你还硬！事情就变得复杂起来了。所以，要创建企业文化，规范收费管理，要做的事很多，提高企业员工的素质是基础。就让全体收费人员来共同创建吧！

如何解决收费纠纷之十二

——收费突发事件与处理

乐庸强　何洪强

类　型	处理程序的建议和办法	事　例
尾随冲岗	1.由当班站长、队长、收费人员宣传收费政策,劝其补票,视情节给予处罚。 2.若造成收费现场混乱影响正常收费,由监控室通知内保队、巡警及时上桥解决,由站长配合调查处理。	1.2003年4月16日晚7时左右,C收费站一尾随面包车冲站,收费人员将其拦住。 2.2003年3月15日中午C收费站一中巴车尾随冲站,被收费员拦下。
醉酒闹事	1.由监控室通知内保队、巡警。 2.内保队及时上桥制止醉酒人的无理行为,由巡警对其强制留滞至酒醒,醉酒人造成损坏设施的照价赔偿和治安处罚。	2003年4月23日晚9时左右,一醉酒男子坐出租车经过C收费站,坚决不准驾驶员购买通行费,并在站内无理取闹、堵道。
不交费又堵道	1.由当班站长或队长、收费人员讲明收费政策,搞清不交费的原因,多做工作,劝其购票或暂押物品,或劝说退出收费车道。 2.若堵道30分钟不交费或对方无理取闹,由监控室通知内保队、巡警、交警处理。	1.2002年11月25日中午12时,一出租车过C收费站不交费、堵道。 2.2003年3月4日下午15时左右,两台面包车鄂×××××7鄂×××××0堵在H收费站3道、4道拒不交费。
撞车事故	1.由当班站长、队长在现场疏导交通,监控室做好现场监控录像备查。 2.由监控室通知内保队及时上桥调查,属我方责任的通知保险公司到现场,不属我方责任的做好解释工作,劝离收费站。 3.监控技术人员查看电脑路障设备情况。 4.二级监控核实责任原因,上报公司处理。	1.2003年4月4日上午10时30分左右,一别克牌小车在C收费站购票后撞上站内路障机。 2.2003年4月10日上午8时30分,一辆面包车在通行C收费站下桥方向路通卡车道时被落下的杆子打破车玻璃。
冲岗轧路障	1.由当班站长、队长及收费人员疏导交通,暂扣车辆证件,监控室通知内保上桥处理。 2.监控技术人员上桥查看路障设备问题。 3.根据设备损坏程度,由对方赔偿设备损失,补票、处罚。	1.2003年4月12日上午11时40分左右,一鄂×××××6货车在C收费站冲站、轧路障,被收费员拦住。 2.2003年3月28日晚8时左右,H收费站一农用车冲站轧路障,被收费人员拦住。
假军(警)牌车闹事	1.收费站务将肇事者、车辆拦住。 2.由监控室及时通知内保队、巡警赶到现场阻止行凶行为。 3.由内保队协同巡警做好调查取证、处理工作。	1.2003年3月26日下午左右,C收费站6道一辆前后无牌、放块假军牌的小车拒不验证,并殴打收费员。 2.2003年4月24日下午4时左右,一桥收费站3道一小车持武警临时牌照,在验证后殴打收费人员,损坏收费设施。

续上表

类　型	处理程序的建议和办法	事　例
票务纠纷	1. 由当班队长做好解释工作。 2. 由站长通知内保队做好调查和二级监控工作，并将调查结果、处理意见报公司领导。	1. 司乘人员在购票时与售票员发生票务纠纷。 2. 售票员与导引员在替换售票时发生票务纠纷。
收费标准纠纷	1. 对两站收费标准不统一引起纠纷的建议：增强售票员工作责任心，认真判断车型，按标准收费，避免此类事件发生。对于此类事件引起争执、堵道，当班站长、队长做好解释，多做工作，化解矛盾。 2. 若对方不听劝阻，无理取闹，堵道 30 分钟以上，由监控室通知内保队、交警、巡警处理。	1. 因收费标准不一致引发纠纷堵道。 2. 在执行新标准中，收费标准不统一引发纠纷。2003 年 4 月 18 日凌晨 1 时 20 分一辆鄂×××××2 小货车经过 C 收费站，售票员按新标准收费 18 元，驾驶员认为过去每天过站都交 10 元，坚决不肯交 18 元，双方发生纠纷。

如何解决收费纠纷之十三

——收费员打伤驾驶员的教训

江西森林公司

【事情经过】

2003年2月22日晚上20点刚过，K市一辆发生了交通事故的客车，在由广东返回K市经过我站时，驾驶员向收费站工作人员解释说，因发生了交通事故，所以没钱交通行费，请求能免费通过K收费站。当班班长张某、机动人员邱某听了驾驶员的要求后，就向他解释说："你们出事故是事实，但我们有规章制度，事故车可以适当照顾，但不能一点都不缴"。张、邱二人按平时习惯暂留下驾驶员证件，请车辆停在收费站旁边，等候处理。站领导和驻站警务人员也闻讯来到现场，做解释和说服工作，希望对方能理解配合，但驾驶员坚持不肯缴费，加之车上有个别乘客在其中插话帮腔，驾驶员态度变得更为蛮横起来。由于双方僵持不下，站领导这时因其他工作离开了现场。近一个小时后，驾驶员要求取回证件未得到许可，就冲过来猛踢邱某所在的岗亭门，并在外面大声叫喊。当邱某打开门后，驾驶员及其同伙揪住邱某的衣服，用手猛烈推他，逼他交还证件。邱某当时感到自身安全受到了对方的威胁，出于保护自身的本能和一时冲动，情急之中从岗亭内拿出一段铁棍进行自卫(这是上一次发生收费矛盾时从驾驶员手中收缴后、无意中留在岗亭内的)。对方看到邱某拿出凶器，就依仗人多，前来抢夺。在双方混乱扭打中，邱某无意中将对方的两个人手臂打伤。后由于110公安民警及时赶到，事态得到控制。

【处理结果】

在对这一事件处理过程中，对方通过一定关系，抓住邱某拿出凶器伤人这一关键性过失，要求公安部门抓捕邱某。公安局通过调查取证，认定了邱某拿出凶器伤人这一事实，遂立即开出拘留证，准备把人抓起来。

当负责我站现场管理工作的副总朱某接到该站的电话汇报后，感到情况非常紧急，时间十分有限，一旦邱某被抓，一是会极大地打击我站员工的收费积极性，使他们在以后收费时产生顾虑和心理压力；二是将严重影响到公司的声誉，在社会上造成不良影响。因此必须尽快寻找解决办法，保住邱某不被抓走。经过认真分析，在目前情况下，再去找公安局领导恐怕已经很难挽回，只有去找县委或分管公安的主要领导，请他们帮忙协调，才有可能把邱某保下来。想到这里，朱总马上分别找到F收费站所在的F县委林副书记和分管政法的谢书记，向他们并报了邱某是在正常收费过程中，由于驾驶员不肯按规定交费和首先动手拉人的情况下，因情绪激动而且是在混乱中出现了自卫不当的行为，并没有故意伤人的意图，可以通过加强教育和内部处罚来解决。对整个事件造成的经济损失，朱总表示，我公司尊重公安部门的意见并愿意承担相应责任。在取得二位书记的理解和支持下，公安部门最后撤消了拘留决定。收费站内部根据公安部门做出的责任划分，赔偿了对方医药费、误工费等一千多元；对主要责任人邱某做出全站通报批评、取消当月评奖资格和待岗 7 天的处理决定。

【启示】

综观整个事件，邱某开始配合班长，坚持按规定收费，扣下了驾驶员证件，请车靠边并进行解释等做法，是正确的，说明他责任心强，工作有积极性和主动性，应该给予肯定；但是在矛盾激化和自身遭受攻击后，显得不够冷静和过于冲动，最后率先拿出凶器，导致对方二人手臂受伤，给公司造成经济损失和不良社会影响，邱某本人也受到了相应处罚。这起事件的发生和处理，对于邱某和广大员工均应从中吸取深刻教训。在收费工作中，我们应该增强文明收费和文明服务意识，既要坚持原则，又要灵活处理，真正做到骂不还口、打不还手，在万不得已出手防卫时，也应掌握尺度，切不可像邱某一样先出手打人伤人。从内部管理角度分析，必须要不断加强员工思想教育，提高他们文明服务意识和整体素质，才可能杜绝类似事件再次发生。

如何防止财务违法违规现象之一

——在香烟、现金面前

王小科

【事情经过】

一辆皖籍大货车驶入收费车道，收费员凭经验一看，是一台六型车，于是请驾驶员拿出行驶证核对。行驶证上标明该车车型为EQ5170XXYW，属于国家交通部文件标明的“大吨小标”车，其纠正后的实际吨位应该是27吨。而入口时发卡车型是四类，这明显是误判。收费员遂操作四改六进行升挡。这位驾驶员在听了收费员升档的解释之后，并没有太多的异议，只是一个劲地要求收费员按入口4型收费，并拿出一包香烟说“关照”一下，帮个忙。见行不通后又拿出一包烟，最后，驾驶员在自己的行驶证里夹着三十元钱，想从窗口递过来，口里说道：“我们出来一趟也不容易，帮个忙咯！我不要你们的票，这点小意思没关系的，帮帮忙吧！”驾驶员从驾驶室走下车道里满脸堆着笑。

【处理结果】

收费员当即拒绝了驾驶员的无理要求，并向驾驶员解释道：“治理‘大吨小标’车辆行动已在全国范围内展开，我们只是依法办事和按章收费，师傅你这样做不是在为难我们吗？收不足通行费是我们工作失误、不尽责，您说的不要票，我们是要按贪污票款处理，是要下岗辞退的。你看后面堵车了，请您配合我们的工作。”

看实在行不通，大货车驾驶员只好作罢。在收费员向驾驶员指明他要去J市的方向及路程距离以后，大货车驾驶员交足了通行费而去。

【启示】

收费工作时时刻刻都在直接与现金打交道，收费人员的素质也时时刻刻在接受着来自司乘人员、外界其他因素和自身对金钱、物质利益诱惑等考验。在专项治理“大吨小标”车辆活动的初期，恰逢收费站转制的磨合期。在这个特殊时期，有些政策和征费漏洞，需要公司管理层及时完善，出台相关的制度与措施。尤其是要重视员工思想上的变化，不断地加以教育和宣传公司先进的企业化管理理念与企业文化，不断地提高员工的理论素养。教育全体员工树立正确的世界观、人生观和价值观。切实提高全体员工的思想素质，从思想上筑起反对和抵御各种诱惑的防线，才能保持管理人员和广大员工的纯洁性，自觉抵制金钱和物质利益的诱惑。

同时，加强高速公路收费的廉政建设，还要从建立健全监督机制上狠下工夫。强化监控作用，加大稽查力度，切实落实监督制约机制，这是防危杜渐的有效措施。

如何防止财务违法违规现象之二

——备用金被挪用了

乐庸强　何洪强

【事情经过】

2003 年 4 月 8 日上午 8 时 40 分左右，内保队在对收费站进行票务稽查时发现，四号车道的售票员有异常情况。随后通过监控室镜头发现：8 时 51 分，当班队长姜某进入四道票亭，询问售票员高某的备用金情况。高某答："还差 200 元，我拿了还没来得及补上。"姜某又问高某现在有没有钱，高某说："我今天没带钱，你带钱没有？"姜某："只有 100 元。"高某问姜某："哪个有钱先帮我垫上。"8 时 53 分，姜某在窗外向票亭内递 200 元，高某接钱后放入备用金箱内。

【处理结果】

上述情况经核实后，售票员高某私自挪用备用金的行为，应属违纪行为，公司经营班子研究后决定，给予高某下岗学习 2 周的处分，下岗期间只发生活费，并通报批评全公司。队长姜某作为收费现场管理的直接责任人，违反队长工作岗位职责，且知情不报，徇私袒护队员，对此事负有直接领导责任，给予姜某严重警告，扣发当月工资 100 元的处分。

【启示】

这起事件反映出个别收费管理人员对公司的管理制度不能严格执行，思想麻痹，认识模糊等问题。收费站作为天天与现金直接打交道的行业，公司的规章制度中已明确了私自挪用备用金行为属严重违纪行为，而作为队长的姜某，在发现队员私自挪用备用金时，还认识不到这是一种违反财务管理制度和备用金管理制度的行为，实属不应该。试问现场管理的领头人都不能认真学习公司规章制度，更何谈普通员工违纪，上面发生的一切也就不足为奇了。此事也反映出个别现场管理人员思想观念上有问题，对出现的问题捂着不报，大事化小，小事化了，反而认为是不给领导添麻烦，是正常现象，如此管理，制度的严肃性受到了损害，我们的员工队伍也会很快地垮下来，进而严重影响到公司的整个经营工作。"千里之堤，毁于蚁穴"的情景，相信谁都不愿看到，所以坚持"收费现场无小事"，相信我们的收费管理事业一定会越来越顺利，越来越壮大。

如何防止财务违法违规现象之三

——顺手牵羊行不通

乐庸强 何洪强

【事情经过】

2003年2月17日晚9时37分左右，H收费站当班导引员王某在顶替售票员售票时，一小车驾驶员递给其一张新版100元面值的纸币购票。王某接钱后先将钱放入抽屉，接着给驾驶员找了零钱。尔后，王某的右手再次伸进抽屉里，揉捏钱币。这时，又一辆小车停在售票窗口前购票，只见王某右手紧握拳头，用大拇指为车辆打键。9时49分，售票员返回岗位，王某走出售票亭。当天中午，售票员下班交款时发现其通行费票款短款100元。

【处理结果】

2月18日上午，当班售票员找到公司领导，提出要核查昨天当班期间的录像。经公司内保队查实，对短款一事，王某有重大疑点。随后找到王某谈话，王某承认了自己在顶替售票员售票时贪污票款的行为，并深刻地认识到自己错误的严重性，其本人及其家属多次找到公司领导，诚恳表达了悔过的决心。公司经营班子对此十分慎重，研究后决定：当班售票员通行费短款100元，由王某赔偿；给予王某下岗学习一个月，留用察看3个月的处分，学习期间只发生活费；处以贪污金额30倍的罚款，并视本人今后表现，决定是否继续留用。

【启示】

收费人员时时与现金打交道，因此，私收票款，贪污通行费被形象地比喻为收费工作的“高压线”，谁踏上去，后果都将是万丈深渊。本文中的王某在监控镜头下，竟然还能做出贪污票款的举动，这充分说明我们的收费管理工作还存在着许多漏洞，我们的制度学习还不到位，也反映出个别收费人员思想松懈，放松学习，缺乏应有的职业道德。吸取这次事件的教训，需要不断加强员工素质培训，完善我们的监督管理机制，形成一套完备的人才管理制度，既要收好费，也要育好人。

如何防止财务违法违规现象之四

——售过时票的代价

乐庸强　何洪强

【事情经过】

2003年7月31日晚6时40分左右，一辆应费标准为2元的出租车在C收费站售票口交费后，驾驶员没要票据就把车开走了，当班售票员郭某遂将打出的票据放在打印机上。6时45分，一辆收费标准为5元的小车经过C收费站，郭某迅速打下“连续放行”键，并将打印机上的2元票据交给了驾驶员，待该车通过路障后，郭某紧接着又按下“复位”键。交班时，郭某的通行费票款无长款情况。

【处理结果】

经二级监控核查，郭某的行为属违纪操作，以出售过时票来达到贪占票款的目的。经公司领导班子研究决定，对郭某罚款3 000元，留岗察看3个月，留岗期间只发基本工资，并通报全公司的处罚。

【启示】

售票员郭某为了贪图区区几元钱，最终付出了惨痛的代价。根据公司规定，一经查实收费人员有贪污票款行为，即给予立即辞退的处理，如不是公司领导照顾到郭某本人年纪偏大，家庭困难，诚意改过，继续留其在公司工作，那么，相信她真不知该如何面对家人和同事。

这件事情的发生，充分说明了我们的收费现场还存在着教育不严，思想松懈，纪律涣散的现象。各级管理层都要认真吸取这次的教训，深刻反省，坚持不懈地抓好员工的职业道德和纪律教育，树立敬业爱岗观念，才能杜绝类似的事件发生。

如何防止财务违法违规现象之五

——当收费员收到无意多给的通行费后

何晓剑

【事情经过】

2003年元月27日晚20时40分，一辆小型货车驶进H收费站四号车道，驾驶员将行驶证与50元现钞一并递给售票员秦某，秦某验证后确定该车应收10元通行费，于是将证还给了驾驶员。在秦某打票并准备找钱时，驾驶员竟踩上油门走了，售票员秦某手里拿着准备找出的40元钱和10元过桥票，愣愣地看着车辆远去。两小时后，驾驶员发现有误，拨打了公司的举报电话。公司立即安排查看监控录像，并指示监控员通过监控对讲器询问售票秦某员有无异常情况，秦某当时的回答是"没有"。下班后，驾驶员多给的40元票款也未上缴公司票务室，很显然，是售票员秦某私吞了这笔钱。

【处理结果】

公司领导对此非常重视，因为这是自公司经营H收费站以来，发生的第一起将驾驶员无意中多给的通行款据为己有的情况，如不及时、严肃处理，其对今后管理工作带来的影响不能小觑，因此，在通过一、二级监控审查，并询问有关当事人，调查清楚以上实事情况后，对售票员秦某作出了严肃处理。

【启示】

上述事件中，毫无疑问，是售票员的私心影响了公司的良好形象，给收费站文明窗口建设涂上了不和谐的颜色。在货车驾驶员错把50元当作10元交给了售票员，车辆起步的一瞬间，我们的售票员不是立即喊停驾驶员退还多收的钱，却一下子就"明白"了这是天上掉下来的一块"馅饼"。过去在H收费站也发生过类似的事情，当时售票员立即大声喊停，即使驾驶员未能听到，站在前方的安稽员在听到售票员的喊声后，也会协助售票员把车辆拦下，问明缘由，把对方多付的钱还回去，得到了过往司乘人员以及领导同事们的交口称赞。因为这不仅是一种拾金不昧的精神，也表现了我公司员工的高尚情操和精神面貌，展示我公司在加强员工思想品质，文明服务方面的优异成绩，是我们树立文明收费窗口和交通形象的基础。可这件事件的发生，无疑是在我们的文明形象窗口上抹了一把黑。如果售票员秦某只是由于一时思想犹豫，在车辆离开收费站后，能向当班监控员说明此事，当多交钱的驾驶员明白过来再打电话来询问时，我们的工作人员就能立即转告他确有此事，并请他前来取回，这同样可以收到良好的社会效果。可是很痛心，售票员秦某没有这样做。

创建文明窗口，树立良好的社会形象，不能仅仅停留在文明用语、站姿、坐姿等表面现象上，还要使广大员工的心灵深处也美起来，正所谓“语言美、行为美、心灵美”。对南来北往的司乘人员来讲，我们每个员工的一言一行，一举一动都代表着公司的形象，代表着一个城市市民的文明程度。公司在成立伊始，就积极采取措施，规范收费管理秩序，一直强调广大员工要讲究职业道德，建文明窗口，树立良好的社会形象，特别是在金钱面前，不要为个人利益所驱动。当售票员秦某下班时还没能把多收的票款上缴公司票务室，实际上这已经不仅仅是个思想上的问题，而是演变为利用工作之便私收票款的问题，触上了收费工作的“高压线”、“禁令”。针对这件事，公司上下组织开展了大讨论，变坏事为好事，亡羊补牢，使大家都受到了一次很深地教育。此后，主动上交长款或追还司乘人员多余票款的事情在收费站时有发生，一种良好的风气正在逐渐形成。

如何防止财务违法违规现象之六

——触上"高压线"

赵丽敏

【事情经过】

2003年2月17日21时37分48秒,C收费站当班安稽员红某顶替六号车道售票员潘某售票。42分33秒,一辆小车递进一张面额为100元的新版人民币,红某接过钱后,即将钱与售票桌抽屉内分类摆放的大额纸币放在了一起。找钱后,红某将左手放在抽屉上面,右手放进抽屉内……45分22秒,右手拿出抽屉,紧握拳头,用大拇指为随后的车辆打键售票。45分57秒,红某在伸一个懒腰后,将双手伸入自己的裤子口袋。46分06秒,红某用右手正常打键售票。49分46秒,售票员潘某回岗售票。售票员潘某在下班交款时被发现,通行款出现了短款100元的情况。潘某按规定当时补足了票款。

【处理结果】

售票员潘某是一名从事收费工作近十年的、很有经验的售票员,平时在本站、本队的售票业务技能方面遥遥领先于其他售票员。在不明不白地短款100元的情况下,售票员潘某向公司领导提出了审查监控录像的请求。经调录像查实,就是安稽员红某利用顶替售票员卖票时,贪污了潘某的100元钱。

该事件调查清楚以后,安稽员也明显意识到自己的错误,并写出了深刻的检查,表示愿意接受公司的处分决定,并恳请公司给予其改正悔过的机会。根据安稽员红某所犯错误的性质,和其本人的认识,依照公司的相关管理规定,对当事人作出了严肃的处理,暂时保留工作岗位,视其今后表现决定是否继续聘用。

【启示】

贪欲往往是诱使人们走上犯罪道路的直接原因。安稽员红某经不起物质利益的诱惑,受社会上"一切向钱看"错误思想的影响,崇尚金钱至上,把追求金钱作为人生的第一目标,导致了偷拿售票员通行票款行为的发生。安稽员红某的行为已经构成了贪污票款行为,说轻一点,是违反了职业道德,说重一点,他的这种偷拿票款行为已经构成了"职务侵占",严重违犯了公司的规章制度,使本应挺直腰杆做人的自己在同事面前总是自卑心虚,可谓一失足成千古恨哪!这件事情也给所有的员工敲响了警钟,"前事不忘,后事之师",作为一名公司的员工,必须时时刻刻恪守自己的道德底线,很好地把握自己的工作机会,牢记哪些是可以做的,哪些是不能做的。通过自己的辛勤劳动来换取自己所能得到的报酬，这样，也只有这样，才能够使自己无论在什么时候，什么地方，做什么工作，都可以胜任。

同时，从本文事件中我们还可以看到，收费现场管理还存在着漏洞，存在着教育不严，思想松懈，纪律涣散的现象。但是只要公司的各级管理层能认真吸取教训，深刻反省，坚持不懈地抓好员工的职业道德和纪律教育，让员工牢固树立敬业爱岗观念，踏踏实实抓好收费现场管理工作，坚持丝毫不放松，落实见行动，尽最大的努力杜绝类似的事件再次发生。

如何防止财务违法违规现象之七

——私收票款面面观

朱月清

S公司自1999年7月1日独立经营和管理以来，K、F两收费站共查出私收票款及其他严重违纪行为6起，有六位员工因此被开除或引咎辞职。为了更有效地识别少数害群之马，现将其惯用手法进行剖析如下。

一、伤害对象——外地驾驶员

在几起私收票款案件中，私收人员侵害的对象都是针对外地驾驶员的。外地驾驶员远离家门，急于赶路，一般情况下，会抱着不主动惹是生非的态度，当利益受到一般侵害时，大多不会认真细究。有时即使在明知吃亏的情况下，也可能采取忍气吞声、自认倒霉的办法，多数驾驶员不愿为一点小钱而耽误行程，个别无视公司规章的收费人员就利用驾驶员的这一心态，大行违纪之实。

二、作案时间——晚上

采取晚上作案，一是在场人员少，被发现的风险就小；二是驾驶员在灯光下不易看清票面数字，更有利于鱼目混珠。但也有个别胆大妄为的在白天作案的案例。

三、作案手法(举例)

1.少打金额多收钱。在缴费车辆相对比较集中时段，作案人瞄准作案对象以后，首先，提前判断车辆正确吨位并迅速打出一张金额小于应收通行费标准的电脑票，待驾驶员到窗口缴费时，提前将显示屏上的数字消掉。这时，驾驶员按平时习惯的吨位缴费，一般不会怀疑从收费员手中拿到的电脑票上有文章。等以后发现时，已离开收费站很远或相隔时间已久，而且实际缴费和票面金额相差不大(一般在5元到10元)，因此也不太可能专程回来追讨。作案人就是通过将实收金额与票据数额之间的差额占为己有，搞私利，谋“创收”。私收人员在作案成功以后，都会预先记好当班时间内每一笔多收的金额，利用上厕所等离岗的机会，在下班前，提前将多收的款项隐匿，这样在下班交接时就很难为外人所发现。

2.一票两用。随着私人车辆的日益增加和各类车辆承包形式的出现，很多驾驶员不再需要保留通行费电脑票据。这部分驾驶员在缴费后，看到前方栏杆下落就会马上将车开走。有心搞私收者作案手法就是，不是及时将驾驶员不要的电脑票放入指定的地方或扔出窗外，而是偷偷地留下，在他(她)认为“安全”的时候，再将该票出售给另一位驾驶员，这种手法也称“出售回笼票”。

3.偷梁换柱，以假换真。有一位收费员，晚上上岗时将一张100元假币带入收费

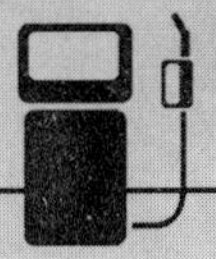

岗位。在售票时瞄准了外地的大吨位货车驾驶员，当有人拿出与他带入的颜色相同的100元面值的纸币缴费时，他在拿到手里后，一边打票，一边将手放入驾驶员看不到的抽屉内，迅速将二张钞票进行调换，随后，就会问驾驶员有没有零钱，如果驾驶员说有，他就顺手将100元假币交给驾驶员，按电脑票上的金额收取通行费；如果驾驶员说没有，那就以后再等机会。

4.动作故意迟钝或少找零钱。少数有贪小便宜或想搞私收的作案人，当驾驶员缴费后，故意放慢找钱速度，使有些性急的驾驶员等得不耐烦，宁愿不要2元、3元零钱，主动开车离开。有的直接采取少找零钱的办法，当驾驶员发现后，马上向驾驶员打招呼，说自己数错了或者其他借口的，并同时把钱补给对方，这样一来驾驶员也很难分辨真假，因此也不好说他是故意少找零钱。如果碰到粗心的驾驶员，这些人的私收目的就达到了。

以上违规案例，虽然只有极少数人会这样做，但是危害极大。如果不能及时觉察，任其扩散蔓延，将直接损害经营者的经济利益和社会形象。因此必须引起收费单位领导的高度重视。我认为有四个方面工作应予加强。

1.加强对员工的思想教育。让大家充分认识到私收等现象的危害性和可耻性，是严重的违规行为甚至是犯罪。

2.保持监控设备的完好性、先进性。凡是搞私收等违规行为的作案人，必然要考虑怎样避开监控镜头，使其作案过程不留痕迹。因此我们更应充分利用和发挥高科技设备特殊作用，控制和减少作案人员作案空间。

3.增强监控人员的监控技巧和识别能力，特别是要提高监控人员工作责任心，通过监控人员细心观察，使各类违纪、违规、犯罪情况和线索在第一时间能够发现。南康站查出的几起私收案件中，监控员发挥了比较重要的作用。

4.加强对录像资料的审查工作。由于一位监控员要同时观察10多个屏面，加上其他正当或不正当的原因，必然有疏漏及没有发觉的情况。通过专人审查，可以弥补监控岗位的不足部分，包括查出不易觉察的隐蔽细节；另外可以客观印证监控人员工作情况，对监控员工作具有一定的督促作用。

以上是本人在工作实践中总结的肤浅之谈，希望以此抛砖引玉，得到同行的批评、指正和进行更深层次的探讨，为完善收费系统管理体系和减少私收票款等违规现象做出一点有益的贡献。

如何避免设备操作失误之一
——路障系统操作失误导致撞车

冯 丽 何洪强

【事情经过】

5月19日中午11时58分，H收费站内的收费人员正在准备交接班。2号车道售票员朋某在交班前，按了收费电脑上的“连续放行”键，12时，朋某离开收费员岗位，售票员化某上岗接班。化某在售出几张票后，对上一班按下的“连续放行”键进行了复位。此时，车道上的路障系统应当处于工作状态。正在这时，一台中巴车停在窗口前接受验证，化某按“季证车”键的同时，看见中巴车后面是一台警车，化某就接着按下了“免费车”键。随后，化某又按下“连续放行”键，并按了一个“季证车”键。当中巴车通过后，牌号为鄂×××××1警的警车随后通过路障时，路障突然升起，将该车撞损。

【处理结果】

接报后，公司领导立即组织人员通过二级监控核查事发经过，并根据监控室提供的撞车技术分析及化某本人写出的事情经过等综合分析，此事是由于化某操作不当所致。当化某在第一次对“连续放行”键进行复位时，实际上并未复到位，换言之，也就是说路障此时仍处于休息状态，所以当化某在操作了“季证车”键和“免费车”键后，第二次进行复位时，路障这时才处于工作状态，只接受“一车一信号”。因此当化某再按一个“季证车”键，路障此时只允许中巴车通过，要使中巴车后面的免费警车正常通行，必须再打下“免费车”键。处于工作状态中的路障系统在没有接到新指令的情况下，按设计程序自然会升起，这样就把中巴车后面的警车给撞上了。

因为收费站的路障系统已在保险公司投了保险，于是公司一边安排调查清楚事实情况，一边报告保险公司，通过保险部门对被撞的警车进行了维修理赔。考虑到化某一贯工作较好，认错态度还好，公司根据有关规定，对化某作出通报批评的处理。

【启示】

收费工作看似简单，其实不然，尤其是高科技设备在收费管理工作正得到越来越广泛地应用，一方面可以明显提高我们工作效率、工作质量，但同时，也对操作人员提出了更高的要求。作为一名收费人员，不但要求会熟练操作先进设备，还必须有很强的责任心和认真细致的工作作风。倘若化某当初在第一次按下复位键时能核实一下键旁边的信号灯，就能立即发现问题，或者在第二次复位键时能进行核查，那么这起事故就不会发生了,既避免给公司带来损失,也避免自己承受经济损失和心理压力了。

因此,我们工作中的微小疏忽,不但公司财产受到损失,给过站的车辆也造成损失,即使售票员本人也会因此带来很长时间的心理不安。与其如此,为什么不能时时刻刻提醒自己集中精力售好票呢?! 同时作为管理者,由于员工在思想素质、业务水平上都存在着差异,从维护公司的形象和利益不受损害出发,必须加强他们的思想道德教育,不断提高业务水平,规范管理秩序,只有这样才能使我们的管理工作迈向更加规范化道路。

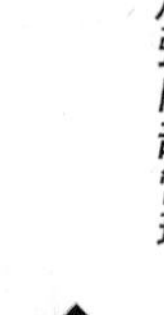

如何避免设备操作失误之二

——路障系统操作失误导致抢道

张东升 何洪强

【事情经过】

2004年10月6日下午，H收费站一队正在值中班，2号车道的当班售票员是华某，安稽员为生某。3时左右，某酒厂干部曾某乘坐鄂××××37微型面包车，驶经H收费站2号车道。该车驾驶员拿出钱购票，售票员华某在低头打票找钱的同时，从面包车旁驶过一辆机动三轮车，但售票员当时一点也没发觉。前方的安稽员生某看见这一幕后，也只"哎"了一声，却没继续实施有效地拦截，放任这辆机动三轮车抢占了面包车的路障信号。鄂××××37微型面包车在购买了通行费后，启动前行，只听"嘭"的一声，突然升起的路障将该车撞停，坐在车内的曾某的脖子猝然扭伤，后被诊断为环枢关节半脱位，面包车也受到一定的损伤。收费站立即将曾某送往市中心医院检查治疗，并垫付了医疗费用，同时安排受损车辆接受维修。

【处理结果】

事后，经查看现场录像，证实了现场撞车的原因是，由于机动三轮车违规抢道，售票员华某没能当场发现，更重要的是前方的当班安稽员生某在发现这一异常情况后，未立即进行有效拦截，致使机动三轮车抢用了面包车的通行信号，最终当面包车行驶到路障前时，路障系统没有接到新的指令，自然升起，结果导致了面包车的被撞和曾某的受伤，从而引发纠纷。以上事实清楚地表明，安稽员生某在这起事件中应负主要责任。

负责处理此事的公司内保队一边向领导汇报现场核查情况，一边联系公安巡警队、保险公司协同处理。乘客曾某经医院检查诊断，医生要求其住院治疗。关于收费路障引起的安全责任已在保险公司投了保险，而由于保险公司需要作进一步的调查，当时不能进行理赔，就由W公司先行垫付了曾某的医药费。并根据伤者的情况，为避免事后处理出现麻烦，公司还安排人员轮流到医院护理曾某。10月16日曾某办理出院手续。因曾某的医院"出院小结"中有"后期复查"一项，曾某及其妻借此提出，公司须支付2 000元作为后期复查治疗费用。经内保队、H收费站做工作，在公安巡警的调解下，双方达成和解协议：此次撞车事故是由于收费站安稽员生某未履行工作职责，不及时制止抢道的电动三轮车所造成的，全部责任由生某承担。

此次事故中，安稽员生某共赔偿车辆维修费、伤者医疗费、营养费、后期治疗费、手机维修费等各项损失计6 000余元。

【启示】

在收费站设立安稽员岗位的目的，就是为了确保收费工作安全、顺利地进行，为此，要求安稽员能及时发现现场出现的不安全因素，及时采取妥善措施，提前预防，提前化解。自H收费站建站以来，也曾发生过机动三轮车等免费微型车辆超车的情形，但都被售票员、安稽员及时发现了，所以没有发生撞车事件。本文中的生某存在着一种侥幸心理，在思想上麻痹大意，看见了车道内有其他车辆违规超车时，也只是"哎"的叫了一声，却没有及时制止，未能提前拦下抢道的微型三轮车，及时通知售票员补打路障信号，人在岗但心却不在位。作为一名在收费站工作了十几年的"老"收费人员的生某，应当很清楚车辆抢道带来的严重后果。他的这种侥幸心理和心不在焉的做法带来的结果是，给自己和家人带来了惨重的经济损失。如不是公司及时做好各方的协调工作，生某可能还会面对伤者家属的无休止纠缠，那后果就更不堪设想了，其教训可谓痛矣！

同时，作为一名售票员，应该切实做到"售一、观二、看三"，即售票员在售这辆车通行票的同时，就应当观察车道内有否异常情况，看清楚后面的车是什么型号。本文中的华某放松了自己岗位职要求，对事件的发生也应负一定的责任，但考虑到收费安全工作是安稽员岗位的最重要的职责，售票员最主要的工作是售票，且本人在事后的认识也较为深刻，所以公司要求华某写出书面认识，认真吸取这次事件的教训，加强岗位责任心，不能再发生类似情况。

通过这件事情给我们敲醒了一个警钟，在收费现场工作的人员，无论是售票员还是安稽员，工作期间一定要严格按照公司的要求来做，时刻保持清醒的头脑，集中精力。"不怕一万，就怕万一"，如果你放松了自己，事故可能就会在那一瞬间发生，不仅给公司带来损失，也给个人和家庭带来不必要的麻烦，这也是我们大家谁都不愿看到的。

如何严格劳动纪律之一

——脱岗

赵丽敏

【事情经过】

2003年11月7日凌晨01：30左右，当班监控员发现C收费站的下桥方向安稽员主岗位上缺人，据查值班表，该岗位的安稽员应是廖某。01：40左右，廖某回到岗位。监控员按规定进行了询问，廖某称刚才去吃饭了，监控员就据实在监控日报上做了记录。

【处理结果】

根据公司《管理规定暂行》第二条一款：迟到早退、脱岗、睡觉10分钟以上30分钟以内，未造成工作设备损坏的，扣除浮动工资20元的规定，扣除廖某当月浮动工资20元。站领导对其本人进行了耐心地批评教育，廖某本人也认识到了自己的错误。

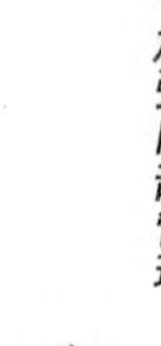

【启示】

自公司接管收费权以后，经营班子对收费人员的岗位进行了合理调整和布置，对收费现场采取了"定人定岗"的办法。此次违纪情况虽未造成后果，但廖某的责任心不强，反映出收费现场出现了管理松懈，不能不让我们反思。10分钟，在这短短的10分钟里，有可能发生违规超车造成购票车被撞情况，有可能数台车辆连续冲岗，有可能设施被损却无人发现……这些都有可能给公司和个人造成了经济和社会形象上的损失。所以，我们要牢记"千里之堤，毁于蚁穴"的教训，在今后的管理工作中引以为戒，不以善小而不为，不以恶小而为之，时刻树立"以公司为家"的思想。因为我们拿了公司的这份工资，就要以自己的行动使这份工资拿得心安理得。

如何严格劳动纪律之二

——夜班能睡岗吗?

赵丽敏

【事情经过】

2004年5月1日凌晨5点,公司领导在H收费站查岗时发现,H收费站某队应到9人,除1人特殊情况不上夜班外,实到有8人,人数是正常的。但当班人员中除安稽员杨某、郭某、售票员王某、冯某正常值班外,其他4名当班人员均在休息亭内睡觉。

【处理结果】

为严肃管理制度,吸取教训,整肃队伍,教育员工,公司经营班子决定,对以上违反劳动纪律的人员和管理失职的当班队长给予了通报、批评。

【启示】

公司明文规定"夜班严禁睡岗",作为当班队长的王某不但没有制止队员的睡岗行为,而且自己也加入了睡岗队伍,试问在睡岗时收费站内如果发生突发事件,作为现场第一责任人的王某能及时发现并妥善处理吗?所以,此次睡岗事件看似小事一桩,因为没有造成后果,但是隐患却极深。"收费现场无小事",作为现场第一责任人,首先,要做到以身作则,在员工中做好表率,树立好榜样。公司要求大家做到的,队长要做到最好;公司明令禁止的,队长要坚决不沾。其次,要做好队员的思想工作。作为队长,必须要认真学习领会公司的管理制度并向队员进行耐心地传达、解释,使大家的思想、行动都能统一到公司的管理目标上来,这样,你才能树立队长的威信,管理好自己的队伍,带出一支合格的收费队伍来。

如何严格劳动纪律之三

——人情与管理

周玉红

【事情经过】

2003年7月24日17点47分，一辆白色无牌小车通过C收费站4号车道售票窗口时，当班售票员陈某既未伸手喊停车，也未向带班队长及监控室反映，就按下“免费”键，私自将该车放行。

【处理结果】

依据公司规章制度，售票员陈某的行为已构成私放人情车行为，有悖于公司提出的收费工作“应收不漏、应免不征”原则，为此公司对陈某的这种行为做出了相应的处罚，以达到严肃纪律，规范管理的目的。

【启示】

针对这种私放人情车的行为，一方面暴露了我们这位员工的思想素质较差，缺乏对岗位职责与公司规章制度的学习。在制度与人情发生冲突的情况下不能做出理性的抉择，认识不到在给公司造成损失的情况下，其实也是对自己的损失。另一方面给我们各位同仁以启示：①在管理方面，人情是极大的困扰，如果我们对售票员陈某私放人情车的行为也给予“人情”，想出一些理由为其开脱，狠不下心，拉不开脸，这实际是一种极为有害的“好人之仁”，容易造成赏罚不分，使公司制度的执行力度遭到破坏，导致公司经营不力，甚至大家失业，那么我们又将如何去谈“人情”呢？②真正的人情体现。人毕竟是感情动物，完全不讲人情也是不行的，关键是摆平“情”和“理”的位置。理性的对待人情要表达在员工之间的关爱，有困难互相帮助，这种人情要坚决提倡。庸俗的人情表现的却是原则不分，是非不明，导致工作扯皮推诿，散漫无序，这种人情要坚决抵制。

公司必须要严格管理，才能整合团队的力量。若随意让人情破坏了制度，对于公司来讲，将使制度的执行力遭到破坏，对于收费员工个人而言，最终受惩罚的还将是我们自己。

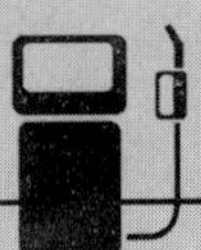

如何严格劳动纪律之四

——监控员的失职

冯　丽

【事情经过】

6月11日凌晨3时04分，农历的端午节，早起的小贩正忙着推出粽子、艾蒿等传统节日食品，准备大赚一把节日钱。这时，一辆牌号为鄂×××××9的小车由X城驶向F城，经过C收费站时，逆向行驶，压下收费站4号车道的路障后停在售票窗口前。交了通行费后，根据有关规定，售票员甲向驾驶员提出该车压路障的损失赔偿要求。驾驶员不同意，遂从车内跳下一人，醉醺醺地冲到售票窗口前，对着售票员大喊大骂。还觉不解气，抡起拳头，嘭地一声，将售票窗口的玻璃砸破。砸烂的玻璃渣子划向了毫无防备的售票员甲，售票员甲的头部立即鲜血直流，坐在售票员甲旁边的售票员乙的手部也被玻璃扎破出血。当班队长宋某及其他队员立即上前进行阻止。按照工作要求，收费现场发生紧急事件，应在第一时间通知监控室，由监控室根据具体情况进行录像跟踪、报告公司领导，通知内部稽查安全部到现场处理，或拨打公安110报警。但从3时05分售票员甲、售票员乙轮流用呼叫器呼叫监控室却无人应答开始，直至3时39分，在这段长达34分钟的时间里，售票员用呼叫器呼叫监控室达11次之多，但监控室里一直无人应答。无奈，收费站又通知驻站巡警，并同时打了110报警电话。3时20分，值班巡警来到现场，随后，“110”民警也赶到收费站。经过初步取证，3时59分肇事车开出C收费站。

【处理结果】

在对监控室进行核查时发现，当天的当班监控员林某从3时整至3时39分期间，一直坐在监控室的椅子上，头靠椅子，保持一种姿势不动，只是偶尔动一下头。直到3时39分，收费站当班副站长李某进入监控室，林某方才苏醒过来，开始对现场镜头进行抓拍，并向站内的其他售票员询问刚才收费站内发生的事情，然后在当班记录上作下简单的记录。

监控室作为现场管理的“眼睛”、“耳朵”，在促进现场规范管理方面发挥着无可替代的作用，因此，对监控员的岗位职责也提出了更高的要求。林某所在的W公司以及监控部曾多次组织监控人员学习“监控员十六不准”、“一听二看三讲四记”及公司的其他规章制度，并悬挂在监控室内醒目位置，以方便时时督促落实。但监控员林某在长达半个多小时的当班时间里，面对受伤售票员满脸血渍下的紧急呼叫，一片混乱的现场画面，竟毫无反应，且在事件发生的关键时刻，完全没有跟踪录像，使事件处理失去了最有力的证据。其行为失去了作为一个监控员最起码的岗位素质要求，在公司和收费站造成了极坏的影响。鉴于林某已不能胜任监控员岗位工作，当班期间有睡岗行为，为警醒本人并教育大家，公司对林某进行了严肃处理，责令本人写出深刻书面检讨通报全公司，并调离监控员岗位。

【启示】

监控是借助先进科技手段，实现对收费现场管理的补充和督促，曾形象地被誉为现场管理的“眼睛”和“耳朵”。如果监控员不能认真落实岗位职责要求，那么，这只眼睛就是瞎眼睛，耳朵就是聋耳朵，失去了监控的根本作用。同时，作为开放式的收费现场，一旦出现紧急突发事件，监控室就成为收费现场寻求内部管理者与外界救助的有效通道，同时还可为事件的最终处理保留下弥足珍贵的第一手证据材料，有时甚至是法庭上的唯一有力证据。这些都对监控员的岗位职责提出了比其他岗位更严格、更高的要求。因为监控员的任何一个小疏忽可能给企业带来几万元甚至几十万元的经济损失，和无法估量的社会损失。

如何严格劳动纪律之五

——堵塞小漏洞

李成杰

【事情经过】

2003年8月12日,按照公司有关的监控录像审查制度规定,公司组织专人对2003年7月25日至8月上旬这一时间段内的收费现场情况进行了例行审查。从中发现,公司员工杨某在2003年7月26日6时47分、8月3日6时32分这两个时间当班收费过程中,先后两次收取货车鄂×××××7(报刊发行专车)车主的报纸,并擅自为该车减免通行费5元/次,合计10元,其行为已严重违犯公司的规章制度。从对2003年7月25日以后保存的录像资料的审查,发现有类似问题的还涉到其他4名收费人员。公司经营班子非常重视这一事件,为此召开专门会议进行认真分析和研究,一致认为,该事件虽然看似很小,但"千里之堤,溃于蚁穴",小的漏洞不堵塞,必然会造成大的漏洞隐患,给收费现场管理带来很大的困难和负面作用,因此必须严肃对待这一事件,严厉处罚违纪人员和当班监控员、班长等相关责任人员。随后,公司领导分别对他们进行了认真严肃地谈话,让他们观看了录像资料,责令他们写出书面检查,并根据他们对所犯错误的认识情况给予了相应的处分。

【处理结果】

上述人员的违纪违规行为,反映出少数员工无视公司规章,法纪观念淡薄;同时也反映出收费现场管理的力度不够,监控人员存在工作失职情况。对上述严重违纪行为,征费管理人员有不可推卸的责任。为进一步加强管理,严肃纪律,以此为鉴,达到教育全体员工的目的,公司领导认真研究后,对相关人员进行了严肃的处理。

1.对两次擅自减免通行费的收费员杨某和涉及有一次减免通行费行为的另外4名收费人员,按照《员工工作奖惩制度》第二条第(二)款第4项"对擅自给车主减免通行费者,除由当事人补缴所减免的通行费外,可处以当事人扣罚100元;当事人当年类似情况达到三次的,可处以开除处罚"的规定进行了相应处罚,并分别给予杨某、另4名收费人员行政记大过处分和严重警告的处分。

2.对当班监控人员的工作失职行为,分别给予严重警告处分,并罚款50元。

3.对当班收费班长徐某存在的工作责任心不强,管理不严,导致班员出现严重违纪情况,给予严重警告处分,并扣发一个月职务津贴。

4.对征费部经理因管理不力,工作失察,给予严重警告处分,并扣发一个月职务津贴。

5. 对员工严重违纪违规，分管征费工作的主要领导也有不可推卸的责任，为此，对分管收费工作主管领导给予通报批评。

【启示】

上述事件的发生，再一次警示了我们，在收费现场管理中还存在着漏洞和问题，反映了我们经营管理层的整体管理水平、综合素质还有待于进一步提高，善于发现问题、克服问题、解决问题的能力还远远不够，在创新意识、责任意识、严于律己、严格要求等方面还需要不断增强。同时，还要看到我们目前的整个收费队伍还存在着整体素质不齐、责任意识不够、道德法纪观念不强、思想觉悟不高等问题。因此，在今后的管理够工作中，必须长期不懈地狠抓收费现场管理，牢牢抓住收费这一中心工作，从一点一滴的小事抓起，堵塞漏洞，加强监管力度，一时一刻也不能放松。另一方面还必须进一步加强员工的思想政治、道德法制、改革形势和精神文明建设等方面的教育，以教育促提高，以制度促管理，以管理增效益，在工作中高标准、严要求，团结一心，形成合力，使收费工作迅速步入一个良性发展的轨道。

如何严格劳动纪律之六

——收费员携款脱岗之后

李成杰

【事情经过】

2002年1月3日中午12时30分,正在岗亭收费的肖某向当班班长操某请假,称战友的小孩过生日,去吃顿中饭就回站。操某同意并要求其快去快回,同时安排另外一名收费员高某顶替肖某的收费岗位。可是,直到下午4时下班时,肖某仍未回来。在交班时,交款时经班长清点,发现肖某的通行票款短款1 840元。这时,征费部经理才将情况报告给公司值班领导。公司领导当即指示,征费部经理和当班班长操某等务必千方百计寻找到肖某回公司。经过近两个小时的电话联系,多方寻找,直至下午5时40分肖某才返回公司。至此,肖某携款外出长达5小时10分钟,其中携款脱岗长达3个半小时。公司领导等督促其立即上交票款1 840元。而此时,肖某手上的票款只剩下1 700元,尚缺140元。到1月4日上午8时上班之前,在财务部、收费部经理的督促下,肖某才将140元票款补交给财务部。

【处理结果】

事情发生后,公司领导于当天就对此事进行了调查,并及时报告了出差在外的总经理。肖某返回公司后,公司领导当即对其进行了严肃批评。1月4日,公司领导又对肖某携票款脱岗一事在班长会上进行了通报并作了严肃地批评。同时又与肖某谈了话,指出了他所犯错误问题的严重性。1月7日召开部门经理会议时,对与之相关的个人也提出了批评。1月7日公司领导又在员工大会上对肖某的错误行为进行了批评教育。

公司自2001年10月份以来对全体员工进行了一系列的培训教育。如,请G市武警支队的教官对公司全体员工进行了全员军训,请市委党校的副校长戴教授向全体员工作了《在市场经济条件下有关社会主义道德建设和职业道德建设》的专题讲座,还请公司的常年法律顾问肖律师向员工进行了法律知识讲座。同时,公司在充实、完善了《六项规章制度》后又进行了一个月的专项学习,并进行了书面测试,全体员工都写了学习心得。紧接着又在12月份进行了为期一个月的"法制教育学习月"活动,活动中组织员工分班观看了《赌向深渊》等专题法制教育片,参加学习的绝大多数员工都写出了书面学习心得,在员工中产生了极大反响,大家纷纷表示要遵章守纪守法。通过这些活动后,绝大多数员工的整体素质有了明显提高,对公司的内部管理、外部协调和收费工作起到了一定的促进作用。但还仍然有极个别员工将学习与实际脱节，说的和做的不一样，甚至继续违反劳动纪律，违反规章制度，肖某这次的携款脱岗就是突出的一例。

肖某携款脱岗，说明他的劳动纪律观念淡薄，而且法制观念也淡薄、组织纪律观念更淡薄。身为一名收费员，不去很好地履行自己的职责，而视公司的规章制度为儿戏，公然脱岗并将票款带出公司长达5个多小时，严重违反了公司的规章制度和组织纪律，在员工中造成了极坏的影响，牵涉了公司领导的过多精力，扰乱了公司正常的工作秩序。为严肃公司规章制度和教育肖某本人，同时鉴于肖某认错态度较好，公司决定给予肖某通报批评，除按规定处罚外，另扣发元月份一个月的奖金，以观后效。作为主管征费的部门经理，疏于现场管理，工作麻痹；操某身为一班之长，擅自批假，又不及时汇报；系管员周某对监控班管理不严，甚至还有监控员脱岗现象；监控员钟某监控不力，一个收费员携款脱岗三个半小时，却没有察觉，属于工作严重失职。所有这些都给肖某违犯纪律钻了空子，均负有工作失职的责任，也应给予批评并扣发一定奖金。

【启示】

通过此次事情的发生，公司经营班子认为：问题虽然出在肖某同志一个人身上，但它暴露了公司内部管理上还存在着许多的漏洞。公司的规章制度虽然进行了充实和完善，但在落实上抓得还很不够；虽然对公司经营班子进行了调整、充实和加强，但管理还不到位，特别是中层干部和班长的管理水平和管理能力还跟不上形势，没能真正担负起领导职责，对员工的管理不严，对公司规章制度的落实极不认真。肖某所犯错误是严重的，它给公司的安全稳定工作造成了隐患，损坏了公司员工的整体形象。其教训是深刻的，我们要举一反三，在落实规章制度上狠下工夫，制度面前人人平等。同时，我们也深深认识到，加强员工队伍的思想政治、法制道德教育应该是我们常抓不懈的工作，千万不可有一劳永逸的思想。今后，一方面要严格按规定执行请销假制度和报告制度，严格落实公司规章制度，加大考核监管力度，对违纪者决不姑息，严肃处理；另一方面，要不断深入开展形式多样的法纪法规、思想道德等方面的宣传教育活动，大力弘扬正气，创造一个严谨、务实、团结、高效的良好环境。

如何严格劳动纪律之七

——大力弘扬正气，提高后勤管理水平

李成杰

【事情经过】

2001年12月4日上午8时10分左右，公司收费员工张某因触犯G公司《收费员上岗下岗规范管理暂行办法》第二条而被扣发20元浮动工资，因思想上想不通，缺乏理智，而对公司财务部经理、收费部经理以及行政部人员拍桌子、谩骂等过激的行为，使三个部门的正常工作受到严重地影响。

2001年12月7日中午11时40分左右，张某再次出现过激行为。张某当时在公司食堂吃完午餐以后，擅自把预留给公司领导和110巡警的小锅汤(其实，此汤和全体员工用汤是同一锅汤出来的，只是因为公司领导和110巡警常常为处理工作而很晚才到食堂用膳，食堂的工作人员便小盆装汤，这样加热起来更方便，所以被大伙儿称之为“小锅汤”)端出来给其他人食用。这时，正在用膳的行政部经理方某等人告知张某，这是给公司领导和110巡警预留的，并表示可以不要喝此汤。这时，正在就餐并负责食堂工作的部门经理李某对张某的行为当即予以制止并说明情况，并让张某将汤端回原处。张某非但置之不理，反而故意狡辩，态度不好，无理取闹，并与部门经理李某争吵起来，严重干扰了食堂的正常管理秩序，影响了食堂管理人员的工作。

事情发生后，公司领导于12月7日下午对此事进行了调查，并召开部门经理会议进行专题研究，对有关的部门经理提出了要求。12月8日公司领导又在班长和党员会议上对张某的违纪行为，进行了批评教育。12月8日副总经理与张某谈了话。12月12日上午，公司领导再次与张某谈了话，指出了他的问题的严重性。

鉴于此，公司于12月12日召开总经理办公会研究后认为，张某作为公司的一名老员工，在上述两件事情上是不够冷静的，态度是不好的，行为是不对的，造成的影响也是很坏的。

一是组织纪律观念淡薄。工作中遇到新情况、新问题，不是通过正常途径反映，而是采取了过激言行，在办公室取闹的行为，是一种缺乏约束、违反组织纪律，十分要不得的行为。

二是态度不好。张某在遇到一些不顺心的事情时，不是从团结的愿望出发，从解决问题的愿望出发，而是采取以粗鲁的言语，甚至用过激的行为来解决。4天之内连续发生两起事情，用过激的言行对待三位部门经理，这样的思想行为不能说是端正的。

三是扰乱了正常的工作和生活秩序。身为公司的老员工，应当知道自己所担负的责任，时刻检查自身的言行，应当与一名合格的收费员相吻合。如12月7日用餐时，在自己用餐完毕之后，完全可以文明地离开食堂。但他未经允许，擅自动用备用份额的膳食，当分管食堂工作的部门经理来劝说时，不仅不迅速纠正错误，反而与之大吵，既妨碍了食堂管理人员的正常工作，又扰乱了员工的正常生活秩序。

四是无理取闹的行为。不管怎样说，张某既不是膳食小组的成员，又不分管食堂工作，无权干预食堂的正常管理，对食堂的工作以一种“恶作剧”的方式进行干扰，其性质完全是一种无理取闹。事情发生后，张某不仅不从自身上认识错误，反而与分管食堂的人员吵闹起来，带有一种明显的泄私愤行为，在员工中造成了极坏的影响。

五是牵涉了公司领导的过多精力。当前，正值年末岁初之际，公司各项经营管理事务繁多。作为一名老员工，不是去很好地履行自己的职责，把自己的本职工作做好，从善意、团结的愿望出发，积极配合公司的考勤管理工作，而是以一种泄私愤的、起哄的方式来处理问题，严重干扰了公司经理层的工作，无谓地牵涉到公司领导的精力，一定程度上影响到公司的其他工作。

【处理结果】

鉴于以上情况，公司经营班子认为：一是要通过违纪这件事，对张某本人进行教育，树立正气，把大家的精力集中到征费工作上；二是要在新形势下尽快地提高公司经理层的管理能力、管理水平，使公司的各项管理工作，逐步地进入健康的轨道。因此经研究决定：根据公司《员工工作奖惩制度》的有关规定，对张某给予严重警告处分。

【启示】

上述事件的发生，绝不是偶然的，说明我们的员工队伍的素质参差不齐，甚至有极少数员工对公司管理还存有不满甚至对立情绪，采取一些非正当的手段，故意给公司制造事端、增添麻烦，在公司员工中产生了很大地负面影响，对于这种歪风邪气要坚决地给予打击。同时，要以此为契机，大力加强对员工队伍的政治思想、法制道德教育，弘扬正气，打击各种歪风邪气，进一步凝聚人心，增强团队意识和责任意识，营造一种拴心留人、心神愉悦的良好氛围。另一方面，公司管理人员还要不断提高自身的管理水平，以法，以理，以情，教育人，说服人，管理人，真正使公司上下拧成一股绳，共同为公司的发展做出自己的贡献。

如何严格劳动纪律之八

——破坏财务报表后果严重

李成杰　汪　梅

【事情经过】

2003 年 9 月 20 日，公司当班监控人员王某有事请假回家，就请系管员张某为其顶替一下岗。王某在没有办理好请假手续的情况下就离开工作岗位，走到公司收费岗亭处私自拦下了一辆面的车，并让收费人员李某为该车免费放行(实际上是以免缴的通行费抵作王某乘车的费用)。当时正值公司主管领导检查工作，发现这一情况后立即询问事情缘由，并与当班班长和收费人员进行了调查和了解，查明了事实经过。公司领导当场对他们的错误行为给予了严厉批评。事后，公司按照《员工奖惩制度》的规定，对事件中的主要责任人王某和当班收费人员进行了严肃处理。公司财务部按照公司的规定，对他们当月的奖金分值给予了相应的扣减。

2003 年 11 月 10 日，公司监控员王某在公司财务部领取十月份超收奖金，进行本人签字时，因对公司将其违纪而扣减部分奖金的处分不满，就趁财务部出纳不经意时，故意用笔在其他员工已签了字的《奖金发放表》中“审核经理”的名字上打了一个“×”，还欲将审批总经理的名字也用笔划掉，被公司财务部出纳发现后及时给予了制止。出纳询问王某：“你为什么破坏财务报表?”，王某听后，不以为然地说：“你算什么东西，我就划了，你能拿我怎么样?!”其气焰极其嚣张。事后，财务部出纳将发生的事情向财务部经理进行了反映。财务部经理在经营班子会上提出了王某的事情，并指出了王某行为的危害性。之后，公司经营班子集体找到王某进行了郑重的谈话，严厉指出了其所犯错误的严重性，并责令其写出深刻的书面检查。

【处理结果】

大家普遍反映，王某长期以来在公司蛮横无理，经常搬弄是非挑拨离间，道德品质很差，在工作上是得过且过，根本没有责任心。辱骂其他员工也是王某司空见惯的事情，大家对王某的行为都很不满，但考虑到工作上的合作，一般都对其不作计较。王某这次的行为，造成了财务部发放资金的签名册，即原始财务凭证作废，影响财务工作的正常进行，严重地破坏了公司财务管理工作秩序，人为地给公司财务部制造事端和麻烦，其行为实属幼稚，但性质十分恶劣，也反映出了该员工思想素质较差，将自己利益置于公司的对立面，无视公司规章，目无组织，目无领导，并一错再错。根据其一贯表现，依据公司相关规定，公司本可以解除与其劳动合同，但鉴于王某事后对其所犯错误的严重性已有认识，并写了书面检查，表示悔改，为达到“惩前毖后，治病救人”的目的，经公司总经理办公会研究决定：给予王某待岗反省三个月，待岗期间只发基本工资，以观后效，如有再犯，即解除其劳动合同的处理。

【启示】

此次事件的发生，一方面反映了王某个人素质较差，平时缺乏学习教育，养成了一贯霸道，目无组织纪律，无人敢管，愚昧无知的坏习惯，认识不到破坏公司财务报表的严重后果，其结果实属咎由自取，教训应该是深刻的；另一方面，从财务管理角度上分析，财务人员没有及时发现王某事前的苗头，造成这样的后果也负有一定的责任。财务部是公司的核心部门之一，财务管理工作应该更严谨、更严格、更严肃、更重要，容不得出丝毫的差错和纰漏。因此，在今后工作中，还要进一步加强财务管理，规范财务秩序，杜绝财务漏洞，防止类似事件的再度发生。并不断加强财务人员自身素质和业务水平的提高，真正当好领导的参谋助手，全方位地为公司的发展做出应有的贡献。

如何做好监控之一

——贵在神聚

胡 玲

监控室是收费管理的一个重要组成部分，由于它具有全天候监控和适时记录的功能，所以，成为收费管理工作中一个不可或缺的部门。作为一名监控室的工作人员，虽然每天面对的都是重复的、烦琐的日常工作，但是绝不能因此而产生倦怠感，松懈情绪，必须时时刻刻聚精会神地监视显示器所出现的一切情况，严密细致地作好记录。在我从事监控员岗位工作中，有两件事给我留下了极深的印象。

一天中午，一辆两轮摩托车快速冲进收费站。我发现了这个情况，估计该车可能想冲卡逃费，就立刻把画面切换过来。果然，该车从主车道冲过，收费人员准备上前拦截时，看到车速太快了，为安全起见，就闪到一边，和该车没有一点接触。但是，可能是该车驾驶员看到前面的挡车器已放下，由于心慌而采取措施不当，发生了侧滑，连人带车摔倒在了车道上。该车主爬起来后，却反过来指责是收费人员将他推倒的，在收费站内无理取闹，并打电话叫来一大群人来站闹事，要求赔偿。见此情况，我立刻拨打了“110”。警察赶到现场了解情况时，我立刻将已准备好的录像播放给他们观看，最后民警确认，是该车在企图逃费时，因快速冲卡而采取措施不当所发生的自行翻车情况，与收费人员拦截无关。公安部门依据有关规定对当事人进行了严肃批评，妥善处理了此事，也给收费站减少了不必要地麻烦与损失。

还有一次，是在凌晨两点多钟，一辆卡车过站时拿出100元面值的钞票购票，当时我从显示器中清楚地看到收费人员将找零的80元钱(一张50元，一张20元，一张10元)连同票据一起递给了驾驶员。但该驾驶员接到钱后，并不将车开走，反而说收费人员少找他50元钱，并声称如不再给他50元钱，就打记者热线曝光。见此情况，我通过内线电话核实收费人员，证实售票员找出的零钱确实是80元。我又叫售票员到该车的驾驶室里再找一下。果然，售票员拉开车门，看到驾驶员脚下踩着一张50元的钞票(可能是驾驶员无意中踩着了)，最后驾驶员不好意思地走了。

【启发】

通过上述两件事，使我深深地认识到，只有工作上多注意，多观察情况，充分发挥好监控作用，并作好记录，才能最大限度地减少不必要的纠纷，减少收费站不必要的损失，做好收费现场的服务工作。

如何做好监控之二

——监控需要责任心和职业敏感性

黄　玲

【事情经过】

2004年10月21日下午4点，一辆摩托车在J收费站主车道冲卡，正在边道收费的稽查员陈某上前拦截。凭着职业的敏感性，我预料到肯定有事要发生，就连忙用监控镜头进行跟踪。摩托车车主由于紧张，速度又快，在离陈某大概两米远的地方，连车带人摔出两米多远，摩托车严重摔坏，驾驶员手部、脚部到处是血，外衣、头盔全部摔破。

我将上述事情经过全部录完。我想驾驶员肯定不会就此罢休，可能会借此来闹事，就连忙报警，同时向分管领导汇报，也做好了心理准备，继续跟踪录好闹事的经过。

不出所料，大约过了5分钟，驾驶员叫来了20多人，将收费站围满。巡警和值班站长一边做群众工作，一边提出，看完现场录像再对此事定结论。我马上调出录像，供巡警参考。

【处理结果】

巡警看完录像后做出结论，摩托车手摔伤事件与收费站无关，是驾驶员自己摔倒。经站长与当事人、群众代表商谈约一个多小时后，群众开始散去。结果是，驾驶员写下保证书，再也不冲卡，不再找收费站麻烦。最后驾驶员补费后离站，我就如实地在当班工作日志上做了记录。

【启示】

通过此事，我得到如下启示。

一、做好监控工作，除具备一流的监控设备外，监控员的"嗅觉"也很重要，要做到眼疾手快，手勤脑灵。需要时能拿得出有力的证据，供领导和公安人员去妥善解决现场纠纷。

二、文明服务非常重要。摩托车手摔倒时，收费站的工作人员没去责怪他，而是去耐心地扶他起来，并带他到水池去冲洗，这些让驾驶员很受感动，无形之中使问题就容易地解决了。

三、监控室和收费站是一个系统的两大部门，需要互相配合，而不能各司其职、各行其是，这样工作才能搞得更好。

四、除现场跟踪录像外，监控的文字记录也很重要。详细、实事求是的记录，能够为总结经验教训，做好今后的收费管理工作提供难得的素材。

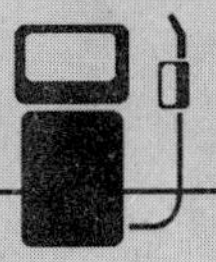

如何做好监控之三

——一件“小”事

於爱琴

【事情经过】

2003年7月12日10时32分，我在监控室值夜班，这时一辆挂“丙X”牌照的东风大货车满载矿石经过我收费站4号车道。按有关文件规定，该车应缴通行费18元，但我发现，驾驶员在和收费员打了招呼后，没有交费就把车开走了。

【处理结果】

我当即拿起内线电话询问事由。收费员说驾驶员是他的一个朋友，请求予以照顾放行。我断然拒绝了他的要求，并按规定，要求他本人补交费用。这位收费员在我一再地督促下，垫交了18元，然后打印出票据，当面撕毁，并表示他可以理解我的做法。

话虽这样说，但我知道收费员心里肯定是不舒服的，哪个人没有三亲四戚，又有哪个人没有沾亲带故。后来，我又主动找他交换意见，请他理解我的工作，其实监控员的工作也像收费员需要驾驶员理解他那样，需要得到别人和收费员的理解。只有彼此换位思考，才能谈得上真正地理解。收费员私自放车就是对收费工作的失职，如果监控员继续听之任之，就是工作上的极不负责任。这次虽说是十几元的小事，但从工作上讲，却是一件大事，而且是一件不可忽视的事情，它反映出来的是一个人的职业道德和个人对工作的责任心。

【启示】

通过这件事，使我也进一步认识到作为一名公路收费的工作人员，只有不断地加强学习，才能提高现场管理水平，才能从容地面对可能发生的一切。

监控工作是一项业务性强、责任重大的工作，工作的好坏直接影响公司的形象和经济效益。作为监控人员就是要做好现场的图像和文字资料的记录，为各级领导处理偶发事件提供有力的证据。就是要对收费工作进行全程的跟踪监控管理，及时发现并纠正现场出现的问题，增加收费工作的透明度，督促收费工作进一步的规范。

我相信，只要我们认真地对待每件事，公正地对待每一个人，我们的工作就会得到别人的理解和支持，收费工作和我们的监控工作就会更上新台阶。

综合发展,强化内部管理之一

——太子庙收费站整治征费环境体会

太子庙收费站

凡是从事道路通行费征收工作的同志都知道:一个收费站收费额的高低,不仅取决于车流量的大小,而且与收费环境的好坏息息相关。只有车流量增加了,收费环境优化了,收费额自然会出现增长。

我站地处太子庙镇,长常高速公路的123公里处,是汉寿县的南大门。这里除了我站一个机构外,还有机械养护队、施救队、服务区等单位,可谓人多、地广,情况复杂。而且,通往我站的车辆90%均属当地车辆,这更加加大了我站通行费收取工作的难度。但我站就是在这样一个“二差二多”(缴费意识差,征费秩序差,逃费车辆多,征费麻烦多)的环境中,却创造了每年超收计划任务8%的工作业绩,前年甚至超计划达33.55%,去年,又超计划的13%。我站也从一个建站之初的“二差二多”到现在的“一强一好二少”,即驾驶员交费意识强,收费秩序好,逃费车辆少,征费麻烦少。这样质和量的改变,得益于科学管理、严格收费、文明执勤,使司乘人员在我站形成一种自觉维护通行费征收秩序,自觉养成按章交费的良好习惯。回顾几年来的征费工作,我们有如下体会。

一、以提高员工素质为手段,强化内部管理,树立文明形象

任何事物发展的结果,不但有外部因素引导的作用,更有内部因素的决定作用,内因决定外因。在建站之初,我们就清醒地认识到,要想整顿治理好通行费收取环境,我们必须从自身入手,以提高员工的自身素质为手段,强化内部管理。我们主要从4个方面着手。

1.开展劳动、技术比赛,提高员工的业务知识和业务技能水平

只有技能精湛、业务娴熟的收费员,在面对收费疑难问题时,才能够做出快速准确、沉着冷静的反应和适当的对策,在气势上使那些喜欢故意刁难的驾驶员输上一筹。几年来,我站开展了形式多样的劳动技能比赛,像“点钞比赛”,比谁的速度快而准。2001年我站收费员张海峰同志在高管局举办的收费技能比武上获得了第一名的好成绩。“比收费”,看谁收得快而准;“比判断车型”;“比业务知识掌握程度”的高低等。通过开展这些技能比赛,我站的员工在收费、发卡工作岗位上基本个个是能手,技能上人人是标兵。

2.以半军事化管理为手段,强化劳动纪律,展示良好的职业精神风貌

开站之始,我站就严格按照上级规定的半军事化管理的要求,达到作风严谨、生活有序、纪律严明、技术过硬的整体要求。首先是思想上,给全站员工灌输半军事化管理的理念,要求员工时时以一个准军人的标准严格要求自己。如生活上的个人卫

生，包括寝室及公共区卫生，严格要求、统一规划，平时注意勤检查，勤督促，发现有问题及时指出，责令整改，对屡教不改的员工坚决按制度惩处，不讲情面。其次，我站在对员工的军事动作训练上，要求员工发扬"不怕苦，不怕累"的精神，从员工的着装、站立、坐姿、敬礼、内务各个方面着手进行强化训练，每年进行两次集中驻站军训，在时间上和军事动作上安排专人陪练，保质保量完成站里的军训任务。军事训练的效果是，员工的精神面貌为之改观，收费现场员工的"敬礼"得到了加强。第三，作为军人，一切行动听指挥；作为半军事化管理的单位，服从命令也是每个员工的使命。不管对错，我们要求员工首先要服从站部所做出的决定。这样做的结果，有力地保证了站部的强大战斗力与凝聚力。

3.在员工中推广普通话，使用文明礼貌用语

我站员工来源混杂，各地方、各行业的人都有，方言也是五花八门。为了鼓励员工多说普通话，讲好普通话，站里想办法、出主意。首先是站长、行管人员带头讲普通话，开会发言时也尽量要求自己和他人都讲普通话，做好表率。其次，开展普通话朗诵、演讲比赛，在站内营造一种学讲普通话的氛围。第三，鼓励员工团结友爱、互帮互助、少讲粗痞话，多使用文明用语。

4.树立文明征费、文明执勤，立足岗位，服务社会的意识

社会进步了、发展了，这是物质文明进步的外在体现，精神文明建设也随之得到社会上越来越多的重视。展行业形象，树行业新风，是社会对我们提出的要求，也是每一个司乘人员对我们征费队伍提出的要求。他们不仅需要快捷、安全的服务，也需要一个干净、整洁、文明的收费环境。高速公路是一种商品，驾驶员是消费者，我们是售货员。那么，作为售货员的我们，就要求首先要树立起服务意识，尽可能地为广大司乘人员服好务，对司乘人员提出的合理要求尽量地帮忙解决。当司乘人员言之无理或出言不逊时，仍能有理、有节地处理好征费纠纷。通过几年的收费工作，我们总结出一条经验："驾驶员发火我不火，驾驶员骂人我忍着，驾驶员询问我解答，驾驶员遇难我帮忙"的服务宗旨。

二、以打击冲关逃费车辆为手段，整治征费环境

建站之初，很多当地的驾驶员在经过我站时，拿出一副平时在国道上耀武扬威惯了的表情对我们收费员说："我就是附近的，平时从没交过费，你看怎么办？"遇到了这样的情况，我们的收费员首先是耐心地为司乘人员宣传高速公路的征费政策；其次，讲明逃交通行费的后果。大多数驾驶员说我们的收费员个个训练有素，在发生收费纠纷过程中，能够有理、有节，临危不惧，正义凛然。原本是想随便糊弄一下，一看实在行不通的驾驶员知道无机可乘后，一般都会交了费走人。但仍有极个别的驾驶员心存侥幸，和我们的收费员一直软磨硬泡，胡搅蛮缠，最后竟然不顾一切地拉开栏杆就走，更有驾驶员尾随其他车辆冲关而去。面对这些情况，我们知道，如果一味地听之任之，放任自流的话，将来的收费环境、收费秩序将会更加混乱，不可收拾，所以必须要采取措施，"杀一儆百，以儆效尤"。我们要求收费员详细记录下冲关逃费车辆的冲关时间、车牌，颜色及车型，发现有冲关逃费车辆的情况，我们马上与当地政府的有

关职能部门联系，一查到底，严肃处理。2000年4月18日晚，一辆牌号为湘××××8的小型客车尾随一辆大货车冲关，当站里得知这一情况后，马上与H市有关部门取得联系，查知此车为该县汽运公司跑H县至C市的营运车。第二天上午，黄站长就去了H县汽运站，找到担任汽运站的罗经理，将此事向罗经理作了反映。罗经理当即表示，要严肃查处肇事者，杜绝次类事件的再次发生。后来罗经理亲自带着驾驶员来到收费站当面道歉，并要求驾驶员做检讨，写出保证。罗经理临走时表示，今后H县汽运公司还将全力配合我站的征费工作。

2001年6月25日晚7∶30，一辆无牌的翻斗车拒不购票，在辱骂收费员后强行冲关。由于该车无车牌，因此无法确认车主。后来我们根据该车的颜色、特征等情况，通过明察暗访，得知此车是H县×××乡的车辆后，我们马上前往H县公安、交警部门反映了这一情况，得到了当地部门的大力支持。他们查遍了×××乡所有的40多辆翻斗车，终于找到了这名肇事驾驶员。驾驶员当时一脸惊讶，最后还是主动配合补交了上次逃掉的通行费，并接受了收费站的处罚。自收费站开通至今的半年时间里，我站共处理各种冲关逃费车辆26台。很多驾驶员都说，没想到你们这么厉害，会下这么大的劲，我算是服了，下次，我再也不冲关了。就是这样一种对冲关车辆动真格、较真劲的作风，我站的收费秩序、收费环境才逐渐好转，现在我站车辆冲关的现象已杜绝。

三、加大舆论宣传力度，推动征费环境优化进程

建站伊始，我站不仅在收费过程中坚持“应收不漏，应免不征”的征费原则，而且非常注意借助舆论宣传力量来优化我站的收费环境。我们不仅要求收费员在亲戚、朋友中加强高速公路严格收费的宣传，而且在实际征费过程中，对那些故意设坎刁难的驾驶员更要进行强大地宣传，让他们知道冲关逃费的后果。

2000年3月21日，两台牌号分别为湘×××××2和湘×××××0的小车先后驶进我站，当时湘×××××2小车上的驾驶员一副傲慢不逊的样子，告诉收费员说后面那台车上坐的是他们县的县委书记胡××，想以此为借口逃避交费。胡书记看到前面的车子迟迟不动，就下车来看是怎么回事。当他了解上述情况后，严肃批评了前面那台车上的驾驶员，并主动拿出钱按章缴了费。经过这一事情后，H县许多政府部门车子经过我站，再要求收费员免费时，都被我站收费员委婉地拒绝了。同时，我们将胡书记主动交费的事情进行大力宣传后，驾驶员也大都能自觉按章缴费，起到了严格征费的舆论宣传的良好效果。2002年5月14日，我站通过监控设备等高科技手段，将肆意扰乱我站正常通行费征收秩序的H县交通局运管所有关人员送上了公交机关。运管员熊某等五人分别受到了劳动教养一年和拘留十五天的处理。我站又通过这一事件，扩大了收费站严格收费和发挥高科技监控设备的舆论宣传力度，有很多想在收费站寻衅滋事的驾驶员，得知H县交通局运管所的事后，都说“算了，别和他们搞，你看连土皇帝运管都被他们制服了，我们还逞强，不是自找苦吃吗?”我们经常向司乘人员宣传我站这套监控系统的神奇功能。收费现场的一举一动，不仅我们收费站看得到，就连长沙都能看得到，谁要到我们这里闹事，一切违法违纪行为都会被清楚地拍录下来。谁冲关，谁逃费，我们会将拍下来的照片迅速发到各个收费站，如果这辆车还走我们高速公路，无论行至哪个收费站都会被我们的收费员抓获。就是在这样强大的舆论宣传下，收费站的征费环境得以优化，征费秩序逐渐变得井然有序起来。

四、搞好站、地关系，争取一方支持

“一个篱笆三根桩，一个好汉三个帮”，为了净化我站的收费环境，我们知道，仅靠收费站打击冲关逃费车辆和强大的舆论宣传还是不够的。没有当地职能部门的配合，没有当地老百姓的协助，很多事情我们都会感觉身单力薄，无能为力。为此我们注意做好以下几方面的工作：①加强与收费站所在县的职能部门的紧密联系，如H县公安局治安大队，T派出所、征稽所、车管所等。每年，我站都从H县征稽所拿回一份H县汽车档案，档案中详细记录了该县所有车辆的型号、吨位及单位，使那些持假牌，假证的车辆在我站收费员面前无所遁形。②加强与当地老百姓的联系。我们时常到当地的老百姓家中走动，了解附近村民的生活情况，对于力所能及的事情尽可能地帮忙解决。2000年我们确立了一名叫张某的五保户为扶贫帮困对象，一直照顾到2001年10月他去世。2003年，我们又在张家湾确立了一户年纪高达83岁，膝下无子女的五保户张××夫妇作为扶贫助困对象。当地张家湾的张组长说，你们的举动减轻了村里的一些负担，我代表村民对你们收费站表示感谢。村里不管有什么事，只要收费站知道了，在力所能及的范围内，收费站都会尽可能地帮助解决。收费站出了什么事，村民也都会仗义相助。如在2002年5月14日发生的不法驾驶员殴打我站收费员的事件中，附近村民的口供为我站将行凶者绳之以法提供了强有力的证据。现在，收费站与附近村民已建立起了互帮互助的鱼水深情。

我站的收费工作从收费之初的大量冲关逃费车辆的混乱状态到现在自觉按章交费的有序状态，这其中得益于我们收费员自身素质的强化和提高，得益于我们收费员在处理征费纠纷时严格征费，文明执勤的点点滴滴的形象和舆论宣传，得益于打击冲关逃费车辆行之有效的措施，得益于与当地关系的协调与优化。回首过去，我们需要总结与回顾，展望未来，我们更觉得肩上责任重大。虽然我站在过去治理征费环境的工作中取得了一点点的成绩，但我们更要研究新形势，解决新问题，与时俱进，务实求新，去创造更加优良的收费环境，提供更优质的服务，用行动勾画我站更加绚丽的明天。

综合发展，强化内部管理之二

——做平凡工作，树岗位形象

李桂柏

一个人在社会生活环境中，在一个岗位上干了几年，甚至干了几十年的工作，还仍然坚守在这个岗位上，始终如一地默默工作，这就自然形成了所谓的平凡工作。这种平凡的工作，有时使人感觉枯燥，有时使人激动。理解平凡的工作，理解我们每个人如何认识、对待值得大家深思和研究。

我认为，只有在思想上充分去认识它，把握它，才能有效地发挥每个人的智慧，才会在不同的岗位上做出不平凡的业绩，最终磨炼出一个人的高尚情操，展示出一个人的新形象。

一、必须求真，求实，求进

作为一名收费员，日复一日，年复一年，每天做着发卡、收费的重复又平凡的工作。但是，对待每一天的工作，我们都要有一种工作责任感，时刻想到为站分忧，为投资者分忧，特别要珍惜公司给我们提供的这次就业机会。同时要有一股不怕困难，迎难而上，奋发有为的激情，要有一种不怕吃苦，受得委屈的精神，始终保持一种开拓进取，积极向上的良好状态。

二、必须脑勤，手勤，腿勤

要做到脑勤多思，善于思考。善于总结工作中的经验和教训，不等不靠，不断提升自己独立办事的能力。要做到手勤多做，多做有利于收费站的事，多做有利于公司经济发展的事，多做有利于同志间团结的事，不断地将自己锻炼成为一个成功的强手。要做到腿勤多走，多走到群众家中去深入了解收费员与驾驶员发生的矛盾，进行恰当地处理；多关心同事所遇到的困难，很好地协助收费站开展各项工作。要做到眼勤多听，虚心接受他人提出的不同意见，多了解与自己业务有关的知识，不断学习，切实提高自身的业务水平和综合素质，严格服从上级与领导的工作安排。

三、必须戒骄戒躁

作为一个收费员，必须树立强烈的进取意识，优患意识，把胡锦涛总书记在西柏坡讲话的“两个务必”贯穿到工作与生活中去。永葆劳动人民的本色，抛弃个人的私心杂念，脚踏实地地埋头苦干；对待名利淡泊如水，不自满，不停留，依靠不懈奋斗的精神去实现人生价值和崇高理想，用充足的理论武装头脑。多一点工作，少一点休闲；多一点勤俭，少一点奢华；以平常心去对待平凡的工作。不能攀比，不能心理失调，要有别人进步自己高兴，别人成功自己喜悦，始终保持谦虚谨慎的品质。在任何时候，在任何情况下都将立于不败之地。

四、必须以严肃的纪律，严肃的作风，严肃的举止来规范自己

在日常工作中，要认真做到令行禁止，做到举止文明，打不还手，骂不还口，树立良好的行业形象。

只有很好地做好以上几点，才能真正地把我们的行业新形象在社会上树立起来。

综合发展，强化内部管理之三

——如何在收费管理上创新发展

张德强

随着高速公路事业"又好又快"发展奋斗目标的确立，加快高速公路发展也就必须坚持提高工程质量和提高行业管理水平为工作重心，走出一条科技含量高，经济效益好，资源消耗低，人力资源优势得到充分发展的新路子，同时这也是目标的要求和需要。收费管理工作在这其中所承担的工作任务，地位作用也尤为突出。新时期，新任务，更是要求收费管理工作用新的观念、新的方法、新的举措来开创收费工作新的局面。

一、创新观念求深化

1. 重视思想、政治工作，牢固树立创新观念意识。

改革开放总设计师邓小平同志曾反复告诫我们的各级领导"必须时刻牢记加强和改进思想政治工作，必须始终坚持'精神文明'和'物质文明'建设两手抓，两手硬的方针不动摇"。于改革大潮中占据重要地位的交通队伍就更应该率先树立正确世界观、人生观和价值观，提高我们队伍的思想境界，在最大限度上统一我们的思想意识，增强责任意识、服务意识、廉洁意识、自律意识，并以此来团结、教育、引导、塑造我们的员工队伍，营造良好的内部环境。

2. 加强学习，联系实际，认识求深化。

结合我们本行业单位的思想状况及工作实际，联系理论，结合学习，实事求是，同时也应该实实在在地体现到言行举止、岗位工作中去。通过采取理论的学习、讨论的学习，利用板报、橱窗宣传等可行有效的方式，有组织、有方法、有活动地积极开展各类创建活动，争优创新工作。"优秀党员"、"青年岗位能手"、"模范职工之家"、"青年文明号"等优秀集体、岗位评比活动，让我们的员工队伍在比评的过程中把荣誉变为工作的动力和压力，不断地对照和提高，并从中受到启发、教育，达到育人、激励人的目的，更好地、有效地推动思想、政治工作有效的开展，再上新的台阶。

二、创新方法求高效，服务于大局

"内强素质，外树形象"这应该是创新方法、高效服务大局的长久之计。面对交通公路融资渠道的拓宽，我们现在的交通公路人就更应认清变革的形势，转变我们的观念，从容来面对体制、身份的转变，通过有效可行的方法，进一步提高自身综合素质来适宜新的发展需要。在高速公路跨越式的发展中，"征好费，服好务"依然是我们的工作本职。在创新服务方式和方法上，从原来的一些凭经验、模式管理方法转变为新的科学化管理，从被动服务转变为主动服务、强化服务等具体的、细化的工作上来。联

系实际，于岗位工作中开展“岗位练兵”、“劳动竞赛”、“文明活动”等内容、形式丰富的技能比赛，来提高人员的内在素质。更好地完善考核机制和激励机制，如：开展目标考核“三比三看”劳动竞赛，即：看假牌、假证查处，比收费任务完成；看法律知识运用，比现场协调能力；看业务能力强弱，比升降挡车情况。行业“四个一”标准考核，即：判断车型一指明，发卡收费一手快，唱收唱付一口清，点钞识钞一指准。采取过硬的手段方法，迅速熟悉、开展业务工作、岗位工作规则流程等，树立良好窗口形象。

三、以人为本强化监管 抓好队伍建设

征费始终既是收费管理工作的一项基础性工作，也是一项核心工作，掌握好电脑、征费、监控工作是收费管理的重要内容。加强并细化规章制度建设，及时、有效地制定相关方面的规章立制，强化通行费征稽管理，如制定通行票据管理办法，规范通行费票据工作程序与稽查制度等。不断完善各项管理办法，建立健全目标管理制度，并加以细化，提高其可操作性，使信息统计分析工作充分发挥信息、统计、监督作用。完善信息统计报表体系，对各站日、月车流量及车辆类型变化情况进行数据上的动、静态统计，为合理确定完成征费额提供科学详实的依据和数据，促使征费稽查工作实现制度化、程序化和规范化。

四、创新组织求发展

“好的作风源于好的队伍建设”，优化其组织机构是必不可少的方法，可以推动各方面和环节协调有效地运作。健全征费、稽查、票证、监控等岗位职责和规章制度，保证各司其职，各负其责。同时又不失全方位的管理，如以劳动竞赛为主的“岗位技能练兵”，现场征费“四个手”目标考核，“三比三看”竞赛，后勤内务的半军事化管理考核达标等几个方面其规则具体明确，操作性强，掀起了队伍工作和管理中“比，学，赶，帮，超”的热潮。为争创岗位能手，创一流工作业绩，向岗位挑战，为劳动竞赛和责任目标管理，夯实强硬基础。也是这样层次分明分管又合作，在提高了工作效应同时又健全了管理机构。

“创新永无止境，追求永不停止”为实现高速公路事业跨越式发展奋斗目标的实现，我们应该一步一脚印，执著迈步，踏实而行，以“好的路，好的队伍，好的精神”来推动高速公路事业发展，为率先实现交通现代化作新的贡献。

综合发展，强化内部管理之四

——如何构建人本管理的体系

张德强

一直以来，我们在管理中反复强调要贯彻“以人为本，人文建站”。在管理术语中，人本管理就是以人为本的管理。从字面理解，想当然地认为，就是在管理中关心人、爱护人、重视人，把人的因素放在第一位。过去在推行人本管理时，只是集中在“加强领导班子建设与职工队伍建设，全心全意依靠员工，调动员工积极性”等方面，这些认识与做法并非错误，但是把人本管理定位或停留在这个层次上，就显得有些片面了。

经过几年的收费站管理积累下来经验，笔者认为，人本管理不是制度管理，不是技术管理，不是只强调调动员工积极性，而不关心员工的生活，甚至也不仅仅是提高员工的素质。它不是目前许多人谈到“人本管理”时所想到的任何具体措施，不是为提高效益而实行的新办法，也不是新发明的管理口号。

一、人本管理的内涵是什么

事实上，人本管理是从管理理念、管理制度、管理技术、管理态度直到管理效益的全面转变，它涉及管理者和全体员工思想与行为的彻底的思想革命、观念更新与理念提升。

在人本理念指导下，管理者能够不将员工作为管理对象，而是战友和同盟军对待，这样管理者对员工的态度将发生根本的转变，真正从心底里尊重员工，信任每一个员工都能把工作做好，具有争做最佳员工的内在原始冲动。而影响员工达到目标的主要因素不是员工自身，而是管理者提供的管理环境和对员工的正确了解与恰当使用。为此，要致力于管理环境的优化，致力于员工思想的沟通、素质的提高和潜能的开发，致力于管理体系的设计和实施，致力于员工需求的满足。

这种情况下，员工的行为将发生彻底的改变，员工不再因害怕处罚而被迫工作，也不再因期望奖励而向管理者展示积极性，蕴藏在员工心理深处的价值实际感、成就欲、事业心、自尊、自爱、自强心理与主动性、创造性，将自然地倾泻出来。他们将自觉与管理者一道，把工作做到尽可能地好。收费站与员工得到共同发展，是收费站人力资源开发的最高层面，更是现代化管理的最高境界。

由此可见，人本管理不仅仅是对人的管理，而且是建立了以人为本的理念，并将此理念具体运用到各个方面而形成的完整的管理体系。这种管理体系，在不同的企业，不同的专业，有不同的表现形式与动作方式：或独裁管理，或民主管理，或放任管理均有之。但总之，人本管理的终极目标是最充分的激发员工内在的积极的原始冲动，最大限度地实现员工与企业的共同发展，而其具体的表现形式则取决于企业的具

体情况。

二、构建人本管理的行为考核体系

员工考核，是人力资源管理的重要内容。它一般包括两方面的考核：一是行为绩效考核，二是行为过程考核。传统考核，一般以行为绩效考核为主，为企业普遍重视，并以目标管理、岗位责任制等形式予以实施。但是，由于在方法上只重视行为结果，不考核行为过程，必然造成以下弊端。

1.工作目标无法定量的岗位，不能进行科学考核。如收费站的财务票证岗位、现场收费的收费员和稽查员，由于工作性质的原因，各种目标无法像企业的车间那样定量计量。对其进行考核难以量化，就会失去对有关人员的监督与制约，出现一线与二线人员压力不均现象，造成员工心理失衡。

2.有的员工为应付考核，可能出现作弊行为，或依仗目标已经完成而置管理制度于不顾，放松对自己的要求，从而造成不好的影响。

3.不利于站部行为规范与核心价值观的形成。达到目标的途径往往是多种多样的，有的符合站部规范，与站部核心价值观相一致，有的则不符合站部规范，甚至与站部价值观相违背。只考虑行为结果，不便于进行途径控制，因此，不利于站部行为规范与核心价值观的形成。

克服上述弊端，必须既注重行为结果的绩效考核，又注重行为过程的考核，使二者构成一个完整的员工考核体系。

行为过程的考核是直接针对行为的规范性、创造性与积极性而进行的考核，只适于定性，而很难定量。考核结果的程度主要取决于考核表的设计。

设计行为考核表，一般坚持以下原则：

1.充分体现站部行为规范，贯彻高度统一的价值观念。

2.考核项目与职务说明书中规定的职责与义务相统一。

3.考核标准含义明确、具体，易甄别，无歧异。

4.标准分级合理。

5.贯彻以人为本的理念，激发员工的自我管理意识。

三、人本管理的实际运用

从接手管理X收费站开始，在员工的管理上我们尝试着运用上述原理，取得了一定成效。

如在站部原来的考勤制度中规定，员工违反考勤制度不论任何原因均给予罚款，造成员工的不满情绪，甚至员工与管理者形成对立的局面。

通过更新理念，站领导一致协商研究，设计并试行了一整套新的考勤考核方法。

首先，以“考勤公开板”替代站领导的跟踪喊话制。在站部办公楼一楼设置一个分左右两大部分的考勤板，左边是准时区，右边是迟到区，细分栏为行管班组、收费班组、监控班组。里面有钉子，外边是可以左右推拉的玻璃。全站所有职工每人一个工作牌，上有本人的照片和姓名。按新规定，员工可以给站行管打考勤，实行站长、行管、员工三级相互监督制。在规定的上班时间内,准时区敞开,员工按列队上岗的先后顺序挂牌。到点,将准时区上锁,迟到区敞开,迟到者只能将牌挂在迟到区。超过上班时间10分钟后,迟到区上锁,直到下班前30分钟。考勤值班人员每天抄板、填写考勤表,并在"迟到次数累计图板"上做记录,公开接受全体员工的监督。

其次,每月的全站员工大会上对出勤情况进行一次总结考核。考核分四步进行:第一步,考核之前,先公布每人的详细迟到情况;第二步,请迟到者向与会人员解释迟到原因;第三步,由迟到者自己提出处理措施,做好相应记录,由考勤管理部门按该措施监督执行;第四步,发放考核表,进行全面考核。

需要特别解释的是,在考核表中,有一单项即"员工自我管理考核",主要考核的是员工的自我管理能力。如某员工当月共迟到5次,但是每次自己都能找到"特殊理由",所以自己确定的处理措施也是"不予惩罚,下不为例"。那么,就可能会引起他人的反感,其在"自我管理"一项的考核中就可能得不到高分。

再次,对综合考核在规定分数上下的,和排名第一及最后一名做出奖惩规定。

这样的考勤考核方法,具有以下几个显著特点。

1.实现了员工的自我管理。该方法自始至终都让员工来唱主角,注重调动员工内在的主动性,注重整体文化氛围的塑造。因此,是人本管理的典型应用。

2.避免了员工与站部管理者的直接冲突。在这种方法中,管理者始终是操作制度,制度又来操作员工,让员工去感受制度所体现的文化观念。这样长期执行的结果,必然能达到文化管理的最高境界。

3.体现了人本管理的理念。人本管理的最终目标是实现员工与站部的共同发展,而其采取的方法则是创造管理环境,使员工主动积极的内在原始冲动得以启动。

事实也证明,这种考勤方法具有极好的效果。从今年年初开始试用后,就很快杜绝了迟到现象。而且,员工的精神面貌、工作态度都产生了根本的变化。员工与管理者的关系得到了很大转变,一种积极向上、以人为本的企业文化正在逐步形成。

综合发展，强化内部管理之五

——如何完善收费员考核制度

任晶晶

【事情经过】

某收费站收费员 A 在年终的工作考核中得了“差”评，根据公司《年终考核制度》，应作辞退处理。人事部主管就此向上级领导进行了汇报，并结合 A 的日常工作表现提出了收费站的想法和要求，但高层一直没有回答。后来，人事部主管从侧面了解到，上级之所以迟迟不作决定，主要是考虑到 A 员工的关系网大，后台硬，辞退可能会对公司今后工作的开展造成一定的困难。

收费站该怎么处理为好？

【思考】

公司依据国家法律制订的规章制度就是公司的“法律”，既然按照公司规定，该员工应该被辞退，那么就应该执行公司的规定辞退收费员 A，否则，公司制定的制度还有什么用？这是原则问题。所以建议公司应该辞退该收费员。

根据掌握的情况，该收费员的关系网络的确比较大，公司领导担心因辞退收费员 A 可能带来麻烦也是有一定道理的。然而，他的工作考评也的确是“差”，如果我们从制度上找不到不能辞退该员工的依据而将该员工继续留在公司的话，那就意味着公司的规章制度可以不执行，这样一来，带给公司的危害将会更大。毕竟他个人对公司的影响力是有限的，他的离职应该不会对公司有什么大的影响。况且，社会更多的是认可公司的服务以及公司的品牌形象等，社会关系同公司之间存在着很复杂的联系，也不会单纯依赖某一个收费员就能从根本上动摇公司的基础。

【启示】

上述事件同时说明，公司制定绩效考核制度的本身要讲求科学与合理，考核指标的制定要同公司的战略目标一致。公司制定的目标是让员工经过艰苦努力后，大多数人可以达到或实现，甚至有少数还可以超过，但同时还要考虑到还有一部分人是无法达到的。因此，在评定考核结果时，应该侧重通过考核提升员工各方面的能力，例如培训、开发等，以及个人或组织在今后绩效的改善上。其中，为确保考核效果，可以制定辞退项目，但辞退不应该成为激发员工积极性的主要手段，更不该成为考核的目的。

综合发展,强化内部管理之六

——浅谈如何做好高速公路收费站班组思想政治工作

陈为民

【背景】

班组是收费站的基本组织,收费站管理水平的高低,直接反映在班组的管理水平上。收费站班组既是高速公路收费站进行收费、经营和管理等活动的基本单位,也是收费站进行物质文明和精神文明建设的前沿阵地。

【行动方案】

下面就高速公路收费站班组思想政治工作,谈一点肤浅的看法。

一、班组思想政治工作的新课题

1. 提高政治理论素质。做好班组的思想政治工作,要自觉加强马列主义、毛泽东思想、邓小平理论和江泽民的“三个代表”重要思想的学习,牢固树立全心全意为人民服务的思想,胸怀大志,脚踏实地,严于律己,善于运用马克思主义的立场、观点和方法,研究新情况,解剖新问题。

2. 坚持文明服务,奖励文明行为。收费站作为窗口行业,推进文明服务是促进收费站班组管理的内在需要。强化收费人员的文明意识,调整收费人员的服务心态,需要我们开辟更多的管理途径。鼓励收费人员热情为过往司乘人员排忧解难,坚持唱收唱付,文明收费,树立收费站的文明形象。

3. 积极开拓视野,善于把握时代脉搏。我们必须努力加强学习和实践,不断增加科学文化知识和创造精神,敢于和善于创造性地开展工作,提高我们的工作质量。

4. 牢固树立收费任务是班组管理的第一位的信念。班组是收费站的细胞,是收费站直接组织员工完成征费工作任务的基础组织。征费任务是由收费人员完成的,因而,做人的工作特别重要,必须随时解决出现的各种思想问题。把思想政治工作渗透到工作的各个环节中去。运用制度的严肃性和约束力,规范收费班组建设和收费人员的行为。实施人性管理,提高职工的主人翁意识,是完成收费任务的根本保障。

二、班组要加强政治学习,建立健全学习制度

通过组织全方位的学习,提高职工的思想水平,业务技能和说写能力为目的。经我站为例,组织学习的范围可以包括政治、时事、业务等,学习方式采取站部集中学习和班组讨论相结合,学习时间确定在第二个白班下班后,学习程序分三步进行:第一步，由班长串讲学习内容；第二步，组织员工发言谈体会；第三步，再由班长对学习内容与学习情况进行概括总结。收费站的行管人员也要跟班学习，与收费员工一起理解、消化学习内容。在学习中，要求学有计划，学有讨论，学有小结，使员工各方面素质得到提高。通过长期扎实的学习，达到两个预期目标：一是使员工不会感到因从事收费工作而使自己的思想单调、封闭而停滞不前。二是锻炼了班长的组织协调能力，造就了一支高素质的收费员队伍，促进了收费站管理再上一个档次。

班组思想政治工作要做细，做深，班组学习要持之以恒，就需要建立、健全学习制度。制度是人制定的，执行制度也要靠人，这就要求班长从思想上真正重视班组政治学习，提高自觉性，以身作则，严格执行制度，像抓征费工作一样，理直气壮地抓学习，教育和引导员工积极参加班组政治学习。

总之，收费站班组思想政治工作方法很多，我们应在工作实践中不断创新和发展。

综合发展,强化内部管理之七

——如何提高现场员工的综合素质

刘玲玲

收费现场员工的年龄、性格、文化程度、能力、水平和政治面貌各有不同,将这样一支经历、素质均有差异的员工队伍集中在一起,时间一长,就会出现这样或那样的问题。

如何将员工队伍的思想拧成一股绳,形成工作上的合力,锻炼和造就一支高素质的收费员队伍,如何通过创新的知识和全面的业务技能,切实提高员工的综合素质等,这些都是最大限度提高收费站综合效益的必然要求,也是高速公路事业快速发展的必然目标。

根据收费现场的工作特性,要想提高员工的综合素质,须从提高员工的政治思想素质,业务技能及文明收费三个方面入手。现结合 X 收费站的工作实践,我粗浅地谈谈如何提高现场员工的综合素质问题。

一、全方位、多角度,加强员工政治思想工作

一直以来,X 收费站坚持对员工的思想政治教育工作不放松。坚持以科学理论武装人,以正确舆论引导人,以高尚的精神塑造人,以优秀的作品鼓舞人。努力宣传党的路线方针政策,努力加强思想政治工作和精神文明建设,努力营造健康向上的舆论环境和丰富多彩的文化生活。这些对于增强团队凝聚力,提高员工的思想政治素质,促进收费站发展、改革、稳定起到了重要作用。

1. 年初,X 收费站根据社会新形势、新情况,联系本站实际,制定新的学习制度,明确学习计划、学习安排表。X 收费站每周至少安排 1 次、一月安排 4 次的政治业务学习,由站部统一部署学习内容。要求认真学习,笔记工整,并在学习中组织开展积极讨论,开展批评和自我批评,统一员工的思想认识和行动。方法上采取以自学为主,集中辅导,学习为辅的学习方式。人人写出心得体会,加强相互交流,将所学知识运用到实际工作中去,解决在征费工作中出现的问题,不断开创征费工作的新局面。

2. 针对收费现场以青年人为主这一特点,结合收费站的实际情况,在政治思想培训工作中,结合员工自身特点和要求的多样性,做到形式多样,生动活泼。帮助解答员工思想中存在的疑惑或问题,在其工作和生活中发挥出精神支柱的作用。

3. 利用新闻媒体和社会舆论,及时、如实、充分地反映收费工作。坚持团结稳定,鼓励正面为主的方针,树好典型,加强宣传,热点引导,舆论监督,达到振奋精神,鼓舞士气的作用。

二、赶先进、比优秀、激发员工潜能

坚持常学习、常组织、常竞赛的原则,不断提高员工业务技能,帮助消除部分员工

把收费工作仅仅作为简单收费、给票、发卡等思想。

1.业务基础知识的学习。通过加强点钞，识别假钞，电脑收费和机器设备故障问题，征费疑难问题，票卡管理等业务的学习与评比，使员工深深认识到自己工作责任的重大，从而在实际工作中，自觉为实现管理规范化和标准化做好本职工作。

2.劳动竞赛的开展。广泛地开展岗位技能、文明服务和劳动纪律等方面的竞赛，如点钞，识别假钞，识别吨位，收费速度，文明用语等方面。要求人人参与，人人有结果，并将结果作为员工年终考核的重要依据，使员工自觉增强竞争意识，激发积极向上、不甘落后的奋斗精神。

3.以点带面树好典型。对在竞赛中获得优秀成绩的员工给予表扬和适当的奖励，树立典型，让员工在竞赛中认清自己的工作能力，看清楚自己的不足，对照成绩找差距，鼓励员工迎头赶上，充分发挥员工自己潜在的能力。

三、讲文明，树风尚，塑造良好窗口形象

1.加强督查和严格考核。充分发挥监视、监听作用，督促收费员坚持文明用语，唱收唱付，敬礼收费，礼貌对待过往司乘人员等。强调公开接受监督，设立相应的文明服务承诺和文明服务监督岗，邀请一些经常过往收费站的驾驶员作为站风监督员，经常与他们联络，座谈，发放调查表，请他们对每位收费员的文明服务行为做出客观评价，并通过他们向外广泛宣传，内外共管，使收费员始终保持文明服务的持久性和热情度。

2.提倡文明行为，树立文明风尚。文明素质的高低，是一个行为在社会活动中能否得到尊重的客观标准。如何使收费员与司乘人员之间架起理解的桥梁，获得社会的支持，就需要大力提倡文明风尚，不断提高收费员的文明素质。开展社会公德的教育，抓言行，抓细节，鼓励收费员能够在收费过程中不但完成好本职工作，还要多做好人好事；制定好人好事奖励制度，鼓励收费员热情为过往司乘人员排忧解难；参与扶贫献爱心等活动，用真诚的行动扩大收费站在社会中的知名度和影响力，进而真正树立收费站的文明形象。

综合发展，强化内部管理之八

——如何保障收费现场的电力供应

温家桢　赵　鹏

【事情经过】

2004年5月24日早晨，C收费站和往常一样，收费员忙着为过往收费站的车辆收取通行费，"您好"、"请慢走"、"再见"等文明礼貌的语言不停地传送到司乘人员的耳中，夜班的员工们已用水把收费广场冲洗得干干净净，显得格外整洁。安稽员们站在各自的岗位上认真地疏导车辆安全过站。顶棚灯、广告灯、补光灯把收费站照得格外清晰、明亮。5时23分的这一时刻，城市仍然还是灯火辉煌。突然间，收费站的顶棚灯熄灭，接着18盏大功率广告灯熄灭，照在行车道上的补光灯熄灭，路障机、空调等设备不能使用。一时间，收费站内凡由动力线路提供电源的设备全部停止了工作，只有公司监控室UPS供电源的电脑收费系统还在继续工作。断电，意味着发生了电源故障，"灯熄了"、"有故障"的叫喊声从收费现场传到了监控指挥中心，又从监控室迅速传到公司领导，通知到了部门负责经理和值班电工。

【处理结果】

断电就是命令，故障意味着安全，负责收费现场和电源维修人员都在10分钟内奔向了C收费站，为了一个目标——尽快修复电源供电，保证收费工作的用电需要。这时，天也开始渐渐明亮，为收费工作和故障检查提供了有利条件。早上的几个小时很快过去了，可是地面以上的电源线、控制柜、供电装置等全面检查了一遍又一遍，都是完好无损，没有发现故障点。现场分析，病因可能就在地底下，可能是地下管道中的电线出了问题？设在收费站地下的管线四通八达，线路数量多，管道窄小，连接到每一个岗亭，每台收费设备，要找到这个故障点谈何容易！经过研究，集中了工程部、监控部全部的维修人员和技术人员进行排查抢修，困难再多、难度再大也要在最短的时间内维修好，确保收费现场用电需要是我们最终的目标。当天上午，经过维修人员一条线一条线地搜索，一条管道一条管道地排查，终于发现从1号车道至6号车道的电源线因接地线短路，管道中的线已被烧焦，线与线之间已粘叠在一起，最终致使发电线短路断电。维修人员将已烧坏的电线取出，更换了新线接通后仍然不能通电。眼前的事实告诉维修人员，这次的电源故障不是一般的故障，而是一次重大的电源突发事故，问题比我们想像的还会更严重，必须引起高度重视，维修方案必须重新调整，增加人力、物力，以最快的速度完成抢修的任务。

工程部当即草拟抢修方案和事故报告，报告及时传到了正在外地考察的总经理

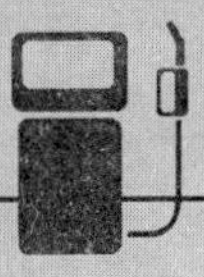

手上，总经理审阅电文后立即做出批示：责成公司经营班子“尽快组织人员抢修，并详细查明原因，为什么C收费站线路改造工作才刚刚结束，没有多久就出现此类问题？今后工作人员要定期检查，以防万一”。抢修排查工作仍在继续。工作人员不怕苦不怕累，中午也顾不上休息，继续向前排查，最终发现1号车道至上桥方向的桥头步梯间的100m左右长的地下主电缆有一相电接了地。该电缆是1992年建收费站时铺设的ϕ50mm电缆线，是C收费站的主电源线，电缆从桥头地道通向收费站1号车道，由于路线距离较长，站内车辆不停地川流，检查和维修起来都十分艰难。当天查明了故障的原因，由于电缆使用年限过长，电缆外塑线破损造成一相电接地短路，晚上就临时接线处理。第二天工作人员为了抢时间争速度尽快修复，减少维修费用，在没有开挖路面的条件下，十几个人齐心协力，一寸一寸地将地道中的电缆线取出，又将新电缆重新铺进地道中。经过两天一晚的紧张抢修，5月25日下午6时全面完成。将1号车道至6号车道的100m铜塑线全部更换为ϕ35mm的电缆线，桥头步梯至收费站1号车道间恢复了ϕ50mm的电缆线。抢修过程中做到了重大故障无事故，没有给收费工作造成大的影响，保障了收费站的电源需要。

【启示】

事发之后，工程部的管理人员、技术人员按照总经理的要求，对事故产生的原因进行了认真地分析，制定出防患措施，防止此类问题再次发生。大家分析后认为，造成这次事故的原因主要有以下几个方面。

1. 在2002年9月的收费线路改造工程中对收费站的用电量估计不足，设计标准偏低。当时是按25kW设计布线，改造后新增了补光灯、电磁开水炉等10kW以上的用电负荷，用电负荷的增加是造成这次事故的主要原因之一。

2. 在2002年线路改造中选材标准低。改造设计是选用16mm单根铜塑线施工，没有采用16mm四芯带铠电缆线，以提高电线的质量标准，防止电线破损接地。

3. 由于历史原因，预埋管道的管径偏小，在改造施工中可能拉伤了电线的外皮。通过近两年的运转，同时又增加了两条电线，使本来就很拥挤的管道更加负载。被拉伤电线的内线外露接地，造成管道长时间拥挤发热，电线烧焦后，线与线粘叠在一起，最后产生短路。因车道中的电线短路造成主电源电缆线烧坏。

4. 鼠害的原因。车道上曾经出现过老鼠损伤线路，造成部分设备不能正常运转的情况。这次事故也不能回避老鼠损伤电线造成接地短路的可能。

5. 工作人员缺少检查手段。管道中的电线运转情况是隐蔽性的，检查的难度较大，需要工作人员有很丰富的工作经验，很强的工作责任心和比较先进的检测设备，才能及时发现电线接地的预兆情况，及时进行排除。

今后事故防患的措施如下。

1. 加强工作人员的思想教育，树立高度的工作责任感和事业心，克服工作麻痹思想，处处以公司的利益为重。

2. 加强技术工作人员的业务培训，继续提高技术水平和业务素质。干一行、学一行、精一行，刻苦学习，艰苦训练，工作人员必须具备扎实的专业功底和先进的工作技能。

3.提高科技检测手段。对隐蔽地段的地下管线每星期检测一次，或每半年请电力部门技术人员进行检测维修。

4.加强工作协调。收费站的线路检查工作是由工程部和监控部共同完成的，对于线路中出现的故障，两部工作人员要互相配合与协调。

5.工作人员对一、二桥收费站每天进行电压、电流的监测工作，及时发现存在的问题。

6.加强雨季对检查井的检查工作，及时清理检查井中的杂物，理顺管线。

7.加强防鼠灭鼠工作，每个月都必须用灭鼠药防止鼠害。

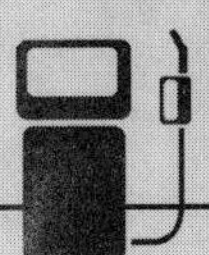

综合发展，强化内部管理之九

——如何办理工伤保险

张　怡

【事情经过】

我公司在接管收费经营权时即考虑到收费现场环境的复杂性，在社会养老保险尚未获批准的情况下，积极协调相关部门，为全体收费人员办理了工伤保险，以后的很多事实也证明了收费现场办理工伤保险的必要性和重要性。几年下来，公司在办理员工工伤保险理赔等方面也积累了一定的经验。下面为大家简单介绍一则如何办理工伤保险的小事例，供参考。

2004 年 5 月，C 收费站的安稽员刘某，在当班期间被过站蜂车上逃下来的蜜蜂蜇伤眼部。为了维护员工的利益，公司向劳动部门为该员工申请工伤保险待遇。“被蜜蜂蜇伤也算工伤吗?”从来没有遇到过类似情况的劳动部门工作人员感到不理解。在办理过程中，我们耐心解释道：“收费工作是一项户外工作，每年春、秋两季有很多拉蜜蜂的车辆经过收费站，当车辆在购票过程中，部分车内的蜜蜂飞出车箱，遗留在了收费站上。我们的安稽员要在外面维护交通秩序，对这些蜜蜂躲也没处躲，况且，不是也有新闻媒体对此类事情进行过报道，并笑称我们是‘蜂王’……”。

【处理结果】

经过公司办理工伤保险人员的解释，劳动部门的工作人员也联系收费站的实际情况，对我们的工伤认定报告进行了认定，使刘某得到了应得的补偿。

【启示】

在办理保险时应当掌握的原则是，实事求是的原则，灵活性的原则和依法办理的原则。在办理各种保险过程中，从申请、批准到赔偿是一个相当琐碎的过程，要不停地穿梭在当事人、劳动部门、医疗机构、公安部门等相关单位，这就需要办事人员工作时认真负责，耐心、细心，务真求实。以上事例看似一件小事，刘某得到的补偿仅有一百多元，但对于我们办理保险人员来，维护员工利益之事无大小。通过我们的努力，使员工感受到公司领导的关心，可以增强员工的工作积极性，激励大家为公司创造更大的价值。

综合发展,强化内部管理之十

——如何规范月票管理

李成杰

【事情经过】

2002年10月6日至9日,公司经营班子对月票管理组织了一次检查、治理活动。在治理过程中,公司遇到了来自方方面面的干扰和重重的阻力,但公司经营班子审时度势,依法、依规、依情、依理地对来自周边城镇近十条线路上办理月票的中巴车辆进行了整治、理顺和规范,收到了较好地效果。

由于我们收费的主要对象90%都属于G市本地车辆,而其中月票车流量又占了整个车流量的40%,因此,公司经营班子计划从月票车上挖掘潜力,从而达到既解决长期以来月票车管理较乱的问题,又提高收费收入的目的。当时,在月票车的办理和管理工作中存在以下几个亟待解决的问题。

一是月票车办理的数量较大。G公司为中外合作经营公司,自公司组建开业以来,共办理各类月票车363辆,月票车流量占总车流量的40%左右,但是月票的通行费收入与通行次费收入之间的差额却高达数百万多元。

二是月票车办理的范围较大。月票车最远可达距G市区135公里的X市,最近可抵收费站附近几公里的各村庄。

三是月票车办理的类型较多。月票车中有客车也有货车,有小车也有农用车,有地方车也有“军车”,有挂牌照的车也有无牌无证的车。

四是月票车办理的对象复杂。有下岗工人的车,也有汽运公司个人承包的车,有股份公司的车,也有个体运输协会管理的车,有政府的车,也有关系车。

五是月票车办理的价格标准不一。有上级规定的标准月票价,也有月票价加次票价的,有购买一个月的月票管一个月的,也有购买一个月的月票管两个月用的。

六是月票车办理的程序混乱。月票办理的程序常常是征费部门来负责办理,存在着一人批示,多人不知的情况。甚至还有用关系换月票、用赔偿抵月票、用钱(物)当月票等现象。如去年4月间,有一台小车过站时,被收费站内的设备压坏了车上的天线,因此在公司对其损失进行赔偿,对方就要求公司用免费办月票的办法来冲抵偿赔款。至今,该车主通过收费站时,还在免费通行。

七是月票车办理的非自愿性、不规范性,给公司正常运转以及安全、稳定工作造成极大地隐患。由于月票车的客观存在,有些车主与公司之间并不是从双方自愿、互惠互利目的出发,而是对我公司进行强制、胁迫,甚至是带有某种恶意的、潜在暴力性的方式来要求公司为自己办理月票。这样一来,稍有不慎,双方就很容易激起矛盾冲突。为达到不取消月票的目的，车主或协会（行会）要么是对政府示威；要么向公司领导施压；要么冲击我公司和收费站道口，造成收费、交通秩序的混乱，以此来达到购买月票的目的。

八是公司内外有个别人员借办理月票车之机拉人情、搞关系、收受好处费。有少数无业者乘机找到我公司，要求替所谓的车主购月票，实为倒卖月票，以从中牟利等。

由此可见，G公司的月票办理工作已经影响并阻碍到公司的正常经营活动，乃至社会形象问题。因此公司经营班子高度重视，并下决心进行认真治理和规范管理。

【步骤和方法】

1.认真学习领会上级文件精神，统一思想认识。公司经营班子反复学习省政府42号、市政府74号文件，学习交通局领导的讲话精神，结合公司的实际，一致认为治理和规范月票车的管理迫在眉睫，十分必要，已到了非治理不可的时候了。由于这项工作政策性强，涉及面广，为此，公司以G公司字(2001)033号向市政府写了汇报与请示，同时抄报了市交通局。

2.制定了规范月票车管理的原则和办理程序。鉴于G地区和公司的实际，在治理工作中，G公司提出了月票车办理原则，即取消政策规定以外的免费车，严格控制月票车，坚持分步实施，积极稳妥、逐步进行规范。在程序上采取了车主申请时，须出具客运部门审批的营运线路，经票管员、财务部经理、征费部经理、公司领导“四位一体”的审批程序，实行统一审定，统一开票，统一交费，统一存档的“一条龙”服务，基本上做到了公开、公平、合理与合法。

3.公司经营班子实事求是地对公司这次治理和规范月票车及月票车的办理工作中可能出现的情况进行了认真分析，并制定出四种审批办理月票车方案：一是通过我公司审批后办理的本地籍的车辆；二是办理G市及周边县籍的车辆；三是按营运线路办理月票；四是过去办理的免费车转为按现在程序办理的月票车。同时，又分析了四种方案可能会引发出的四种矛盾：即聚众闹事、堵道、上访、渡客，如车主自发集资修便道，以及不愿接受收费站的管理而发生冲杆、逃费等，甚至有车主用胁迫手段威胁公司领导，冲击公司正常办公等过激行为。为此，我们还制定了四种应急方案，以防不测。

4.加大宣传力度。一是制作了固定的“月票办理宣传栏”，印发宣传单400多份发放给过往车辆；二是安排公司法律顾问亲临现场讲解月票车办理政策；三是面对面地对话与宣传；四是将省政府42号、市政府74号等文件张贴在镜框里，挂在月票受理大厅，方便车主随时查询。

5.做好内外协调。首先是召开班长会，统一认识，明确责任；再召开员工大会，深入讲解规范月票办理的意义和目的；其次是同驻站治安巡警进行协商，取得对方支持；三是向市交通局等有关业务单位汇报和通报情况，向市政府有关领导汇报公司开展月票治理和规范的进展情况，充分取得了各级领导的理解和支持。

【取得的效果】

1.初步规范了月票车办理程序。在月票办理工作中，基本上做到了公平、公正、公开，车主们纷纷反映，这种做法他们乐意接受。

2.减少了月票车数量，经济指数略有上升。通过治理和规范，公司共办理各类月票车280辆，比原来的月票车数量下降了22%，收费额增加近2 000元。

3.沟通了车主与公司的联系。通过与车主或协会对话，使公司与车主或协会双方增进了了解。车主们表示，今后经过收费站时一定要文明行驶，遇有堵车等情况，保证不吵不闹，不高音按喇叭，自觉协助维护好收费秩序。为此，大部分车主或协会都向公司写了保证书。

4.杜绝了一部分人情车、关系车，将月票车的办理工作置于“阳光”之中，初步达到用制度约束人、用制度管理人的目的。

5.打击了一小部分邪恶势力。由于有公安部门的积极支持和配合，使一小部分企图借公司的月票发小财，扰乱月票办理秩序以及倒票、占票、非法集票的邪恶势力无机可乘。

6.较好地解决了与一些单位之间的关系。如G市建设新城区的车辆，收费站附近乡(镇)领导等单位的用车问题，经与公司协商，得到了较好地解决。

【存在的问题】

1.车主对月票办理工作反映较为强烈。从语气或行为上存在一些过激行为，甚至有个别的个体运输协会写信到市政府进行威胁。

2.对一些线路的准确路程掌握不够。如离收费站稍远一些的几个乡镇距离G站的实际里程还未完全掌握。

3.公司内部管理机制尚不完整。个别员工在配合月票车治理工作上态度消极，甚至出现看笑话、说风凉话等情况。收费人员对一些具体情况掌握不准，请示汇报程序还不够等。

4.这次治理和规范工作阻力较大，在月票车的数量控制上还很不够，落实省政府42号文件，整顿收费秩序还有一个艰难的过程。尤其是在治理月票车工作上，原来已经理顺的收费秩序，如一些“混混车”又乘机在站内捣乱、滋事。

5.平时与车主(协会)沟通不够。对G市的社情、民情、路情、车情尚需进一步了解。

【启示】

1.合作企业必须紧紧依靠合作伙伴来办事。尽可能把工作做细，特别是要征得政府、有关部门以及社会各界的支持。

2.公司的征费以及对外工作需要进行一次大的调整或改革时，内部管理机制要紧紧跟上，确保内外一致，增强凝聚力和向心力。

3. 对月票工作遗留问题不是一蹴而就的。出台一项措施时,必须把方方面面的问题想到、想足、想够,更主要的是还要有驾驭复杂情况的应变能力,把解决问题、化解矛盾放在重中之重来考虑,才能争取长远的经济效益。尤其是在欠发达的革命老区投资,既要抓企业的经济效益,也要兼顾社会整体效益。

4. 必须深入调查研究,分类指导,分步实施,稳步推进,才能有利于治理和规范月票车这一"老大难"问题的最终解决。

5. 必须依法办事,严格控制月票车。在规范月票车的管理与价格,规范公司办事程序的同时,还要大力加强宣传工作,积极、主动上门与车主或行会进行沟通,密切关系,取得理解和支持后,再下大力气和决心来减少月票车的数量。

6. 改变观念,要有改革进取意识。摒弃过去一些老套路、老框框、老做法。尤其公司经营班子人员,要上下一心,教育广大员工从内心树立公司主人翁意识,清除部分员工中存在的"我是公司员工,但我只对公路部门负责"、"我虽然是在为公司服务,但我是公路系统中的行政人员"、"月票治理与我无关,反正公司一分钱也没得,也少不了我的"等旁观者的错误思想,与公司领导拧成一股绳,汇集成一股强大的力量,战胜困难,打赢这场硬仗。

综合发展，强化内部管理之十一

——如何提高现场收费系统电力保障

方 军

在公路收费机电系统中，尤其是高速公路机电系统供配电系统是其他所有系统正常运行的前提，没有了电，整个收费、监控、信息等系统将无法正常工作，收费现场人、财、物安全难以保障，车辆通行费征收无法正常进行，造成管理混乱、费源流失、管理失控。因此，在公路收费，特别是在高速公路联网收费建设中，必须把电力保障问题列为重中之重，要慎之又慎，绝对保证电力正常供电。

公司于2000年3月接管D收费站，该站位于G市的城郊结合部，电力供应不太正常，接站初期通行费征收实行手工票操作，为加强通行费征收管理，提高工作质量、效率，加强监督、堵漏增收。公司为收费站安装了较为先进的收费监控系统。为确保收费系统正常有效工作，系统配备了备用电池（UPS）和一台3.2kVA汽油发电机。一旦市电断电，UPS上的逆变器立即响应，改由备用电池供电。备用电池仅供收费机电力保障，确保收费工作不间断。监控系统、挡车器、指示灯等设备这时无电力供应，需由专职系统管理员人工将发电机发电，断开市电总开关，再将发电机发出的电接入收费系统，以确保整个系统正常工作。

由于我公司收费站处于城郊结合部，供电质量不稳定，用电得不到有效保障，公司内部供配电设备使用年限较长，技术含量低，设备老化，失修，电线路零乱、老化严重，存在很大的安全隐患。为此，我公司拟计划投入一定资金对供电系统进行改造，具体改造方案是对供、配电设施和电线路进行改造，重新配置具有自启动功能的发电机组和技术含量较高的配电屏（柜），为了保证收费系统正常运行的可靠性和操作的方便性，拟为收费系统专门设置配电室（柜），并配备稳压器，UPS和备用电池等，以确保在外电供电失常或断电时，收费系统的供电不受任何影响。

新的供配电系统改造完后，收费系统有了3重电力保障：

1. 市电；
2. 备用电池；
3. 发电机供电。

在市电供应正常时，收费系统直接使用市电；当市电停电时，UPS的逆变器立即响应，改由备用电池供电；市电停电时，发电机的ATS柜感应到市电断电，在10秒钟内自动启动发电机，并通过配电屏（柜）上的失压回路自动将发电机发出的电力切换到收费系统配电室（柜），当UPS逆变器感应到有外电供应时，会自动恢复外电供电状态（此时的外电由发电机供电）。

为了防止发电机在市电停电后不能及时发电和设备检修的方便，备用电池满负荷供电时间不得少于两个小时。另外为了保证收费系统正常运行，各类性质的用电

是分线、分级的。其中收费系统列为一级，单独接在配电屏（柜）的失压回路上，该回路能够自动识别市电状态，在市电无电时自动切换闸刀接通发电机发电的回路上，在最短的时间内恢复向收费系统供电。收费车道、亭和监控室的照明用电列为二级，在发电机负荷允许的情况下，也可接到失压回路进行自动切换。办公楼、食堂等其他用电依次列为三级、四级等，这些非收费设备必须接在非失压回路，即在发电机发电时，根据用电负荷情况，需要电工手动切换市电/发电机发电回路，以保证收费系统用电不受影响。

在一般情况下，这三种电力保障措施对于我公司收费站来讲是能够满足收费系统的工作需要，但如果对于高速公路，特别是实行联网收费的高速公路来说，收费系统特别是车道系统，电力供应必须有绝对的保障，否则，车道系统无法正常工作，进出高速公路的车辆通行卡的信息无法上传和识别，收费工作中断，直接影响通行费收入。因此在高速公路联网收费的收费系统特别是车道系统能够得到稳定的电力保障，显得特别重要，它还得有两个前提条件作保证。

1. 连接发电机房到配电室（柜），再到收费现场、车道的供电电缆（线路）必须完好，如果中间任何一个部位出现故障，后台有再足的电力也无法送到收费车道上。

2. 发电机要随时保证完好，能在市电停电后立即投入运行，如发电机出问题，在市电停电后，仅靠备用电池也是持撑不了多久的。

综上所述，对于高速公路因其匝道口收费站大部分远离城镇，使用的是农电，其用电质量得不到保障，停电频率比较高，对列为一级供电保证的收费系统，特别是车道系统来说，上述 3 种电力保障措施只能算上是后台上的保障，那么当后台电力因故无法送到收费车道系统时，车道系统电力供应又该如何保障？

通过对收费系统供电原理和供电系统结构的分析，可以增加第四种电力保障措施，具体可以采用如下做法。

首先要另外配备一台可移动的发电机，具体型号可是拖车式的、也可是便携式的，具体根据收费车道负荷而定，一般情况配置一台便携式发电机即可。这种便携发电机体积小、质量轻、费用低、额定功率从 1kVA 到 10kVA 不等，且运载方便，很适合车道收费系统使用。

其次是对现场现有的供电接口进行改造，因车道收费系统断电的因素主要有两点，因此改造的部位也应有两处。

1. 是因为发电机发生故障，在市电停电后备用电池无法长时间向收费系统（车道）供电，这时的改造部位可放在收费系统配电室内的配电柜上，可在原市电进线总开关后增加一个便携发电机电力接入接口，需要使用便携发电机供电时，先将市电总开关断开，再将便携发电机发出的电力接入，送往收费系统。

2. 是因为配电室至收费现场、配电柜之间的电缆或接头发生故障。这时改造部位在收费现场配电柜上，具体接入法与前述类似。

公司在收费系统机电维护工作中，根据本公司供配电及收费系统配备的需求，配置了一台额定功率为 3.2kVA 的汽油便携式发电机，经过几年的运行，使用效果较好，以上仅与各路桥收费站作交流、参考。

综合发展，强化内部管理之十二

——如何处理“废弃票”

汪　梅

【事情经过】

在2001年9月的某一天，我们到市区一洗车行去洗车。在洗完车之后，我们询问是否有票据，洗车老板于是拿出了一堆废弃票据，当时我们一看，其中有我们D收费站的废弃票据，我们便询问他们这些票据是从哪里弄到的，洗车老板说：“这些都是通过别人搞到的”。为此，我深深感到这件事所带来的不良影响。后来我们向公司领导进行了反映，公司专门对此事进行了研究，出台了“关于售后的废弃次票没有相应的管理规定”。

【启示】

公司接管以前，售后的车辆通行废弃次票管理十分混乱，一些员工对废弃票证乱拿乱扔，有的个别收票员还以废弃票抵充车辆通行费正票出售，甚至还发现有的将废弃次票流失到个体商户中抵充服务性的发票使用等现象，这些都带来了许许多多的弊端，给公司的管理形象造成了不良影响，给社会上也造成了一定的危害。

自2001年底，李总接任G公司总经理以后，使收费管理工作慢慢步入正常化、规范化、制度化，并制订了一套完善的管理体系，尤其对车辆通行废弃次票方面进行了严格的管理，并制订了如下相应的规定：

1. 不准将车辆通行废弃次票随意扔在车道上，凡发现将废弃次票乱扔在车道上，则对当事人一次罚款20元。

2. 严禁收费员以废弃次票抵充车辆通行费正票出售，一经发现收费员将车辆通行费废弃次票抵充正票出售的，则以贪污票款论处。

3. 不准任何员工以任何理由在收费岗亭拿走废弃次票送给外部人员，一经发现，私自拿废弃次票一张，则按每张废弃次票10元面额对当事人进行扣罚。

4. 凡收费员打出次票驾驶员不要票证的，都应归集中一处，每班下班后由财务部派专人去岗亭收集车辆通行废弃次票，并集中由当班班长监督销毁并签字，财务部经理负责做好记录。

此规定出台以后，上述存在的问题也得到了根本的解决，充分体现了中外合作企业管理的严格性和规范性，提升了G公司在社会的形象。该现象看似是一件小事，但通过这件事情进一步规范了公司收费管理工作，给公司广大员工提出了更高、更严的要求，正所谓“有则改之，无则加勉”。这种以制度管人的管理模式、方法是企业必不可少、可行的管理手段，也是提高企业经济效益实现的重要途径，企业应向管理要效益，这样才能在当今竞争激烈的市场中立于不败之地。

收费站管理典型案例之一

——预防计算机电源短路事故

周耀东

【事情经过】

2002年3月28日晚7:30左右，当班监控员单某在监控室打扫卫生时，突然听见“啪”的一声，随后就闻到一股浓浓的焦味。她马上意识到可能刚才的扫帚不小心拖动了电源板上的打印机电源线，导致了电源短路，定是烧坏了某台机器。她立刻把我从公司的宿舍找来。我当即赶到监控室对连接在这个电源插座的首要设备——系统的IBM服务器进行了检查，发现服务器的显示屏已经僵死，而且硬盘指示灯长时间没有闪亮，服务器已经死机，对其进行热启动仍然没有反应；稍等一会儿，情况依旧，只好强行关闭电源进行冷启动，但服务器不作任何动作，处在黑屏状态。因为室内的焦味非常的浓厚，我初步分析是电源短路，产生高压，烧坏了服务器的主板或是CPU其他重要部件。因为这台服务器既是连接上下通信和处理数据的中心又兼作财务机，所以在收费系统中地位非比寻常。鉴于事情发生得比较突然而且非常严重，我当即打电话，向总经理助理刘总及分管经理方经理汇报了整个事故过程。

当班的公司领导非常重视，详细的询问了事故的经过并及时向外出工作的李总作了汇报。当日在公司的领导指示和安排下我们做了如下工作：首先查找此服务器的保修卡及供货商的联系方式和地址，确认了此服务器已经过了保修期限，于是决定自行拆开主机箱进行检查。经过详细的检查，发现主板上的一块芯片已经被电击穿，导致电脑不能启动。究竟此台服务器损坏程度有多大？硬盘上的数据有无丢失？其他硬件有无烧坏？因为没有备用的服务器系统，并且服务器系统结构的特殊性（不能用市场上一般的兼容硬件替代），所以暂时无法知道损坏程度。估计我们自行修复的可能行很小，鉴于这种情况，我们预备了两个方案：第一，求助我们收费监控系统的集成商——安通公司，用他们解决系统故障的较为成熟的技术解决问题；第二，直接跟服务器的制造商IBM联系，请求技术支持。

跟安通公司联系后，安通公司的答复是：因为系统安装使用后的年限已有三年之久，他们公司也无备用系统，也只能求助IBM来解决问题。于是我们联系到此服务器最近的售后服务中心IBM在华中地区的“蓝色快车”，得到的答复是：他们暂不受理服务器故障维修。

我们只好给IBM服务器的售后服务中心打电话咨询，得知此服务器的型号比较老，它的主板目前在北京的服务中心没有备用库存。IBM的工程师让我们到IBM在上海的硬件库周转中心去查询。与上海的硬件库中心联系的结果是：此型号的主板必须订购，需要从美国专程发货过来，最短的周转时间也要半个月。而我们整个收费系统的正常运作根本不允许服务器有这么长的时间停机。用其他的电脑系统来代替或是购买一台新的服务器,也于事无补。因为整个服务器NT系统,包括数据监控机(跟本台服务器联机)已经被安通公司给锁死,根本就不能进行联网设置。我们只好再次求助安通公司。安通公司安排技术人员和我们一道带着服务器的主机来到IBM在华中地区的"蓝色快车"。可能是安通公司的工程师跟他们的工作人员比较熟悉,经过交涉,"蓝快"工作人员就对整个系统进行了检修,确认只有主板损坏。幸运的是他们找到了同型号主板,但要到第二天才能提货,因为主板需要从其他地方借调,此时已是下午4点多。由于只是在同城调货,因此我们尽量争取工作人员能够延长一点时间,能够在当天修好。在"蓝快"工作人员的帮助下,服务器得以恢复正常,我们公司的收费监控系统也重新读取数据恢复正常工作。

【启示】

虽然整件事情从发生到问题的解决,我们用了不到24小时,但它带给我的教育是深刻的。事故的发生是由堆放在地面上的电源板与打印机的电源线接触不良导致电路短路引发的,表面上看是系统设施的问题,但实际上是与我的工作不到位、检查设防不力,与监控员业务不熟悉是紧密相关的。因为我的工作还不够细致周到,不够全面深入,造成工作中还有很多的漏洞。计算机系统管理的工作中的任何疏忽都可能带来严重后果,轻则影响收费畅通,重则丢失收费数据。惩前毖后,我对自己以前的工作进行了深刻的检讨和反思,及时调整了工作方式。在公司领导的指导下,我对系统维护制定了全盘工作计划和日常工作细则,全面诊断了收费监控系统,发现了很多问题和隐患,并及时给予了解决。

收费监控系统是公路收费工作中重要的辅助工具,它能有效的对收费现场进行监督管理,在现代收费工作中必不可少。整套设备涉及到计算机网络、电子、电工、电气等多方面知识,任何方面知识的欠缺都可能给系统带来致命伤害,对这些系统设备的维护管理是一个系统工程,不能仅着眼于一点,头痛医头,脚痛医脚,要有全面的、发展的、预防性的维护保养计划。作为系统管理员,就要不断的丰富自己的知识,不仅要用来保障系统正常运作,而且还要能够不断完善、发展系统功能,用最新的技术为收费服务。

收费站管理典型案例之二

——如何齐心协力保收费

江西森林公司

【背景】

自从进入2002年以后，K、F两收费站之间的通行费收入差距不断拉大。在1～2月期间，K收费站日平均通行费收入比F收费站多收2.3万元左右；到了8月份，两站差距已经拉大到7.2万多元，两站差额十分悬殊。F收费站虽然在公司的关心下曾几次调整计划任务，但当年仍有四个月没有完成计划任务，因此，大家拿不到奖金，员工士气出现低落，站领导也深感无奈。之所以出现这一历史上从未有过的反常现象，主要原因是大量车辆经过K市被分流到A国道，导致B国道的车流量明显减少，最终带来设在B国道上的F收费站收入的大幅度下降，使公司利益遭受损失。但公司领导一时也想不出很好的办法来扭转这一局面。

到了9月25日以后，B国道上历时两个多月的修路施工基本结束，而A国道上的X省Q县城和广东省交界处有一段路面还在拓宽施工。公司分管现场的代理副总兼K收费站站长朱某在了解这一情况后，认为这是一个有利的机会，若能抓住这次机遇，去说服公路部门和G市有关领导，扩大宣传并采取其他一些措施，尽量让南下的车辆经B国道去广东，这样做，不仅有利于A国道的道路拓宽施工工作顺利快速完工，同时，虽然不会使K收费站收费有所增加，但却能使F收费站增加车流量和提高收费额，可以扭转长期下滑的局面，为公司争得较大的经济效益。

【事情经过】

出于对公司的高度负责，为了实现这一想法，朱副总一次又一次地找到G市公路局和G市政府有关领导，分析利弊，陈述己见，请求G市公路局牵头，加大宣传力度，尽量动员和说服驾驶员走A线进入广东，使已经结束修路的B国道充分发挥贯穿南北的大动脉作用。对于这项建议，有关领导感到为难，认为要这样做有很多具体问题。对于这样的反应，朱总副马上向公司领导作了反映，并要求公司给予支持。在得到公司同意后，朱副总再次前去争取，经过几次上门做工作，终于说服了有关领导。G市公路局经研究后，决定派出路政科刘科长等五位工作人员，到K市的A国道和B国道交叉路口，将南下车辆向B线疏导，于9月28日起开始上路疏导。

通过大家的辛勤劳动和认真工作，走B线的车辆日渐增加。从9月30日至10月8日的国庆长假期间，F收费站每天收费要比开展车辆疏导工作前增加3万多元。当大家看到效果如此明显，信心就更加坚定了，只要能够坚持下去，随着年末运输高峰的来临，F收费站的通行费收入还会进一步增加，就能将前几个月的损失夺回来，把由于外部原因造成对公司的损失减少到最低程度。

从9月28日开始组织人员上路疏导车辆以后，K收费站为此承受了较大压力，增加了不少工作量，也增加了一定的费用。当时，收费站每天要分5次将饭菜送到两个疏导点，并且对交接班的8人每次接送，同时收费站里还要抽调4人参加上路疏导。为此，食堂人员每天要为10多位疏导人员做好四餐饭菜，驻站的两位警务人员主动担当起接送人员和送饭带菜的工作，站领导也经常到疏导现场了解看望。总之为了公司利益，大家协同行动，为疏导人员的工作和生活付出了辛勤的劳动。在疏导人员不辞辛劳的认真疏导下，既确保了A国道部分路段维修工程的顺利施工，也使F收费站的收费收入与日俱增。

【启示】

这次组织人员上路疏导工作得以实现，并取得如此辉煌的战果，一是朱副总能以公司利益为重，充分利用和发挥自身的优势，多方协调得力，使原来走A国道的车辆疏导至工B国道，确保公路施工顺利，也为公司增加了通行费收入。二是积极争取和真诚沟通打动了对方。

第四篇

增进沟通理解

本篇共13个案例，多角度证明了沟通理解在收费管理中的重要意义：沟通理解使交费义务人从不交费到交费，为增收做出了贡献；沟通理解化解了交费中发生的矛盾，为减少收费纠纷奠定了基础；沟通理解还有效避免了收费纠纷的升级；沟通理解调动了员工的工作热情等。

沟通理解，包括交费义务人与收费公路经营管理者之间的沟通理解，包括收费公路经营管理者与有关部门、单位之间的沟通理解，也包括收费公路经营管理与收费人员之间的沟通理解。

沟通的方法是多样的、灵活的、更是科学的。

沟通能力从来没有像现在这样成为现代职业人士成功的必要条件！

一个职业人士成功的因素75%靠沟通，25%靠天才和能力。

高效沟通的基本步骤：

事前准备→确认需求→阐述观点→处理异议→达成协议→共同实施。

耐心沟通，保护收费之一

——沟通，从端茶开始

黎志来

【事情经过】

7月2日1：30，正当D收费站值班负责人和收费员期待这一次的零点班会在平静中顺利度过时，一盏闪烁的急救灯由远及近划破了夜幕的宁静。

带急救灯的车子从长沙方向驶入车道，车身印有红十字标志，车牌为湘××××××3。

驾驶员递交IC卡后，习惯性地准备加油通行。此时，读卡器提示该车不属于免费车。车上随即传出一个声音："你们搞清楚点，我这是救护车。"

"师傅，省政府73号文件明确规定，你们这种车只有在抢救危重病人时才属免费车。而你们车上都是健康人，又没有急救设施，是不能免费的。"收费员心平气和地答道，驾驶员面带诡意的笑，一副漫不经心的样子："这里坐的是我们院长，有什么政策你跟他交涉。"

唇枪舌剑开始了：

"文件我早就学过了，但我们的车确定是救护车，不应该交费。"

"那请您出示一下该车为救护车专用车的证明。"

"这是新车，证件还未办好，我们是送病人去长沙转院回来的。"

"那你们就更应该缴费了。"

"今天就是不交！"

双方陷入了短暂的僵持和沉默之中……

【处理结果】

有着丰富收费经验和现场处理技巧的值班站长王芳打破了僵持的局面。她从收费亭里端出几杯凉茶，礼貌而认真地对院长说："天热，您先喝口凉水。您的车已经占道30分钟了，按照有关法律，我们可以将您的行为报告司法机关、执法机关，但考虑到可能是我们的宣传工作没有到位，以至于你们了解政策不够全面。其实省政府73号文件出台增加的通行费主要是用于湖南的公路，是为老百姓谋利益的大好事，你们医院也是为老百姓服务的单位，我相信院长应该会支持配合我们的工作。"

院长喝了一口水，仍然保持沉默。

老练的王芳不失时机地施行言语攻心术："这样吧，如果现在您真不想缴费，也可以，但您必须登记一下您的姓名、单位、职务、工作证、身份证，因为省政府办公厅督察室要求随时收集执行73号文件过程中的有关信息，您看行吗？"

沉默终于被打破，院长从口袋里掏出通行费说："算啦，几十块钱的通行费搞那么复杂干什么，我们交费。"

湘×××××3车逐渐远去，D收费站又恢复了井然有序的平静。

【启示】

收费与交费是一对矛盾，特别是处于"免费边缘"的车辆，发生纠纷在所难免。本案例的成功解决，缘于双方的沟通和理解。

耐心沟通，保护收费之二

——虽然骂得“凶”，但称其有素质

德山收费站

【事情经过】

9月18日20:57，一辆牌照为湘×××××7的奔驰牌轻型客车驶进我站收费车道，该车为MB100型，载人标准为15座。收费员谢××一眼就认出此车为二型车，可当刷卡后显示的却是一型车，这时收费员操作升档，语音显示器里传来“请交120元”的报价，驾驶员一听马上来火了，破口大骂收费员。车上立即跳下来几个彪形大汉，一边推拉我稽查人员，一边撕扯衣服抢其公路检查证，并且还说：“我早就要揍你们了！为什么别处收65元，你们却收120元。”大有不获全胜决不收兵的架势。这时，当班班长朱伟冷静而果断地说了一声：“请监控跟踪录像，并联系公安干警火速赶到收费现场。”不知是录像的作用，还是出于公安干警的威慑，肇事人在行为上有了收敛，但是嘴里还是谩骂不止。

双方僵持了10多分钟后，情绪稍有缓和。这时班长朱伟不失时机地对其中骂得最凶的人说道：“同志，我看你们都是一些有素质、有身份的人，一定懂得骂人、打人是解决不了问题的。我们都有手、有嘴，如果我们回骂、回打，就只有一个结局——‘两败俱伤’，但是我们没有这么做，等待你们平静下来时再给你们解释清楚。”这时那人好像找到了下台阶的机会，回应道：“好吧，我听你解释。”朱伟乘势接着说：“客车的收费标准是以乘座确定的，12座以下为一类车，12座以上至19座为二类车。我们收费员收您二类车的费是没有错的。但是我要向您道歉的是，如果在我们一条路上出现两种价格，是我们收费员业务素质不高引起的，您对我们的收费想不通，甚至有反感情绪也是可以理解的，但是我可以保证以后再也不会出现类似情况了”。

【处理结果】

那人听完解释立即说：“好吧，今天这费我交了。”

【启示】

在发生收费纠纷时，收费员面对骂得“凶”的驾驶人员，必须避免“交火”，而避免“交火”的方法之一就是给驾驶人员、乘坐人员“戴高帽”。

耐心沟通，保护收费之三

——说理准确，避免纠纷升级

德山收费站

【事情经过】

2002年9月25日，驾驶鄂××××7的货车驾驶员来到我的办公室投诉，称我站有员工乱收费现象。理由是：他的车载重为2吨，可收费员却按1060的车型收取2类车的通行费。我问他："收费员给你讲清理由了吗？"他说："收费员告诉我，现在不按吨位收费，而按车型收费。可是你们，一没有上头的文件，二'七公开'栏上写得清清楚楚按吨位收费，并没变更收费依据，难道盖有中华人民共和国大印的行驶证标明的吨位也不算数吗？"

我见驾驶员情绪非常激动，于是就请他坐下来慢慢讲。待驾驶员讲完后，我说："师傅，你讲的不是没有一点道理。但我首先向你做个道歉，我们的收费员讲'不按吨位收费'这句话是错误的，请你谅解。至于我们的"七公开"栏里没有标明按车型分类标准收费，请先听我解释清楚，相信你能理解的"。

"首先，我向你郑重声明，我们仍按吨位、座位收费。但是，现在核定吨位不是以行驶证上标明的吨位为准，而是按交通部所颁发的《公路汽车征费标准计量手册》（第三册）（以下简称《第三册》）核定的车型来确定，即我们有的收费员所说的'按新车型收费'。所以，我们的收费只是中间环节的变化，最终还是要落实到吨位上，然后按吨位分类收费。具体程序是：看证件——查型号——对照《第三册》——核吨位——分类收费。因此，按吨位收费的原则是没有变化的。所以，这与'七公开'栏的内容并没有矛盾。至于我们为什么没有上级文件，对这一点我们表示歉意。但是，我们有交通部核发的《第三册》，其内容对此有明确的说明。我想，交通部应是权威部门了吧。那么，为什么要用车型核定吨位而不直接采用行驶证上标明的吨位来核定车类，这也是不得已而为之。其原因在于：一是部分汽车生产厂家为了促销，有意将吨位降低，个别地方保护主义盛行，达到少交养路费、运管费、通行费等目的，是交警部门为了自己能查处超载车方便；二是个别人及地方的不正之风，为私人谋取利益。所有这些，都极大地损害了交通部门和车主的利益，而车辆型号是车辆载重的技术参数，是不能更改的，所以我们要按车型核定吨位收取通行费"。

【处理结果】

讲完这些道理后，我问驾驶员明白我的意思了吗，驾驶员说："你的意思我明白了，你这样对我解释，我心服口服，这费，我愿意交。"我再次感谢驾驶员的理解和支持，答应将他的意见及时向上面反馈，并欢迎他多提宝贵意见。驾驶员满意而去。

【启示】

是“按车型收费”，还是“以车型核定吨位收费”，前者引起纠纷，而后者避免了纠纷升级。由此看来，说理准确应该成为收费员的必修课。

耐心沟通，保护收费之四

——站长递烟端茶表同情，老板赔礼道歉交路费

蔡志丹

【事情经过】

2004年7月10日9:30左右，一台牌号为湘×××××7的三类货车缓慢地驶入了J收费站的收费车道，直接停在了栏杆前。副驾驶员（货物老板）打开车窗，却根本没有交费意思，还凶神恶煞地说："你们赶快给把栏杆打开，轮胎快没气了，别耽误了时间。"收费员礼貌地回答："师傅，您好！请您把IC卡递给我，让我们尽快地服务，这样才不会耽误您的时间。""你们到底开不开？"班长走到货车前说："师傅，请您交费！"该男子跳下了车，一把推开栏杆，准备冲关。班长和稽查员及时上前劝阻并制止了该行为。该男子眼球一转，又指着车子的右前轮胎说："你看，你看，轮胎没气了，耽误了时间，我今天就把车摆在这里不走了。我这一车新鲜花生的损失，你们收费站给我赔！如果你们不赔，我就把花生卸在你们车道里，堵了你们这个站！"货物老板接着又马上打电话叫人到收费站来帮忙。此时值班站长接到报告来到了现场，拿出证件向货物老板表明了身份，并分别向收费员和驾驶员询问了情况。原来车辆和驾驶员都是H市，货主是J镇本地人，几天前接到物流服务站的信息，双方商定以6 000元价格（其他费用货主承担）包车，从×镇运送10吨新鲜花生到广西罗城自治县，因为途中连遇几天大雨，花生发生霉变，广西客商退回了这批花生，因此货物老板损失了花生、运费、通行费、汽油费、吃住等2万余元。驾驶员还委屈地说："我们跑运输的为了提高效益，尽量减少跑单边，都是事先跟物流站联系好来回运输业务的。现在这样子，看来拿到单边的运费都困难了。"事情已经显而易见，货物老板因为损失惨重，就把一肚子的气撒到我们身上了。值班站长感到事态的严重，如果真把车道堵了，后果将不堪设想。于是，一方面先避免矛盾的进一步恶化，稳定货主的情绪，递烟端茶，对他的损失表示同情，尽量拖延时间；另一方面打电话向当地派出所报案，并通知高速公路交警火速支援（电话得知巡逻车已经在路上了），总之，绝不能让他把花生卸在车道里。

【处理结果】

3分钟后，派出所的干警到达现场，进行了及时地处理，严厉地批评了货物老板的无赖行为，避免了矛盾的恶化。10分钟后，交警到达现场，向当事人宣传了堵塞车道的严重后果，及时制止了其堵车行为，疏通了车道，恢复了收费工作的正常运行。货主最后还是按规定交纳了通行费，并向收费站赔礼道歉。

【启示】

古人云:人在旅途万事难;今人说:收费站前万事现。旅途上的人群中会有一些如本案例中的老板,收费人员应与同情其"难",化解其"气",同情终换回其赔礼道歉和主动交费。

如果站长采用"不交也得交"的态度,可能会激化矛盾,致使更大的事件发生。

耐心沟通，保护收费之五

——鱼儿喝上了收费站的水

刘立军

【事情经过】

2001年7月27日晚，由于毗邻319国道J收费站至F收费站之间地段发生重大交通事故，行车受阻，许多前往C市方向的车改由我站上高速，一时间，站内的车流量骤增。

21∶00左右，一台湘×××××9的运鱼车开着前照灯随前面的一台大货车驶入入口车道，欲上高速。正在亭外稽查的我发现了这一违章现象，赶忙上前制止，驾驶员怒气冲天地对我说："国道走不了，不走高速走哪里？"我解释说，根据规定，农用车是不能上高速公路的，并以前不久在高速公路益阳段发生一起卧铺车遇到违规上路的农用车，导致翻车的重大交通事故为案例，来说明农用车上高速公路的潜在危险性。

该驾驶员又说："这车鱼因堵车都快要变成死鱼了，不赶紧回去卖掉损失会很大，我愿出双倍通行费。"又是递烟又是开槟榔。我谢绝了，诚恳地对他们说："你们焦急的心情可以理解，但是安全也是效益啊！"

【处理结果】

我提出给鱼先换些水再慢慢等。驾驶员同意了，我们通过与处理事故的交警联系，将国道不久即将通车的消息告诉了驾驶员。驾驶员的气消了，心也平了，道声谢，重又返回到国道。

【启示】

农用车不能上高速公路是交通安全法的要求，但公路上出现事故，驾驶员愿交费上高速，收费员不能贪图企业利益而放其进入。本案例中，收费员帮助农用车驾驶员运输的鲜鱼换水，可谓好人好事；及时通报信息，可谓锦上添花。相信这各驾驶员会把这个故事转述给其他农用车驾驶员使理解的面积扩大。

耐心沟通，保护收费之六

——一级警司冲卡后的赔礼道歉

刘立军

【事情经过】

2002年8月的一天，一位身穿警察制服的年轻人驾驶一辆牌号为×J××××8的小车，经过我站出口时要求免费。他拿出了工作证，是C市公安局的一级警司。收费员看完后对他解释说："根据省政府和高管局的文件精神，您的个人证件是不能作为免费依据的，只有有效的特别通行证且证照相符，或者标志明显的警车才能免费。"年轻人又说："我在执行公务抓捕逃犯，希望特殊情况特殊处理。"收费员明知他在撒谎，于是随机应变地说："那么请你拿出执行公务的派遣证看一下。""没有"，"那怎么能说明您在执行紧急公务呢？"年轻人自知理亏了，火了，发动车就想走，收费员严厉地向他指出："刚才我已看了你的证件，记住了你的姓名、工作单位，并现场录了像，如果你不听劝阻，强行冲关，我们将把你的行为如实向C市政法委反映，后果自负！"然而，怒气冲天的年轻人还是强行冲开了栏杆。

【处理结果】

正当我们准备向值班领导汇报时，这车出乎意料地在前面停下，他又折回来，向我们赔礼道歉，说刚才情绪激动，请求原谅，要求补交通行费，保证下不为例。我们对他进行了严肃的批评教育，收取了应缴的通行费。

【启示】

在征费工作中，常有些人利用其特殊身份谋取私利，以各种理由借口拒缴通行费，干扰我们收费工作的正常开展。前述就是其中很典型一例，对这种车，仅靠解释政策法律是不够的，因此义正词严地对他指出过激行为的后果是另一种形式的沟通理解。

耐心沟通，保护收费之七

——电动栏杆为什么打人？

刘立军

【事情经过】

2004年7月20日16:35，一辆×H×0××4货车驶入J收费站的3号收费车道，刷卡显示该车入口为D收费站，类型为2型。经查证，该车为EQ1043W型，按照新的收费标准，确实为2型车。可驾驶员以其行驶证上标明的核载质量只有1.5t，国道收费站都是按1类标准收费为由，只愿按1类车的收费标准交费。不听收费员解释，其又拿出了国道收费票据及以前的高速公路通行费票据为依据，指责我们是乱收费。因3号车道被堵塞，收费站遂打开了4号车道收费。但不巧的是，当该车驾驶员继续与收费人员纠缠，在4号车道穿行时，被前一台车过后自动落下的电动栏杆打中身体，这个小伙子就认为是收费员在故意整人，就对着收费员破口大骂。被纠缠得不耐烦的收费员说，是驾驶员自己不注意，自讨苦吃。这下更惹恼了驾驶员，动手就要殴打收费员，后被在场的工作人员制止。他又要求到医院检查，要向收费站讨个说法。

【处理结果】

站值班领导迅速赶到现场，拿出国家发改委文件及交通厅、高管局有关文件和国道收费标准，对货车驾驶员所提出的问题进行了解答，说明我们是依法收费。并向他耐心解释了电动栏杆自动升降的原理，澄清驾驶员被打实非人为故意，消除对方误会。

对电动栏杆打人一事，以及收费员的不文明礼貌言语，站领导向驾驶员表示歉意，对收费员的不文明行为进行了严肃批评。

最后，驾驶员按二类车型交费后，满意而去。

【启示】

收费员用语不文明，驾驶员自身不注意安全导致电动栏杆打人。尽管有驾驶员责任，但毕竟他是“受害人”，因此收费站还是主动向驾驶员道歉，换得驾驶员的“服气”。

这个案例告诉了我们收费站应如何对待自己的失误。

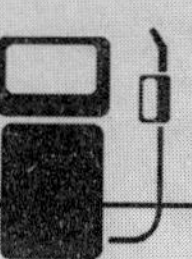

耐心沟通，保护收费之八

——推车修车献鲜花　白衣天使促交费

彭明坤

【事情经过】

3月8日上午，一辆无牌新依维珂旅行车驶进收费车道，车身上悬挂着一幅“祝市人民医院全体护士‘三八’妇女节节日快乐”的横幅。收费员接过卡后电脑显示“三类，100元”，驾驶员询问“为什么这么贵？我是21座的依维珂。”收费员解释说19座以上客车是三类，顿时车内多数人一起发出质疑声，都说怎么只多两个座位就要多交几十元？稽查员百般解释都无济于事。僵持了几分钟之后，班长要求驾驶员将车辆离开车道靠边再详细解释。

这时，车辆突然不能启动，全车女同胞均下车望着依维珂一筹莫展。收费班长也急了，一方面20多名女同胞分别都站在车道里你一句、她一句，场面一时失控；另一方面依维珂车不知要到什么时候才能启动。

【处理结果】

班长急中生智，一声令下要求全班男同志都来帮忙推车，没几分钟时间，就将车辆进行了靠边，并派一位熟练开车的稽查员帮助驾驶员修车。此时，班长自己却“偷偷”跑到200m开外的高速公路边，采来了一大束开得姹紫嫣红的“芙蓉花”。他高举着花送给了全体女同胞，并高喊：“祝全体白衣天使节日快乐！”顿时，一切烟消云散，白衣天使们指责驾驶员应交足费。通行费交足了，20多名女同胞满脸笑容与收费站挥手告别。

【启示】

鲜花使白衣天使快乐，快乐使她们批评驾驶员；通行费收足了，收费员也快乐着。

耐心沟通，保护收费之九

——抢速砸坏了风窗玻璃

太子庙收费站

【事情经过】

2004年10月7日，国庆长假的最后一天，通过我站的车辆络绎不绝。这时，一辆蓝色桑塔纳车的驾驶员将一张IC卡和5元钱从窗口直接丢到收费员身上，打算不要票就试图在前一辆车经过后、电动栏杆下落之前快速离开车道。谁知不巧，正在下落的栏杆正好砸在了前进中的桑塔纳车风窗玻璃上，玻璃顿时出现一道裂缝。桑塔纳驾驶员立即制动，从车上开门跳下，检查完玻璃后指着收费员张口即骂。收费员连忙解释："当时，我正在打印您的电脑发票，而你紧随前车，想在栏杆回落前出关，栏杆下落势必会碰到你的车，所以责任应在你自己身上。"哪知这驾驶员态度十分蛮横，他未听完收费员的话就跳上收费亭，手一挥说："我不听！反正我交了费，你们砸到我的车就要赔！"并扬言自己是某某的关系，如果不赔就要召集人马围堵收费站，大有一触即发的形势。

【处理结果】

看到这种情形，班长随即安排督导员指挥车辆进入另一条收费道。在查看现场后，班长耐心地向驾驶员进行解释，并带他到收费道前观看公示牌，上面明确指出：车辆进入收费车道时，应缓行。"我们的收费工作都是通过电脑控制的，根据程序的设定，每辆车都有它自己的通行时间，电动栏杆对每辆车也都有一次上升、下落的过程，而你属于抢用刚才前面那辆货车的通行时间。如果你不紧跟前面那辆货车，不去抢那么一两秒钟的话，就不会发生今天这样不愉快的事了。"

桑塔纳驾驶员看到我们心平气和耐心细致地解释，自己也自我检讨了："我当时是想快一点过去，就没注意那么多了。算了，反正车裂缝也不是很大。"说完便启动车子驶离了我站。

【启示】

砸坏了风窗玻璃，虽然是驾驶员抢速所致，但作为收费站收费员应当进行"善意提示"，告知"一杆一车"的安全规则。

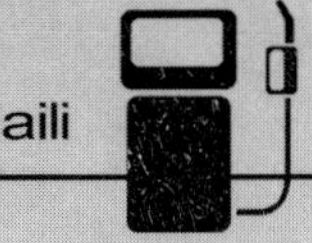

耐心沟通，保护收费之十

——冲你这句话，这钱我交了

朱玉霖

【事情经过】

2004年9月27日夜，我正在收费站值零点班。虽然已是凌晨二点多了，可是通过收费站的车辆依然络绎不绝。

一辆崭新的乳白色小车在收费窗口停了下来，驾驶员摇下玻璃，递过来一张百元钞票。我按照收费程序，先看了一眼小车，发现这是一辆“没牌照”的车，然后我就很快地打了一张10元的票据，再把找零的90元钱放在一起找给了驾驶员，然后对驾驶员说：“谢谢！请点好，祝你一路平安。”驾驶员把钱点了点，突然用大嗓门对我喊了起来：“你收了我多少钱？”“师傅，我收你10元钱，找你90元，应该没错呀！”我微笑着对驾驶员说。“错了，你应该找我92元！我这是今天刚买的新车，车牌还没来得及上。”驾驶员已开始不耐烦地喊了起来。“师傅，按照收费规定，像这种没有牌照的小车，是要收10元的。”我还是耐心地对驾驶员解释。“不行，我不管你规定不规定，今天你不找我2元钱，我就不走了。”这个时候，后面的交费车辆已经开始不耐烦地按喇叭了。我心里想，这个时候跟驾驶员解释规定，他肯定是不会听的，我应该换个方式了，于是，我微笑着对驾驶员说：“师傅，你这车真漂亮，怕要好几十万吧？”“嗯，四十多万，今天刚从武汉提回来呢！”我心里有底了，“师傅，你今天刚把车提回来，肯定辛苦了，这样好不好，你把刚给你的10元票据放好，我自己把这2元钱找给你，你看好不好？”驾驶员瞪大了眼睛看着我：“你自己掏2元钱给我？”“师傅，您看，现在是凌晨二点多了，后面还堵了不少车，我又不能违反规定……”没等说完，驾驶员忙说：“那不行，那不行，今天冲你说这句话，这钱我交了。”驾驶员说完，又不好意思地对我笑了笑说：“兄弟，我走了。”我微笑着对驾驶员说：“谢谢您的合作，祝你一路平安。”

【启示】

通过这件事，让我深深地感觉到，收费站是个窗口单位，每天需要面对不同的人和车，收费人员既要保证收费工作的畅通，还要做到让每位司乘人员顺心地交费通行，是一件困难的事。但是，只要我们不断地学习，面对不同情况，采用各种不同的方法应对，这又是一件很平常的事。

收费员一句话就平息了一起收费纠纷。这句话不是简单的一句话，有的收费员也会说这句话，但驾驶员照样不交，反激将收费员。因此，收费员应当好好分析本案例中收费员这句话的场景、环境。

耐心沟通，保护收费之十一

——看你态度好，这钱我交了

迎丰桥收费站

【事情经过】

2004年9月10日，我正在收费站上早班。一辆蓝色的桑塔纳小车，从Y市出发前往近郊的乡镇，可是车子进站后，不但不减速，还开得飞快。这时，我把栏杆放下，示意小车停下购票。小车上的驾驶员却摇下玻璃，张口就骂，并声称车有月票。我连忙站起来对师傅说："对不起，您车上贴的月票是8月份的，已经过期了。"小车驾驶员说："我这个月出差了，才回来暂时还没有时间去买，你今天先放我过，等明天我就去买。"我微笑地对驾驶员说："师傅，您今天的票还是要买，等明天你买了月票，才可以放行。"驾驶员听了很不高兴地说："我今天就是不买，你能怎样?!"这时我仍微笑地跟他解释说："师傅，不是我非要您买票，而是公司有规定，过期的月票不能继续使用。如果我今天放你过去，公司将会从我的工资里扣除。"驾驶员瞪大了眼看着我："真的要扣你的工资吗?""师傅，您看后面还有不少的车，我又不能违反公司的规定，怎么办呢?"没等我说完，驾驶员连忙说："今天，我是看你的服务态度还可以，这钱我交了。"驾驶员说完，不好意思地对我笑了笑。我微笑着对驾驶员说："谢谢您的合作，祝您一路平安。"

【启示】

态度好，使交费义务人主动交费。态度是服务规范，也是生产力。

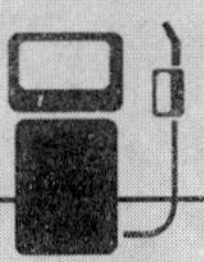

耐心沟通,保护收费之十二

——挂靠车辆的“组织”

柯于启

【事情经过】

一辆小车停在收费站的3号车道内。售票员蒋某售完票,等小车过后,随即按下了拦车器。就在这一刹那,前方一辆3路中巴车飞奔过来。还没等售票员反应过来,3路中巴车就撞上了栏杆,中巴车的倒车镜被撞得粉碎(此车为月票车)。中巴车停下后,驾驶员和售票员跳下来就骂人,甚至还想动手打人,最后干脆就把车子停在车道上,进行堵道。

【处理结果】

我们闻讯后,立即赶到现场。第一步要做的工作,就是要疏通车道,因为车道里已堵满了车。我们上前对驾驶员说对不起,请他把车子开到路边再说。驾驶员说,不走!非要我们说清楚,并要求收费站赔款(该车的倒车镜价值800元左右)。我说:“是谁的错我得问清楚,我们一定会处理好,你把车道堵住也不是个办法。既然事情发生了,也要解决。”驾驶员听我说得有理,就把车子开到了路边上。我们就把他带到办公室,然后我就去问售票员蒋某当时的情况。蒋某说:“我当时正在卖一辆小车的票,过后就按下栏杆。因为这台中巴车的车速太快,我还没来得及反应,车子就冲了过来。”驾驶员说:“我看你们的杆子是竖起的。我们一直是这样跑,你们为什么要按下杆子?不管怎样说,你们非给我赔钱不可。你们说不赔,我就把车子开到道上去”。

在这种情况下,我们向公司领导汇报了情况。我们一方面与对方单位领导取得联系,说明情况(此车属公汽公司挂靠的车),另一方面向驾驶员讲道理。我说:“是你的车子开得过快,你应该减速进站。我们站前方竖有标志牌‘进站减速’,责任完全在你身上,请你不要责怪我们。”驾驶员坚决要求我们赔款,我们随即就到监控室查看现场录像,掌握现场真实情况。看完录像,我们的理由就更充分了,当时的确是中巴车的车速快,杆子没有升起,驾驶员也没有制动车减速,于是中巴车就撞到了杆子上。我们就让驾驶员看了一下录像,他几乎无话可说。这时,我们又跟他做工作:“你们的车子应该是参加保险了的,完全可以找保险公司理赔。”驾驶员听后就找到了保险公司,保险公司按规定只负责赔偿损失的90%,还余下100元左右不能理赔。我们就和公汽公司的领导协商,因为公汽公司和我们有业务往来关系,公汽公司答应作内部解决。

【启示】

车辆撞上了栏杆，责任虽在驾驶员，但收费站主动与保险、车辆所在单位联系，帮助其减少了损失。

耐心沟通，保护收费之十三

——高素质的“的士”驾驶员

赵丽敏

【事情经过】

2004年11月4日约14:15，一辆鄂×××××5红色富康车经过H收费站1号车道时，由于驾驶员的疏忽，没有按规定将证件交当班售票员验证，而是直接向前开去，一下子撞上了升起的路障机，随后被收费站内的工作人员拦截，驾驶员暂留下证件离开，等送走乘客后再接受处理。

【处理结果】

“的士”驾驶员返回时，一下车就赶快向站内工作人员说“对不起”，并一再说明自己不是故意的。当班安稽员耐心向其讲解了收费路障系统的构造及碾压以后造成的后果，考虑到驾驶员的认错态度较好，经请示站领导后，决定按物价部门批准的赔偿标准中最低标准，由“的士”车赔偿公司路障系统设备损失费50元。

【启示】

的士驾驶员主动留证，道歉、赔偿，在收费站传为美谈：高素质的“的士”驾驶员。

虽然收费员每天都能碰到“刺头”，但必须要认识到绝大多数驾驶人员都是依法交费的，即使出现损坏交通设施的，也是多数能主动赔偿的。对此，收费员应有准确评断，不能以偏概全。

第五篇
政策法规摘编

本篇共摘录了13篇与公路收费运营管理密切相关的法律法规，具体为：中华人民共和国公路法、中华人民共和国道路交通安全法、中华人民共和国治安管理处罚法、中华人民共和国劳动法、中华人民共和国公路管理条例、中华人民共和国收费公路管理条例、中华人民共和国道路交通安全法实施条例、企业职工奖惩条例、工伤保险条例、公路养护工程管理办法、公路经营权有偿转让管理办法、关于在公路上设置通行费收费站(点)的规定、中华人民共和国公路管理条例实施细则。

中华人民共和国公路法

(1997年7月3日　中华人民共和国主席令(97)第86号发布)

(1997年7月3日第八届全国人民代表大会常务委员会第二十六次会议通过，根据1999年10月31日第九届全国人民代表大会常务委员会第十二次会议《关于修改〈中华人民共和国公路法〉的决定》修正；2004年8月28日中华人民共和国主席令第十九号发布的《关于修改＜中华人民共和国公路法＞的决定》将本文修正)

目录

第一章　总　　则

第一条　为了加强公路的建设和管理，促进公路事业的发展，适应社会主义现代化建设和人民生活的需要，制定本法。

第二条　在中华人民共和国境内从事公路的规划、建设、养护、经营、使用和管理，适用本法。

本法所称公路，包括公路桥梁、公路隧道和公路渡口。

第三条　公路的发展应当遵循全面规划、合理布局、确保质量、保障畅通、保护环境、建设改造与养护并重的原则。

第四条　各级人民政府应当采取有力措施，扶持、促进公路建设。公路建设应当纳入国民经济和社会发展计划。

国家鼓励、引导国内外经济组织依法投资建设、经营公路。

第五条　国家帮助和扶持少数民族地区、边远地区和贫困地区发展公路建设。

第六条　公路按其在公路路网中的地位分为国道、省道、县道和乡道，并按技术等级分为高速公路、一级公路、二级公路、三级公路和四级公路。具体划分标准由国务院交通主管部门规定。

新建公路应当符合技术等级的要求。原有不符合最低技术等级要求的等外公路，应当采取措施，逐步改造为符合技术等级要求的公路。

第七条　公路受国家保护，任何单位和个人不得破坏、损坏或者非法占用公路、公路用地及公路附属设施。

任何单位和个人都有爱护公路、公路用地及公路附属设施的义务，有权检举和控告破坏、损坏公路、公路用地、公路附属设施和影响公路安全的行为。

第八条 国务院交通主管部门主管全国公路工作。

县级以上地方人民政府交通主管部门主管本行政区域内的公路工作；但是，县级以上地方人民政府交通主管部门对国道、省道的管理、监督职责，由盛自治区、直辖市人民政府确定。

乡、民族乡、镇人民政府负责本行政区域内的乡道的建设和养护工作。

县级以上地方人民政府交通主管部门可以决定由公路管理机构依照本法规定行使公路行政管理职责。

第九条 禁止任何单位和个人在公路上非法设卡、收费、罚款和拦截车辆。

第十条 国家鼓励公路工作方面的科学技术研究，对在公路科学技术研究和应用方面作出显著成绩的单位和个人给予奖励。

第十一条 本法对专用公路有规定的，适用于专用公路。

专用公路是指由企业或者其他单位建设、养护、管理，专为或者主要为本企业或者本单位提供运输服务的道路。

第二章 公路规划

第十二条 公路规划应当根据国民经济和社会发展以及国防建设的需要编制，与城市建设发展规划和其他方式的交通运输发展规划相协调。

第十三条 公路建设用地规划应当符合土地利用总体规划，当年建设用地应当纳入年度建设用地计划。

第十四条 国道规划由国务院交通主管部门会同国务院有关部门并商国道沿线省、自治区、直辖市人民政府编制，报国务院批准。

省道规划由省、自治区、直辖市人民政府交通主管部门会同同级有关部门并商省道沿线下一级人民政府编制，报省、自治区、直辖市人民政府批准，并报国务院交通主管部门备案。

县道规划由县级人民政府交通主管部门会同同级有关部门编制，经本级人民政府审定后，报上一级人民政府批准。

乡道规划由县级人民政府交通主管部门协助乡、民族乡、镇人民政府编制，报县级人民政府批准。

依照第三款、第四款规定批准的县道、乡道规划，应当报批准机关的上一级人民政府交通主管部门备案。

省道规划应当与国道规划相协调。县道规划应当与省道规划相协调。乡道规划应当与县道规划相协调。

第十五条 专用公路规划由专用公路的主管单位编制，经其上级主管部门审定后，报县级以上人民政府交通主管部门审核。

专用公路规划应当与公路规划相协调。县级以上人民政府交通主管部门发现专用公路规划与国道、省道、县道、乡道规划有不协调的地方，应当提出修改意见，专用

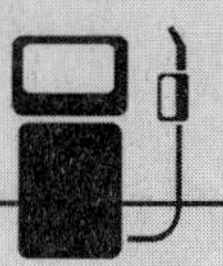

公路主管部门和单位应当作出相应的修改。

第十六条 国道规划的局部调整由原编制机关决定。

国道规划需要做重大修改的，由原编制机关提出修改方案，报国务院批准。

经批准的省道、县道、乡道公路规划需要修改的，由原编制机关提出修改方案，报原批准机关批准。

第十七条 国道的命名和编号，由国务院交通主管部门确定；省道、县道、乡道的命名和编号，由省、自治区、直辖市人民政府交通主管部门按照国务院交通主管部门的有关规定确定。

第十八条 规划和新建村镇、开发区，应当与公路保持规定的距离并避免在公路两侧对应进行，防止造成公路街道化，影响公路的运行安全与畅通。

第十九条 国家鼓励专用公路用于社会公共运输。专用公路主要用于社会公共运输时，由专用公路的主管单位申请，或者由有关方面申请，专用公路的主管单位同意，并经省、自治区、直辖市人民政府交通主管部门批准，可以改划为省道、县道或者乡道。

第三章 公路建设

第二十条 县级以上人民政府交通主管部门应当依据职责维护公路建设秩序，加强对公路建设的监督管理。

第二十一条 筹集公路建设资金，除各级人民政府的财政拨款，包括依法征税筹集的公路建设专项资金转为的财政拨款外，可以依法向国内外金融机构或者外国政府贷款。

国家鼓励国内外经济组织对公路建设进行投资。开发、经营公路的公司可以依照法律、行政法规的规定发行股票、公司债券筹集资金。

依照本法规定出让公路收费权的收入必须用于公路建设。

向企业和个人集资建设公路，必须根据需要与可能，坚持自愿原则，不得强行摊派，并符合国务院的有关规定。

公路建设资金还可以采取符合法律或者国务院规定的其他方式筹集。

第二十二条 公路建设应当按照国家规定的基本建设程序和有关规定进行。

第二十三条 公路建设项目应当按照国家有关规定实行法人负责制度、招标投标制度和工程监理制度。

第二十四条 公路建设单位应当根据公路建设工程的特点和技术要求，选择具有相应资格的勘查设计单位、施工单位和工程监理单位，并依照有关法律、法规、规章的规定和公路工程技术标准的要求，分别签订合同，明确双方的权利义务。

承担公路建设项目的可行性研究单位、勘查设计单位、施工单位和工程监理单位，必须持有国家规定的资质证书。

第二十五条 公路建设项目的施工，须按国务院交通主管部门的规定报请县级以上地方人民政府交通主管部门批准。

第二十六条 公路建设必须符合公路工程技术标准。

承担公路建设项目的设计单位、施工单位和工程监理单位，应当按照国家有关规定建立健全质量保证体系，落实岗位责任制，并依照有关法律、法规、规章以及公路工程技术标准的要求和合同约定进行设计、施工和监理,保证公路工程质量。

第二十七条 公路建设使用土地依照有关法律、行政法规的规定办理。

公路建设应当贯彻切实保护耕地、节约用地的原则。

第二十八条 公路建设需要使用国有荒山、荒地或者需要在国有荒山、荒地、河滩、滩涂上挖砂、采石、取土的,依照有关法律、行政法规的规定办理后,任何单位和个人不得阻挠或者非法收取费用。

第二十九条 地方各级人民政府对公路建设依法使用土地和搬迁居民,应当给予支持和协助。

第三十条 公路建设项目的设计和施工,应当符合依法保护环境、保护文物古迹和防止水土流失的要求。

公路规划中贯彻国防要求的公路建设项目,应当严格按照规划进行建设,以保证国防交通的需要。

第三十一条 因建设公路影响铁路、水利、电力、邮电设施和其他设施正常使用时,公路建设单位应当事先征得有关部门的同意;因公路建设对有关设施造成损坏的,公路建设单位应当按照不低于该设施原有的技术标准予以修复,或者给予相应的经济补偿。

第三十二条 改建公路时,施工单位应当在施工路段两端设置明显的施工标志、安全标志。需要车辆绕行的,应当在绕行路口设置标志;不能绕行的,必须修建临时道路,保证车辆和行人通行。

第三十三条 公路建设项目和公路修复项目竣工后,应当按照国家有关规定进行验收;未经验收或者验收不合格的,不得交付使用。

建成的公路,应当按照国务院交通主管部门的规定设置明显的标志、标线。

第三十四条 县级以上地方人民政府应当确定公路两侧边沟(截水沟、坡脚护坡道,下同)外缘起不少于一米的公路用地。

第四章 公路养护

第三十五条 公路管理机构应当按照国务院交通主管部门规定的技术规范和操作规程对公路进行养护,保证公路经常处于良好的技术状态。

第三十六条 国家采用依法征税的办法筹集公路养护资金,具体实施办法和步骤由国务院规定。

依法征税筹集的公路养护资金,必须专项用于公路的养护和改建。

第三十七条 县、乡级人民政府对公路养护需要的挖砂、采石、取土以及取水,应当给予支持和协助。

第三十八条 县、乡级人民政府应当在农村义务工的范围内,按照国家有关规定组织公路两侧的农村居民履行为公路建设和养护提供劳务的义务。

第三十九条 为保障公路养护人员的人身安全,公路养护人员进行养护作业时,应当穿着统一的安全标志服;利用车辆进行养护作业时,应当在公路作业车辆上设置明显的作业标志。

公路养护车辆进行作业时,在不影响过往车辆通行的前提下,其行驶路线和方向

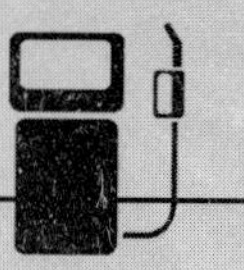

不受公路标志、标线限制；过往车辆对公路养护车辆和人员应当注意避让。

公路养护工程施工影响车辆、行人通行时，施工单位应当依照本法第三十二条的规定办理。

第四十条 因严重自然灾害致使国道、省道交通中断，公路管理机构应当及时修复；公路管理机构难以及时修复时，县级以上地方人民政府应当及时组织当地机关、团体、企业事业单位、城乡居民进行抢修，并可以请求当地驻军支援，尽快恢复交通。

第四十一条 公路用地范围内的山坡、荒地，由公路管理机构负责水土保持。

第四十二条 公路绿化工作，由公路管理机构按照公路工程技术标准组织实施。

公路用地上的树木，不得任意砍伐；需要更新砍伐的，应当经县级以上地方人民政府交通主管部门同意后，依照《中华人民共和国森林法》的规定办理审批手续，并完成更新补种任务。

第五章 路政管理

第四十三条 各级地方人民政府应当采取措施，加强对公路的保护。

县级以上地方人民政府交通主管部门应当认真履行职责，依法做好公路保护工作，并努力采用科学的管理方法和先进的技术手段，提高公路管理水平，逐步完善公路服务设施，保障公路的完好、安全和畅通。

第四十四条 任何单位和个人不得擅自占用、挖掘公路。

因修建铁路、机场、电站、通信设施、水利工程和进行其他建设工程需要占用、挖掘公路或者使公路改线的，建设单位应当事先征得有关交通主管部门的同意；影响交通安全的，还须征得有关公安机关的同意。占用、挖掘公路或者使公路改线的，建设单位应当按照不低于该段公路原有的技术标准予以修复、改建或者给予相应的经济补偿。

第四十五条 跨越、穿越公路修建桥梁、渡槽或者架设、埋设管线等设施的，以及在公路用地范围内架设、埋设管线、电缆等设施的，应当事先经有关交通主管部门同意，影响交通安全的，还须征得有关公安机关的同意；所修建、架设或者埋设的设施应当符合公路工程技术标准的要求。对公路造成损坏的，应当按照损坏程度给予补偿。

第四十六条 任何单位和个人不得在公路上及公路用地范围内摆摊设点、堆放物品、倾倒垃圾、设置障碍、挖沟引水、利用公路边沟排放污物或者进行其他损坏、污染公路和影响公路畅通的活动。

第四十七条 在大中型公路桥梁和渡口周围二百米、公路隧道上方和洞口外一百米范围内，以及在公路两侧一定距离内，不得挖砂、采石、取土、倾倒废弃物，不得进行爆破作业及其他危及公路、公路桥梁、公路隧道、公路渡口安全的活动。

在前款范围内因抢险、防汛需要修筑堤坝、压缩或者拓宽河床的，应当事先报经省、自治区、直辖市人民政府交通主管部门会同水行政主管部门批准，并采取有效的保护有关的公路、公路桥梁、公路隧道、公路渡口安全的措施。

第四十八条 除农业机械因当地田间作业需要在公路上短距离行驶外，铁轮车、履带车和其他可能损害公路路面的机具，不得在公路上行驶。确需行驶的，必须经县级以上地方人民政府交通主管部门同意，采取有效的防护措施，并按照公安机关指定的时间、路线行驶。对公路造成损坏的，应当按照损坏程度给予补偿。

第四十九条 在公路上行驶的车辆的轴载质量应当符合公路工程技术标准要求。

第五十条 超过公路、公路桥梁、公路隧道或者汽车渡船的限载、限高、限宽、限长标准的车辆，不得在有限定标准的公路、公路桥梁上或者公路隧道内行驶，不得使用汽车渡船。超过公路或者公路桥梁限载标准确需行驶的，必须经县级以上地方人民政府交通主管部门批准，并按要求采取有效的防护措施；影响交通安全的，还应当经同级公安机关批准；运载不可解体的超限物品的，应当按照指定的时间、路线、时速行驶，并悬挂明显标志。

运输单位不能按照前款规定采取防护措施的，由交通主管部门帮助其采取防护措施，所需费用由运输单位承担。

第五十一条 机动车制造厂和其他单位不得将公路作为检验机动车制动性能的试车场地。

第五十二条 任何单位和个人不得损坏、擅自移动、涂改公路附属设施。

前款公路附属设施，是指为保护、养护公路和保障公路安全畅通所设置的公路防护、排水、养护、管理、服务、交通安全、渡运、监控、通信、收费等设施、设备以及专用建筑物、构筑物等。

第五十三条 造成公路损坏的，责任者应当及时报告公路管理机构，并接受公路管理机构的现场调查。

第五十四条 任何单位和个人未经县级以上地方人民政府交通主管部门批准，不得在公路用地范围内设置公路标志以外的其他标志。

第五十五条 在公路上增设平面交叉道口，必须按照国家有关规定经过批准，并按照国家规定的技术标准建设。

第五十六条 除公路防护、养护需要的以外，禁止在公路两侧的建筑控制区内修建建筑物和地面构筑物；需要在建筑控制区内埋设管线、电缆等设施的，应当事先经县级以上地方人民政府交通主管部门批准。

前款规定的建筑控制区的范围，由县级以上地方人民政府按照保障公路运行安全和节约用地的原则，依照国务院的规定划定。

建筑控制区范围经县级以上地方人民政府依照前款规定划定后，由县级以上地方人民政府交通主管部门设置标桩、界桩。任何单位和个人不得损坏、擅自挪动该标桩、界桩。

第五十七条 除本法第四十七条第二款的规定外，本章规定由交通主管部门行使的路政管理职责，可以依照本法第八条第四款的规定，由公路管理机构行使。

第六章 收费公路

第五十八条 国家允许依法设立收费公路，同时对收费公路的数量进行控制。

除本法第五十九条规定可以收取车辆通行费的公路外，禁止任何公路收取车辆通行费。

第五十九条 符合国务院交通主管部门规定的技术等级和规模的下列公路，可以依法收取车辆通行费：

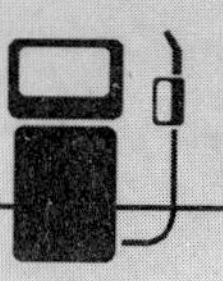

（一）由县级以上地方人民政府交通主管部门利用贷款或者向企业、个人集资建成的公路；

（二）由国内外经济组织依法受让前项收费公路收费权的公路；

（三）由国内外经济组织依法投资建成的公路。

第六十条 县级以上地方人民政府交通主管部门利用贷款或者集资建成的收费公路的收费期限，按照收费偿还贷款、集资款的原则，由省、自治区、直辖市人民政府依照国务院交通主管部门的规定确定。

有偿转让公路收费权的公路，收费权转让后，由受让方收费经营。收费权的转让期限由出让、受让双方约定并报转让收费权的审批机关审查批准，但最长不得超过国务院规定的年限。

国内外经济组织投资建设公路，必须按照国家有关规定办理审批手续；公路建成后，由投资者收费经营。收费经营期限按照收回投资并有合理回报的原则，由有关交通主管部门与投资者约定并按照国家有关规定办理审批手续，但最长不得超过国务院规定的年限。

第六十一条 本法第五十九条第一款第一项规定的公路中的国道收费权的转让，必须经国务院交通主管部门批准；国道以外的其他公路收费权的转让，必须经省、自治区、直辖市人民政府批准，并报国务院交通主管部门备案。

前款规定的公路收费权出让的最低成交价，以国有资产评估机构评估的价值为依据确定。

第六十二条 受让公路收费权和投资建设公路的国内外经济组织应当依法成立开发、经营公路的企业（以下简称公路经营企业）。

第六十三条 收费公路车辆通行费的收费标准，由公路收费单位提出方案，报省、自治区、直辖市人民政府交通主管部门会同同级物价行政主管部门审查批准。

第六十四条 收费公路设置车辆通行费的收费站，应当报经省、自治区、直辖市人民政府审查批准。跨省、自治区、直辖市的收费公路设置车辆通行费的收费站，由有关省、自治区、直辖市人民政府协商确定；协商不成的，由国务院交通主管部门决定。同一收费公路由不同的交通主管部门组织建设或者由不同的公路经营企业经营的，应当按照"统一收费、按比例分成"的原则，统筹规划，合理设置收费站。

两个收费站之间的距离，不得小于国务院交通主管部门规定的标准。

第六十五条 有偿转让公路收费权的公路，转让收费权合同约定的期限届满，收费权由出让方收回。

由国内外经济组织依照本法规定投资建成并经营的收费公路，约定的经营期限届满，该公路由国家无偿收回，由有关交通主管部门管理。

第六十六条 依照本法第五十九条规定受让收费权或者由国内外经济组织投资建成经营的公路的养护工作，由各该公路经营企业负责。各该公路经营企业在经营期间应当按照国务院交通主管部门规定的技术规范和操作规程做好对公路的养护工作。在受让收费权的期限届满，或者经营期限届满时，公路应当处于良好的技术状态。

前款规定的公路的绿化和公路用地范围内的水土保持工作，由各该公路经营企业负责。

第一款规定的公路的路政管理，适用本法第五章的规定。该公路路政管理的职责由县级以上地方人民政府交通主管部门或者公路管理机构的派出机构、人员行使。

第六十七条 在收费公路上从事本法第四十四条第二款、第四十五条、第四十八条、第五十条所列活动的，除依照各该条的规定办理外，给公路经营企业造成损失的，应当给予相应的补偿。

第六十八条 收费公路的具体管理办法，由国务院依照本法制定。

第七章 监督检查

第六十九条 交通主管部门、公路管理机构依法对有关公路的法律、法规执行情况进行监督检查。

第七十条 交通主管部门、公路管理机构负有管理和保护公路的责任，有权检查、制止各种侵占、损坏公路、公路用地、公路附属设施及其他违反本法规定的行为。

第七十一条 公路监督检查人员依法在公路、建筑控制区、车辆停放场所、车辆所属单位等进行监督检查时，任何单位和个人不得阻挠。

公路经营者、使用者和其他有关单位、个人，应当接受公路监督检查人员依法实施的监督检查，并为其提供方便。

公路监督检查人员执行公务，应当佩戴标志，持证上岗。

第七十二条 交通主管部门、公路管理机构应当加强对所属公路监督检查人员的管理和教育，要求公路监督检查人员熟悉国家有关法律和规定，公正廉洁，热情服务，秉公执法，对公路监督检查人员的执法行为应当加强监督检查，对其违法行为应当及时纠正，依法处理。

第七十三条 用于公路监督检查的专用车辆，应当设置统一的标志和示警灯。

第八章 法律责任

第七十四条 违反法律或者国务院有关规定，擅自在公路上设卡、收费的，由交通主管部门责令停止违法行为，没收违法所得，可以处违法所得三倍以下的罚款，没有违法所得的，可以处二万元以下的罚款；对负有直接责任的主管人员和其他直接责任人员，依法给予行政处分。

第七十五条 违反本法第二十五条规定，未经有关交通主管部门批准擅自施工的，交通主管部门可以责令停止施工，并可以处五万元以下的罚款。

第七十六条 有下列违法行为之一的，由交通主管部门责令停止违法行为，可以处三万元以下的罚款：(一)违反本法第四十四条第一款规定，擅自占用、挖掘公路的；(二)违反本法第四十五条规定，未经同意或者未按照公路工程技术标准的要求修建桥梁、渡槽或者架设、埋设管线、电缆等设施的；(三)违反本法第四十七条规定，从事危及公路安全的作业的；(四)违反本法第四十八条规定，铁轮车、履带车和其他可能损害路面的机具擅自在公路上行驶的；(五)违反本法第五十条规定，车辆超限使用汽车渡船或者在公路上擅自超限行驶的；(六)违反本法第五十二条、第五十六条规定，

损坏、移动、涂改公路附属设施或者损坏、挪动建筑控制区的标桩、界桩，可能危及公路安全的。

第七十七条 违反本法第四十六条的规定，造成公路路面损坏、污染或者影响公路畅通的，或者违反本法第五十一条规定，将公路作为试车场地的，由交通主管部门责令停止违法行为，可以处五千元以下的罚款。

第七十八条 违反本法第五十三条规定，造成公路损坏，未报告的，由交通主管部门处一千元以下的罚款。

第七十九条 违反本法第五十四条规定，在公路用地范围内设置公路标志以外的其他标志的，由交通主管部门责令限期拆除，可以处二万元以下的罚款；逾期不拆除的，由交通主管部门拆除，有关费用由设置者负担。

第八十条 违反本法第五十五条规定，未经批准在公路上增设平面交叉道口的，由交通主管部门责令恢复原状，处五万元以下的罚款。

第八十一条 违反本法第五十六条规定，在公路建筑控制区内修建建筑物、地面构筑物或者擅自埋设管线、电缆等设施的，由交通主管部门责令限期拆除，并可以处五万元以下的罚款。逾期不拆除的，由交通主管部门拆除，有关费用由建筑者、构筑者承担。

第八十二条 除本法第七十四条、第七十五条的规定外，本章规定由交通主管部门行使的行政处罚权和行政措施，可以依照本法第八条第四款的规定由公路管理机构行使。

第八十三条 阻碍公路建设或者公路抢修，致使公路建设或者抢修不能正常进行，尚未造成严重损失的，依照治安管理处罚条例第十九条的规定处罚。

损毁公路或者擅自移动公路标志，可能影响交通安全，尚不够刑事处罚的，依照治安管理处罚条例第二十条的规定处罚。

拒绝、阻碍公路监督检查人员依法执行职务未使用暴力、威胁方法的，依照治安管理处罚条例第十九条的规定处罚。

第八十四条 违反本法有关规定，构成犯罪的，依法追究刑事责任。

第八十五条 违反本法有关规定，对公路造成损害的，应当依法承担民事责任。

对公路造成较大损害的车辆，必须立即停车，保护现场，报告公路管理机构，接受公路管理机构的调查、处理后方得驶离。

第八十六条 交通主管部门、公路管理机构的工作人员玩忽职守、徇私舞弊、滥用职权，构成犯罪的，依法追究刑事责任；尚不构成犯罪的，依法给予行政处分。

第九章 附 则

第八十七条 本法自 1998 年 1 月 1 日起施行。

附 治安管理处罚条例有关条款：

第十九条 有下列扰乱公共秩序行为之一，尚不够刑事处罚的，处十五日以下拘留、二百元以下罚款或者警告：(一)扰乱机关、团体、企业、事业单位的秩序，致使工作、生产、营业、医疗、教学、科研不能正常进行，尚未造成严重损失的；……(七)拒绝、阻碍国家工作人员依法执行职务，未使用暴力、威胁方法的。

第二十条 有下列妨害公共安全行为之一的，处十五日以下拘留、二百元以下罚款或者警告：……（八）在铁路、公路、水域航道、堤坝上，挖掘坑穴，放置障碍物，损毁、移动指示标志，可能影响交通运输安全，尚不够刑事处罚的。

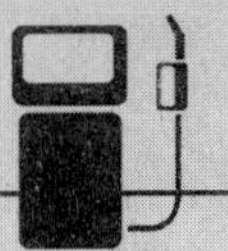

中华人民共和国道路交通安全法

(2003 年 10 月 28 日　中华人民共和国主席令第八号发布)

《中华人民共和国道路交通安全法》已由中华人民共和国第十届全国人民代表大会常务委员会第五次会议于 2003 年 10 月 28 日通过，现予公布，自 2004 年 5 月 1 日起施行。

目录

第一章　总　　则

第一条　为了维护道路交通秩序，预防和减少交通事故，保护人身安全，保护公民、法人和其他组织的财产安全及其他合法权益，提高通行效率，制定本法。

第二条　中华人民共和国境内的车辆驾驶人、行人、乘车人以及与道路交通活动有关的单位和个人，都应当遵守本法。

第三条　道路交通安全工作，应当遵循依法管理、方便群众的原则，保障道路交通有序、安全、畅通。

第四条　各级人民政府应当保障道路交通安全管理工作与经济建设和社会发展相适应。

县级以上地方各级人民政府应当适应道路交通发展的需要，依据道路交通安全法律、法规和国家有关政策，制定道路交通安全管理规划，并组织实施。

第五条　国务院公安部门负责全国道路交通安全管理工作。县级以上地方各级人民政府公安机关交通管理部门负责本行政区域内的道路交通安全管理工作。

县级以上各级人民政府交通、建设管理部门依据各自职责，负责有关的道路交通工作。

第六条 各级人民政府应当经常进行道路交通安全教育，提高公民的道路交通安全意识。

公安机关交通管理部门及其交通警察执行职务时，应当加强道路交通安全法律、法规的宣传，并模范遵守道路交通安全法律、法规。

机关、部队、企业事业单位、社会团体以及其他组织，应当对本单位的人员进行道路交通安全教育。

教育行政部门、学校应当将道路交通安全教育纳入法制教育的内容。

新闻、出版、广播、电视等有关单位，有进行道路交通安全教育的义务。

第七条 对道路交通安全管理工作，应当加强科学研究，推广、使用先进的管理方法、技术、设备。

第二章 车辆和驾驶人

第一节 机动车、非机动车

第八条 国家对机动车实行登记制度。机动车经公安机关交通管理部门登记后，方可上道路行驶。尚未登记的机动车，需要临时上道路行驶的，应当取得临时通行牌证。

第九条 申请机动车登记，应当提交以下证明、凭证：

（一）机动车所有人的身份证明；

（二）机动车来历证明；

（三）机动车整车出厂合格证明或者进口机动车进口凭证；

（四）车辆购置税的完税证明或者免税凭证；

（五）法律、行政法规规定应当在机动车登记时提交的其他证明、凭证。

公安机关交通管理部门应当自受理申请之日起五个工作日内完成机动车登记审查工作，对符合前款规定条件的，应当发放机动车登记证书、号牌和行驶证；对不符合前款规定条件的，应当向申请人说明不予登记的理由。

公安机关交通管理部门以外的任何单位或者个人不得发放机动车号牌或者要求机动车悬挂其他号牌，本法另有规定的除外。

机动车登记证书、号牌、行驶证的式样由国务院公安部门规定并监制。

第十条 准予登记的机动车应当符合机动车国家安全技术标准。申请机动车登记时，应当接受对该机动车的安全技术检验。但是，经国家机动车产品主管部门依据机动车国家安全技术标准认定的企业生产的机动车型，该车型的新车在出厂时经检验符合机动车国家安全技术标准，获得检验合格证的，免予安全技术检验。

第十一条 驾驶机动车上道路行驶，应当悬挂机动车号牌，放置检验合格标志、保险标志，并随车携带机动车行驶证。

机动车号牌应当按照规定悬挂并保持清晰、完整，不得故意遮挡、污损。

任何单位和个人不得收缴、扣留机动车号牌。

第十二条 有下列情形之一的，应当办理相应的登记：

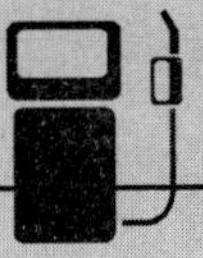

(一)机动车所有权发生转移的；

(二)机动车登记内容变更的；

(三)机动车用作抵押的；

(四)机动车报废的。

第十三条 对登记后上道路行驶的机动车，应当依照法律、行政法规的规定，根据车辆用途、载客载货数量、使用年限等不同情况，定期进行安全技术检验。对提供机动车行驶证和机动车第三者责任强制保险单的，机动车安全技术检验机构应当予以检验，任何单位不得附加其他条件。对符合机动车国家安全技术标准的，公安机关交通管理部门应当发给检验合格标志。

对机动车的安全技术检验实行社会化。具体办法由国务院规定。

机动车安全技术检验实行社会化的地方，任何单位不得要求机动车到指定的场所进行检验。

公安机关交通管理部门、机动车安全技术检验机构不得要求机动车到指定的场所进行维修、保养。

机动车安全技术检验机构对机动车检验收取费用，应当严格执行国务院价格主管部门核定的收费标准。

第十四条 国家实行机动车强制报废制度，根据机动车的安全技术状况和不同用途，规定不同的报废标准。

应当报废的机动车必须及时办理注销登记。

达到报废标准的机动车不得上道路行驶。报废的大型客、货车及其他营运车辆应当在公安机关交通管理部门的监督下解体。

第十五条 警车、消防车、救护车、工程救险车应当按照规定喷涂标志图案，安装警报器、标志灯具。其他机动车不得喷涂、安装、使用上述车辆专用的或者与其相类似的标志图案、警报器或者标志灯具。

警车、消防车、救护车、工程救险车应当严格按照规定的用途和条件使用。

公路监督检查的专用车辆，应当依照公路法的规定，设置统一的标志和示警灯。

第十六条 任何单位或者个人不得有下列行为：

(一)拼装机动车或者擅自改变机动车已登记的结构、构造或者特征；

(二)改变机动车型号、发动机号、车架号或者车辆识别代号；

(三)伪造、变造或者使用伪造、变造的机动车登记证书、号牌、行驶证、检验合格标志、保险标志；

(四)使用其他机动车的登记证书、号牌、行驶证、检验合格标志、保险标志。

第十七条 国家实行机动车第三者责任强制保险制度，设立道路交通事故社会救助基金。具体办法由国务院规定。

第十八条 依法应当登记的非机动车，经公安机关交通管理部门登记后，方可上道路行驶。

依法应当登记的非机动车的种类，由省、自治区、直辖市人民政府根据当地实际情况规定。

非机动车的外形尺寸、质量、制动器、车铃和夜间反光装置，应当符合非机动车安全技术标准。

第二节　机动车驾驶人

第十九条　驾驶机动车，应当依法取得机动车驾驶证。

申请机动车驾驶证，应当符合国务院公安部门规定的驾驶许可条件；经考试合格后，由公安机关交通管理部门发给相应类别的机动车驾驶证。

持有境外机动车驾驶证的人，符合国务院公安部门规定的驾驶许可条件，经公安机关交通管理部门考核合格的，可以发给中国的机动车驾驶证。

驾驶人应当按照驾驶证载明的准驾车型驾驶机动车；驾驶机动车时，应当随身携带机动车驾驶证。

公安机关交通管理部门以外的任何单位或者个人，不得收缴、扣留机动车驾驶证。

第二十条　机动车的驾驶培训实行社会化，由交通主管部门对驾驶培训学校、驾驶培训班实行资格管理，其中专门的拖拉机驾驶培训学校、驾驶培训班由农业（农业机械）主管部门实行资格管理。

驾驶培训学校、驾驶培训班应当严格按照国家有关规定，对学员进行道路交通安全法律、法规、驾驶技能的培训，确保培训质量。

任何国家机关以及驾驶培训和考试主管部门不得举办或者参与举办驾驶培训学校、驾驶培训班。

第二十一条　驾驶人驾驶机动车上道路行驶前，应当对机动车的安全技术性能进行认真检查；不得驾驶安全设施不全或者机件不符合技术标准等具有安全隐患的机动车。

第二十二条　机动车驾驶人应当遵守道路交通安全法律、法规的规定，按照操作规范安全驾驶、文明驾驶。

饮酒、服用国家管制的精神药品或者麻醉药品，或者患有妨碍安全驾驶机动车的疾病，或者过度疲劳影响安全驾驶的，不得驾驶机动车。

任何人不得强迫、指使、纵容驾驶人违反道路交通安全法律、法规和机动车安全驾驶要求驾驶机动车。

第二十三条　公安机关交通管理部门依照法律、行政法规的规定，定期对机动车驾驶证实施审验。

第二十四条　公安机关交通管理部门对机动车驾驶人违反道路交通安全法律、法规的行为，除依法给予行政处罚外，实行累积记分制度。公安机关交通管理部门对累积记分达到规定分值的机动车驾驶人，扣留机动车驾驶证，对其进行道路交通安全法律、法规教育，重新考试；考试合格的，发还其机动车驾驶证。

对遵守道路交通安全法律、法规，在一年内无累积记分的机动车驾驶人，可以延长机动车驾驶证的审验期。具体办法由国务院公安部门规定。

第三章　道路通行条件

第二十五条　全国实行统一的道路交通信号。

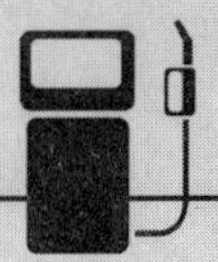

交通信号包括交通信号灯、交通标志、交通标线和交通警察的指挥。

交通信号灯、交通标志、交通标线的设置应当符合道路交通安全、畅通的要求和国家标准，并保持清晰、醒目、准确、完好。

根据通行需要，应当及时增设、调换、更新道路交通信号。增设、调换、更新限制性的道路交通信号，应当提前向社会公告，广泛进行宣传。

第二十六条　交通信号灯由红灯、绿灯、黄灯组成。红灯表示禁止通行，绿灯表示准许通行，黄灯表示警示。

第二十七条　铁路与道路平面交叉的道口，应当设置警示灯、警示标志或者安全防护设施。无人看守的铁路道口，应当在距道口一定距离处设置警示标志。

第二十八条　任何单位和个人不得擅自设置、移动、占用、损毁交通信号灯、交通标志、交通标线。

道路两侧及隔离带上种植的树木或者其他植物，设置的广告牌、管线等，应当与交通设施保持必要的距离，不得遮挡路灯、交通信号灯、交通标志，不得妨碍安全视距，不得影响通行。

第二十九条　道路、停车场和道路配套设施的规划、设计、建设，应当符合道路交通安全、畅通的要求，并根据交通需求及时调整。

公安机关交通管理部门发现已经投入使用的道路存在交通事故频发路段，或者停车场、道路配套设施存在交通安全严重隐患的，应当及时向当地人民政府报告，并提出防范交通事故、消除隐患的建议，当地人民政府应当及时作出处理决定。

第三十条　道路出现坍塌、坑漕、水毁、隆起等损毁或者交通信号灯、交通标志、交通标线等交通设施损毁、灭失的，道路、交通设施的养护部门或者管理部门应当设置警示标志并及时修复。

公安机关交通管理部门发现前款情形，危及交通安全，尚未设置警示标志的，应当及时采取安全措施，疏导交通，并通知道路、交通设施的养护部门或者管理部门。

第三十一条　未经许可，任何单位和个人不得占用道路从事非交通活动。

第三十二条　因工程建设需要占用、挖掘道路，或者跨越、穿越道路架设、增设管线设施，应当事先征得道路主管部门的同意；影响交通安全的，还应当征得公安机关交通管理部门的同意。

施工作业单位应当在经批准的路段和时间内施工作业，并在距离施工作业地点来车方向安全距离处设置明显的安全警示标志，采取防护措施；施工作业完毕，应当迅速清除道路上的障碍物，消除安全隐患，经道路主管部门和公安机关交通管理部门验收合格，符合通行要求后，方可恢复通行。

对未中断交通的施工作业道路，公安机关交通管理部门应当加强交通安全监督检查，维护道路交通秩序。

第三十三条　新建、改建、扩建的公共建筑、商业街区、居住区、大(中)型建筑等，应当配建、增建停车场；停车泊位不足的，应当及时改建或者扩建；投入使用的停车场不得擅自停止使用或者改作他用。

在城市道路范围内，在不影响行人、车辆通行的情况下，政府有关部门可以施划停车泊位。

第三十四条 学校、幼儿园、医院、养老院门前的道路没有行人过街设施的，应当施划人行横道线，设置提示标志。

城市主要道路的人行道，应当按照规划设置盲道。盲道的设置应当符合国家标准。

第四章 道路通行规定

第一节 一般规定

第三十五条 机动车、非机动车实行右侧通行。

第三十六条 根据道路条件和通行需要，道路划分为机动车道、非机动车道和人行道的，机动车、非机动车、行人实行分道通行。没有划分机动车道、非机动车道和人行道的，机动车在道路中间通行，非机动车和行人在道路两侧通行。

第三十七条 道路划设专用车道的，在专用车道内，只准许规定的车辆通行，其他车辆不得进入专用车道内行驶。

第三十八条 车辆、行人应当按照交通信号通行；遇有交通警察现场指挥时，应当按照交通警察的指挥通行；在没有交通信号的道路上，应当在确保安全、畅通的原则下通行。

第三十九条 公安机关交通管理部门根据道路和交通流量的具体情况，可以对机动车、非机动车、行人采取疏导、限制通行、禁止通行等措施。遇有大型群众性活动、大范围施工等情况，需要采取限制交通的措施，或者作出与公众的道路交通活动直接有关的决定，应当提前向社会公告。

第四十条 遇有自然灾害、恶劣气象条件或者重大交通事故等严重影响交通安全的情形，采取其他措施难以保证交通安全时，公安机关交通管理部门可以实行交通管制。

第四十一条 有关道路通行的其他具体规定，由国务院规定。

第二节 机动车通行规定

第四十二条 机动车上道路行驶，不得超过限速标志标明的最高时速。在没有限速标志的路段，应当保持安全车速。

夜间行驶或者在容易发生危险的路段行驶，以及遇有沙尘、冰雹、雨、雪、雾、结冰等气象条件时，应当降低行驶速度。

第四十三条 同车道行驶的机动车，后车应当与前车保持足以采取紧急制动措施的安全距离。有下列情形之一的，不得超车：

（一）前车正在左转弯、掉头、超车的；

（二）与对面来车有会车可能的；

（三）前车为执行紧急任务的警车、消防车、救护车、工程救险车的；

（四）行经铁路道口、交叉路口、窄桥、弯道、陡坡、隧道、人行横道、市区交通流量大的路段等没有超车条件的。

第四十四条 机动车通过交叉路口，应当按照交通信号灯、交通标志、交通标线或者交通警察的指挥通过；通过没有交通信号灯、交通标志、交通标线或者交通警察

指挥的交叉路口时，应当减速慢行，并让行人和优先通行的车辆先行。

第四十五条 机动车遇有前方车辆停车排队等候或者缓慢行驶时，不得借道超车或者占用对面车道，不得穿插等候的车辆。

在车道减少的路段、路口，或者在没有交通信号灯、交通标志、交通标线或者交通警察指挥的交叉路口遇到停车排队等候或者缓慢行驶时，机动车应当依次交替通行。

第四十六条 机动车通过铁路道口时，应当按照交通信号或者管理人员的指挥通行；没有交通信号或者管理人员的，应当减速或者停车，在确认安全后通过。

第四十七条 机动车行经人行横道时，应当减速行驶；遇行人正在通过人行横道，应当停车让行。

机动车行经没有交通信号的道路时，遇行人横过道路，应当避让。

第四十八条 机动车载物应当符合核定的载质量，严禁超载；载物的长、宽、高不得违反装载要求，不得遗洒、飘散载运物。

机动车运载超限的不可解体的物品，影响交通安全的，应当按照公安机关交通管理部门指定的时间、路线、速度行驶，悬挂明显标志。在公路上运载超限的不可解体的物品，并应当依照公路法的规定执行。

机动车载运爆炸物品、易燃易爆化学物品以及剧毒、放射性等危险物品，应当经公安机关批准后，按指定的时间、路线、速度行驶，悬挂警示标志并采取必要的安全措施。

第四十九条 机动车载人不得超过核定的人数，客运机动车不得违反规定载货。

第五十条 禁止货运机动车载客。

货运机动车需要附载作业人员的，应当设置保护作业人员的安全措施。

第五十一条 机动车行驶时，驾驶人、乘坐人员应当按规定使用安全带，摩托车驾驶人及乘坐人员应当按规定戴安全头盔。

第五十二条 机动车在道路上发生故障，需要停车排除故障时，驾驶人应当立即开启危险报警闪光灯，将机动车移至不妨碍交通的地方停放；难以移动的，应当持续开启危险报警闪光灯，并在来车方向设置警告标志等措施扩大示警距离，必要时迅速报警。

第五十三条 警车、消防车、救护车、工程救险车执行紧急任务时，可以使用警报器、标志灯具；在确保安全的前提下，不受行驶路线、行驶方向、行驶速度和信号灯的限制，其他车辆和行人应当让行。

警车、消防车、救护车、工程救险车非执行紧急任务时，不得使用警报器、标志灯具，不享有前款规定的道路优先通行权。

第五十四条 道路养护车辆、工程作业车进行作业时，在不影响过往车辆通行的前提下，其行驶路线和方向不受交通标志、标线限制，过往车辆和人员应当注意避让。

洒水车、清扫车等机动车应当按照安全作业标准作业；在不影响其他车辆通行的情况下，可以不受车辆分道行驶的限制，但是不得逆向行驶。

第五十五条 高速公路、大中城市中心城区内的道路，禁止拖拉机通行。其他禁止拖拉机通行的道路，由省、自治区、直辖市人民政府根据当地实际情况规定。

在允许拖拉机通行的道路上，拖拉机可以从事货运，但是不得用于载人。

第五十六条 机动车应当在规定地点停放。禁止在人行道上停放机动车；但是，依照本法第三十三条规定施划的停车泊位除外。

在道路上临时停车的，不得妨碍其他车辆和行人通行。

第三节 非机动车通行规定

第五十七条 驾驶非机动车在道路上行驶应当遵守有关交通安全的规定。非机动车应当在非机动车道内行驶；在没有非机动车道的道路上，应当靠车行道的右侧行驶。

第五十八条 残疾人机动轮椅车、电动自行车在非机动车道内行驶时，最高时速不得超过十五公里。

第五十九条 非机动车应当在规定地点停放。未设停放地点的，非机动车停放不得妨碍其他车辆和行人通行。

第六十条 驾驭畜力车，应当使用驯服的牲畜；驾驭畜力车横过道路时，驾驭人应当下车牵引牲畜；驾驭人离开车辆时，应当拴系牲畜。

第四节 行人和乘车人通行规定

第六十一条 行人应当在人行道内行走，没有人行道的靠路边行走。

第六十二条 行人通过路口或者横过道路，应当走人行横道或者过街设施；通过有交通信号灯的人行横道，应当按照交通信号灯指示通行；通过没有交通信号灯、人行横道的路口，或者在没有过街设施的路段横过道路，应当在确认安全后通过。

第六十三条 行人不得跨越、倚坐道路隔离设施，不得扒车、强行拦车或者实施妨碍道路交通安全的其他行为。

第六十四条 学龄前儿童以及不能辨认或者不能控制自己行为的精神疾病患者、智力障碍者在道路上通行，应当由其监护人、监护人委托的人或者对其负有管理、保护职责的人带领。

盲人在道路上通行，应当使用盲杖或者采取其他导盲手段，车辆应当避让盲人。

第六十五条 行人通过铁路道口时，应当按照交通信号或者管理人员的指挥通行；没有交通信号和管理人员的，应当在确认无火车驶临后，迅速通过。

第六十六条 乘车人不得携带易燃易爆等危险物品，不得向车外抛洒物品，不得有影响驾驶人安全驾驶的行为。

第五节 高速公路的特别规定

第六十七条 行人、非机动车、拖拉机、轮式专用机械车、铰接式客车、全挂拖斗车以及其他设计最高时速低于七十公里的机动车，不得进入高速公路。高速公路限速标志标明的最高时速不得超过一百二十公里。

第六十八条 机动车在高速公路上发生故障时，应当依照本法第五十二条的有关规定办理；但是，警告标志应当设置在故障车来车方向一百五十米以外，车上人员应当迅速转移到右侧路肩上或者应急车道内，并且迅速报警。

机动车在高速公路上发生故障或者交通事故，无法正常行驶的，应当由救援车、清障车拖曳、牵引。

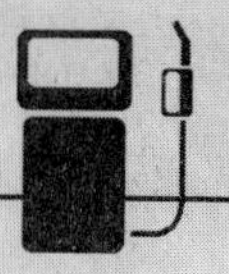

第六十九条 任何单位、个人不得在高速公路上拦截检查行驶的车辆，公安机关的人民警察依法执行紧急公务除外。

第五章 交通事故处理

第七十条 在道路上发生交通事故，车辆驾驶人应当立即停车，保护现场；造成人身伤亡的，车辆驾驶人应当立即抢救受伤人员，并迅速报告执勤的交通警察或者公安机关交通管理部门。因抢救受伤人员变动现场的，应当标明位置。乘车人、过往车辆驾驶人、过往行人应当予以协助。

在道路上发生交通事故，未造成人身伤亡，当事人对事实及成因无争议的，可以即行撤离现场，恢复交通，自行协商处理损害赔偿事宜；不即行撤离现场的，应当迅速报告执勤的交通警察或者公安机关交通管理部门。

在道路上发生交通事故，仅造成轻微财产损失，并且基本事实清楚的，当事人应当先撤离现场再进行协商处理。

第七十一条 车辆发生交通事故后逃逸的，事故现场目击人员和其他知情人员应当向公安机关交通管理部门或者交通警察举报。举报属实的，公安机关交通管理部门应当给予奖励。

第七十二条 公安机关交通管理部门接到交通事故报警后，应当立即派交通警察赶赴现场，先组织抢救受伤人员，并采取措施，尽快恢复交通。

交通警察应当对交通事故现场进行勘验、检查，收集证据；因收集证据的需要，可以扣留事故车辆，但是应当妥善保管，以备核查。

对当事人的生理、精神状况等专业性较强的检验，公安机关交通管理部门应当委托专门机构进行鉴定。鉴定结论应当由鉴定人签名。

第七十三条 公安机关交通管理部门应当根据交通事故现场勘验、检查、调查情况和有关的检验、鉴定结论，及时制作交通事故认定书，作为处理交通事故的证据。交通事故认定书应当载明交通事故的基本事实、成因和当事人的责任，并送达当事人。

第七十四条 对交通事故损害赔偿的争议，当事人可以请求公安机关交通管理部门调解，也可以直接向人民法院提起民事诉讼。

经公安机关交通管理部门调解，当事人未达成协议或者调解书生效后不履行的，当事人可以向人民法院提起民事诉讼。

第七十五条 医疗机构对交通事故中的受伤人员应当及时抢救，不得因抢救费用未及时支付而拖延救治。肇事车辆参加机动车第三者责任强制保险的，由保险公司在责任限额范围内支付抢救费用；抢救费用超过责任限额的，未参加机动车第三者责任强制保险或者肇事后逃逸的，由道路交通事故社会救助基金先行垫付部分或者全部抢救费用，道路交通事故社会救助基金管理机构有权向交通事故责任人追偿。

第七十六条 机动车发生交通事故造成人身伤亡、财产损失的，由保险公司在机动车第三者责任强制保险责任限额范围内予以赔偿。超过责任限额的部分，按照下列方式承担赔偿责任：

（一）机动车之间发生交通事故的，由有过错的一方承担责任；双方都有过错的，按照各自过错的比例分担责任。

（二）机动车与非机动车驾驶人、行人之间发生交通事故的，由机动车一方承担责任；但是，有证据证明非机动车驾驶人、行人违反道路交通安全法律、法规，机动车驾驶人已经采取必要处置措施的，减轻机动车一方的责任。

交通事故的损失是由非机动车驾驶人、行人故意造成的，机动车一方不承担责任。

第七十七条 车辆在道路以外通行时发生的事故，公安机关交通管理部门接到报案的，参照本法有关规定办理。

第六章 执法监督

第七十八条 公安机关交通管理部门应当加强对交通警察的管理，提高交通警察的素质和管理道路交通的水平。

公安机关交通管理部门应当对交通警察进行法制和交通安全管理业务培训、考核。交通警察经考核不合格的，不得上岗执行职务。

第七十九条 公安机关交通管理部门及其交通警察实施道路交通安全管理，应当依据法定的职权和程序，简化办事手续，做到公正、严格、文明、高效。

第八十条 交通警察执行职务时，应当按照规定着装，佩带人民警察标志，持有人民警察证件，保持警容严整，举止端庄，指挥规范。

第八十一条 依照本法发放牌证等收取工本费，应当严格执行国务院价格主管部门核定的收费标准，并全部上缴国库。

第八十二条 公安机关交通管理部门依法实施罚款的行政处罚，应当依照有关法律、行政法规的规定，实施罚款决定与罚款收缴分离；收缴的罚款以及依法没收的违法所得，应当全部上缴国库。

第八十三条 交通警察调查处理道路交通安全违法行为和交通事故，有下列情形之一的，应当回避：

（一）是本案的当事人或者当事人的近亲属；

（二）本人或者其近亲属与本案有利害关系；

（三）与本案当事人有其他关系，可能影响案件的公正处理。

第八十四条 公安机关交通管理部门及其交通警察的行政执法活动，应当接受行政监察机关依法实施的监督。

公安机关督察部门应当对公安机关交通管理部门及其交通警察执行法律、法规和遵守纪律的情况依法进行监督。

上级公安机关交通管理部门应当对下级公安机关交通管理部门的执法活动进行监督。

第八十五条 公安机关交通管理部门及其交通警察执行职务，应当自觉接受社会和公民的监督。

任何单位和个人都有权对公安机关交通管理部门及其交通警察不严格执法以及违法违纪行为进行检举、控告。收到检举、控告的机关，应当依据职责及时查处。

第八十六条 任何单位不得给公安机关交通管理部门下达或者变相下达罚款指

标;公安机关交通管理部门不得以罚款数额作为考核交通警察的标准。

公安机关交通管理部门及其交通警察对超越法律、法规规定的指令,有权拒绝执行,并同时向上级机关报告。

第七章 法律责任

第八十七条 公安机关交通管理部门及其交通警察对道路交通安全违法行为,应当及时纠正。

公安机关交通管理部门及其交通警察应当依据事实和本法的有关规定对道路交通安全违法行为予以处罚。对于情节轻微,未影响道路通行的,指出违法行为,给予口头警告后放行。

第八十八条 对道路交通安全违法行为的处罚种类包括:警告、罚款、暂扣或者吊销机动车驾驶证、拘留。

第八十九条 行人、乘车人、非机动车驾驶人违反道路交通安全法律、法规关于道路通行规定的,处警告或者五元以上五十元以下罚款;非机动车驾驶人拒绝接受罚款处罚的,可以扣留其非机动车。

第九十条 机动车驾驶人违反道路交通安全法律、法规关于道路通行规定的,处警告或者二十元以上二百元以下罚款。本法另有规定的,依照规定处罚。

第九十一条 饮酒后驾驶机动车的,处暂扣一个月以上三个月以下机动车驾驶证,并处二百元以上五百元以下罚款;醉酒后驾驶机动车的,由公安机关交通管理部门约束至酒醒,处十五日以下拘留和暂扣三个月以上六个月以下机动车驾驶证,并处五百元以上二千元以下罚款。

饮酒后驾驶营运机动车的,处暂扣三个月机动车驾驶证,并处五百元罚款;醉酒后驾驶营运机动车的,由公安机关交通管理部门约束至酒醒,处十五日以下拘留和暂扣六个月机动车驾驶证,并处二千元罚款。

一年内有前两款规定醉酒后驾驶机动车的行为,被处罚两次以上的,吊销机动车驾驶证,五年内不得驾驶营运机动车。

第九十二条 公路客运车辆载客超过额定乘员的,处二百元以上五百元以下罚款;超过额定乘员百分之二十或者违反规定载货的,处五百元以上二千元以下罚款。

货运机动车超过核定载质量的,处二百元以上五百元以下罚款;超过核定载质量百分之三十或者违反规定载客的,处五百元以上二千元以下罚款。

有前两款行为的,由公安机关交通管理部门扣留机动车至违法状态消除。

运输单位的车辆有本条第一款、第二款规定的情形,经处罚不改的,对直接负责的主管人员处二千元以上五千元以下罚款。

第九十三条 对违反道路交通安全法律、法规关于机动车停放、临时停车规定的,可以指出违法行为,并予以口头警告,令其立即驶离。

机动车驾驶人不在现场或者虽在现场但拒绝立即驶离,妨碍其他车辆、行人通行的,处二十元以上二百元以下罚款,并可以将该机动车拖移至不妨碍交通的地点或者公安机关交通管理部门指定的地点停放。公安机关交通管理部门拖车不得向当事人收取费用,并应当及时告知当事人停放地点。

因采取不正确的方法拖车造成机动车损坏的，应当依法承担补偿责任。

第九十四条 机动车安全技术检验机构实施机动车安全技术检验超过国务院价格主管部门核定的收费标准收取费用的，退还多收取的费用，并由价格主管部门依照《中华人民共和国价格法》的有关规定给予处罚。

机动车安全技术检验机构不按照机动车国家安全技术标准进行检验，出具虚假检验结果的，由公安机关交通管理部门处所收检验费用五倍以上十倍以下罚款，并依法撤销其检验资格；构成犯罪的，依法追究刑事责任。

第九十五条 上道路行驶的机动车未悬挂机动车号牌，未放置检验合格标志、保险标志，或者未随车携带行驶证、驾驶证的，公安机关交通管理部门应当扣留机动车，通知当事人提供相应的牌证、标志或者补办相应手续，并可以依照本法第九十条的规定予以处罚。当事人提供相应的牌证、标志或者补办相应手续的，应当及时退还机动车。

故意遮挡、污损或者不按规定安装机动车号牌的，依照本法第九十条的规定予以处罚。

第九十六条 伪造、变造或者使用伪造、变造的机动车登记证书、号牌、行驶证、检验合格标志、保险标志、驾驶证或者使用其他车辆的机动车登记证书、号牌、行驶证、检验合格标志、保险标志的，由公安机关交通管理部门予以收缴，扣留该机动车，并处二百元以上二千元以下罚款；构成犯罪的，依法追究刑事责任。

当事人提供相应的合法证明或者补办相应手续的，应当及时退还机动车。

第九十七条 非法安装警报器、标志灯具的，由公安机关交通管理部门强制拆除，予以收缴，并处二百元以上二千元以下罚款。

第九十八条 机动车所有人、管理人未按照国家规定投保机动车第三者责任强制保险的，由公安机关交通管理部门扣留车辆至依照规定投保后，并处依照规定投保最低责任限额应缴纳的保险费的二倍罚款。

依照前款缴纳的罚款全部纳入道路交通事故社会救助基金。具体办法由国务院规定。

第九十九条 有下列行为之一的，由公安机关交通管理部门处二百元以上二千元以下罚款：

(一)未取得机动车驾驶证、机动车驾驶证被吊销或者机动车驾驶证被暂扣期间驾驶机动车的；

(二)将机动车交由未取得机动车驾驶证或者机动车驾驶证被吊销、暂扣的人驾驶的；

(三)造成交通事故后逃逸，尚不构成犯罪的；

(四)机动车行驶超过规定时速百分之五十的；

(五)强迫机动车驾驶人违反道路交通安全法律、法规和机动车安全驾驶要求驾驶机动车，造成交通事故，尚不构成犯罪的；

(六)违反交通管制的规定强行通行，不听劝阻的；

(七)故意损毁、移动、涂改交通设施，造成危害后果，尚不构成犯罪的；

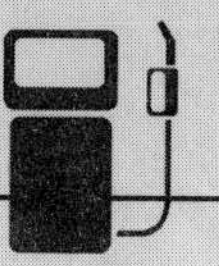

（八）非法拦截、扣留机动车辆，不听劝阻，造成交通严重阻塞或者较大财产损失的。

行为人有前款第二项、第四项情形之一的，可以并处吊销机动车驾驶证；有第一项、第三项、第五项至第八项情形之一的，可以并处十五日以下拘留。

第一百条 驾驶拼装的机动车或者已达到报废标准的机动车上道路行驶的，公安机关交通管理部门应当予以收缴，强制报废。

对驾驶前款所列机动车上道路行驶的驾驶人，处二百元以上二千元以下罚款，并吊销机动车驾驶证。

出售已达到报废标准的机动车的，没收违法所得，处销售金额等额的罚款，对该机动车依照本条第一款的规定处理。

第一百零一条 违反道路交通安全法律、法规的规定，发生重大交通事故，构成犯罪的，依法追究刑事责任，并由公安机关交通管理部门吊销机动车驾驶证。

造成交通事故后逃逸的，由公安机关交通管理部门吊销机动车驾驶证，且终生不得重新取得机动车驾驶证。

第一百零二条 对六个月内发生二次以上特大交通事故负有主要责任或者全部责任的专业运输单位，由公安机关交通管理部门责令消除安全隐患，未消除安全隐患的机动车，禁止上道路行驶。

第一百零三条 国家机动车产品主管部门未按照机动车国家安全技术标准严格审查，许可不合格机动车型投入生产的，对负有责任的主管人员和其他直接责任人员给予降级或者撤职的行政处分。

机动车生产企业经国家机动车产品主管部门许可生产的机动车型，不执行机动车国家安全技术标准或者不严格进行机动车成品质量检验，致使质量不合格的机动车出厂销售的，由质量技术监督部门依照《中华人民共和国产品质量法》的有关规定给予处罚。

擅自生产、销售未经国家机动车产品主管部门许可生产的机动车型的，没收非法生产、销售的机动车成品及配件，可以并处非法产品价值三倍以上五倍以下罚款；有营业执照的，由工商行政管理部门吊销营业执照，没有营业执照的，予以查封。

生产、销售拼装的机动车或者生产、销售擅自改装的机动车的，依照本条第三款的规定处罚。

有本条第二款、第三款、第四款所列违法行为，生产或者销售不符合机动车国家安全技术标准的机动车，构成犯罪的，依法追究刑事责任。

第一百零四条 未经批准，擅自挖掘道路、占用道路施工或者从事其他影响道路交通安全活动的，由道路主管部门责令停止违法行为，并恢复原状，可以依法给予罚款；致使通行的人员、车辆及其他财产遭受损失的，依法承担赔偿责任。

有前款行为，影响道路交通安全活动的，公安机关交通管理部门可以责令停止违法行为，迅速恢复交通。

第一百零五条 道路施工作业或者道路出现损毁，未及时设置警示标志、未采取防护措施，或者应当设置交通信号灯、交通标志、交通标线而没有设置或者应当及时变更交通信号灯、交通标志、交通标线而没有及时变更，致使通行的人员、车辆及其他财产遭受损失的，负有相关职责的单位应当依法承担赔偿责任。

第一百零六条 在道路两侧及隔离带上种植树木、其他植物或者设置广告牌、管线等，遮挡路灯、交通信号灯、交通标志，妨碍安全视距的，由公安机关交通管理部门责令行为人排除妨碍；拒不执行的，处二百元以上二千元以下罚款，并强制排除妨碍，所需费用由行为人负担。

第一百零七条 对道路交通违法行为人予以警告、二百元以下罚款，交通警察可以当场作出行政处罚决定，并出具行政处罚决定书。

行政处罚决定书应当载明当事人的违法事实、行政处罚的依据、处罚内容、时间、地点以及处罚机关名称，并由执法人员签名或者盖章。

第一百零八条 当事人应当自收到罚款的行政处罚决定书之日起十五日内，到指定的银行缴纳罚款。

对行人、乘车人和非机动车驾驶人的罚款，当事人无异议的，可以当场予以收缴罚款。

罚款应当开具省、自治区、直辖市财政部门统一制发的罚款收据；不出具财政部门统一制发的罚款收据的，当事人有权拒绝缴纳罚款。

第一百零九条 当事人逾期不履行行政处罚决定的，作出行政处罚决定的行政机关可以采取下列措施：

（一）到期不缴纳罚款的，每日按罚款数额的百分之三加处罚款；

（二）申请人民法院强制执行。

第一百一十条 执行职务的交通警察认为应当对道路交通违法行为人给予暂扣或者吊销机动车驾驶证处罚的，可以先予扣留机动车驾驶证，并在二十四小时内将案件移交公安机关交通管理部门处理。

道路交通违法行为人应当在十五日内到公安机关交通管理部门接受处理。无正当理由逾期未接受处理的，吊销机动车驾驶证。

公安机关交通管理部门暂扣或者吊销机动车驾驶证的，应当出具行政处罚决定书。

第一百一十一条 对违反本法规定予以拘留的行政处罚，由县、市公安局、公安分局或者相当于县一级的公安机关裁决。

第一百一十二条 公安机关交通管理部门扣留机动车、非机动车，应当当场出具凭证，并告知当事人在规定期限内到公安机关交通管理部门接受处理。

公安机关交通管理部门对被扣留的车辆应当妥善保管，不得使用。

逾期不来接受处理，并且经公告三个月仍不来接受处理的，对扣留的车辆依法处理。

第一百一十三条 暂扣机动车驾驶证的期限从处罚决定生效之日起计算；处罚决定生效前先予扣留机动车驾驶证的，扣留一日折抵暂扣期限一日。

吊销机动车驾驶证后重新申请领取机动车驾驶证的期限，按照机动车驾驶证管理规定办理。

第一百一十四条 公安机关交通管理部门根据交通技术监控记录资料，可以对违法的机动车所有人或者管理人依法予以处罚。对能够确定驾驶人的，可以依照本法的规定依法予以处罚。

第一百一十五条 交通警察有下列行为之一的，依法给予行政处分：

（一）为不符合法定条件的机动车发放机动车登记证书、号牌、行驶证、检验合格标志的；

（二）批准不符合法定条件的机动车安装、使用警车、消防车、救护车、工程救险车的警报器、标志灯具，喷涂标志图案的；

（三）为不符合驾驶许可条件、未经考试或者考试不合格人员发放机动车驾驶证的；

（四）不执行罚款决定与罚款收缴分离制度或者不按规定将依法收取的费用、收缴的罚款及没收的违法所得全部上缴国库的；

（五）举办或者参与举办驾驶学校或者驾驶培训班、机动车修理厂或者收费停车场等经营活动的；

（六）利用职务上的便利收受他人财物或者谋取其他利益的；

（七）违法扣留车辆、机动车行驶证、驾驶证、车辆号牌的；

（八）使用依法扣留的车辆的；

（九）当场收取罚款不开具罚款收据或者不如实填写罚款额的；

（十）徇私舞弊，不公正处理交通事故的；

（十一）故意刁难，拖延办理机动车牌证的；

（十二）非执行紧急任务时使用警报器、标志灯具的；

（十三）违反规定拦截、检查正常行驶的车辆的；

（十四）非执行紧急公务时拦截搭乘机动车的；

（十五）不履行法定职责的。

公安机关交通管理部门有前款所列行为之一的，对直接负责的主管人员和其他直接责任人员给予相应的行政处分。

第一百一十六条 依照本法第一百一十五条的规定，给予交通警察行政处分的，在作出行政处分决定前，可以停止其执行职务；必要时，可以予以禁闭。

依照本法第一百一十五条的规定，交通警察受到降级或者撤职行政处分的，可以予以辞退。

交通警察受到开除处分或者被辞退的，应当取消警衔；受到撤职以下行政处分的交通警察，应当降低警衔。

第一百一十七条 交通警察利用职权非法占有公共财物，索取、收受贿赂，或者滥用职权、玩忽职守，构成犯罪的，依法追究刑事责任。

第一百一十八条 公安机关交通管理部门及其交通警察有本法第一百一十五条所列行为之一，给当事人造成损失的，应当依法承担赔偿责任。

第八章 附 则

第一百一十九条 本法中下列用语的含义：

(一)“道路”,是指公路、城市道路和虽在单位管辖范围但允许社会机动车通行的地方,包括广场、公共停车场等用于公众通行的场所。

(二)“车辆”,是指机动车和非机动车。

(三)“机动车”,是指以动力装置驱动或者牵引,上道路行驶的供人员乘用或者用于运送物品以及进行工程专项作业的轮式车辆。

(四)“非机动车”,是指以人力或者畜力驱动,上道路行驶的交通工具,以及虽有动力装置驱动但设计最高时速、空车质量、外形尺寸符合有关国家标准的残疾人机动轮椅车、电动自行车等交通工具。

(五)“交通事故”,是指车辆在道路上因过错或者意外造成的人身伤亡或者财产损失的事件。

第一百二十条 中国人民解放军和中国人民武装警察部队在编机动车牌证、在编机动车检验以及机动车驾驶人考核工作,由中国人民解放军、中国人民武装警察部队有关部门负责。

第一百二十一条 对上道路行驶的拖拉机,由农业(农业机械)主管部门行使本法第八条、第九条、第十三条、第十九条、第二十三条规定的公安机关交通管理部门的管理职权。

农业(农业机械)主管部门依照前款规定行使职权,应当遵守本法有关规定,并接受公安机关交通管理部门的监督;对违反规定的,依照本法有关规定追究法律责任。

本法施行前由农业(农业机械)主管部门发放的机动车牌证,在本法施行后继续有效。

第一百二十二条 国家对入境的境外机动车的道路交通安全实施统一管理。

第一百二十三条 省、自治区、直辖市人民代表大会常务委员会可以根据本地区的实际情况,在本法规定的罚款幅度内,规定具体的执行标准。

第一百二十四条 本法自 2004 年 5 月 1 日起施行。

中华人民共和国治安管理处罚法(全文)

(2005 年 8 月 28 日　中华人民共和国主席令[2005]第 38 号发布)

《中华人民共和国治安管理处罚法》已由中华人民共和国第十届全国人民代表大会常务委员会第十七次会议于 2005 年 8 月 28 日通过,现予公布,自 2006 年 3 月 1 日起施行。

中华人民共和国主席　胡锦涛

2005 年 8 月 28 日

中华人民共和国治安管理处罚法

(2005 年 8 月 28 日第十届全国人民代表大会常务委员会第十七次会议通过)

目录

第一章　总　　则

第一条　为维护社会治安秩序,保障公共安全,保护公民、法人和其他组织的合法权益,规范和保障公安机关及其人民警察依法履行治安管理职责,制定本法。

第二条　扰乱公共秩序,妨害公共安全,侵犯人身权利、财产权利,妨害社会管理,具有社会危害性,依照《中华人民共和国刑法》的规定构成犯罪的,依法追究刑事责任;尚不够刑事处罚的,由公安机关依照本法给予治安管理处罚。

第三条　治安管理处罚的程序,适用本法的规定;本法没有规定的,适用《中华人民共和国行政处罚法》的有关规定。

第四条　在中华人民共和国领域内发生的违反治安管理行为,除法律有特别规定的外,适用本法。

在中华人民共和国船舶和航空器内发生的违反治安管理行为,除法律有特别规定的外，适用本法。

第五条 治安管理处罚必须以事实为依据，与违反治安管理行为的性质、情节以及社会危害程度相当。

实施治安管理处罚，应当公开、公正，尊重和保障人权，保护公民的人格尊严。

办理治安案件应当坚持教育与处罚相结合的原则。

第六条 各级人民政府应当加强社会治安综合治理，采取有效措施，化解社会矛盾，增进社会和谐，维护社会稳定。

第七条 国务院公安部门负责全国的治安管理工作。县级以上地方各级人民政府公安机关负责本行政区域内的治安管理工作。

治安案件的管辖由国务院公安部门规定。

第八条 违反治安管理的行为对他人造成损害的，行为人或者其监护人应当依法承担民事责任。

第九条 对于因民间纠纷引起的打架斗殴或者损毁他人财物等违反治安管理行为，情节较轻的，公安机关可以调解处理。经公安机关调解，当事人达成协议的，不予处罚。经调解未达成协议或者达成协议后不履行的，公安机关应当依照本法的规定对违反治安管理行为人给予处罚，并告知当事人可以就民事争议依法向人民法院提起民事诉讼。

第二章 处罚的种类和适用

第十条 治安管理处罚的种类分为：

(一)警告；

(二)罚款；

(三)行政拘留；

(四)吊销公安机关发放的许可证。

对违反治安管理的外国人，可以附加适用限期出境或者驱逐出境。

第十一条 办理治安案件所查获的毒品、淫秽物品等违禁品，赌具、赌资，吸食、注射毒品的用具以及直接用于实施违反治安管理行为的本人所有的工具，应当收缴，按照规定处理。

违反治安管理所得的财物，追缴退还被侵害人；没有被侵害人的，登记造册，公开拍卖或者按照国家有关规定处理，所得款项上缴国库。

第十二条 已满十四周岁不满十八周岁的人违反治安管理的，从轻或者减轻处罚；不满十四周岁的人违反治安管理的，不予处罚，但是应当责令其监护人严加管教。

第十三条 精神病人在不能辨认或者不能控制自己行为的时候违反治安管理的，不予处罚，但是应当责令其监护人严加看管和治疗。间歇性的精神病人在精神正常的时候违反治安管理的，应当给予处罚。

第十四条 盲人或者又聋又哑的人违反治安管理的，可以从轻、减轻或者不予处罚。

第十五条 醉酒的人违反治安管理的，应当给予处罚。

醉酒的人在醉酒状态中，对本人有危险或者对他人的人身、财产或者公共安全有

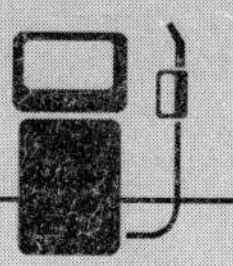

威胁的，应当对其采取保护性措施约束至酒醒。

第十六条 有两种以上违反治安管理行为的，分别决定，合并执行。行政拘留处罚合并执行的，最长不超过二十日。

第十七条 共同违反治安管理的，根据违反治安管理行为人在违反治安管理行为中所起的作用，分别处罚。

教唆、胁迫、诱骗他人违反治安管理的，按照其教唆、胁迫、诱骗的行为处罚。

第十八条 单位违反治安管理的，对其直接负责的主管人员和其他直接责任人员依照本法的规定处罚。其他法律、行政法规对同一行为规定给予单位处罚的，依照其规定处罚。

第十九条 违反治安管理有下列情形之一的，减轻处罚或者不予处罚：

（一）情节特别轻微的；

（二）主动消除或者减轻违法后果，并取得被侵害人谅解的；

（三）出于他人胁迫或者诱骗的；

（四）主动投案，向公安机关如实陈述自己的违法行为的；

（五）有立功表现的。

第二十条 违反治安管理有下列情形之一的，从重处罚：

（一）有较严重后果的；

（二）教唆、胁迫、诱骗他人违反治安管理的；

（三）对报案人、控告人、举报人、证人打击报复的；

（四）六个月内曾受过治安管理处罚的。

第二十一条 违反治安管理行为人有下列情形之一，依照本法应当给予行政拘留处罚的，不执行行政拘留处罚：

（一）已满十四周岁不满十六周岁的；

（二）已满十六周岁不满十八周岁，初次违反治安管理的；

（三）七十周岁以上的；

（四）怀孕或者哺乳自己不满一周岁婴儿的。

第二十二条 违反治安管理行为在六个月内没有被公安机关发现的，不再处罚。

前款规定的期限，从违反治安管理行为发生之日起计算；违反治安管理行为有连续或者继续状态的，从行为终了之日起计算。

第三章 违反治安管理的行为和处罚

第一节 扰乱公共秩序的行为和处罚

第二十三条 有下列行为之一的，处警告或者二百元以下罚款；情节较重的，处五日以上十日以下拘留，可以并处五百元以下罚款：

（一）扰乱机关、团体、企业、事业单位秩序，致使工作、生产、营业、医疗、教学、科研不能正常进行，尚未造成严重损失的；

（二）扰乱车站、港口、码头、机场、商场、公园、展览馆或者其他公共场所秩序的；

（三）扰乱公共汽车、电车、火车、船舶、航空器或者其他公共交通工具上的秩序的；

(四)非法拦截或者强登、扒乘机动车、船舶、航空器以及其他交通工具,影响交通工具正常行驶的;

(五)破坏依法进行的选举秩序的。

聚众实施前款行为的,对首要分子处十日以上十五日以下拘留,可以并处一千元以下罚款。

第二十四条 有下列行为之一,扰乱文化、体育等大型群众性活动秩序的,处警告或者二百元以下罚款;情节严重的,处五日以上十日以下拘留,可以并处五百元以下罚款:

(一)强行进入场内的;

(二)违反规定,在场内燃放烟花爆竹或者其他物品的;

(三)展示侮辱性标语、条幅等物品的;

(四)围攻裁判员、运动员或者其他工作人员的;

(五)向场内投掷杂物,不听制止的;

(六)扰乱大型群众性活动秩序的其他行为。

因扰乱体育比赛秩序被处以拘留处罚的,可以同时责令其十二个月内不得进入体育场馆观看同类比赛;违反规定进入体育场馆的,强行带离现场。

第二十五条 有下列行为之一的,处五日以上十日以下拘留,可以并处五百元以下罚款;情节较轻的,处五日以下拘留或者五百元以下罚款:

(一)散布谣言,谎报险情、疫情、警情或者以其他方法故意扰乱公共秩序的;

(二)投放虚假的爆炸性、毒害性、放射性、腐蚀性物质或者传染病病原体等危险物质扰乱公共秩序的;

(三)扬言实施放火、爆炸、投放危险物质扰乱公共秩序的。

第二十六条 有下列行为之一的,处五日以上十日以下拘留,可以并处五百元以下罚款;情节较重的,处十日以上十五日以下拘留,可以并处一千元以下罚款:

(一)结伙斗殴的;

(二)追逐、拦截他人的;

(三)强拿硬要或者任意损毁、占用公私财物的;

(四)其他寻衅滋事行为。

第二十七条 有下列行为之一的,处十日以上十五日以下拘留,可以并处一千元以下罚款;情节较轻的,处五日以上十日以下拘留,可以并处五百元以下罚款:

(一)组织、教唆、胁迫、诱骗、煽动他人从事邪教、会道门活动或者利用邪教、会道门、迷信活动,扰乱社会秩序、损害他人身体健康的;

(二)冒用宗教、气功名义进行扰乱社会秩序、损害他人身体健康活动的。

第二十八条 违反国家规定,故意干扰无线电业务正常进行的,或者对正常运行的无线电台(站)产生有害干扰,经有关主管部门指出后,拒不采取有效措施消除的,处五日以上十日以下拘留;情节严重的,处十日以上十五日以下拘留。

第二十九条 有下列行为之一的,处五日以下拘留;情节较重的,处五日以上十日以下拘留:

（一）违反国家规定，侵入计算机信息系统，造成危害的；

（二）违反国家规定，对计算机信息系统功能进行删除、修改、增加、干扰，造成计算机信息系统不能正常运行的；

（三）违反国家规定，对计算机信息系统中存储、处理、传输的数据和应用程序进行删除、修改、增加的；

（四）故意制作、传播计算机病毒等破坏性程序，影响计算机信息系统正常运行的。

第二节　妨害公共安全的行为和处罚

第三十条　违反国家规定，制造、买卖、储存、运输、邮寄、携带、使用、提供、处置爆炸性、毒害性、放射性、腐蚀性物质或者传染病病原体等危险物质的，处十日以上十五日以下拘留；情节较轻的，处五日以上十日以下拘留。

第三十一条　爆炸性、毒害性、放射性、腐蚀性物质或者传染病病原体等危险物质被盗、被抢或者丢失，未按规定报告的，处五日以下拘留；故意隐瞒不报的，处五日以上十日以下拘留。

第三十二条　非法携带枪支、弹药或者弩、匕首等国家规定的管制器具的，处五日以下拘留，可以并处五百元以下罚款；情节较轻的，处警告或者二百元以下罚款。

非法携带枪支、弹药或者弩、匕首等国家规定的管制器具进入公共场所或者公共交通工具的，处五日以上十日以下拘留，可以并处五百元以下罚款。

第三十三条　有下列行为之一的，处十日以上十五日以下拘留：

（一）盗窃、损毁油气管道设施、电力电信设施、广播电视设施、水利防汛工程设施或者水文监测、测量、气象测报、环境监测、地质监测、地震监测等公共设施的；

（二）移动、损毁国家边境的界碑、界桩以及其他边境标志、边境设施或者领土、领海标志设施的；

（三）非法进行影响国（边）界线走向的活动或者修建有碍国（边）境管理的设施的。

第三十四条　盗窃、损坏、擅自移动使用中的航空设施，或者强行进入航空器驾驶舱的，处十日以上十五日以下拘留。

在使用中的航空器上使用可能影响导航系统正常功能的器具、工具，不听劝阻的，处五日以下拘留或者五百元以下罚款。

第三十五条　有下列行为之一的，处五日以上十日以下拘留，可以并处五百元以下罚款；情节较轻的，处五日以下拘留或者五百元以下罚款：

（一）盗窃、损毁或者擅自移动铁路设施、设备、机车车辆配件或者安全标志的；

（二）在铁路线路上放置障碍物，或者故意向列车投掷物品的；

（三）在铁路线路、桥梁、涵洞处挖掘坑穴、采石取沙的；

（四）在铁路线路上私设道口或者平交过道的。

第三十六条　擅自进入铁路防护网或者火车来临时在铁路线路上行走坐卧、抢越铁路，影响行车安全的，处警告或者二百元以下罚款。

第三十七条　有下列行为之一的，处五日以下拘留或者五百元以下罚款；情节严重的，处五日以上十日以下拘留，可以并处五百元以下罚款：

（一）未经批准，安装、使用电网的，或者安装、使用电网不符合安全规定的；

（二）在车辆、行人通行的地方施工，对沟井坎穴不设覆盖物、防围和警示标志的，或者故意损毁、移动覆盖物、防围和警示标志的；

（三）盗窃、损毁路面井盖、照明等公共设施的。

第三十八条 举办文化、体育等大型群众性活动，违反有关规定，有发生安全事故危险的，责令停止活动，立即疏散；对组织者处五日以上十日以下拘留，并处二百元以上五百元以下罚款；情节较轻的，处五日以下拘留或者五百元以下罚款。

第三十九条 旅馆、饭店、影剧院、娱乐场、运动场、展览馆或者其他供社会公众活动的场所的经营管理人员，违反安全规定，致使该场所有发生安全事故危险，经公安机关责令改正，拒不改正的，处五日以下拘留。

第三节 侵犯人身权利、财产权利的行为和处罚

第四十条 有下列行为之一的，处十日以上十五日以下拘留，并处五百元以上一千元以下罚款；情节较轻的，处五日以上十日以下拘留，并处二百元以上五百元以下罚款：

（一）组织、胁迫、诱骗不满十六周岁的人或者残疾人进行恐怖、残忍表演的；

（二）以暴力、威胁或者其他手段强迫他人劳动的；

（三）非法限制他人人身自由、非法侵入他人住宅或者非法搜查他人身体的。

第四十一条 胁迫、诱骗或者利用他人乞讨的，处十日以上十五日以下拘留，可以并处一千元以下罚款。

反复纠缠、强行讨要或者以其他滋扰他人的方式乞讨的，处五日以下拘留或者警告。

第四十二条 有下列行为之一的，处五日以下拘留或者五百元以下罚款；情节较重的，处五日以上十日以下拘留，可以并处五百元以下罚款：

（一）写恐吓信或者以其他方法威胁他人人身安全的；

（二）公然侮辱他人或者捏造事实诽谤他人的；

（三）捏造事实诬告陷害他人，企图使他人受到刑事追究或者受到治安管理处罚的；

（四）对证人及其近亲属进行威胁、侮辱、殴打或者打击报复的；

（五）多次发送淫秽、侮辱、恐吓或者其他信息，干扰他人正常生活的；

（六）偷窥、偷拍、窃听、散布他人隐私的。

第四十三条 殴打他人的，或者故意伤害他人身体的，处五日以上十日以下拘留，并处二百元以上五百元以下罚款；情节较轻的，处五日以下拘留或者五百元以下罚款。

有下列情形之一的，处十日以上十五日以下拘留，并处五百元以上一千元以下罚款：

（一）结伙殴打、伤害他人的；

（二）殴打、伤害残疾人、孕妇、不满十四周岁的人或者六十周岁以上的人的；

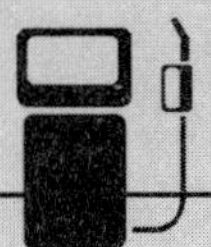

（三）多次殴打、伤害他人或者一次殴打、伤害多人的。

第四十四条 猥亵他人的，或者在公共场所故意裸露身体，情节恶劣的，处五日以上十日以下拘留；猥亵智力残疾人、精神病人、不满十四周岁的人或者有其他严重情节的，处十日以上十五日以下拘留。

第四十五条 有下列行为之一的，处五日以下拘留或者警告：

（一）虐待家庭成员，被虐待人要求处理的；

（二）遗弃没有独立生活能力的被扶养人的。

第四十六条 强买强卖商品，强迫他人提供服务或者强迫他人接受服务的，处五日以上十日以下拘留，并处二百元以上五百元以下罚款；情节较轻的，处五日以下拘留或者五百元以下罚款。

第四十七条 煽动民族仇恨、民族歧视，或者在出版物、计算机信息网络中刊载民族歧视、侮辱内容的，处十日以上十五日以下拘留，可以并处一千元以下罚款。

第四十八条 冒领、隐匿、毁弃、私自开拆或者非法检查他人邮件的，处五日以下拘留或者五百元以下罚款。

第四十九条 盗窃、诈骗、哄抢、抢夺、敲诈勒索或者故意损毁公私财物的，处五日以上十日以下拘留，可以并处五百元以下罚款；情节较重的，处十日以上十五日以下拘留，可以并处一千元以下罚款。

第四节 妨害社会管理的行为和处罚

第五十条 有下列行为之一的，处警告或者二百元以下罚款；情节严重的，处五日以上十日以下拘留，可以并处五百元以下罚款：

（一）拒不执行人民政府在紧急状态情况下依法发布的决定、命令的；

（二）阻碍国家机关工作人员依法执行职务的；

（三）阻碍执行紧急任务的消防车、救护车、工程抢险车、警车等车辆通行的；

（四）强行冲闯公安机关设置的警戒带、警戒区的。

阻碍人民警察依法执行职务的，从重处罚。

第五十一条 冒充国家机关工作人员或者以其他虚假身份招摇撞骗的，处五日以上十日以下拘留，可以并处五百元以下罚款；情节较轻的，处五日以下拘留或者五百元以下罚款。

冒充军警人员招摇撞骗的，从重处罚。

第五十二条 有下列行为之一的，处十日以上十五日以下拘留，可以并处一千元以下罚款；情节较轻的，处五日以上十日以下拘留，可以并处五百元以下罚款：

（一）伪造、变造或者买卖国家机关、人民团体、企业、事业单位或者其他组织的公文、证件、证明文件、印章的；

（二）买卖或者使用伪造、变造的国家机关、人民团体、企业、事业单位或者其他组织的公文、证件、证明文件的；

（三）伪造、变造、倒卖车票、船票、航空客票、文艺演出票、体育比赛入场券或者其他有价票证、凭证的；

（四）伪造、变造船舶户牌，买卖或者使用伪造、变造的船舶户牌，或者涂改船舶发动机号码的。

第五十三条 船舶擅自进入、停靠国家禁止、限制进入的水域或者岛屿的，对船舶负责人及有关责任人员处五百元以上一千元以下罚款；情节严重的，处五日以下拘留，并处五百元以上一千元以下罚款。

第五十四条 有下列行为之一的，处十日以上十五日以下拘留，并处五百元以上一千元以下罚款；情节较轻的，处五日以下拘留或者五百元以下罚款：

（一）违反国家规定，未经注册登记，以社会团体名义进行活动，被取缔后，仍进行活动的；

（二）被依法撤销登记的社会团体，仍以社会团体名义进行活动的；

（三）未经许可，擅自经营按照国家规定需要由公安机关许可的行业的。

有前款第三项行为的，予以取缔。

取得公安机关许可的经营者，违反国家有关管理规定，情节严重的，公安机关可以吊销许可证。

第五十五条 煽动、策划非法集会、游行、示威，不听劝阻的，处十日以上十五日以下拘留。

第五十六条 旅馆业的工作人员对住宿的旅客不按规定登记姓名、身份证件种类和号码的，或者明知住宿的旅客将危险物质带入旅馆，不予制止的，处二百元以上五百元以下罚款。

旅馆业的工作人员明知住宿的旅客是犯罪嫌疑人员或者被公安机关通缉的人员，不向公安机关报告的，处二百元以上五百元以下罚款；情节严重的，处五日以下拘留，可以并处五百元以下罚款。

第五十七条 房屋出租人将房屋出租给无身份证件的人居住的，或者不按规定登记承租人姓名、身份证件种类和号码的，处二百元以上五百元以下罚款。

房屋出租人明知承租人利用出租房屋进行犯罪活动，不向公安机关报告的，处二百元以上五百元以下罚款；情节严重的，处五日以下拘留，可以并处五百元以下罚款。

第五十八条 违反关于社会生活噪声污染防治的法律规定，制造噪声干扰他人正常生活的，处警告；警告后不改正的，处二百元以上五百元以下罚款。

第五十九条 有下列行为之一的，处五百元以上一千元以下罚款；情节严重的，处五日以上十日以下拘留，并处五百元以上一千元以下罚款：

（一）典当业工作人员承接典当的物品，不查验有关证明、不履行登记手续，或者明知是违法犯罪嫌疑人、赃物，不向公安机关报告的；

（二）违反国家规定，收购铁路、油田、供电、电信、矿山、水利、测量和城市公用设施等废旧专用器材的；

（三）收购公安机关通报寻查的赃物或者有赃物嫌疑的物品的；

（四）收购国家禁止收购的其他物品的。

第六十条 有下列行为之一的，处五日以上十日以下拘留，并处二百元以上五百元以下罚款：

（一）隐藏、转移、变卖或者损毁行政执法机关依法扣押、查封、冻结的财物的；

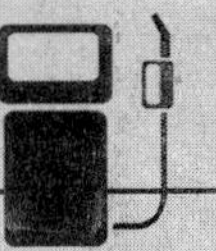

(二)伪造、隐匿、毁灭证据或者提供虚假证言、谎报案情,影响行政执法机关依法办案的;

(三)明知是赃物而窝藏、转移或者代为销售的;

(四)被依法执行管制、剥夺政治权利或者在缓刑、保外就医等监外执行中的罪犯或者被依法采取刑事强制措施的人,有违反法律、行政法规和国务院公安部门有关监督管理规定的行为。

第六十一条 协助组织或者运送他人偷越国(边)境的,处十日以上十五日以下拘留,并处一千元以上五千元以下罚款。

第六十二条 为偷越国(边)境人员提供条件的,处五日以上十日以下拘留,并处五百元以上二千元以下罚款。

偷越国(边)境的,处五日以下拘留或者五百元以下罚款。

第六十三条 有下列行为之一的,处警告或者二百元以下罚款;情节较重的,处五日以上十日以下拘留,并处二百元以上五百元以下罚款:

(一)刻划、涂污或者以其他方式故意损坏国家保护的文物、名胜古迹的;

(二)违反国家规定,在文物保护单位附近进行爆破、挖掘等活动,危及文物安全的。

第六十四条 有下列行为之一的,处五百元以上一千元以下罚款;情节严重的,处十日以上十五日以下拘留,并处五百元以上一千元以下罚款:

(一)偷开他人机动车的;

(二)未取得驾驶证驾驶或者偷开他人航空器、机动船舶的。

第六十五条 有下列行为之一的,处五日以上十日以下拘留;情节严重的,处十日以上十五日以下拘留,可以并处一千元以下罚款:

(一)故意破坏、污损他人坟墓或者毁坏、丢弃他人尸骨、骨灰的;

(二)在公共场所停放尸体或者因停放尸体影响他人正常生活、工作秩序,不听劝阻的。

第六十六条 卖淫、嫖娼的,处十日以上十五日以下拘留,可以并处五千元以下罚款;情节较轻的,处五日以下拘留或者五百元以下罚款。

在公共场所拉客招嫖的,处五日以下拘留或者五百元以下罚款。

第六十七条 引诱、容留、介绍他人卖淫的,处十日以上十五日以下拘留,可以并处五千元以下罚款;情节较轻的,处五日以下拘留或者五百元以下罚款。

第六十八条 制作、运输、复制、出售、出租淫秽的书刊、图片、影片、音像制品等淫秽物品或者利用计算机信息网络、电话以及其他通讯工具传播淫秽信息的,处十日以上十五日以下拘留,可以并处三千元以下罚款;情节较轻的,处五日以下拘留或者五百元以下罚款。

第六十九条 有下列行为之一的,处十日以上十五日以下拘留,并处五百元以上一千元以下罚款:

(一)组织播放淫秽音像的;

(二)组织或者进行淫秽表演的;

(三)参与聚众淫乱活动的。

明知他人从事前款活动,为其提供条件的,依照前款的规定处罚。

第七十条 以营利为目的,为赌博提供条件的,或者参与赌博赌资较大的,处五日以下拘留或者五百元以下罚款;情节严重的,处十日以上十五日以下拘留,并处五百元以上三千元以下罚款。

第七十一条 有下列行为之一的,处十日以上十五日以下拘留,可以并处三千元以下罚款;情节较轻的,处五日以下拘留或者五百元以下罚款:

(一)非法种植罂粟不满五百株或者其他少量毒品原植物的;

(二)非法买卖、运输、携带、持有少量未经灭活的罂粟等毒品原植物种子或者幼苗的;

(三)非法运输、买卖、储存、使用少量罂粟壳的。

有前款第一项行为,在成熟前自行铲除的,不予处罚。

第七十二条 有下列行为之一的,处十日以上十五日以下拘留,可以并处二千元以下罚款;情节较轻的,处五日以下拘留或者五百元以下罚款:

(一)非法持有鸦片不满二百克、海洛因或者甲基苯丙胺不满十克或者其他少量毒品的;

(二)向他人提供毒品的;

(三)吸食、注射毒品的;

(四)胁迫、欺骗医务人员开具麻醉药品、精神药品的。

第七十三条 教唆、引诱、欺骗他人吸食、注射毒品的,处十日以上十五日以下拘留,并处五百元以上二千元以下罚款。

第七十四条 旅馆业、饮食服务业、文化娱乐业、出租汽车业等单位的人员,在公安机关查处吸毒、赌博、卖淫、嫖娼活动时,为违法犯罪行为人通风报信的,处十日以上十五日以下拘留。

第七十五条 饲养动物,干扰他人正常生活的,处警告;警告后不改正的,或者放任动物恐吓他人的,处二百元以上五百元以下罚款。

驱使动物伤害他人的,依照本法第四十三条第一款的规定处罚。

第七十六条 有本法第六十七条、第六十八条、第七十条的行为,屡教不改的,可以按照国家规定采取强制性教育措施。

第四章 处罚程序

第一节 调查

第七十七条 公安机关对报案、控告、举报或者违反治安管理行为人主动投案,以及其他行政主管部门、司法机关移送的违反治安管理案件,应当及时受理,并进行登记。

第七十八条 公安机关受理报案、控告、举报、投案后,认为属于违反治安管理行为的,应当立即进行调查;认为不属于违反治安管理行为的,应当告知报案人、控告人、举报人、投案人,并说明理由。

第七十九条 公安机关及其人民警察对治安案件的调查,应当依法进行。严禁

刑讯逼供或者采用威胁、引诱、欺骗等非法手段收集证据。

以非法手段收集的证据不得作为处罚的根据。

第八十条 公安机关及其人民警察在办理治安案件时，对涉及的国家秘密、商业秘密或者个人隐私，应当予以保密。

第八十一条 人民警察在办理治安案件过程中，遇有下列情形之一的，应当回避；违反治安管理行为人、被侵害人或者其法定代理人也有权要求他们回避：

（一）是本案当事人或者当事人的近亲属的；

（二）本人或者其近亲属与本案有利害关系的；

（三）与本案当事人有其他关系，可能影响案件公正处理的。

人民警察的回避，由其所属的公安机关决定；公安机关负责人的回避，由上一级公安机关决定。

第八十二条 需要传唤违反治安管理行为人接受调查的，经公安机关办案部门负责人批准，使用传唤证传唤。对现场发现的违反治安管理行为人，人民警察经出示工作证件，可以口头传唤，但应当在询问笔录中注明。

公安机关应当将传唤的原因和依据告知被传唤人。对无正当理由不接受传唤或者逃避传唤的人，可以强制传唤。

第八十三条 对违反治安管理行为人，公安机关传唤后应当及时询问查证，询问查证的时间不得超过八小时；情况复杂，依照本法规定可能适用行政拘留处罚的，询问查证的时间不得超过二十四小时。

公安机关应当及时将传唤的原因和处所通知被传唤人家属。

第八十四条 询问笔录应当交被询问人核对；对没有阅读能力的，应当向其宣读。记载有遗漏或者差错的，被询问人可以提出补充或者更正。被询问人确认笔录无误后，应当签名或者盖章，询问的人民警察也应当在笔录上签名。

被询问人要求就被询问事项自行提供书面材料的，应当准许；必要时，人民警察也可以要求被询问人自行书写。

询问不满十六周岁的违反治安管理行为人，应当通知其父母或者其他监护人到场。

第八十五条 人民警察询问被侵害人或者其他证人，可以到其所在单位或者住处进行；必要时，也可以通知其到公安机关提供证言。

人民警察在公安机关以外询问被侵害人或者其他证人，应当出示工作证件。

询问被侵害人或者其他证人，同时适用本法第八十四条的规定。

第八十六条 询问聋哑的违反治安管理行为人、被侵害人或者其他证人，应当有通晓手语的人提供帮助，并在笔录上注明。

询问不通晓当地通用的语言文字的违反治安管理行为人、被侵害人或者其他证人，应当配备翻译人员，并在笔录上注明。

第八十七条 公安机关对与违反治安管理行为有关的场所、物品、人身可以进行检查。检查时，人民警察不得少于二人，并应当出示工作证件和县级以上人民政府公安机关开具的检查证明文件。对确有必要立即进行检查的，人民警察经出示工作证件，可以当场检查，但检查公民住所应当出示县级以上人民政府公安机关开具的检查证明文件。

检查妇女的身体，应当由女性工作人员进行。

第八十八条 检查的情况应当制作检查笔录，由检查人、被检查人和见证人签名或者盖章；被检查人拒绝签名的，人民警察应当在笔录上注明。

第八十九条 公安机关办理治安案件，对与案件有关的需要作为证据的物品，可以扣押；对被侵害人或者善意第三人合法占有的财产，不得扣押，应当予以登记。对与案件无关的物品，不得扣押。

对扣押的物品，应当会同在场见证人和被扣押物品持有人查点清楚，当场开列清单一式二份，由调查人员、见证人和持有人签名或者盖章，一份交给持有人，另一份附卷备查。

对扣押的物品，应当妥善保管，不得挪作他用；对不宜长期保存的物品，按照有关规定处理。经查明与案件无关的，应当及时退还；经核实属于他人合法财产的，应当登记后立即退还；满六个月无人对该财产主张权利或者无法查清权利人的，应当公开拍卖或者按照国家有关规定处理，所得款项上缴国库。

第九十条 为了查明案情，需要解决案件中有争议的专门性问题的，应当指派或者聘请具有专门知识的人员进行鉴定；鉴定人鉴定后，应当写出鉴定意见，并且签名。

第二节 决定

第九十一条 治安管理处罚由县级以上人民政府公安机关决定；其中警告、五百元以下的罚款可以由公安派出所决定。

第九十二条 对决定给予行政拘留处罚的人，在处罚前已经采取强制措施限制人身自由的时间，应当折抵。限制人身自由一日，折抵行政拘留一日。

第九十三条 公安机关查处治安案件，对没有本人陈述，但其他证据能够证明案件事实的，可以作出治安管理处罚决定。但是，只有本人陈述，没有其他证据证明的，不能作出治安管理处罚决定。

第九十四条 公安机关作出治安管理处罚决定前，应当告知违反治安管理行为人作出治安管理处罚的事实、理由及依据，并告知违反治安管理行为人依法享有的权利。

违反治安管理行为人有权陈述和申辩。公安机关必须充分听取违反治安管理行为人的意见，对违反治安管理行为人提出的事实、理由和证据，应当进行复核；违反治安管理行为人提出的事实、理由或者证据成立的，公安机关应当采纳。

公安机关不得因违反治安管理行为人的陈述、申辩而加重处罚。

第九十五条 治安案件调查结束后，公安机关应当根据不同情况，分别作出以下处理：

(一)确有依法应当给予治安管理处罚的违法行为的，根据情节轻重及具体情况，作出处罚决定；

(二)依法不予处罚的，或者违法事实不能成立的，作出不予处罚决定；

(三)违法行为已涉嫌犯罪的，移送主管机关依法追究刑事责任；

(四)发现违反治安管理行为人有其他违法行为的，在对违反治安管理行为作出处罚决定的同时，通知有关行政主管部门处理。

第九十六条 公安机关作出治安管理处罚决定的，应当制作治安管理处罚决定书。决定书应当载明下列内容：

(一)被处罚人的姓名、性别、年龄、身份证件的名称和号码、住址；

(二)违法事实和证据；

(三)处罚的种类和依据；

(四)处罚的执行方式和期限；

(五)对处罚决定不服，申请行政复议、提起行政诉讼的途径和期限；

(六)作出处罚决定的公安机关的名称和作出决定的日期。

决定书应当由作出处罚决定的公安机关加盖印章。

第九十七条 公安机关应当向被处罚人宣告治安管理处罚决定书，并当场交付被处罚人；无法当场向被处罚人宣告的，应当在二日内送达被处罚人。决定给予行政拘留处罚的，应当及时通知被处罚人的家属。

有被侵害人的，公安机关应当将决定书副本抄送被侵害人。

第九十八条 公安机关作出吊销许可证以及处二千元以上罚款的治安管理处罚决定前，应当告知违反治安管理行为人有权要求举行听证；违反治安管理行为人要求听证的，公安机关应当及时依法举行听证。

第九十九条 公安机关办理治安案件的期限，自受理之日起不得超过三十日；案情重大、复杂的，经上一级公安机关批准，可以延长三十日。

为了查明案情进行鉴定的期间，不计人办理治安案件的期限。

第一百条 违反治安管理行为事实清楚，证据确凿，处警告或者二百元以下罚款的，可以当场作出治安管理处罚决定。

第一百零一条 当场作出治安管理处罚决定的，人民警察应当向违反治安管理行为人出示工作证件，并填写处罚决定书。处罚决定书应当当场交付被处罚人；有被侵害人的，并将决定书副本抄送被侵害人。

前款规定的处罚决定书，应当载明被处罚人的姓名、违法行为、处罚依据、罚款数额、时间、地点以及公安机关名称，并由经办的人民警察签名或者盖章。

当场作出治安管理处罚决定的，经办的人民警察应当在二十四小时内报所属公安机关备案。

第一百零二条 被处罚人对治安管理处罚决定不服的，可以依法申请行政复议或者提起行政诉讼。

第三节 执行

第一百零三条 对被决定给予行政拘留处罚的人，由作出决定的公安机关送达拘留所执行。

第一百零四条 受到罚款处罚的人应当自收到处罚决定书之日起十五日内，到指定的银行缴纳罚款。但是，有下列情形之一的，人民警察可以当场收缴罚款：

(一)被处五十元以下罚款，被处罚人对罚款无异议的；

(二)在边远、水上、交通不便地区,公安机关及其人民警察依照本法的规定作出罚款决定后,被处罚人向指定的银行缴纳罚款确有困难,经被处罚人提出的;

(三)被处罚人在当地没有固定住所,不当场收缴事后难以执行的。

第一百零五条 人民警察当场收缴的罚款,应当自收缴罚款之日起二日内,交至所属的公安机关;在水上、旅客列车上当场收缴的罚款,应当自抵岸或者到站之日起二日内,交至所属的公安机关;公安机关应当自收到罚款之日起二日内将罚款缴付指定的银行。

第一百零六条 人民警察当场收缴罚款的,应当向被处罚人出具省、自治区、直辖市人民政府财政部门统一制发的罚款收据;不出具统一制发的罚款收据的,被处罚人有权拒绝缴纳罚款。

第一百零七条 被处罚人不服行政拘留处罚决定,申请行政复议、提起行政诉讼的,可以向公安机关提出暂缓执行行政拘留的申请。公安机关认为暂缓执行行政拘留不致发生社会危险的,由被处罚人或者其近亲属提出符合本法第一百零八条规定条件的担保人,或者按每日行政拘留二百元的标准交纳保证金,行政拘留的处罚决定暂缓执行。

第一百零八条 担保人应当符合下列条件:

(一)与本案无牵连;

(二)享有政治权利,人身自由未受到限制;

(三)在当地有常住户口和固定住所;

(四)有能力履行担保义务。

第一百零九条 担保人应当保证被担保人不逃避行政拘留处罚的执行。

担保人不履行担保义务,致使被担保人逃避行政拘留处罚的执行的,由公安机关对其处三千元以下罚款。

第一百一十条 被决定给予行政拘留处罚的人交纳保证金,暂缓行政拘留后,逃避行政拘留处罚的执行的,保证金予以没收并上缴国库,已经作出的行政拘留决定仍应执行。

第一百一十一条 行政拘留的处罚决定被撤销,或者行政拘留处罚开始执行的,公安机关收取的保证金应当及时退还交纳人。

第五章 执法监督

第一百一十二条 公安机关及其人民警察应当依法、公正、严格、高效办理治安案件,文明执法,不得徇私舞弊。

第一百一十三条 公安机关及其人民警察办理治安案件,禁止对违反治安管理行为人打骂、虐待或者侮辱。

第一百一十四条 公安机关及其人民警察办理治安案件,应当自觉接受社会和公民的监督。

公安机关及其人民警察办理治安案件,不严格执法或者有违法违纪行为的,任何单位和个人都有权向公安机关或者人民检察院、行政监察机关检举、控告;收到检举、控告的机关,应当依据职责及时处理。

第一百一十五条 公安机关依法实施罚款处罚,应当依照有关法律、行政法规的规定,实行罚款决定与罚款收缴分离;收缴的罚款应当全部上缴国库。

第一百一十六条 人民警察办理治安案件,有下列行为之一的,依法给予行政处分;构成犯罪的,依法追究刑事责任:

(一)刑讯逼供、体罚、虐待、侮辱他人的;

(二)超过询问查证的时间限制人身自由的;

(三)不执行罚款决定与罚款收缴分离制度或者不按规定将罚没的财物上缴国库或者依法处理的;

(四)私分、侵占、挪用、故意损毁收缴、扣押的财物的;

(五)违反规定使用或者不及时返还被侵害人财物的;

(六)违反规定不及时退还保证金的;

(七)利用职务上的便利收受他人财物或者谋取其他利益的;

(八)当场收缴罚款不出具罚款收据或者不如实填写罚款数额的;

(九)接到要求制止违反治安管理行为的报警后,不及时出警的;

(十)在查处违反治安管理活动时,为违法犯罪行为人通风报信的;

(十一)有徇私舞弊、滥用职权,不依法履行法定职责的其他情形的。

办理治安案件的公安机关有前款所列行为的,对直接负责的主管人员和其他直接责任人员给予相应的行政处分。

第一百一十七条 公安机关及其人民警察违法行使职权,侵犯公民、法人和其他组织合法权益的,应当赔礼道歉;造成损害的,应当依法承担赔偿责任。

第六章　附　　则

第一百一十八条 本法所称以上、以下、以内,包括本数。

第一百一十九条 本法自2006年3月1日起施行。1986年9月5日公布、1994年5月12日修订公布的《中华人民共和国治安管理处罚条例》同时废止。

中华人民共和国劳动法

（1994年7月5日　中华人民共和国主席令[94]第28号发布）

第一章　总　　则

第一条　为了保护劳动者的合法权益，调整劳动关系，建立和维护适应社会主义市场经济的劳动制度，促进经济发展和社会进步，根据宪法，制定本法。

第二条　在中华人民共和国境内的企业、个体经济组织（以下统称用人单位）和与之形成劳动关系的劳动者，适用本法。

国家机关、事业组织、社会团体和与之建立劳动合同关系的劳动者，依照本法执行。

第三条　劳动者享有平等就业和选择职业的权利、取得劳动报酬的权利、休息休假的权利、获得劳动安全卫生保护的权利、接受职业技能培训的权利、享受社会保险和福利的权利、提请劳动争议处理的权利以及法律规定的其他劳动权利。劳动者应当完成劳动任务，提高职业技能，执行劳动安全卫生规程，遵守劳动纪律和职业道德。

第四条　用人单位应当依法建立和完善规章制度，保障劳动者享有劳动权利和履行劳动义务。

第五条　国家采取各种措施，促进劳动就业，发展职业教育，制定劳动标准，调节社会收入，完善社会保险，协调劳动关系，逐步提高劳动者的生活水平。

第六条　国家提倡劳动者参加社会义务劳动，开展劳动竞赛和合理化建议活动，鼓励和保护劳动者进行科学研究、技术革新和发明创造，表彰和奖励劳动模范和先进工作者。

第七条　劳动者有权依法参加和组织工会。

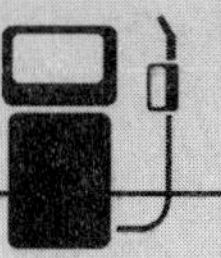

工会代表和维护劳动者的合法权益,依法独立自主地开展活动。

第八条 劳动者依照法律规定,通过职工大会、职工代表大会或者其他形式,参与民主管理或者就保护劳动者合法权益与用人单位进行平等协商。

第九条 国务院劳动行政部门主管全国劳动工作。县级以上地方人民政府劳动行政部门主管本行政区域内的劳动工作。

第二章 促进就业

第十条 国家通过促进经济和社会发展,创造就业条件,扩大就业机会。

国家鼓励企业、事业组织、社会团体在法律、行政法规规定的范围内兴办产业或者拓展经营,增加就业。国家支持劳动者自愿组织起来就业和从事个体经营实现就业。

第十一条 地方各级人民政府应当采取措施,发展多种类型的职业介绍机构,提供就业服务。

第十二条 劳动者就业,不因民族、种族、性别、宗教信仰不同而受歧视。

第十三条 妇女享有与男子平等的就业权利。在录用职工时,除国家规定的不适合妇女的工种或者岗位外,不得以性别为由拒绝录用妇女或者提高对妇女的录用标准。

第十四条 残疾人、少数民族人员、退出现役的军人的就业,法律、法规有特别规定的,从其规定。

第十五条 禁止用人单位招用未满16周岁的未成年人。必须依照国家有关规定,文艺,体育和特种工艺单位招用未满十六周岁的未成年人,履行审批手续,并保障其接受义务教育的权利。

第三章 劳动合同和集体合同

第十六条 劳动合同是劳动者与用人单位确立劳动关系、明确双方权利和义务的协议。

建立劳动关系应当订立劳动合同。

第十七条 订立和变更劳动合同,应当遵循平等自愿、协商一致的原则,不得违反法律、行政法规的规定。劳动合同依法订立即具有法律约束力,当事人必须履行劳动合同规定的义务。

第十八条 下列劳动合同无效:

(一)违反法律、行政法规的劳动合同;

(二)采取欺诈、威胁等手段订立的劳动合同。

无效的劳动合同,从订立的时候起,就没有法律约束力。确认劳动合同部分无效的,如果不影响其余部分的效力,其余部分仍然有效。劳动合同的无效,由劳动争议仲裁委员会或者人民法院确认。

第十九条 劳动合同应当以书面形式订立,并具备以下条款:

(一)劳动合同期限;

(二)工作内容;

(三)劳动保护和劳动条件;

(四)劳动报酬;

(五)劳动纪律;

(六)劳动合同终止的条件;

(七)违反劳动合同的责任。

劳动合同除前款规定的必备条款外,当事人可以协商约定其他内容。

第二十条 劳动合同的期限分为有固定期限、无固定期限和以完成一定的工作为期限。劳动者在同一用人单位连续工作满10年以上,当事人双方同意续延劳动合同的,如果劳动者提出订立无固定限期的劳动合同,应当订立无固定限期的劳动合同。

第二十一条 劳动合同可以约定试用期。试用期最长不得超过六个月。

第二十二条 劳动合同当事人可以在劳动合同中约定保守用人单位商业秘密的有关事项。

第二十三条 劳动合同期满或者当事人约定的劳动合同终止条件出现,劳动合同即行终止。

第二十四条 经劳动合同当事人协商一致,劳动合同可以解除。

第二十五条 劳动者有下列情形之一的,用人单位可以解除劳动合同:

(一)在试用期间被证明不符合录用条件的;

(二)严重违反劳动纪律或者用人单位规章制度的;

(三)严重失职、营私舞弊,对用人单位利益造成重大损害的;

(四)被依法追究刑事责任的。

第二十六条 有下列情形之一的,用人单位可以解除劳动合同,但是应当提前30日以书面形式通知劳动者本人:

(一)劳动者患病或者非因工负伤,医疗期满后,不能从事原工作也不能从事由用人单位另行安排的工作的;

(二)劳动者不能胜任工作,经过培训或者调整工作岗位,仍不能胜任工作的;

(三)劳动合同订立时所依据的客观情况发生重大变化,致使原劳动合同无法履行,经当事人协商不能就变更劳动合同达成协议的。

第二十七条 用人单位濒临破产进行法定整顿期间或者生产经营状况发生严重困难,确需裁减人员的,应当提前三十日向工会或者全体员工说明情况,听取工会或者职工的意见,经向劳动行政部门报告后,可以裁减人员。

用人单位依据本条规定裁减人员,在六个月内录用人员的,应当优先录用被裁减人员。

第二十八条 用人单位依据本法第二十四条、第二十六条、第二十七条的规定解除劳动合同的,应当依照国家有关规定给予经济补偿。

第二十九条 劳动者有下列情形之一的,用人单位不得依据本法第二十六条、第二十七条的规定解除劳动合同:

(一)患职业病或者因工负伤并被确认丧失或者部分丧失劳动能力的;

（二）患病或者负伤，在规定的医疗期内的；

（三）女职工在孕期、产期、哺乳期的；

（四）法律、行政法规规定的其他情形。

第三十条 用人单位解除劳动合同，工会认为不适当的，有权提出意见。如果用人单位违反法律、法规或者劳动合同，工会有权要求重新处理；劳动者申请仲裁或者提起诉讼的，工会应当依法给予支持和帮助。

第三十一条 劳动者解除劳动合同，应当提前三十日以书面形式通知用人单位。

第三十二条 有下列情形之一的，劳动者可以随时通知用人单位解除劳动合同：

（一）在试用期内的；

（二）用人单位以暴力、威胁或者非法限制人身自由的手段强迫劳动的；

（三）用人单位未按照劳动合同约定支付劳动报酬或者提供劳动条件的。

第三十三条 企业职工一方与企业可以就劳动报酬、工作时间、休息休假、劳动安全卫生、保险福利等事项，签订集体合同。集体合同草案应当提交职工代表大会或者全体职工讨论通过。

集体合同由工会代表职工与企业签订；没有建立工会的企业，由职工推举的代表与企业签订。

第三十四条 集体合同签订后应当报送劳动行政部门；劳动行政部门自收到集体合同文本之日起十五日内未提出异议的，集体合同即行生效。

第三十五条 依法签订的集体合同对企业和企业全体职工具有约束力。职工个人与企业订立的劳动合同中劳动条件和劳动报酬等标准不得低于集体合同的规定。

第四章 工作时间和休息休假

第三十六条 国家实行劳动者每日工作时间不超过八小时、平均每周工作时间不超过四十四小时的工时制度。

第三十七条 对实行计件工作的劳动者，用人单位应当根据本法第三十六条规定的工时制度合理确定其劳动定额和计件报酬标准。

第三十八条 用人单位应当保证劳动者每周至少休息一日。

第三十九条 企业因生产特点不能实行本法第三十六条、第三十八条规定的，经劳动行政部门批准，可以实行其他工作和休息办法。

第四十条 用人单位在下列节日期间应当依法安排劳动者休假：

（一）元旦；

（二）春节；

（三）国际劳动节；

（四）国庆节；

（五）法律、法规规定的其他休假节日。

第四十一条 用人单位由于生产经营需要，经与工会和劳动者协商后可以延长工作时间，一般每日不得超过一小时；因特殊原因需要延长工作时间的，在保障劳动者身体健康的条件下延长工作时间每日不得超过三小时，但是每月不得超过三十六小时。

第四十二条 有下列情形之一的，延长工作时间不受本法第四十一条的限制：

（一）发生自然灾害、事故或者因其他原因，威胁劳动者生命健康和财产安全，需要紧急处理的；

（二）生产设备、交通运输线路、公共设施发生故障，影响生产和公众利益，必须及时抢修的；

（三）法律、行政法规规定的其他情形。

第四十三条 用人单位不得违反本法规定延长劳动者的工作时间。

第四十四条 有下列情形之一的，用人单位应当按照下列标准支付高于劳动者正常工作时间工资的工资报酬：

（一）安排劳动者延长时间的，支付不低于工资的百分之一百五十的工资报酬；

（二）休息日安排劳动者工作又不能安排补休的，支付不低于工资的百分之二百的工资报酬；

（三）法定休假日安排劳动者工作的，支付不低于工资的百分之三百的工资报酬。

第四十五条 国家实行带薪年休假制度。

劳动者连续工作一年以上的，享受带薪年休假。具体办法由国务院规定。

第五章 工　资

第四十六条 工资分配应当遵循按劳分配原则，实行同工同酬。工资水平在经济发展的基础上逐步提高。国家对工资总量实行宏观调控。

第四十七条 用人单位根据本单位的生产经营特点和经济效益，依法自主确定本单位的工资分配方式和工资水平。

第四十八条 国家实行最低工资保障制度。最低工资的具体标准由省、自治区、直辖市人民政府规定，报国务院备案。用人单位支付劳动者的工资不得低于当地最低工资标准。

第四十九条 确定和调整最低工资标准应当综合参考下列因素：

（一）劳动者本人及平均赡养人口的最低生活费用；

（二）社会平均工资水平；

（三）劳动生产率；

（四）就业状况；

（五）地区之间经济发展水平的差异。

第五十条 工资应当以货币形式按月支付给劳动者本人。不得克扣或者无故拖欠劳动者的工资。

第五十一条 劳动者在法定休假日和婚丧假期间以及依法参加社会活动期间，用人单位应当依法支付工资。

第六章 劳动安全卫生

第五十二条 用人单位必须建立、健全劳动安全卫生制度，严格执行国家劳动安全卫生规程和标准，对劳动者进行劳动安全卫生教育，防止劳动过程中的事故，减少职业危害。

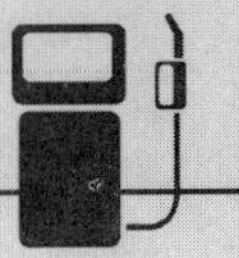

第五十三条 劳动安全卫生设施必须符合国家规定的标准。

新建、改建、扩建工程的劳动安全卫生设施必须与主体工程同时设计、同时施工、同时投入生产和使用。

第五十四条 用人单位必须为劳动者提供符合国家规定的劳动安全卫生条件和必要的劳动防护用品，对从事有职业危害作业的劳动者应当定期进行健康检查。

第五十五条 从事特种作业的劳动者必须经过专门培训并取得特种作业资格。

第五十六条 劳动者在劳动过程中必须严格遵守安全操作规程。

劳动者对用人单位管理人员违章指挥、强令冒险作业，有权拒绝执行；对危害生命安全和身体健康的行为，有权提出批评、检举和控告。

第五十七条 国家建立伤亡事故和职业病统计报告和处理制度。县级以上各级人民政府劳动行政部门、有关部门和用人单位应当依法对劳动者在劳动过程中发生的伤亡事故和劳动者的职业病状况，进行统计、报告和处理。

第七章　女职工和未成年工特殊保护

第五十八条 国家对女职工和未成年工实行特殊劳动保护。

未成年工是指年满十六周岁未满十八周岁的劳动者。

第五十九条 禁止安排女职工从事矿山井下、国家规定的第四级体力劳动强度的劳动和其他禁忌从事的劳动。

第六十条 不得安排女职工在经期从事高处、低温、冷水作业和国家规定的第三级体力劳动强度的劳动。

第六十一条 不得安排女职工在怀孕期间从事国家规定的第三级体力劳动强度的劳动和孕期禁忌从事的劳动。对怀孕七个月以上的女职工，不得安排其延长工作时间和夜班劳动。

第六十二条 女职工生育享受不少于九十天的产假。

第六十三条 不得安排女职工在哺乳未满1周岁的婴儿期间从事国家规定的第三级体力劳动强度的劳动和哺乳期禁忌从事的其他劳动，不得安排其延长工作时间和夜班劳动。

第六十四条 不得安排未成年工从事矿山井下、有毒有害、国家规定的第四级体力劳动强度的劳动和其他禁忌从事的劳动。

第六十五条 用人单位应当对未成年工定期进行健康检查。

第八章　职 业 培 训

第六十六条 国家通过各种途径，采取各种措施，发展职业培训事业，开发劳动者的职业技能，提高劳动者素质，增强劳动者的就业能力和工作能力。

第六十七条 各级人民政府应当把发展职业培训纳入社会经济发展的规划，鼓励和支持有条件的企业、事业组织、社会团体和个人进行各种形式的职业培训。

第六十八条 用人单位应当建立职业培训制度，按照国家规定提取和使用职业培训经费，根据本单位实际，有计划地对劳动者进行职业培训。从事技术工种的劳动者，上岗前必须经过培训。

第六十九条　国家确定职业分类，对规定的职业制定职业技能标准，实行职业资格证书制度，由经过政府批准的考核鉴定机构负责对劳动者实施职业技能考核鉴定。

第九章　社会保险和福利

第七十条　国家发展社会保险事业，建立社会保险制度，设立社会保险基金，使劳动者在年老、患病、工伤、失业、生育等情况下获得帮助和补偿。

第七十一条　社会保险水平应当与社会经济发展水平和社会承受能力相适应。

第七十二条　社会保险基金按照保险类型确定资金来源，逐步实行社会统筹。用人单位和劳动者必须依法参加社会保险，缴纳社会保险费。

第七十三条　劳动者在下列情形下，依法享受社会保险待遇：

(一)退休；

(二)患病、负伤；

(三)因工伤残或者患职业病；

(四)失业；

(五)生育。

劳动者死亡后，其遗属依法享受遗属津贴。劳动者享受社会保险待遇的条件和标准由法律、法规规定。劳动者享受的社会保险金必须按时足额支付。

第七十四条　社会保险基金经办机构依照法律规定收支、管理和运营社会保险基金，并负有使社会保险基金保值增值的责任。社会保险基金监督机构依照法律规定，对社会保险基金的收支、管理和运营实施监督。社会保险基金经办机构和社会保险基金监督机构的设立和职能由法律规定。任何组织和个人不得挪用社会保险基金。

第七十五条　国家鼓励用人单位根据本单位实际情况为劳动者建立补充保险。

国家提倡劳动者个人进行储蓄性保险。

第七十六条　国家发展社会福利事业，兴建公共福利设施，为劳动者休息、休养和疗养提供条件。用人单位应当创造条件，改善集体福利，提高劳动者的福利待遇。

第十章　劳动争议

第七十七条　用人单位与劳动者发生劳动争议，当事人可以依法申请调解、仲裁、提起诉讼，也可以协商解决。调解原则适用于仲裁和诉讼程序。

第七十八条　解决劳动争议，应当根据合法、公正、及时处理的原则，依法维护劳动争议当事人的合法权益。

第七十九条　劳动争议发生后，当事人可以向本单位劳动争议调解委员会申请调解；调解不成，当事人一方要求仲裁的，可以向劳动争议仲裁委员会申请仲裁。当事人一方也可以直接向劳动争议仲裁委员会申请仲裁。对仲裁裁决不服的，可以向人民法院提出诉讼。

第八十条　在用人单位内，可以设立劳动争议调解委员会。劳动争议调解委员会由职工代表、用人单位代表和工会代表组成。劳动争议调解委员会主任又工会代表担任。劳动争议经调解达成协议的，当事人应当履行。

第八十一条　劳动争议仲裁委员会由劳动行政部门代表、同级工会代表、用人单

位代表方面的代表组成。劳动争议仲裁委员会主任由劳动行政部门代表担任。

第八十二条 提出仲裁要求的一方应当自劳动争议发生之日起六十日内向劳动争议仲裁委员会提出书面申请。仲裁裁决一般应在收到仲裁申请的六十日内作出。对仲裁裁决无异议的，当事人必须履行。

第八十三条 劳动争议当事人对仲裁裁决不服的，可以自收到仲裁裁决书之日起15日内向人民法院提起诉讼。一方当事人在法定期限内不起诉又不履行仲裁裁决的，另一方当事人可以申请人民法院强制执行。

第八十四条 因签订集体合同发生争议，当事人协商解决不成的，当地人民政府劳动行政部门可以组织有关各方协调处理。因履行集体合同发生争议，当事人协商解决不成的，可以向劳动争议仲裁委员会申请仲裁；对仲裁裁决不服的，可以自收到仲裁裁决书之日起15日内向人民法院提出诉讼。

第十一章 监督检查

第八十五条 县级以上各级人民政府劳动行政部门依法对用人单位遵守劳动法律、法规的情况进行监督检查，对违反劳动法律、法规的行为有权制止，并责令改正。

第八十六条 县级以上各级人民政府劳动行政部门监督检查人员执行公务，有权进入用人单位了解执行劳动法律、法规的情况，查阅必要的资料，并对劳动场所进行检查。

县级以上各级人民政府劳动行政部门监督检查人员执行公务，必须出示证件，秉公执法并遵守有关规定。

第八十七条 县级以上各级人民政府有关部门在各自职责范围内，对用人单位遵守劳动法律、法规的情况进行监督。

第八十八条 各级工会依法维护劳动者的合法权益，对用人单位遵守劳动法律、法规的情况进行监督。任何组织和个人对于违反劳动法律、法规的行为有权检举和控告。

第十二章 法律责任

第八十九条 用人单位制定的劳动规章制度违反法律、法规规定的，由劳动行政部门给予警告，责令改正；对劳动者造成损害的，应当承担赔偿责任。

第九十条 用人单位违反本法规定，延长劳动者工作时间的，由劳动行政部门给予警告，责令改正，并可以处以罚款。

第九十一条 用人单位有下列侵害劳动者合法权益情形之一的，由劳动行政部门责令支付劳动者的工资报酬、经济补偿，并可以责令支付赔偿金：

（一）克扣或者无故拖欠劳动者工资的；

（二）拒不支付劳动者延长工作时间工资报酬的；

（三）低于当地最低工资标准支付劳动者工资的；

（四）解除劳动合同后，未依照本法规定给予劳动者经济补偿的。

第九十二条 用人单位的劳动安全设施和劳动卫生条件不符合国家规定或者未向劳动者提供必要的劳动防护用品和劳动保护设施的，由劳动行政部门或者有关部门责令改正，可以处以罚款；情节严重的，提请县级以上人民政府决定责令停产整顿；对事故隐患不采取措施，致使发生重大事故，造成劳动者生命和财产损失的，对责任人员比照刑法第一百八十七条的规定追究刑事责任。

第九十三条 用人单位强令劳动者违章冒险作业，发生重大伤亡事故，造成严重后果的，对责任人员依法追究刑事责任。

第九十四条 用人单位非法招用未满十六周岁的未成年人的，由劳动行政部门责令改正，处以罚款；情节严重的，由工商行政管理部门吊销营业执照。

第九十五条 用人单位违反本法对女职工和未成年工的保护规定，侵害其合法权益的，由劳动行政部门责令改正，处以罚款；对女职工或者未成年工造成损害的，应当承担赔偿责任。

第九十六条 用人单位有下列行为之一，由公安机关对责任人员处以十五日以下拘留、罚款或者警告；构成犯罪的，对责任人员依法追究刑事责任：

（一）以暴力、威胁或者非法限制人身自由的手段强迫劳动的；

（二）侮辱、体罚、殴打、非法搜查和拘禁劳动者的。

第九十七条 由于用人单位的原因订立的无效合同，对劳动者造成损害的，应当承担赔偿责任。

第九十八条 用人单位违反本法规定的条件解除劳动合同或者故意拖延不订立劳动合同的，由劳动行政部门责令改正；对劳动者造成损害的，应当承担赔偿责任。

第九十九条 用人单位招用尚未解除劳动合同的劳动者，对原用人单位造成经济损失的，该用人单位应当依法承担连带赔偿责任。

第一百条 用人单位无故不缴纳社会保险费的，由劳动行政部门责令其限期缴纳；逾期不缴的，可以加收滞纳金。

第一百零一条 用人单位无理阻挠劳动行政部门、有关部门及其工作人员行使监督检查权，打击报复举报人员的，由劳动行政部门或者有关部门处以罚款；构成犯罪的，对责任人员依法追究刑事责任。

第一百零二条 劳动者违反本法规定的条件解除劳动合同或者违反劳动合同中约定的保密事项，对用人单位造成经济损失的，应当依法承担赔偿责任。

第一百零三条 劳动行政部门或者有关部门的工作人员滥用职权、玩忽职守、徇私舞弊，构成犯罪的，依法追究刑事责任；不构成犯罪的，给予行政处分。

第一百零四条 国家工作人员和社会保险基金经办机构的工作人员挪用社会保险基金，构成犯罪的，依法追究刑事责任。

第一百零五条 违反本法规定侵害劳动者合法权益，其他法律、行政法规已规定处罚的，依照该法律、行政法规的规定处罚。

第十三章 附　则

第一百零六条 省、自治区、直辖市人民政府根据本法和本地区的实际情况，规定劳动合同制度的实施步骤，报国务院备案。

第一百零七条 本法自 1995 年 1 月 1 日起施行。

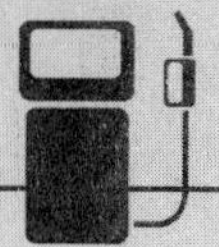

中华人民共和国公路管理条例

（1987 年 10 月 13 日　国务院国发[1987]92 号发布）

第一章　总　则

第一条　为加强公路的建设和管理，发挥公路在国民经济、国防和人民生活中的作用，适应社会主义现代化建设的需要，特制定本条例。

第二条　本条例适用于中华人民共和国境内的国家干线公路（以下简称国道），省自治区、直辖市干线公路（以下简称省道），县公路（以下简称县道），乡公路（以下简称乡道）。

本条例对专用公路有规定的，适用于专用公路。

第三条　中华人民共和国交通部主管全国公路事业。

第四条　公路管理工作实行统一领导、分级管理原则。

国道、省道由省、自治区、直辖市公路主管部门负责修建、养护和管理。

国道中跨省、自治区、直辖市的高速公路，由交通部批准的专门机构负责修建、养护和管理。

县道由县（市）公路主管部门负责修建、养护和管理。

乡道由乡（镇）人民政府负责修建、养护和管理。

专用公路由专用单位负责修建、养护和管理。

第五条　公路、公路用地和公路设施受国家法律保护，任何单位和个人均不得侵占和破坏。

第二章　公路建设

第六条　公路发展规划应当以国民经济、国防建设和人民生活的需要为依据，并与铁路、水路、航空、管道运输的发展规划相协调，与城市建设发展规划相配合。

第七条　国道发展规划由交通部编制，报国务院审批。

省道发展规划由省、自治区、直辖市公路主管部门编制，报省、自治区、直辖市人民政府审批，并报交通部备案。

县道发展规划由地级市（或相当于地级市的机构）的公路主管部门编制，报省、自治区、直辖市人民政府或其派出机构审批。

乡道发展规划由县公路主管部门编制，报县人民政府审批。

专用公路的建设计划，由专用单位编制，报上级主管部门审批，并报当地公路主管部门备案。

第八条　国家鼓励专用于社会运输。专用公路主要用于社会运输时，经省、自治区、直辖市公路主管部门批准，可以改划为省道或者县道。

第九条　公路建设资金可以采取以下方式筹集：国家和地方投资、专用单位投资、中外合资、社会集资、贷款、车辆购置附加费和部分养路费。

公路建设还可以采取民建勤、民办公助和以工代赈的办法。

第十条 公路主管部门对利用集资、贷款修建的高速公路、一级公路、二级公路和大型的公路桥梁、隧道、轮渡码头，可以向过往车辆收取通行费，用于偿还集资和贷款。

通行费和征收办法由交通部会同财政部门和国家物价局制定。

第十一条 公路建设用地，按照《中华人民共和国土地管理法》的规定办理。

第十二条 根据公路发展规划，确定新建公路或者扩宽原有公路路基、增建其他公路设施需要的土地，由当地人民政府纳人其土地利用总体规划。

第十三条 修建公路影响铁路、管道、水利、电利、邮电等设施正常使用时，建设单位应当事先征得有关部门的同意。

第十四条 公路主管部门负责对公路建设工程的质量进行监督和检验。末按国家有关规定验收合格的公路，不得交付使用。

第十五条 修建公路，应当同时修建公路的防护、养护、环境保护等配套设施。

公路建成后，应当按规定设置各种交通标志。

第三章 公路养护

第十六条 公路主管部门应当加强公路养护工作，保持公路完好、平整、畅通，提高公路的耐久性和抗灾能力。

进行公路维修应当规定修复期限。施工期间，应当采取措施，保证车辆通行。临时不能通行的，应当通过公安交通管理机关事先发布通告。

第十七条 公路养护实行专业养护与民工建勤养护相结合的制度。

民工建勤的用工、用车数额不得超过国家规定的标准。

第十八条 拥有车辆的单位和个人，必须按照国家规定，向公路养护部门缴纳养路费。

第十九条 养路费应当在国家规定的范围内专款专用。任何单位和个人不得平调、挪用、滥用、截留、拖欠养路费。

第二十条 公路交通遇严重灾害受阻时，当地县级以上人民政府应当立即动员和组织附近驻军、机关、团体、学校、企业事业单位、城乡居民协助公路主管部门限期修复。

第二十一条 因公路修建、养护需要，在空地、荒山、河流、滩涂取土采石，应当征得县(市)人民政府同意。

在上述地点取土采石不得影响附近建筑物和水利、电力、通讯设施以及农田水土保持。

在县(市)人同政府核准的公路料场取土采石，任何单位和个人不得借故阻挠或者索取价款。

第二十二条 公路绿化工作，由公路主管部门统筹规划并组织实施。

公路绿化必须按照公路技术标准进行。

公路两侧林木不得任意砍伐，需要更新砍伐的，必须经公路主管部门批准。

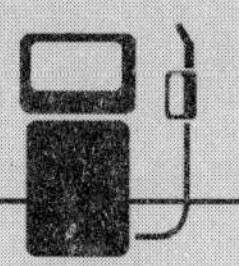

第四章 路政管理

第二十三条 公路主管部门负责管理和保护公路、公路用地及公路设施，有权依法检查、制止、处理各种侵占、破坏公路、公路用地及公路设施的行为。

第二十四条 禁止在公路及公路用地上构筑设施、种植作物。禁止任意利用公路边沟进行灌溉或者排放污水。

第二十五条 在公路两侧开山、伐木、施工作业，不得危及公路及公路设施的安全。

第二十六条 不得在大型公路桥梁和公路渡口的上、下游各二百米范围内采挖沙石、修筑堤坝、倾倒垃圾、压缩或者扩宽河床、进行爆破作业。不得在公路隧道上方和洞口外一百米范围内任意取土、采石、伐木。

第二十七条 通过公路渡口的车辆和人员，必须遵守渡口管理规章。

第二十八条 未经公路主管部门批准，履带车和铁轮车不得在铺有路面的公路上行驶，超过桥梁限载标准的车辆、物件不得过桥。在特殊情况下，必须通过公路、桥梁时，应当采取有效的技术保护措施。

第二十九条 兴建铁路、机场、电站、水库、水渠，铺设管线或者进行其他建设工程，需要挖掘公路，挖掘、占用、利用公路用地及公路设施时，建设单位必须事先取得公路主管部门同意，影响车辆通行的，还须征得公安交通管理机关同意。工程完成后，建设单位应当按照原有技术标准，或者经协商按照规划标准修复或者改建公路。

第三十条 修建跨越公路的桥梁、渡槽、架设管线等，应当考虑公路的远景发展，符合公路的技术标准，并事先征得当地公路主管部门和公安交通管理机关同意。

第三十一条 在公路两侧修建永久性工程设施，其建筑物边缘与公路边沟外缘的间距为：国道不少于二十米，省道不少于十五米，县道不少于十米，乡道不少于五米。

第三十二条 在公路上设置交叉道口，必须经公路主管部门和公安交通管理机关批准。

设计、修建交叉道口，必须符合国家规定的技术标准。

第三十三条 经省、自治区、直辖市人民政府批准，公路主管部门可以在必要的公路路口、桥头、渡口、隧道口设立收取车辆通行费的站卡及公路征费稽查站卡。

第五章 法律责任

第三十四条 对违反本条例规定的单位和个人，公路主管部门可以分别情况，责令其返还原物、恢复原状、赔偿损失、没收非法所得并处以罚款。

第三十五条 不按照国家规定缴纳养路费、通行费或者违反本条例养路费使用规定的，公路主管部门可以分别情况，责令其补交或者返还费款并处以罚款。

第三十六条 当事人对公路主管部门给予的处罚不服的，可以向上级公路主管部门提出申诉；对上级公路主管部门的处理决定不服的，可以在接到处理决定书之日起十五日内向人民法院起诉；期满不起诉又不履行的，公路主管部门可以申请人民法院强制执行。

第三十七条 公路管理人员违反本条例的，由公路主管部门给予行政处分或经济处罚。

第三十八条 违反本条例应当受治安管理处罚的，由公安机关处理；构成犯罪的，由司法机关依法追究刑事责任。

第六章 附 则

第三十九条 本条例下列用语的含义是：

"公路"是指经公路主管部门验收认定的城间、城乡间、乡间能行驶汽车的公共道路。公路包括公路的路基、路面、桥梁、涵洞、隧道。

"公路用地"是指公路两侧边沟(或者截水沟)及边沟(或者截水沟)以外不少于一米范围的土地。公路用地的具体范围由县级以上人民政府确定。

"公路设施"是指公路的排水设备、防护构造物、交叉道口、界碑、测桩、安全设施、通讯设施、检测及监控设施、养护设施、渡口码头、花草林木、专用房屋等。

第四十条 本条例由交通部负责解释，交通部可以根据本条例制定实施细则。

第四十一条 本条例自1988年1月1日起施行。

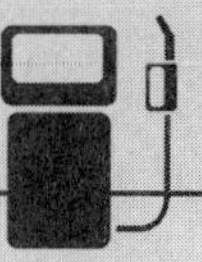

中华人民共和国收费公路管理条例

（2004 年 9 月 13 日　国务院令[2004]第 417 号发布）

第一章　总　　则

第一条　为了加强对收费公路的管理，规范公路收费行为，维护收费公路的经营管理者和使用者的合法权益，促进公路事业的发展，根据《中华人民共和国公路法》（以下简称公路法），制定本条例。

第二条　本条例所称收费公路，是指符合公路法和本条例规定，经批准依法收取车辆通行费的公路（含桥梁和隧道）。

第三条　各级人民政府应当采取积极措施，支持、促进公路事业的发展。公路发展应当坚持非收费公路为主，适当发展收费公路。

第四条　全部由政府投资或者社会组织、个人捐资建设的公路，不得收取车辆通行费。

第五条　任何单位或者个人不得违反公路法和本条例的规定，在公路上设站（卡）收取车辆通行费。

第六条　对在公路上非法设立收费站（卡）收取车辆通行费的，任何单位和个人都有权拒绝交纳。

任何单位或者个人对在公路上非法设立收费站（卡）、非法收取或者使用车辆通行费、非法转让收费公路权益或者非法延长收费期限等行为，都有权向交通、价格、财政等部门举报。收到举报的部门应当按照职责分工依法及时查处；无权查处的，应当及时移送有权查处的部门。受理的部门必须自收到举报或者移送材料之日起 10 日内进行查处。

第七条　收费公路的经营管理者，经依法批准有权向通行收费公路的车辆收取车辆通行费。

军队车辆、武警部队车辆，公安机关在辖区内收费公路上处理交通事故、执行正常巡逻任务和处置突发事件的统一标志的制式警车，以及经国务院交通主管部门或者省、自治区、直辖市人民政府批准执行抢险救灾任务的车辆，免交车辆通行费。

进行跨区作业的联合收割机、运输联合收割机（包括插秧机）的车辆，免交车辆通行费。联合收割机不得在高速公路上通行。

第八条　任何单位或者个人不得以任何形式非法干预收费公路的经营管理，挤占、挪用收费公路经营管理者依法收取的车辆通行费。

第二章　收费公路建设和收费站的设置

第九条　建设收费公路，应当符合国家和省、自治区、直辖市公路发展规划，符合本条例规定的收费公路的技术等级和规模。

第十条 县级以上地方人民政府交通主管部门利用贷款或者向企业、个人有偿集资建设的公路（以下简称政府还贷公路），国内外经济组织投资建设或者依照公路法的规定受让政府还贷公路收费权的公路（以下简称经营性公路），经依法批准后，方可收取车辆通行费。

第十一条 建设和管理政府还贷公路，应当按照政事分开的原则，依法设立专门的不以营利为目的的法人组织。

省、自治区、直辖市人民政府交通主管部门对本行政区域内的政府还贷公路，可以实行统一管理、统一贷款、统一还款。

经营性公路建设项目应当向社会公布，采用招标投标方式选择投资者。

经营性公路由依法成立的公路企业法人建设、经营和管理。

第十二条 收费公路收费站的设置，由省、自治区、直辖市人民政府按照下列规定审查批准：

（一）高速公路以及其他封闭式的收费公路，除两端出入口外，不得在主线上设置收费站。但是，省、自治区、直辖市之间确需设置收费站的除外。

（二）非封闭式的收费公路的同一主线上，相邻收费站的间距不得少于50公里。

第十三条 高速公路以及其他封闭式的收费公路，应当实行计算机联网收费，减少收费站点，提高通行效率。联网收费的具体办法由国务院交通主管部门会同国务院有关部门制定。

第十四条 收费公路的收费期限，由省、自治区、直辖市人民政府按照下列标准审查批准：

（一）政府还贷公路的收费期限，按照用收费偿还贷款、偿还有偿集资款的原则确定，最长不得超过15年。国家确定的中西部省、自治区、直辖市的政府还贷公路收费期限，最长不得超过20年。

（二）经营性公路的收费期限，按照收回投资并有合理回报的原则确定，最长不得超过25年。国家确定的中西部省、自治区、直辖市的经营性公路收费期限，最长不得超过30年。

第十五条 车辆通行费的收费标准，应当依照价格法律、行政法规的规定进行听证，并按照下列程序审查批准：

（一）政府还贷公路的收费标准，由省、自治区、直辖市人民政府交通主管部门会同同级价格主管部门、财政部门审核后，报本级人民政府审查批准。

（二）经营性公路的收费标准，由省、自治区、直辖市人民政府交通主管部门会同同级价格主管部门审核后，报本级人民政府审查批准。

第十六条 车辆通行费的收费标准，应当根据公路的技术等级、投资总额、当地物价指数、偿还贷款或者有偿集资款的期限和收回投资的期限以及交通量等因素计算确定。对在国家规定的绿色通道上运输鲜活农产品的车辆，可以适当降低车辆通行费的收费标准或者免交车辆通行费。

修建与收费公路经营管理无关的设施、超标准修建的收费公路经营管理设施和服务设施，其费用不得作为确定收费标准的因素。

车辆通行费的收费标准需要调整的,应当依照本条例第十五条规定的程序办理。

第十七条 依照本条例规定的程序审查批准的收费公路收费站、收费期限、车辆通行费收费标准或者收费标准的调整方案,审批机关应当自审查批准之日起10日内将有关文件向国务院交通主管部门和国务院价格主管部门备案;其中属于政府还贷公路的,还应当自审查批准之日起10日内向国务院财政部门备案。

第十八条 建设收费公路,应当符合下列技术等级和规模:

(一)高速公路连续里程30公里以上。但是,城市市区至本地机场的高速公路除外。

(二)一级公路连续里程50公里以上。

(三)二车道的独立桥梁、隧道,长度800米以上;四车道的独立桥梁、隧道,长度500米以上。

技术等级为二级以下(含二级)的公路不得收费。但是,在国家确定的中西部省、自治区、直辖市建设的二级公路,其连续里程60公里以上的,经依法批准,可以收取车辆通行费。

第三章 收费公路权益的转让

第十九条 依照本条例的规定转让收费公路权益的,应当向社会公布,采用招标投标的方式,公平、公正、公开地选择经营管理者,并依法订立转让协议。

第二十条 收费公路的权益,包括收费权、广告经营权、服务设施经营权。

转让收费公路权益的,应当依法保护投资者的合法利益。

第二十一条 转让政府还贷公路权益中的收费权,可以申请延长收费期限,但延长的期限不得超过5年。

转让经营性公路权益中的收费权,不得延长收费期限。

第二十二条 有下列情形之一的,收费公路权益中的收费权不得转让:

(一)长度小于1000米的二车道独立桥梁和隧道;

(二)二级公路;

(三)收费时间已超过批准收费期限2/3。

第二十三条 转让政府还贷公路权益的收入,必须缴入国库,除用于偿还贷款和有偿集资款外,必须用于公路建设。

第二十四条 收费公路权益转让的具体办法,由国务院交通主管部门会同国务院发展改革部门和财政部门制定。

第四章 收费公路的经营管理

第二十五条 收费公路建成后,应当按照国家有关规定进行验收;验收合格的,方可收取车辆通行费。

收费公路不得边建设边收费。

第二十六条 收费公路经营管理者应当按照国家规定的标准和规范,对收费公路及沿线设施进行日常检查、维护,保证收费公路处于良好的技术状态,为通行车辆及人员提供优质服务。

收费公路的养护应当严格按照工期施工、竣工，不得拖延工期，不得影响车辆安全通行。

第二十七条 收费公路经营管理者应当在收费站的显著位置，设置载有收费站名称、审批机关、收费单位、收费标准、收费起止年限和监督电话等内容的公告牌，接受社会监督。

第二十八条 收费公路经营管理者应当按照国家规定的标准，结合公路交通状况、沿线设施等情况，设置交通标志、标线。

交通标志、标线必须清晰、准确、易于识别。重要的通行信息应当重复提示。

第二十九条 收费道口的设置，应当符合车辆行驶安全的要求；收费道口的数量，应当符合车辆快速通过的需要，不得造成车辆堵塞。

第三十条 收费站工作人员的配备，应当与收费道口的数量、车流量相适应，不得随意增加人员。

收费公路经营管理者应当加强对收费站工作人员的业务培训和职业道德教育，收费人员应当做到文明礼貌，规范服务。

第三十一条 遇有公路损坏、施工或者发生交通事故等影响车辆正常安全行驶的情形时，收费公路经营管理者应当在现场设置安全防护设施，并在收费公路出入口进行限速、警示提示，或者利用收费公路沿线可变信息板等设施予以公告；造成交通堵塞时，应当及时报告有关部门并协助疏导交通。

遇有公路严重损毁、恶劣气象条件或者重大交通事故等严重影响车辆安全通行的情形时，公安机关应当根据情况，依法采取限速通行、关闭公路等交通管制措施。收费公路经营管理者应当积极配合公安机关，及时将有关交通管制的信息向通行车辆进行提示。

第三十二条 收费公路经营管理者收取车辆通行费，必须向收费公路使用者开具收费票据。政府还贷公路的收费票据，由省、自治区、直辖市人民政府财政部门统一印(监)制。经营性公路的收费票据，由省、自治区、直辖市人民政府税务部门统一印(监)制。

第三十三条 收费公路经营管理者对依法应当交纳而拒交、逃交、少交车辆通行费的车辆，有权拒绝其通行，并要求其补交应交纳的车辆通行费。

任何人不得为拒交、逃交、少交车辆通行费而故意堵塞收费道口、强行冲卡、殴打收费公路管理人员、破坏收费设施或者从事其他扰乱收费公路经营管理秩序的活动。

发生前款规定的扰乱收费公路经营管理秩序行为时，收费公路经营管理者应当及时报告公安机关，由公安机关依法予以处理。

第三十四条 在收费公路上行驶的车辆不得超载。

发现车辆超载时，收费公路经营管理者应当及时报告公安机关，由公安机关依法予以处理。

第三十五条 收费公路经营管理者不得有下列行为：

(一)擅自提高车辆通行费收费标准；

(二)在车辆通行费收费标准之外加收或者代收任何其他费用；

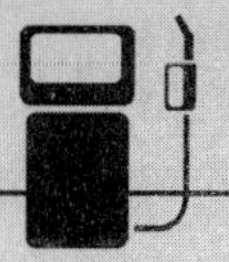

(三)强行收取或者以其他不正当手段按车辆收取某一期间的车辆通行费;

(四)不开具收费票据,开具未经省、自治区、直辖市人民政府财政、税务部门统一印(监)制的收费票据或者开具已经过期失效的收费票据。

有前款所列行为之一的,通行车辆有权拒绝交纳车辆通行费。

第三十六条 政府还贷公路的管理者收取的车辆通行费收入,应当全部存入财政专户,严格实行收支两条线管理。

政府还贷公路的车辆通行费,除必要的管理、养护费用从财政部门批准的车辆通行费预算中列支外,必须全部用于偿还贷款和有偿集资款,不得挪作他用。

第三十七条 收费公路的收费期限届满,必须终止收费。

政府还贷公路在批准的收费期限届满前已经还清贷款、还清有偿集资款的,必须终止收费。

依照本条前两款的规定,收费公路终止收费的,有关省、自治区、直辖市人民政府应当向社会公告,明确规定终止收费的日期,接受社会监督。

第三十八条 收费公路终止收费前 6 个月,省、自治区、直辖市人民政府交通主管部门应当对收费公路进行鉴定和验收。经鉴定和验收,公路符合取得收费公路权益时核定的技术等级和标准的,收费公路经营管理者方可按照国家有关规定向交通主管部门办理公路移交手续;不符合取得收费公路权益时核定的技术等级和标准的,收费公路经营管理者应当在交通主管部门确定的期限内进行养护,达到要求后,方可按照规定办理公路移交手续。

第三十九条 收费公路终止收费后,收费公路经营管理者应当自终止收费之日起 15 日内拆除收费设施。

第四十条 任何单位或者个人不得通过封堵非收费公路或者在非收费公路上设卡收费等方式,强迫车辆通行收费公路。

第四十一条 收费公路经营管理者应当按照国务院交通主管部门和省、自治区、直辖市人民政府交通主管部门的要求,及时提供统计资料和有关情况。

第四十二条 收费公路的养护、绿化和公路用地范围内的水土保持及路政管理,依照公路法的有关规定执行。

第四十三条 国务院交通主管部门和省、自治区、直辖市人民政府交通主管部门应当对收费公路实施监督检查,督促收费公路经营管理者依法履行公路养护、绿化和公路用地范围内的水土保持义务。

第四十四条 审计机关应当依法加强收费公路的审计监督,对违法行为依法进行查处。

第四十五条 行政执法机关依法对收费公路实施监督检查时,不得向收费公路经营管理者收取任何费用。

第四十六条 省、自治区、直辖市人民政府应当将本行政区域内收费公路及收费站名称、收费单位、收费标准、收费期限等信息向社会公布,接受社会监督。

第五章 法律责任

第四十七条 违反本条例的规定,擅自批准收费公路建设、收费站、收费期限、车辆通行费收费标准或者收费公路权益转让的，由省、自治区、直辖市人民政府责令改正；对负有责任的主管人员和其他直接责任人员依法给予记大过直至开除的行政处分；构成犯罪的，依法追究刑事责任。

第四十八条 违反本条例的规定，地方人民政府或者有关部门及其工作人员非法干预收费公路经营管理，或者挤占、挪用收费公路经营管理者收取的车辆通行费的，由上级人民政府或者有关部门责令停止非法干预，退回挤占、挪用的车辆通行费；对负有责任的主管人员和其他直接责任人员依法给予记大过直至开除的行政处分；构成犯罪的，依法追究刑事责任。

第四十九条 违反本条例的规定，擅自在公路上设立收费站(卡)收取车辆通行费或者应当终止收费而不终止的，由国务院交通主管部门或者省、自治区、直辖市人民政府交通主管部门依据职权，责令改正，强制拆除收费设施；有违法所得的，没收违法所得，并处违法所得2倍以上5倍以下的罚款；没有违法所得的，处1万元以上5万元以下的罚款；负有责任的主管人员和其他直接责任人员属于国家工作人员的，依法给予记大过直至开除的行政处分。

第五十条 违反本条例的规定，有下列情形之一的，由国务院交通主管部门或者省、自治区、直辖市人民政府交通主管部门依据职权，责令改正，并根据情节轻重，处5万元以上20万元以下的罚款：

(一)收费站的设置不符合标准或者擅自变更收费站位置的；

(二)未按照国家规定的标准和规范对收费公路及沿线设施进行日常检查、维护的；

(三)未按照国家有关规定合理设置交通标志、标线的；

(四)道口设置不符合车辆行驶安全要求或者道口数量不符合车辆快速通过需要的；

(五)遇有公路损坏、施工或者发生交通事故等影响车辆正常安全行驶的情形，未按照规定设置安全防护设施或者未进行提示、公告，或者遇有交通堵塞不及时疏导交通的；

(六)应当公布有关限速通行或者关闭收费公路的信息而未及时公布的。

第五十一条 违反本条例的规定，收费公路经营管理者收费时不开具票据，开具未经省、自治区、直辖市人民政府财政、税务部门统一印(监)制的票据，或者开具已经过期失效的票据的，由财政部门或者税务部门责令改正，并根据情节轻重，处10万元以上50万元以下的罚款；负有责任的主管人员和其他直接责任人员属于国家工作人员的，依法给予记大过直至开除的行政处分；构成犯罪的，依法追究刑事责任。

第五十二条 违反本条例的规定，政府还贷公路的管理者未将车辆通行费足额存入财政专户或者未将转让政府还贷公路权益的收入全额缴入国库的，由财政部门予以追缴、补齐；对负有责任的主管人员和其他直接责任人员，依法给予记过直至开除的行政处分。

违反本条例的规定，财政部门未将政府还贷公路的车辆通行费或者转让政府还贷公路权益的收入用于偿还贷款、偿还有偿集资款，或者将车辆通行费、转让政府还

贷公路权益的收入挪作他用的，由本级人民政府责令偿还贷款、偿还有偿集资款，或者责令退还挪用的车辆通行费和转让政府还贷公路权益的收入；对负有责任的主管人员和其他直接责任人员，依法给予记过直至开除的行政处分；构成犯罪的，依法追究刑事责任。

第五十三条 违反本条例的规定，收费公路终止收费后，收费公路经营管理者不及时拆除收费设施的，由省、自治区、直辖市人民政府交通主管部门责令限期拆除；逾期不拆除的，强制拆除，拆除费用由原收费公路经营管理者承担。

第五十四条 违反本条例的规定，收费公路经营管理者未按照国务院交通主管部门规定的技术规范和操作规程进行收费公路养护的，由省、自治区、直辖市人民政府交通主管部门；拒不改正的，责令停止收费。责令停止收费后 30 日内仍未履行公路养护义务的，由省、自治区、直辖市人民政府交通主管部门指定其他单位进行养护，养护费用由原收费公路经营管理者承担。拒不承担的，由省、自治区、直辖市人民政府交通主管部门申请人民法院强制执行。

第五十五条 违反本条例的规定，收费公路经营管理者未履行公路绿化和水土保持义务的，由省、自治区、直辖市人民政府交通主管部门责令改正，并可以对原收费公路经营管理者处履行绿化、水土保持义务所需费用 1 倍至 2 倍的罚款。

第五十六条 国务院价格主管部门或者县级以上地方人民政府价格主管部门对违反本条例的价格违法行为，应当依据价格管理的法律、法规和规章的规定予以处罚。

第五十七条 违反本条例的规定，为拒交、逃交、少交车辆通行费而故意堵塞收费道口、强行冲卡、殴打收费公路管理人员、破坏收费设施或者从事其他扰乱收费公路经营管理秩序活动，构成违反治安管理行为的，由公安机关依法予以处罚；构成犯罪的，依法追究刑事责任；给收费公路经营管理者造成损失或者造成人身损害的，依法承担民事赔偿责任。

第五十八条 违反本条例的规定，假冒军队车辆、武警部队车辆、公安机关统一标志的制式警车和抢险救灾车辆逃交车辆通行费的，由有关机关依法予以处理。

第六章 附 则

第五十九条 本条例施行前在建的和已投入运行的收费公路，由国务院交通主管部门会同国务院发展改革部门和财政部门依照本条例规定的原则进行规范。具体办法由国务院交通主管部门制定。

第六十条 本条例自 2004 年 11 月 1 日起施行。

中华人民共和国道路交通安全法实施条例

（2004年4月30日　国务院令[2004]第405号发布）

第一章　总　　则

第一条　根据《中华人民共和国道路交通安全法》(以下简称道路交通安全法)的规定,制定本条例。

第二条　中华人民共和国境内的车辆驾驶人、行人、乘车人以及与道路交通活动有关的单位和个人,应当遵守道路交通安全法和本条例。

第三条　县级以上地方各级人民政府应当建立、健全道路交通安全工作协调机制,组织有关部门对城市建设项目进行交通影响评价,制定道路交通安全管理规划,确定管理目标,制定实施方案。

第二章　车辆和驾驶人

第一节　机动车

第四条　机动车的登记,分为注册登记、变更登记、转移登记、抵押登记和注销登记。

第五条　初次申领机动车号牌、行驶证的,应当向机动车所有人住所地的公安机关交通管理部门申请注册登记。

申请机动车注册登记,应当交验机动车,并提交以下证明、凭证:

(一)机动车所有人的身份证明;(二)购车发票等机动车来历证明;(三)机动车整车出厂合格证明或者进口机动车进口凭证;(四)车辆购置税完税证明或者免税凭证;(五)机动车第三者责任强制保险凭证;(六)法律、行政法规规定应当在机动车注册登记时提交的其他证明、凭证。

不属于国务院机动车产品主管部门规定免予安全技术检验的车型的,还应当提供机动车安全技术检验合格证明。

第六条　已注册登记的机动车有下列情形之一的,机动车所有人应当向登记该机动车的公安机关交通管理部门申请变更登记:(一)改变机动车车身颜色的;(二)更换发动机的;(三)更换车身或者车架的;(四)因质量有问题,制造厂更换整车的;(五)营运机动车改为非营运机动车或者非营运机动车改为营运机动车的;(六)机动车所有人的住所迁出或者迁入公安机关交通管理部门管辖区域的。

申请机动车变更登记,应当提交下列证明、凭证,属于前款第(一)项、第(二)项、第(三)项、第(四)项、第(五)项情形之一的,还应当交验机动车;属于前款第(二)项、第(三)项情形之一的,还应当同时提交机动车安全技术检验合格证明:(一)机动车所有人的身份证明;(二)机动车登记证书;(三)机动车行驶证。机动车所有人的住所在公安机关交通管理部门管辖区域内迁移、机动车所有人的姓名(单位名称)或者联系方式变更的，应当向登记该机动车的公安机关交通管理部门备案。

第七条 已注册登记的机动车所有权发生转移的，应当及时办理转移登记。申请机动车转移登记，当事人应当向登记该机动车的公安机关交通管理部门交验机动车，并提交以下证明、凭证：(一)当事人的身份证明；(二)机动车所有权转移的证明、凭证；(三)机动车登记证书；(四)机动车行驶证。

第八条 机动车所有人将机动车作为抵押物抵押的，机动车所有人应当向登记该机动车的公安机关交通管理部门申请抵押登记。

第九条 已注册登记的机动车达到国家规定的强制报废标准的，公安机关交通管理部门应当在报废期满的 2 个月前通知机动车所有人办理注销登记。机动车所有人应当在报废期满前将机动车交售给机动车回收企业，由机动车回收企业将报废的机动车登记证书、号牌、行驶证交公安机关交通管理部门注销。机动车所有人逾期不办理注销登记的，公安机关交通管理部门应当公告该机动车登记证书、号牌、行驶证作废。因机动车灭失申请注销登记的，机动车所有人应当向公安机关交通管理部门提交本人身份证明，交回机动车登记证书。

第十条 办理机动车登记的申请人提交的证明、凭证齐全、有效的，公安机关交通管理部门应当当场办理登记手续。

人民法院、人民检察院以及行政执法部门依法查封、扣押的机动车，公安机关交通管理部门不予办理机动车登记。

第十一条 机动车登记证书、号牌、行驶证丢失或者损毁，机动车所有人申请补发的，应当向公安机关交通管理部门提交本人身份证明和申请材料。公安机关交通管理部门经与机动车登记档案核实后，在收到申请之日起 15 日内补发。

第十二条 税务部门、保险机构可以在公安机关交通管理部门的办公场所集中办理与机动车有关的税费缴纳、保险合同订立等事项。

第十三条 机动车号牌应当悬挂在车前、车后指定位置，保持清晰、完整。重型、中型载货汽车及其挂车、拖拉机及其挂车的车身或者车厢后部应当喷涂放大的牌号，字样应当端正并保持清晰。机动车检验合格标志、保险标志应当粘贴在机动车前窗右上角。机动车喷涂、粘贴标志或者车身广告的，不得影响安全驾驶。

第十四条 用于公路营运的载客汽车、重型载货汽车、半挂牵引车应当安装、使用符合国家标准的行驶记录仪。交通警察可以对机动车行驶速度、连续驾驶时间以及其他行驶状态信息进行检查。安装行驶记录仪可以分步实施，实施步骤由国务院机动车产品主管部门会同有关部门规定。

第十五条 机动车安全技术检验由机动车安全技术检验机构实施。机动车安全技术检验机构应当按照国家机动车安全技术检验标准对机动车进行检验，对检验结果承担法律责任。质量技术监督部门负责对机动车安全技术检验机构实行资格管理和计量认证管理，对机动车安全技术检验设备进行检定，对执行国家机动车安全技术检验标准的情况进行监督。

机动车安全技术检验项目由国务院公安部门会同国务院质量技术监督部门规定。

第十六条 机动车应当从注册登记之日起，按照下列期限进行安全技术检验：(一)营运载客汽车5年以内每年检验1次；超过5年的，每6个月检验1次；(二)载货汽车和大型、中型非营运载客汽车10年以内每年检验1次；超过10年的，每6个月检验1次；(三)小型、微型非营运载客汽车6年以内每2年检验1次；超过6年的，每年检验1次；超过15年的，每6个月检验1次；(四)摩托车4年以内每2年检验1次；超过4年的，每年检验1次；(五)拖拉机和其他机动车每年检验1次。营运机动车在规定检验期限内经安全技术检验合格的，不再重复进行安全技术检验。

第十七条 已注册登记的机动车进行安全技术检验时，机动车行驶证记载的登记内容与该机动车的有关情况不符，或者未按照规定提供机动车第三者责任强制保险凭证的，不予通过检验。

第十八条 警车、消防车、救护车、工程救险车标志图案的喷涂以及警报器、标志灯具的安装、使用规定，由国务院公安部门制定。

第二节 机动车驾驶人

第十九条 符合国务院公安部门规定的驾驶许可条件的人，可以向公安机关交通管理部门申请机动车驾驶证。机动车驾驶证由国务院公安部门规定式样并监制。

第二十条 学习机动车驾驶，应当先学习道路交通安全法律、法规和相关知识，考试合格后，再学习机动车驾驶技能。

在道路上学习驾驶，应当按照公安机关交通管理部门指定的路线、时间进行。在道路上学习机动车驾驶技能应当使用教练车，在教练员随车指导下进行，与教学无关的人员不得乘坐教练车。学员在学习驾驶中有道路交通安全违法行为或者造成交通事故的，由教练员承担责任。

第二十一条 公安机关交通管理部门应当对申请机动车驾驶证的人进行考试，对考试合格的，在5日内核发机动车驾驶证；对考试不合格的，书面说明理由。

第二十二条 机动车驾驶证的有效期为6年，本条例另有规定的除外。

机动车驾驶人初次申领机动车驾驶证后的12个月为实习期。在实习期内驾驶机动车的，应当在车身后部粘贴或者悬挂统一式样的实习标志。

机动车驾驶人在实习期内不得驾驶公共汽车、营运客车或者执行任务的警车、消防车、救护车、工程救险车以及载有爆炸物品、易燃易爆化学物品、剧毒或者放射性等危险物品的机动车；驾驶的机动车不得牵引挂车。

第二十三条 公安机关交通管理部门对机动车驾驶人的道路交通安全违法行为除给予行政处罚外，实行道路交通安全违法行为累积记分(以下简称记分)制度，记分周期为12个月。对在一个记分周期内记分达到12分的，由公安机关交通管理部门扣留其机动车驾驶证，该机动车驾驶人应当按照规定参加道路交通安全法律、法规的学习并接受考试。考试合格的，记分予以清除，发还机动车驾驶证；考试不合格的，继续参加学习和考试。

应当给予记分的道路交通安全违法行为及其分值，由国务院公安部门根据道路交通安全违法行为的危害程度规定。

公安机关交通管理部门应当提供记分查询方式供机动车驾驶人查询。

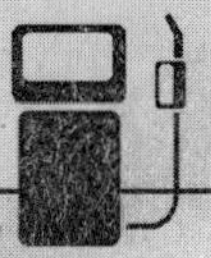

第二十四条　机动车驾驶人在一个记分周期内记分未达到12分，所处罚款已经缴纳的，记分予以清除；记分虽未达到12分，但尚有罚款未缴纳的，记分转入下一记分周期。

机动车驾驶人在一个记分周期内记分2次以上达到12分的，除按照第二十三条的规定扣留机动车驾驶证、参加学习、接受考试外，还应当接受驾驶技能考试。考试合格的，记分予以清除，发还机动车驾驶证；考试不合格的，继续参加学习和考试。接受驾驶技能考试的，按照本人机动车驾驶证载明的最高准驾车型考试。

第二十五条　机动车驾驶人记分达到12分，拒不参加公安机关交通管理部门通知的学习，也不接受考试的，由公安机关交通管理部门公告其机动车驾驶证停止使用。

第二十六条　机动车驾驶人在机动车驾驶证的6年有效期内，每个记分周期均未达到12分的，换发10年有效期的机动车驾驶证；在机动车驾驶证的10年有效期内，每个记分周期均未达到12分的，换发长期有效的机动车驾驶证。

换发机动车驾驶证时，公安机关交通管理部门应当对机动车驾驶证进行审验。

第二十七条　机动车驾驶证丢失、损毁，机动车驾驶人申请补发的，应当向公安机关交通管理部门提交本人身份证明和申请材料。公安机关交通管理部门经与机动车驾驶证档案核实后，在收到申请之日起3日内补发。

第二十八条　机动车驾驶人在机动车驾驶证丢失、损毁、超过有效期或者被依法扣留、暂扣期间以及记分达到12分的，不得驾驶机动车。

第三章　道路通行条件

第二十九条　交通信号灯分为：机动车信号灯、非机动车信号灯、人行横道信号灯、车道信号灯、方向指示信号灯、闪光警告信号灯、道路与铁路平面交叉道口信号灯。

第三十条　交通标志分为：指示标志、警告标志、禁令标志、指路标志、旅游区标志、道路施工安全标志和辅助标志。

道路交通标线分为：指示标线、警告标线、禁止标线。

第三十一条　交通警察的指挥分为：手势信号和使用器具的交通指挥信号。

第三十二条　道路交叉路口和行人横过道路较为集中的路段应当设置人行横道、过街天桥或者过街地下通道。

在盲人通行较为集中的路段，人行横道信号灯应当设置声响提示装置。

第三十三条　城市人民政府有关部门可以在不影响行人、车辆通行的情况下，在城市道路上施划停车泊位，并规定停车泊位的使用时间。

第三十四条　开辟或者调整公共汽车、长途汽车的行驶路线或者车站，应当符合交通规划和安全、畅通的要求。

第三十五条　道路养护施工单位在道路上进行养护、维修时，应当按照规定设置规范的安全警示标志和安全防护设施。道路养护施工作业车辆、机械应当安装示警灯，喷涂明显的标志图案，作业时应当开启示警灯和危险报警闪光灯。对未中断交通的施工作业道路，公安机关交通管理部门应当加强交通安全监督检查。发生交通阻塞时，及时做好分流、疏导，维护交通秩序。

道路施工需要车辆绕行的，施工单位应当在绕行处设置标志；不能绕行的，应当修建临时通道，保证车辆和行人通行。需要封闭道路中断交通的，除紧急情况外，应当提前5日向社会公告。

第三十六条 道路或者交通设施养护部门、管理部门应当在急弯、陡坡、临崖、临水等危险路段，按照国家标准设置警告标志和安全防护设施。

第三十七条 道路交通标志、标线不规范，机动车驾驶人容易发生辨认错误的，交通标志、标线的主管部门应当及时予以改善。

道路照明设施应当符合道路建设技术规范，保持照明功能完好。

第四章 道路通行规定

第一节 一般规定

第三十八条 机动车信号灯和非机动车信号灯表示：

（一）绿灯亮时，准许车辆通行，但转弯的车辆不得妨碍被放行的直行车辆、行人通行；（二）黄灯亮时，已越过停止线的车辆可以继续通行；（三）红灯亮时，禁止车辆通行。

在未设置非机动车信号灯和人行横道信号灯的路口，非机动车和行人应当按照机动车信号灯的表示通行。

红灯亮时，右转弯的车辆在不妨碍被放行的车辆、行人通行的情况下，可以通行。

第三十九条 人行横道信号灯表示：（一）绿灯亮时，准许行人通过人行横道；（二）红灯亮时，禁止行人进入人行横道，但是已经进入人行横道的，可以继续通过或者在道路中心线处停留等候

第四十条 车道信号灯表示：（一）绿色箭头灯亮时，准许本车道车辆按指示方向通行；（二）红色叉形灯或者箭头灯亮时，禁止本车道车辆通行。

第四十一条 方向指示信号灯的箭头方向向左、向上、向右分别表示左转、直行、右转。

第四十二条 闪光警告信号灯为持续闪烁的黄灯，提示车辆、行人通行时注意瞭望，确认安全后通过。

第四十三条 道路与铁路平面交叉道口有两个红灯交替闪烁或者一个红灯亮时，表示禁止车辆、行人通行；红灯熄灭时，表示允许车辆、行人通行。

第二节 机动车通行规定

第四十四条 在道路同方向划有2条以上机动车道的，左侧为快速车道，右侧为慢速车道。在快速车道行驶的机动车应当按照快速车道规定的速度行驶，未达到快速车道规定的行驶速度的，应当在慢速车道行驶。摩托车应当在最右侧车道行驶。有交通标志标明行驶速度的，按照标明的行驶速度行驶。慢速车道内的机动车超越前车时，可以借用快速车道行驶。

在道路同方向划有2条以上机动车道的，变更车道的机动车不得影响相关车道内行驶的机动车的正常行驶。

第四十五条 机动车在道路上行驶不得超过限速标志、标线标明的速度。在没

有限速标志、标线的道路上，机动车不得超过下列最高行驶速度：(一)没有道路中心线的道路，城市道路为每小时30公里，公路为每小时40公里；(二)同方向只有1条机动车道的道路，城市道路为每小时50公里，公路为每小时70公里。

第四十六条 机动车行驶中遇有下列情形之一的，最高行驶速度不得超过每小时30公里，其中拖拉机、电瓶车、轮式专用机械车不得超过每小时15公里：(一)进出非机动车道，通过铁路道口、急弯路、窄路、窄桥时；(二)掉头、转弯、下陡坡时；(三)遇雾、雨、雪、沙尘、冰雹，能见度在50米以内时；(四)在冰雪、泥泞的道路上行驶时；(五)牵引发生故障的机动车时。

第四十七条 机动车超车时，应当提前开启左转向灯、变换使用远、近光灯或者鸣喇叭。在没有道路中心线或者同方向只有1条机动车道的道路上，前车遇后车发出超车信号时，在条件许可的情况下，应当降低速度、靠右让路。后车应当在确认有充足的安全距离后，从前车的左侧超越，在与被超车辆拉开必要的安全距离后，开启右转向灯，驶回原车道。

第四十八条 在没有中心隔离设施或者没有中心线的道路上，机动车遇相对方向来车时应当遵守下列规定：(一)减速靠右行驶，并与其他车辆、行人保持必要的安全距离；(二)在有障碍的路段，无障碍的一方先行；但有障碍的一方已驶入障碍路段而无障碍的一方未驶入时，有障碍的一方先行；(三)在狭窄的坡路，上坡的一方先行；但下坡的一方已行至中途而上坡的一方未上坡时，下坡的一方先行；(四)在狭窄的山路，不靠山体的一方先行；(五)夜间会车应当在距相对方向来车150米以外改用近光灯，在窄路、窄桥与非机动车会车时应当使用近光灯。

第四十九条 机动车在有禁止掉头或者禁止左转弯标志、标线的地点以及在铁路道口、人行横道、桥梁、急弯、陡坡、隧道或者容易发生危险的路段，不得掉头。机动车在没有禁止掉头或者没有禁止左转弯标志、标线的地点可以掉头，但不得妨碍正常行驶的其他车辆和行人的通行。

第五十条 机动车倒车时，应当察明车后情况，确认安全后倒车。不得在铁路道口、交叉路口、单行路、桥梁、急弯、陡坡或者隧道中倒车。

第五十一条 机动车通过有交通信号灯控制的交叉路口，应当按照下列规定通行：(一)在划有导向车道的路口，按所需行进方向驶入导向车道；(二)准备进入环形路口的让已在路口内的机动车先行；(三)向左转弯时，靠路口中心点左侧转弯。转弯时开启转向灯，夜间行驶开启近光灯；(四)遇放行信号时，依次通过；(五)遇停止信号时，依次停在停止线以外。没有停止线的，停在路口以外；(六)向右转弯遇有同车道前车正在等候放行信号时，依次停车等候；(七)在没有方向指示信号灯的交叉路口，转弯的机动车让直行的车辆、行人先行。相对方向行驶的右转弯机动车让左转弯车辆先行。

第五十二条 机动车通过没有交通信号灯控制也没有交通警察指挥的交叉路口，除应当遵守第五十一条第(二)项、第(三)项的规定外，还应当遵守下列规定：(一)有交通标志、标线控制的，让优先通行的一方先行；(二)没有交通标志、标线控制的，在进入路口前停车瞭望，让右方道路的来车先行；(三)转弯的机动车让直行的车辆先行;(四)相对方向行驶的右转弯的机动车让左转弯的车辆先行。

第五十三条 机动车遇有前方交叉路口交通阻塞时,应当依次停在路口以外等候,不得进入路口。机动车在遇有前方机动车停车排队等候或者缓慢行驶时,应当依次排队,不得从前方车辆两侧穿插或者超越行驶,不得在人行横道、网状线区域内停车等候。机动车在车道减少的路口、路段,遇有前方机动车停车排队等候或者缓慢行驶的,应当每车道一辆依次交替驶入车道减少后的路口、路段。

第五十四条 机动车载物不得超过机动车行驶证上核定的载质量,装载长度、宽度不得超出车厢,并应当遵守下列规定:(一)重型、中型载货汽车,半挂车载物,高度从地面起不得超过 4 米,载运集装箱的车辆不得超过 4.2 米;(二)其他载货的机动车载物,高度从地面起不得超过 2.5 米;(三)摩托车载物,高度从地面起不得超过 1.5 米,长度不得超出车身 0.2 米。两轮摩托车载物宽度左右各不得超出车把 0.15 米;三轮摩托车载物宽度不得超过车身。载客汽车除车身外部的行李架和内置的行李箱外,不得载货。载客汽车行李架载货,从车顶起高度不得超过 0.5 米,从地面起高度不得超过 4 米。

第五十五条 机动车载人应当遵守下列规定:(一)公路载客汽车不得超过核定的载客人数,但按照规定免票的儿童除外,在载客人数已满的情况下,按照规定免票的儿童不得超过核定载客人数的 10%;(二)载货汽车车厢不得载客。在城市道路上,货运机动车在留有安全位置的情况下,车厢内可以附载临时作业人员 1 人至 5 人;载物高度超过车厢栏板时,货物上不得载人;(三)摩托车后座不得乘坐未满 12 周岁的未成年人,轻便摩托车不得载人。

第五十六条 机动车牵引挂车应当符合下列规定:(一)载货汽车、半挂牵引车、拖拉机只允许牵引 1 辆挂车。挂车的灯光信号、制动、连接、安全防护等装置应当符合国家标准;(二)小型载客汽车只允许牵引旅居挂车或者总质量 700 千克以下的挂车。挂车不得载人;(三)载货汽车所牵引挂车的载质量不得超过载货汽车本身的载质量。大型、中型载客汽车,低速载货汽车,三轮汽车以及其他机动车不得牵引挂车。

第五十七条 机动车应当按照下列规定使用转向灯:(一)向左转弯、向左变更车道、准备超车、驶离停车地点或者掉头时,应当提前开启左转向灯;(二)向右转弯、向右变更车道、超车完毕驶回原车道、靠路边停车时,应当提前开启右转向灯。

第五十八条 机动车在夜间没有路灯、照明不良或者遇有雾、雨、雪、沙尘、冰雹等低能见度情况下行驶时,应当开启前照灯、示廓灯和后位灯,但同方向行驶的后车与前车近距离行驶时,不得使用远光灯。机动车雾天行驶应当开启雾灯和危险报警闪光灯。

第五十九条 机动车在夜间通过急弯、坡路、拱桥、人行横道或者没有交通信号灯控制的路口时,应当交替使用远近光灯示意。

机动车驶近急弯、坡道顶端等影响安全视距的路段以及超车或者遇有紧急情况时,应当减速慢行,并鸣喇叭示意。

第六十条 机动车在道路上发生故障或者发生交通事故,妨碍交通又难以移动的,应当按照规定开启危险报警闪光灯并在车后 50 米至 100 米处设置警告标志,夜

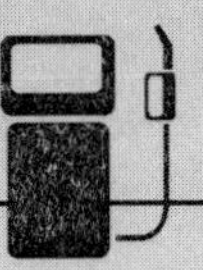

间还应当同时开启示廓灯和后位灯。

第六十一条 牵引故障机动车应当遵守下列规定：(一)被牵引的机动车除驾驶人外不得载人，不得拖带挂车；(二)被牵引的机动车宽度不得大于牵引机动车的宽度；(三)使用软连接牵引装置时，牵引车与被牵引车之间的距离应当大于4米小于10米；(四)对制动失效的被牵引车，应当使用硬连接牵引装置牵引；(五)牵引车和被牵引车均应当开启危险报警闪光灯。汽车吊车和轮式专用机械车不得牵引车辆。摩托车不得牵引车辆或者被其他车辆牵引。转向或者照明、信号装置失效的故障机动车，应当使用专用清障车拖曳。

第六十二条 驾驶机动车不得有下列行为：(一)在车门、车厢没有关好时行车；(二)在机动车驾驶室的前后窗范围内悬挂、放置妨碍驾驶人视线的物品；(三)拨打接听手持电话、观看电视等妨碍安全驾驶的行为；(四)下陡坡时熄火或者空挡滑行；(五)向道路上抛撒物品；(六)驾驶摩托车手离车把或者在车把上悬挂物品；(七)连续驾驶机动车超过4小时未停车休息或者停车休息时间少于20分钟；(八)在禁止鸣喇叭的区域或者路段鸣喇叭。

第六十三条 机动车在道路上临时停车，应当遵守下列规定：(一)在设有禁停标志、标线的路段，在机动车道与非机动车道、人行道之间设有隔离设施的路段以及人行横道、施工地段，不得停车；(二)交叉路口、铁路道口、急弯路、宽度不足4米的窄路、桥梁、陡坡、隧道以及距离上述地点50米以内的路段，不得停车；(三)公共汽车站、急救站、加油站、消防栓或者消防队(站)门前以及距离上述地点30米以内的路段，除使用上述设施的以外，不得停车；(四)车辆停稳前不得开车门和上下人员，开关车门不得妨碍其他车辆和行人通行；(五)路边停车应当紧靠道路右侧，机动车驾驶人不得离车，上下人员或者装卸物品后，立即驶离；(六)城市公共汽车不得在站点以外的路段停车上下乘客。

第六十四条 机动车行经漫水路或者漫水桥时，应当停车察明水情，确认安全后，低速通过。

第六十五条 机动车载运超限物品行经铁路道口的，应当按照当地铁路部门指定的铁路道口、时间通过。机动车行经渡口，应当服从渡口管理人员指挥，按照指定地点依次待渡。机动车上下渡船时，应当低速慢行。

第六十六条 警车、消防车、救护车、工程救险车在执行紧急任务遇交通受阻时，可以断续使用警报器，并遵守下列规定：(一)不得在禁止使用警报器的区域或者路段使用警报器；(二)夜间在市区不得使用警报器；(三)列队行驶时，前车已经使用警报器的，后车不再使用警报器。

第六十七条 在单位院内、居民居住区内，机动车应当低速行驶，避让行人；有限速标志的，按照限速标志行驶。

第三节 非机动车通行规定

第六十八条 非机动车通过有交通信号灯控制的交叉路口，应当按照下列规定通行：(一)转弯的非机动车让直行的车辆、行人优先通行；(二)遇有前方路口交通阻塞时，不得进入路口；(三)向左转弯时，靠路口中心点的右侧转弯；(四)遇有停止信号时，应当依次停在路口停止线以外。没有停止线的，停在路口以外；（五）向右转弯遇有同方向前车正在等候放行信号时，在本车道内能够转弯的，可以通行；不能转弯的，依次等候。

第六十九条 非机动车通过没有交通信号灯控制也没有交通警察指挥的交叉路口，除应当遵守第六十八条第（一）项、第（二）项和第（三）项的规定外，还应当遵守下列规定：（一）有交通标志、标线控制的，让优先通行的一方先行；（二）没有交通标志、标线控制的，在路口外慢行或者停车瞭望，让右方道路的来车先行；（三）相对方向行驶的右转弯的非机动车让左转弯的车辆先行。

第七十条 驾驶自行车、电动自行车、三轮车在路段上横过机动车道，应当下车推行，有人行横道或者行人过街设施的，应当从人行横道或者行人过街设施通过；没有人行横道、没有行人过街设施或者不便使用行人过街设施的，在确认安全后直行通过。因非机动车道被占用无法在本车道内行驶的非机动车，可以在受阻的路段借用相邻的机动车道行驶，并在驶过被占用路段后迅速驶回非机动车道。机动车遇此情况应当减速让行。

第七十一条 非机动车载物，应当遵守下列规定：（一）自行车、电动自行车、残疾人机动轮椅车载物，高度从地面起不得超过 1.5 米，宽度左右各不得超出车把 0.15 米，长度前端不得超出车轮，后端不得超出车身 0.3 米；（二）三轮车、人力车载物，高度从地面起不得超过 2 米，宽度左右各不得超出车身 0.2 米，长度不得超出车身 1 米；（三）畜力车载物，高度从地面起不得超过 2.5 米，宽度左右各不得超出车身 0.2 米，长度前端不得超出车辕，后端不得超出车身 1 米。

自行车载人的规定，由省、自治区、直辖市人民政府根据当地实际情况制定。

第七十二条 在道路上驾驶自行车、三轮车、电动自行车、残疾人机动轮椅车应当遵守下列规定：（一）驾驶自行车、三轮车必须年满 12 周岁；（二）驾驶电动自行车和残疾人机动轮椅车必须年满 16 周岁；（三）不得醉酒驾驶；（四）转弯前应当减速慢行，伸手示意，不得突然猛拐，超越前车时不得妨碍被超越的车辆行驶；（五）不得牵引、攀扶车辆或者被其他车辆牵引，不得双手离把或者手中持物；（六）不得扶身并行、互相追逐或者曲折竞驶；（七）不得在道路上骑独轮自行车或者 2 人以上骑行的自行车；（八）非下肢残疾的人不得驾驶残疾人机动轮椅车；（九）自行车、三轮车不得加装动力装置；（十）不得在道路上学习驾驶非机动车。

第七十三条 在道路上驾驭畜力车应当年满 16 周岁，并遵守下列规定：（一）不得醉酒驾驭；（二）不得并行，驾驭人不得离开车辆；（三）行经繁华路段、交叉路口、铁路道口、人行横道、急弯路、宽度不足 4 米的窄路或者窄桥、陡坡、隧道或者容易发生危险的路段，不得超车。驾驭两轮畜力车应当下车牵引牲畜；（四）不得使用未经驯服的牲畜驾车，随车幼畜须拴系；（五）停放车辆应当拉紧车闸，拴系牲畜。

第四节 行人和乘车人通行规定

第七十四条 行人不得有下列行为：（一）在道路上使用滑板、旱冰鞋等滑行工具；（二）在车行道内坐卧、停留、嬉闹；（三）追车、抛物击车等妨碍道路交通安全的行为。

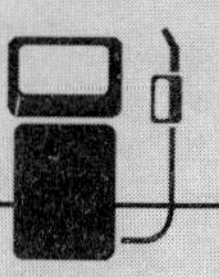

第七十五条 行人横过机动车道，应当从行人过街设施通过；没有行人过街设施的，应当从人行横道通过；没有人行横道的，应当观察来往车辆的情况，确认安全后直行通过，不得在车辆临近时突然加速横穿或者中途倒退、折返。

第七十六条 行人列队在道路上通行，每横列不得超过2人，但在已经实行交通管制的路段不受限制。

第七十七条 乘坐机动车应当遵守下列规定：(一)不得在机动车道上拦乘机动车；(二)在机动车道上不得从机动车左侧上下车；(三)开关车门不得妨碍其他车辆和行人通行；(四)机动车行驶中，不得干扰驾驶，不得将身体任何部分伸出车外，不得跳车；(五)乘坐两轮摩托车应当正向骑坐。第五节高速公路的特别规定

第七十八条 高速公路应当标明车道的行驶速度，最高车速不得超过每小时120公里，最低车速不得低于每小时60公里。

在高速公路上行驶的小型载客汽车最高车速不得超过每小时120公里，其他机动车不得超过每小时100公里，摩托车不得超过每小时80公里。

同方向有2条车道的，左侧车道的最低车速为每小时100公里；同方向有3条以上车道的，最左侧车道的最低车速为每小时110公里，中间车道的最低车速为每小时90公里。道路限速标志标明的车速与上述车道行驶车速的规定不一致的，按照道路限速标志标明的车速行驶。

第七十九条 机动车从匝道驶入高速公路，应当开启左转向灯，在不妨碍已在高速公路内的机动车正常行驶的情况下驶入车道。

机动车驶离高速公路时，应当开启右转向灯，驶入减速车道，降低车速后驶离。

第八十条 机动车在高速公路上行驶，车速超过每小时100公里时，应当与同车道前车保持100米以上的距离，车速低于每小时100公里时，与同车道前车距离可以适当缩短，但最小距离不得少于50米。

第八十一条 机动车在高速公路上行驶，遇有雾、雨、雪、沙尘、冰雹等低能见度气象条件时，应当遵守下列规定：(一)能见度小于200米时，开启雾灯、近光灯、示廓灯和前后位灯，车速不得超过每小时60公里，与同车道前车保持100米以上的距离；(二)能见度小于100米时，开启雾灯、近光灯、示廓灯、前后位灯和危险报警闪光灯，车速不得超过每小时40公里，与同车道前车保持50米以上的距离；(三)能见度小于50米时，开启雾灯、近光灯、示廓灯、前后位灯和危险报警闪光灯，车速不得超过每小时20公里，并从最近的出口尽快驶离高速公路。

遇有前款规定情形时，高速公路管理部门应当通过显示屏等方式发布速度限制、保持车距等提示信息。

第八十二条 机动车在高速公路上行驶，不得有下列行为：(一)倒车、逆行、穿越中央分隔带掉头或者在车道内停车；(二)在匝道、加速车道或者减速车道上超车；(三)骑、轧车行道分界线或者在路肩上行驶；(四)非紧急情况时在应急车道行驶或者停车；(五)试车或者学习驾驶机动车。

第八十三条 在高速公路上行驶的载货汽车车厢不得载人。两轮摩托车在高速公路行驶时不得载人。

第八十四条 机动车通过施工作业路段时，应当注意警示标志，减速行驶。

第八十五条 城市快速路的道路交通安全管理，参照本节的规定执行。

高速公路、城市快速路的道路交通安全管理工作，省、自治区、直辖市人民政府公安机关交通管理部门可以指定设区的市人民政府公安机关交通管理部门或者相当于同级的公安机关交通管理部门承担。

第五章 交通事故处理

第八十六条 机动车与机动车、机动车与非机动车在道路上发生未造成人身伤亡的交通事故，当事人对事实及成因无争议的，在记录交通事故的时间、地点、对方当事人的姓名和联系方式、机动车牌号、驾驶证号、保险凭证号、碰撞部位，并共同签名后，撤离现场，自行协商损害赔偿事宜。当事人对交通事故事实及成因有争议的，应当迅速报警。

第八十七条 非机动车与非机动车或者行人在道路上发生交通事故，未造成人身伤亡，且基本事实及成因清楚的，当事人应当先撤离现场，再自行协商处理损害赔偿事宜。当事人对交通事故事实及成因有争议的，应当迅速报警。

第八十八条 机动车发生交通事故，造成道路、供电、通讯等设施损毁的，驾驶人应当报警等候处理，不得驶离。机动车可以移动的，应当将机动车移至不妨碍交通的地点。公安机关交通管理部门应当将事故有关情况通知有关部门。

第八十九条 公安机关交通管理部门或者交通警察接到交通事故报警，应当及时赶赴现场，对未造成人身伤亡，事实清楚，并且机动车可以移动的，应当在记录事故情况后责令当事人撤离现场，恢复交通。对拒不撤离现场的，予以强制撤离。

对属于前款规定情况的道路交通事故，交通警察可以适用简易程序处理，并当场出具事故认定书。当事人共同请求调解的，交通警察可以当场对损害赔偿争议进行调解。

对道路交通事故造成人员伤亡和财产损失需要勘验、检查现场的，公安机关交通管理部门应当按照勘查现场工作规范进行。现场勘查完毕，应当组织清理现场，恢复交通。

第九十条 投保机动车第三者责任强制保险的机动车发生交通事故，因抢救受伤人员需要保险公司支付抢救费用的，由公安机关交通管理部门通知保险公司。

抢救受伤人员需要道路交通事故救助基金垫付费用的，由公安机关交通管理部门通知道路交通事故社会救助基金管理机构。

第九十一条 公安机关交通管理部门应当根据交通事故当事人的行为对发生交通事故所起的作用以及过错的严重程度，确定当事人的责任。

第九十二条 发生交通事故后当事人逃逸的，逃逸的当事人承担全部责任。但是，有证据证明对方当事人也有过错的，可以减轻责任。

当事人故意破坏、伪造现场、毁灭证据的，承担全部责任。

第九十三条 公安机关交通管理部门对经过勘验、检查现场的交通事故应当在勘查现场之日起10日内制作交通事故认定书。对需要进行检验、鉴定的，应当在检验、鉴定结果确定之日起5日内制作交通事故认定书。

第九十四条 当事人对交通事故损害赔偿有争议，各方当事人一致请求公安机关交通管理部门调解的，应当在收到交通事故认定书之日起10日内提出书面调解申请。对交通事故致死的，调解从办理丧葬事宜结束之日起开始；对交通事故致伤的，调解从治疗终结或者定残之日起开始；对交通事故造成财产损失的，调解从确定损失之日起开始。

第九十五条 公安机关交通管理部门调解交通事故损害赔偿争议的期限为10日。调解达成协议的，公安机关交通管理部门应当制作调解书送交各方当事人，调解书经各方当事人共同签字后生效；调解未达成协议的，公安机关交通管理部门应当制作调解终结书送交各方当事人。

交通事故损害赔偿项目和标准依照有关法律的规定执行。

第九十六条 对交通事故损害赔偿的争议，当事人向人民法院提起民事诉讼的，公安机关交通管理部门不再受理调解申请。

公安机关交通管理部门调解期间，当事人向人民法院提起民事诉讼的，调解终止。

第九十七条 车辆在道路以外发生交通事故，公安机关交通管理部门接到报案的，参照道路交通安全法和本条例的规定处理。

车辆、行人与火车发生的交通事故以及在渡口发生的交通事故，依照国家有关规定处理。

第六章 执法监督

第九十八条 公安机关交通管理部门应当公开办事制度、办事程序，建立警风警纪监督员制度，自觉接受社会和群众的监督。

第九十九条 公安机关交通管理部门及其交通警察办理机动车登记，发放号牌，对驾驶人考试、发证，处理道路交通安全违法行为，处理道路交通事故，应当严格遵守有关规定，不得越权执法，不得延迟履行职责，不得擅自改变处罚的种类和幅度。

第一百条 公安机关交通管理部门应当公布举报电话，受理群众举报投诉，并及时调查核实，反馈查处结果。

第一百零一条 公安机关交通管理部门应当建立执法质量考核评议、执法责任制和执法过错追究制度，防止和纠正道路交通安全执法中的错误或者不当行为。

第七章 法律责任

第一百零二条 违反本条例规定的行为，依照道路交通安全法和本条例的规定处罚。

第一百零三条 以欺骗、贿赂等不正当手段取得机动车登记或者驾驶许可的，收缴机动车登记证书、号牌、行驶证或者机动车驾驶证，撤销机动车登记或者机动车驾驶许可；申请人在3年内不得申请机动车登记或者机动车驾驶许可。

第一百零四条 机动车驾驶人有下列行为之一，又无其他机动车驾驶人即时替代驾驶的，公安机关交通管理部门除依法给予处罚外，可以将其驾驶的机动车移至不妨碍交通的地点或者有关部门指定的地点停放：（一）不能出示本人有效驾驶证的；

(二)驾驶的机动车与驾驶证载明的准驾车型不符的;(三)饮酒、服用国家管制的精神药品或者麻醉药品、患有妨碍安全驾驶的疾病,或者过度疲劳仍继续驾驶的;(四)学习驾驶人员没有教练人员随车指导单独驾驶的。

第一百零五条 机动车驾驶人有饮酒、醉酒、服用国家管制的精神药品或者麻醉药品嫌疑的,应当接受测试、检验。

第一百零六条 公路客运载客汽车超过核定乘员、载货汽车超过核定载质量的,公安机关交通管理部门依法扣留机动车后,驾驶人应当将超载的乘车人转运、将超载的货物卸载,费用由超载机动车的驾驶人或者所有人承担。

第一百零七条 依照道路交通安全法第九十二条、第九十五条、第九十六条、第九十八条的规定被扣留的机动车,驾驶人或者所有人、管理人30日内没有提供被扣留机动车的合法证明,没有补办相应手续,或者不前来接受处理,经公安机关交通管理部门通知并且经公告3个月仍不前来接受处理的,由公安机关交通管理部门将该机动车送交有资格的拍卖机构拍卖,所得价款上缴国库;非法拼装的机动车予以拆除;达到报废标准的机动车予以报废;机动车涉及其他违法犯罪行为的,移交有关部门处理。

第一百零八条 交通警察按照简易程序当场作出行政处罚的,应当告知当事人道路交通安全违法行为的事实、处罚的理由和依据,并将行政处罚决定书当场交付被处罚人。

第一百零九条 对道路交通安全违法行为人处以罚款或者暂扣驾驶证处罚的,由违法行为发生地的县级以上人民政府公安机关交通管理部门或者相当于同级的公安机关交通管理部门作出决定;对处以吊销机动车驾驶证处罚的,由设区的市人民政府公安机关交通管理部门或者相当于同级的公安机关交通管理部门作出决定。公安机关交通管理部门对非本辖区机动车的道路交通安全违法行为没有当场处罚的,可以由机动车登记地的公安机关交通管理部门处罚。

第一百一十条 当事人对公安机关交通管理部门及其交通警察的处罚有权进行陈述和申辩,交通警察应当充分听取当事人的陈述和申辩,不得因当事人陈述、申辩而加重其处罚。

第八章　附　　则

第一百一十一条 本条例所称上道路行驶的拖拉机,是指手扶拖拉机等最高设计行驶速度不超过每小时20公里的轮式拖拉机和最高设计行驶速度不超过每小时40公里、牵引挂车方可从事道路运输的轮式拖拉机。

第一百一十二条 农业(农业机械)主管部门应当定期向公安机关交通管理部门提供拖拉机登记、安全技术检验以及拖拉机驾驶证发放的资料、数据。公安机关交通管理部门对拖拉机驾驶人作出暂扣、吊销驾驶证处罚或者记分处理的,应当定期将处罚决定书和记分情况通报有关的农业(农业机械)主管部门。吊销驾驶证的,还应当将驾驶证送交有关的农业(农业机械)主管部门。

第一百一十三条 境外机动车入境行驶,应当向入境地的公安机关交通管理部门申请临时通行号牌、行驶证。临时通行号牌、行驶证应当根据行驶需要,载明有效

日期和允许行驶的区域。入境的境外机动车申请临时通行号牌、行驶证以及境外人员申请机动车驾驶许可的条件、考试办法由国务院公安部门规定。

第一百一十四条 机动车驾驶许可考试的收费标准,由国务院价格主管部门规定。

第一百一十五条 本条例自2004年5月1日起施行。1960年2月11日国务院批准、交通部发布的《机动车管理办法》,1988年3月9日国务院发布的《中华人民共和国道路交通管理条例》,1991年9月22日国务院发布的《道路交通事故处理办法》,同时废止。

企业职工奖惩条例

（1982 年 4 月 10 日国务院发布）

第一章　总　　则

第一条　根据中华人民共和国宪法的有关规定，为增强企业职工的国家主人翁责任感，鼓励其积极性和创造性，维护正常的生产秩序和工作秩序，提高劳动生产率和工作效率，促进社会主义现代化建设，特制定本条例。

第二条　企业职工必须遵守国家的政策、法律、法令，遵守劳动纪律，遵守企业的各项规章制度，爱护公共财产，学习和掌握本职工作所需要的文化技术业务知识和技能，团结协作，完成生产任务和工作任务。

第三条　企业实行奖惩制度，必须把思想政治工作同经济手段结合起来。在奖励上，要坚持精神鼓励和物质鼓励相结合，以精神鼓励为主的原则；对违反纪律的职工，要坚持以思想教育为主、惩罚为辅的原则。

第四条　本条例适用于全民所有制企业和城镇集体所有制企业的全体职工。对企业中由国家行政机关任命的工作人员给予奖励或惩罚，其批准权限和审批程序按照《国务院关于国家行政机关工作人员的奖惩暂行规定》办理。

第二章　奖　　励

第五条　对于有下列表现之一的职工，应当给予奖励：

（一）在完成生产任务或者工作任务、提高产品质量或者服务质量、节约国家资财和能源等方面，做出显著成绩的；

（二）在生产、科学研究、工艺设计、产品设计、改善劳动条件等方面，有发明、技术改进或者提出合理化建议，取得重大成果或者显著成绩的；

（三）在改进企业经营管理，提高经济效益方面做出显著成绩，对国家贡献较大的；

（四）保护公共财产，防止或者挽救事故有功，使国家和人民利益免受重大损失的；

（五）同坏人、坏事作斗争，对维持正常的生产秩序和工作秩序、维持社会治安，有显著功绩的；

（六）维护财经纪律、抵制歪风邪气，事迹突出的；

（七）一贯忠于职守，积极负责，廉洁奉公，舍己为人，事迹突出的；

（八）其他应当给予奖励的。

第六条　对职工的奖励分为：记功、记大功，晋级，通令嘉奖，授予先进生产（工作）者、劳动模范等荣誉称号。在给予上述奖励时，可以发给一次性奖金。

第七条　记功、记大功、发给奖金，授予先进生产（工作）者的荣誉称号，由工会提出建议，企业或者企业的上级主管部门决定。发放奖金一般一年进行一次，在企业劳

动竞赛奖的奖金总额内列支。

通令嘉奖，由各级人民政府或者企业主管部门决定。

授予劳动模范称号的办法，另行制定。

第八条 对职工给予奖励，需经所在单位群众讨论或评选，并按照第七条规定的权限办理。职工获得奖励，由企业记入本人档案。

第九条 对职工中有发明、技术改进或合理化建议，符合第五条第(二)项规定的，按照《发明奖励条例》、《合理化建议和技术改进奖励条例》给予奖励，不再重复发给奖金。

第十条 经常性的生产奖、节约奖的发放原则、奖金来源、提奖办法，按照国家有关规定办理。

第三章 处 分

第十一条 对于有下列行为之一的职工，经批评教育不改的，应当分别情况给予行政处分或者经济处罚：

(一)违反劳动纪律，经常迟到、早退、旷工，消极怠工，没有完成生产任务或者工作任务的；

(二)无正当理由不服从工作分配和调动、指挥，或者无理取闹，聚众闹事，打架斗殴，影响生产秩序、工作秩序和社会秩序的；

(三)玩忽职守，违反技术操作规程和安全规程，或者违章指挥，造成事故，使人民生命、财产遭受损失的；

(四)工作不负责任，经常产生废品，损坏设备工具，浪费原材料、能源，造成经济损失的；

(五)滥用职权，违反政策法令，违反财经纪律，偷税漏税，截留上缴利润，滥发奖金，挥霍浪费国家资财，损公肥私，使国家和企业在经济上遭受损失的；

(六)有贪污盗窃、投机倒把、走私贩私、行贿受贿、敲诈勒索以及其他违法乱纪行为的；

(七)犯有其他严重错误的。

职工有上述行为，情节严重，触犯刑律的，由司法机关依法惩处。

第十二条 对职工的行政处分分为：警告，记过，记大过，降级，撤职，留用察看，开除。在给予上述行政处分的同时，可以给予一次性罚款。

第十三条 对职工给予开除处分，须经厂长(经理)提出，由职工代表大会或职工大会讨论决定，并报告企业主管部门和企业所在地的劳动或者人事部门备案。

第十四条 对职工给予留用察看处分，察看期限为一至二年。留用察看期间停发工资，发给生活费。生活费标准应低于本人原工资，由企业根据情况确定。留用察看期满以后，表现好的，恢复为正式职工，重新评定工资；表现不好的，予以开除。

第十五条 对于受到撤职处分的职工，必要的时候，可以同时降低其工资级别。

给予职工降级的处分，降级的幅度一般为一级，最多不要超过两级。

第十六条 对职工罚款的金额由企业决定，一般不要超过本人月标准工资的百分之二十。

第十七条 对于有第十一条第(三)项和第(四)项行为的职工,应责令其赔偿经济损失。赔偿经济损失的金额,由企业根据具体情况确定,从职工本人的工资中扣除,但每月扣除的金额一般不要超过本人月标准工资的百分之二十。如果能够迅速改正错误,表现良好的,赔偿金额可以酌情减少。

第十八条 职工无正当理由经常旷工,经批评教育无效,连续旷工时间超过十五天,或者一年以内累计旷工时间超过三十天的,企业有权予以除名。

第十九条 给予职工行政处分和经济处罚,必须弄清事实,取得证据,经过一定会议讨论,征求工会意见,允许受处分者本人进行申辩,慎重决定。

第二十条 审批职工处分的时间,从证实职工犯错误之日起,开除处分不得超过五个月,其他处分不得超过三个月。

职工受到行政处分、经济处罚或者被除名,企业应当书面通知本人,并且记入本人档案。

第二十一条 在批准职工的处分以后,如果受处分者不服,可以在公布处分以后十日内,向上级领导机关提出书面申诉。但在上级领导机关未作出改变原处分的决定以前,仍然按照原处分决定执行。

第二十二条 职工被开除或者除名以后,一般在企业所在地落户。

如果本人要求迁回原籍,应当按照从大城市迁到中小城市、从沿海地区迁到内地或边疆、从城镇迁到农村的原则办理。

符合本条规定的,企业主管部门应当事先同迁入地的公安部门联系。迁入地公安部门应当凭企业主管部门的证明,办理落户手续。迁回农村的,生产队应当准予落户。

第二十三条 受到警告、记过、记大过处分的职工在受处分满半年以后,受到撤职处分的职工在满一年以后,受到留用察看处分的职工在被批准恢复为正式职工以后,在评奖、提级等方面,应当按照规定的条件,与其他职工同样对待。

第二十四条 对于弄虚作假、骗取奖励的职工,应当按照情节轻重,给予必要的处分。

第二十五条 对于滥用职权,利用处分职工进行打击报复或者对应受处分的职工进行包庇的人员,应当从严予以处分,直至追究刑事责任。

第四章 附 则

第二十六条 各省、市、自治区人民政府和国务院各部门,可以根据本条例的规定,制订实施办法。

第二十七条 各级劳动部门有权对执行本条例的情况进行监督检查。

第二十八条 本条例自发布之日起施行。

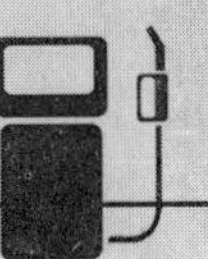

工伤保险条例

（国务院令第 375 号）

第一章　总　　则

第一条　为了保障因工作遭受事故伤害或者患职业病的职工获得医疗救治和经济补偿，促进工伤预防和职业康复，分散用人单位的工伤风险，制定本条例。

第二条　中华人民共和国境内的各类企业、有雇工的个体工商户（以下称用人单位）应当依照本条例规定参加工伤保险，为本单位全部职工或者雇工（以下称职工）缴纳工伤保险费。

中华人民共和国境内的各类企业的职工和个体工商户的雇工，均有依照本条例的规定享受工伤保险待遇的权利。

有雇工的个体工商户参加工伤保险的具体步骤和实施办法，由省、自治区、直辖市人民政府规定。

第三条　工伤保险费的征缴按照《社会保险费征缴暂行条例》关于基本养老保险费、基本医疗保险费、失业保险费的征缴规定执行。

第四条　用人单位应当将参加工伤保险的有关情况在本单位内公示。

用人单位和职工应当遵守有关安全生产和职业病防治的法律法规，执行安全卫生规程和标准，预防工伤事故发生，避免和减少职业病危害。

职工发生工伤时，用人单位应当采取措施使工伤职工得到及时救治。

第五条　国务院劳动保障行政部门负责全国的工伤保险工作。

县级以上地方各级人民政府劳动保障行政部门负责本行政区域内的工伤保险工作。

劳动保障行政部门按照国务院有关规定设立的社会保险经办机构（以下称经办机构）具体承办工伤保险事务。

第六条　劳动保障行政部门等部门制定工伤保险的政策、标准，应当征求工会组织、用人单位代表的意见。

第二章　工伤保险基金

第七条　工伤保险基金由用人单位缴纳的工伤保险费、工伤保险基金的利息和依法纳入工伤保险基金的其他资金构成。

第八条　工伤保险费根据以支定收、收支平衡的原则，确定费率。

国家根据不同行业的工伤风险程度确定行业的差别费率，并根据工伤保险费使用、工伤发生率等情况在每个行业内确定若干费率档次。行业差别费率及行业内费率档次由国务院劳动保障行政部门会同国务院财政部门、卫生行政部门、安全生产监督管理部门制定，报国务院批准后公布施行。

统筹地区经办机构根据用人单位工伤保险费使用、工伤发生率等情况，适用所属行业内相应的费率档次确定单位缴费费率。

第九条 国务院劳动保障行政部门应当定期了解全国各统筹地区工伤保险基金收支情况，及时会同国务院财政部门、卫生行政部门、安全生产监督管理部门提出调整行业差别费率及行业内费率档次的方案，报国务院批准后公布施行。

第十条 用人单位应当按时缴纳工伤保险费。职工个人不缴纳工伤保险费。

用人单位缴纳工伤保险费的数额为本单位职工工资总额乘以单位缴费费率之积。

第十一条 工伤保险基金在直辖市和设区的市实行全市统筹，其他地区的统筹层次由省、自治区人民政府确定。

跨地区、生产流动性较大的行业，可以采取相对集中的方式异地参加统筹地区的工伤保险。具体办法由国务院劳动保障行政部门会同有关行业的主管部门制定。

第十二条 工伤保险基金存入社会保障基金财政专户，用于本条例规定的工伤保险待遇、劳动能力鉴定以及法律、法规规定的用于工伤保险的其他费用的支付。任何单位或者个人不得将工伤保险基金用于投资运营、兴建或者改建办公场所、发放奖金，或者挪作其他用途。

第十三条 工伤保险基金应当留有一定比例的储备金，用于统筹地区重大事故的工伤保险待遇支付；储备金不足支付的，由统筹地区的人民政府垫付。储备金占基金总额的具体比例和储备金的使用办法，由省、自治区、直辖市人民政府规定。

第三章 工伤认定

第十四条 职工有下列情形之一的，应当认定为工伤：

（一）在工作时间和工作场所内，因工作原因受到事故伤害的；

（二）工作时间前后在工作场所内，从事与工作有关的预备性或者收尾性工作受到事故伤害的；

（三）在工作时间和工作场所内，因履行工作职责受到暴力等意外伤害的；

（四）患职业病的；

（五）因工外出期间，由于工作原因受到伤害或者发生事故下落不明的；

（六）在上下班途中，受到机动车事故伤害的；

（七）法律、行政法规规定应当认定为工伤的其他情形。

第十五条 职工有下列情形之一的，视同工伤：

（一）在工作时间和工作岗位，突发疾病死亡或者在48小时之内经抢救无效死亡的；

（二）在抢险救灾等维护国家利益、公共利益活动中受到伤害的；

（三）职工原在军队服役，因战、因公负伤致残，已取得革命伤残军人证，到用人单位后旧伤复发的。

职工有前款第（一）项、第（二）项情形的，按照本条例的有关规定享受工伤保险待遇；职工有前款第（三）项情形的，按照本条例的有关规定享受除一次性伤残补助金以外的工伤保险待遇。

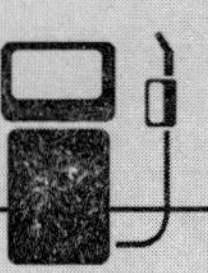

第十六条 职工有下列情形之一的，不得认定为工伤或者视同工伤：

（一）因犯罪或者违反治安管理伤亡的；

（二）醉酒导致伤亡的；

（三）自残或者自杀的。

第十七条 职工发生事故伤害或者按照职业病防治法规定被诊断、鉴定为职业病，所在单位应当自事故伤害发生之日或者被诊断、鉴定为职业病之日起30日内，向统筹地区劳动保障行政部门提出工伤认定申请。遇有特殊情况，经报劳动保障行政部门同意，申请时限可以适当延长。

用人单位未按前款规定提出工伤认定申请的，工伤职工或者其直系亲属、工会组织在事故伤害发生之日或者被诊断、鉴定为职业病之日起1年内，可以直接向用人单位所在地统筹地区劳动保障行政部门提出工伤认定申请。

按照本条第一款规定应当由省级劳动保障行政部门进行工伤认定的事项，根据属地原则由用人单位所在地的设区的市级劳动保障行政部门办理。

用人单位未在本条第一款规定的时限内提交工伤认定申请，在此期间发生符合本条例规定的工伤待遇等有关费用由该用人单位负担。

第十八条 提出工伤认定申请应当提交下列材料：

（一）工伤认定申请表；

（二）与用人单位存在劳动关系（包括事实劳动关系）的证明材料；

（三）医疗诊断证明或者职业病诊断证明书（或者职业病诊断鉴定书）。

工伤认定申请表应当包括事故发生的时间、地点、原因以及职工伤害程度等基本情况。

工伤认定申请人提供材料不完整的，劳动保障行政部门应当一次性书面告知工伤认定申请人需要补正的全部材料。申请人按照书面告知要求补正材料后，劳动保障行政部门应当受理。

第十九条 劳动保障行政部门受理工伤认定申请后，根据审核需要可以对事故伤害进行调查核实，用人单位、职工、工会组织、医疗机构以及有关部门应当予以协助。职业病诊断和诊断争议的鉴定，依照职业病防治法的有关规定执行。对依法取得职业病诊断证明书或者职业病诊断鉴定书的，劳动保障行政部门不再进行调查核实。

职工或者其直系亲属认为是工伤，用人单位不认为是工伤的，由用人单位承担举证责任。

第二十条 劳动保障行政部门应当自受理工伤认定申请之日起60日内作出工伤认定的决定，并书面通知申请工伤认定的职工或者其直系亲属和该职工所在单位。

劳动保障行政部门工作人员与工伤认定申请人有利害关系的，应当回避。

第四章 劳动能力鉴定

第二十一条 职工发生工伤，经治疗伤情相对稳定后存在残疾、影响劳动能力的，应当进行劳动能力鉴定。

第二十二条 劳动能力鉴定是指劳动功能障碍程度和生活自理障碍程度的等级

鉴定。

劳动功能障碍分为十个伤残等级，最重的为一级，最轻的为十级。

生活自理障碍分为三个等级：生活完全不能自理、生活大部分不能自理和生活部分不能自理。

劳动能力鉴定标准由国务院劳动保障行政部门会同国务院卫生行政部门等部门制定。

第二十三条 劳动能力鉴定由用人单位、工伤职工或者其直系亲属向设区的市级劳动能力鉴定委员会提出申请，并提供工伤认定决定和职工工伤医疗的有关资料。

第二十四条 省、自治区、直辖市劳动能力鉴定委员会和设区的市级劳动能力鉴定委员会分别由省、自治区、直辖市和设区的市级劳动保障行政部门、人事行政部门、卫生行政部门、工会组织、经办机构代表以及用人单位代表组成。

劳动能力鉴定委员会建立医疗卫生专家库。列入专家库的医疗卫生专业技术人员应当具备下列条件：

（一）具有医疗卫生高级专业技术职务任职资格；

（二）掌握劳动能力鉴定的相关知识；

（三）具有良好的职业品德。

第二十五条 设区的市级劳动能力鉴定委员会收到劳动能力鉴定申请后，应当从其建立的医疗卫生专家库中随机抽取3名或者5名相关专家组成专家组，由专家组提出鉴定意见。设区的市级劳动能力鉴定委员会根据专家组的鉴定意见作出工伤职工劳动能力鉴定结论；必要时，可以委托具备资格的医疗机构协助进行有关的诊断。

设区的市级劳动能力鉴定委员会应当自收到劳动能力鉴定申请之日起60日内作出劳动能力鉴定结论，必要时，作出劳动能力鉴定结论的期限可以延长30日。劳动能力鉴定结论应当及时送达申请鉴定的单位和个人。

第二十六条 申请鉴定的单位或者个人对设区的市级劳动能力鉴定委员会作出的鉴定结论不服的，可以在收到该鉴定结论之日起15日内向省、自治区、直辖市劳动能力鉴定委员会提出再次鉴定申请。省、自治区、直辖市劳动能力鉴定委员会作出的劳动能力鉴定结论为最终结论。

第二十七条 劳动能力鉴定工作应当客观、公正。劳动能力鉴定委员会组成人员或者参加鉴定的专家与当事人有利害关系的，应当回避。

第二十八条 自劳动能力鉴定结论作出之日起1年后，工伤职工或者其直系亲属、所在单位或者经办机构认为伤残情况发生变化的，可以申请劳动能力复查鉴定。

第五章 工伤保险待遇

第二十九条 职工因工作遭受事故伤害或者患职业病进行治疗，享受工伤医疗待遇。

职工治疗工伤应当在签订服务协议的医疗机构就医，情况紧急时可以先到就近的医疗机构急救。

治疗工伤所需费用符合工伤保险诊疗项目目录、工伤保险药品目录、工伤保险住

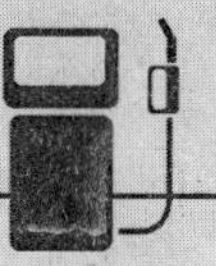

院服务标准的，从工伤保险基金支付。工伤保险诊疗项目目录、工伤保险药品目录、工伤保险住院服务标准，由国务院劳动保障行政部门会同国务院卫生行政部门、药品监督管理部门等部门规定。

职工住院治疗工伤的，由所在单位按照本单位因公出差伙食补助标准的70%发给住院伙食补助费；经医疗机构出具证明，报经办机构同意，工伤职工到统筹地区以外就医的，所需交通、食宿费用由所在单位按照本单位职工因公出差标准报销。

工伤职工治疗非工伤引发的疾病，不享受工伤医疗待遇，按照基本医疗保险办法处理。

工伤职工到签订服务协议的医疗机构进行康复性治疗的费用，符合本条第三款规定的，从工伤保险基金支付。

第三十条　工伤职工因日常生活或者就业需要，经劳动能力鉴定委员会确认，可以安装假肢、矫形器、假眼、假牙和配置轮椅等辅助器具，所需费用按照国家规定的标准从工伤保险基金支付。

第三十一条　职工因工作遭受事故伤害或者患职业病需要暂停工作接受工伤医疗的，在停工留薪期内，原工资福利待遇不变，由所在单位按月支付。

停工留薪期一般不超过12个月。伤情严重或者情况特殊，经设区的市级劳动能力鉴定委员会确认，可以适当延长，但延长不得超过12个月。工伤职工评定伤残等级后，停发原待遇，按照本章的有关规定享受伤残待遇。工伤职工在停工留薪期满后仍需治疗的，继续享受工伤医疗待遇。

生活不能自理的工伤职工在停工留薪期需要护理的，由所在单位负责。

第三十二条　工伤职工已经评定伤残等级并经劳动能力鉴定委员会确认需要生活护理的，从工伤保险基金按月支付生活护理费。

生活护理费按照生活完全不能自理、生活大部分不能自理或者生活部分不能自理3个不同等级支付，其标准分别为统筹地区上年度职工月平均工资的50%、40%或者30%。

第三十三条　职工因工致残被鉴定为一级至四级伤残的，保留劳动关系，退出工作岗位，享受以下待遇：

（一）从工伤保险基金按伤残等级支付一次性伤残补助金，标准为：一级伤残为24个月的本人工资，二级伤残为22个月的本人工资，三级伤残为20个月的本人工资，四级伤残为18个月的本人工资；

（二）从工伤保险基金按月支付伤残津贴，标准为：一级伤残为本人工资的90%，二级伤残为本人工资的85%，三级伤残为本人工资的80%，四级伤残为本人工资的75%。伤残津贴实际金额低于当地最低工资标准的，由工伤保险基金补足差额；

（三）工伤职工达到退休年龄并办理退休手续后，停发伤残津贴，享受基本养老保险待遇。基本养老保险待遇低于伤残津贴的，由工伤保险基金补足差额。

职工因工致残被鉴定为一级至四级伤残的，由用人单位和职工个人以伤残津贴为基数，缴纳基本医疗保险费。

第三十四条　职工因工致残被鉴定为五级、六级伤残的，享受以下待遇：

(一)从工伤保险基金按伤残等级支付一次性伤残补助金,标准为:五级伤残为16个月的本人工资,六级伤残为14个月的本人工资;

(二)保留与用人单位的劳动关系,由用人单位安排适当工作。难以安排工作的,由用人单位按月发给伤残津贴,标准为:五级伤残为本人工资的70%,六级伤残为本人工资的60%,并由用人单位按照规定为其缴纳应缴纳的各项社会保险费。伤残津贴实际金额低于当地最低工资标准的,由用人单位补足差额。

经工伤职工本人提出,该职工可以与用人单位解除或者终止劳动关系,由用人单位支付一次性工伤医疗补助金和伤残就业补助金。具体标准由省、自治区、直辖市人民政府规定。

第三十五条 职工因工致残被鉴定为七级至十级伤残的,享受以下待遇:

(一)从工伤保险基金按伤残等级支付一次性伤残补助金,标准为:七级伤残为12个月的本人工资,八级伤残为10个月的本人工资,九级伤残为8个月的本人工资,十级伤残为6个月的本人工资;

(二)劳动合同期满终止,或者职工本人提出解除劳动合同的,由用人单位支付一次性工伤医疗补助金和伤残就业补助金。具体标准由省、自治区、直辖市人民政府规定。

第三十六条 工伤职工工伤复发,确认需要治疗的,享受本条例第二十九条、第三十条和第三十一条规定的工伤待遇。

第三十七条 职工因工死亡,其直系亲属按照下列规定从工伤保险基金领取丧葬补助金、供养亲属抚恤金和一次性工亡补助金:

(一)丧葬补助金为6个月的统筹地区上年度职工月平均工资;

(二)供养亲属抚恤金按照职工本人工资的一定比例发给由因工死亡职工生前提供主要生活来源、无劳动能力的亲属。标准为:配偶每月40%,其他亲属每人每月30%,孤寡老人或者孤儿每人每月在上述标准的基础上增加10%。核定的各供养亲属的抚恤金之和不应高于因工死亡职工生前的工资。供养亲属的具体范围由国务院劳动保障行政部门规定;

(三)一次性工亡补助金标准为48个月至60个月的统筹地区上年度职工月平均工资。具体标准由统筹地区的人民政府根据当地经济、社会发展状况规定,报省、自治区、直辖市人民政府备案。

伤残职工在停工留薪期内因工伤导致死亡的,其直系亲属享受本条第一款规定的待遇。

一级至四级伤残职工在停工留薪期满后死亡的,其直系亲属可以享受本条第一款第(一)项、第(二)项规定的待遇。

第三十八条 伤残津贴、供养亲属抚恤金、生活护理费由统筹地区劳动保障行政部门根据职工平均工资和生活费用变化等情况适时调整。调整办法由省、自治区、直辖市人民政府规定。

第三十九条 职工因工外出期间发生事故或者在抢险救灾中下落不明的,从事故发生当月起3个月内照发工资,从第4个月起停发工资,由工伤保险基金向其供养亲属按月支付供养亲属抚恤金。生活有困难的,可以预支一次性工亡补助金的50%。职工

被人民法院宣告死亡的，按照本条例第三十七条职工因工死亡的规定处理。

第四十条 工伤职工有下列情形之一的，停止享受工伤保险待遇：

(一)丧失享受待遇条件的；

(二)拒不接受劳动能力鉴定的；

(三)拒绝治疗的；

(四)被判刑正在收监执行的。

第四十一条 用人单位分立、合并、转让的，承继单位应当承担原用人单位的工伤保险责任；原用人单位已经参加工伤保险的，承继单位应当到当地经办机构办理工伤保险变更登记。

用人单位实行承包经营的，工伤保险责任由职工劳动关系所在单位承担。

职工被借调期间受到工伤事故伤害的，由原用人单位承担工伤保险责任，但原用人单位与借调单位可以约定补偿办法。

企业破产的，在破产清算时优先拨付依法应由单位支付的工伤保险待遇费用。

第四十二条 职工被派遣出境工作，依据前往国家或者地区的法律应当参加当地工伤保险的，参加当地工伤保险，其国内工伤保险关系中止；不能参加当地工伤保险的，其国内工伤保险关系不中止。

第四十三条 职工再次发生工伤，根据规定应当享受伤残津贴的，按照新认定的伤残等级享受伤残津贴待遇。

第六章 监督管理

第四十四条 经办机构具体承办工伤保险事务，履行下列职责：

(一)根据省、自治区、直辖市人民政府规定，征收工伤保险费；

(二)核查用人单位的工资总额和职工人数，办理工伤保险登记，并负责保存用人单位缴费和职工享受工伤保险待遇情况的记录；

(三)进行工伤保险的调查、统计；

(四)按照规定管理工伤保险基金的支出；

(五)按照规定核定工伤保险待遇；

(六)为工伤职工或者其直系亲属免费提供咨询服务。

第四十五条 经办机构与医疗机构、辅助器具配置机构在平等协商的基础上签订服务协议，并公布签订服务协议的医疗机构、辅助器具配置机构的名单。具体办法由国务院劳动保障行政部门分别会同国务院卫生行政部门、民政部门等部门制定。

第四十六条 经办机构按照协议和国家有关目录、标准对工伤职工医疗费用、康复费用、辅助器具费用的使用情况进行核查，并按时足额结算费用。

第四十七条 经办机构应当定期公布工伤保险基金的收支情况，及时向劳动保障行政部门提出调整费率的建议。

第四十八条 劳动保障行政部门、经办机构应当定期听取工伤职工、医疗机构、辅助器具配置机构以及社会各界对改进工伤保险工作的意见。

第四十九条 劳动保障行政部门依法对工伤保险费的征缴和工伤保险基金的支付情况进行监督检查。

财政部门和审计机关依法对工伤保险基金的收支、管理情况进行监督。

第五十条 任何组织和个人对有关工伤保险的违法行为，有权举报。劳动保障行政部门对举报应当及时调查，按照规定处理，并为举报人保密。

第五十一条 工会组织依法维护工伤职工的合法权益，对用人单位的工伤保险工作实行监督。

第五十二条 职工与用人单位发生工伤待遇方面的争议，按照处理劳动争议的有关规定处理。

第五十三条 有下列情形之一的，有关单位和个人可以依法申请行政复议；对复议决定不服的，可以依法提起行政诉讼：

（一）申请工伤认定的职工或者其直系亲属、该职工所在单位对工伤认定结论不服的；

（二）用人单位对经办机构确定的单位缴费费率不服的；

（三）签订服务协议的医疗机构、辅助器具配置机构认为经办机构未履行有关协议或者规定的；

（四）工伤职工或者其直系亲属对经办机构核定的工伤保险待遇有异议的。

第七章 法律责任

第五十四条 单位或者个人违反本条例第十二条规定挪用工伤保险基金，构成犯罪的，依法追究刑事责任；尚不构成犯罪的，依法给予行政处分或者纪律处分。被挪用的基金由劳动保障行政部门追回，并入工伤保险基金；没收的违法所得依法上缴国库。

第五十五条 劳动保障行政部门工作人员有下列情形之一的，依法给予行政处分；情节严重，构成犯罪的，依法追究刑事责任：

（一）无正当理由不受理工伤认定申请，或者弄虚作假将不符合工伤条件的人员认定为工伤职工的；

（二）未妥善保管申请工伤认定的证据材料，致使有关证据灭失的；

（三）收受当事人财物的。

第五十六条 经办机构有下列行为之一的，由劳动保障行政部门责令改正，对直接负责的主管人员和其他责任人员依法给予纪律处分；情节严重，构成犯罪的，依法追究刑事责任；造成当事人经济损失的，由经办机构依法承担赔偿责任：

（一）未按规定保存用人单位缴费和职工享受工伤保险待遇情况记录的；

（二）不按规定核定工伤保险待遇的；

（三）收受当事人财物的。

第五十七条 医疗机构、辅助器具配置机构不按服务协议提供服务的，经办机构可以解除服务协议。

经办机构不按时足额结算费用的，由劳动保障行政部门责令改正；医疗机构、辅助器具配置机构可以解除服务协议。

第五十八条 用人单位瞒报工资总额或者职工人数的，由劳动保障行政部门责令改正，并处瞒报工资数额1倍以上3倍以下的罚款。

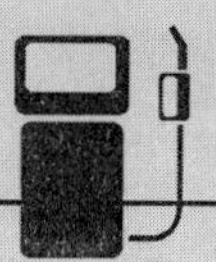

用人单位、工伤职工或者其直系亲属骗取工伤保险待遇，医疗机构、辅助器具配置机构骗取工伤保险基金支出的，由劳动保障行政部门责令退还，并处骗取金额1倍以上3倍以下的罚款；情节严重，构成犯罪的，依法追究刑事责任。

第五十九条 从事劳动能力鉴定的组织或者个人有下列情形之一的，由劳动保障行政部门责令改正，并处2000元以上1万元以下的罚款；情节严重，构成犯罪的，依法追究刑事责任：

（一）提供虚假鉴定意见的；

（二）提供虚假诊断证明的；

（三）收受当事人财物的。

第六十条 用人单位依照本条例规定应当参加工伤保险而未参加的，由劳动保障行政部门责令改正；未参加工伤保险期间用人单位职工发生工伤的，由该用人单位按照本条例规定的工伤保险待遇项目和标准支付费用。

第八章 附 则

第六十一条 本条例所称职工，是指与用人单位存在劳动关系（包括事实劳动关系）的各种用工形式、各种用工期限的劳动者。

本条例所称工资总额，是指用人单位直接支付给本单位全部职工的劳动报酬总额。

本条例所称本人工资，是指工伤职工因工作遭受事故伤害或者患职业病前12个月平均月缴费工资。本人工资高于统筹地区职工平均工资300%的，按照统筹地区职工平均工资的300%计算；本人工资低于统筹地区职工平均工资60%的，按照统筹地区职工平均工资的60%计算。

第六十二条 国家机关和依照或者参照国家公务员制度进行人事管理的事业单位、社会团体的工作人员因工作遭受事故伤害或者患职业病的，由所在单位支付费用。具体办法由国务院劳动保障行政部门会同国务院人事行政部门、财政部门规定。

其他事业单位、社会团体以及各类民办非企业单位的工伤保险等办法，由国务院劳动保障行政部门会同国务院人事行政部门、民政部门、财政部门等部门参照本条例另行规定，报国务院批准后施行。

第六十三条 无营业执照或者未经依法登记、备案的单位以及被依法吊销营业执照或者撤销登记、备案的单位的职工受到事故伤害或者患职业病的，由该单位向伤残职工或者死亡职工的直系亲属给予一次性赔偿，赔偿标准不得低于本条例规定的工伤保险待遇；用人单位不得使用童工，用人单位使用童工造成童工伤残、死亡的，由该单位向童工或者童工的直系亲属给予一次性赔偿，赔偿标准不得低于本条例规定的工伤保险待遇。具体办法由国务院劳动保障行政部门规定。

前款规定的伤残职工或者死亡职工的直系亲属就赔偿数额与单位发生争议的，以及前款规定的童工或者童工的直系亲属就赔偿数额与单位发生争议的，按照处理劳动争议的有关规定处理。

第六十四条 本条例自2004年1月1日起施行。本条例施行前已受到事故伤害或者患职业病的职工尚未完成工伤认定的，按照本条例的规定执行。

公路养护工程管理办法

（2001年6月22日　交公路发[2001]327号发布）

第一章　总　　则

第一条　为加强公路养护工程管理，提高公路养护工程质量和投资效益，根据《中华人民共和国公路法》及有关法律、法规，制定本办法。

第二条　公路养护工程管理工作实行“统一领导，分级管理”的原则。

国务院交通主管部门主管全国公路养护工程的管理工作。

省级交通主管部门主管本行政区域内公路养护工程的管理和监督工作。

公路养护工程的具体管理工作，根据省级人民政府交通主管部门的授权，以及目前各级公路管理机构的职责分工，由县级以上人民政府交通主管部门设置的公路管理机构负责。

乡道养护工程的管理工作，由乡（镇）人民政府负责，县级交通主管部门负责行业管理和技术指导。

第三条　公路养护工程按其工程性质、复杂程度、规模大小划分为小修保养、中修、大修和改建工程，作业内容参见附录，具体划分标准由各省、自治区、直辖市人民政府交通主管部门制定。

第四条　公路养护工程资金主要来源于国家依法征集的公路养护资金、财政拨款、车辆通行费和国务院规定的其他筹资方式。

第五条　公路养护工程资金，必须专项用于公路的养护和改建。做到专款专用，不得挪用和挤占。

第六条　本办法适用于国道、省道、县道的养护工程管理。乡道和专用公路的养护工程管理可参照本办法执行。

第二章　一 般 规 定

第七条　公路养护工程计划由省级公路管理机构编制，报省级交通主管部门批准后执行。

公路养护工程计划编制时应遵循“先重点、后一般，先干线、后支线”的原则。对于国省干线公路和具有重大政治、经济、国防意义的公路养护工程、抗灾抢险工程，要优先安排。

公路管理机构在安排养护工程项目时，应参照公路路面和桥梁管理系统评定的结果，做到决策科学化。

第八条　经营企业经营的收费公路，其养护工程计划由经营企业编制并报省级公路管理机构核备。经营企业应根据《公路养护技术规范》的要求组织实施。

第九条　各级公路管理机构要积极采用现代化管理手段和先进养护技术，大力

推广和应用新技术、新材料、新工艺、新设备,不断提高公路养护管理技术水平。

第十条 公路养护工程管理工作要把工程质量放在首位,建立、健全质量控制体系,严格检查验收制度,提高投资效益。

第十一条 对于公路养护的中修和大修工程,各地公路管理机构应引入竞争机制,并逐步推行招投标制度和工程监理制度;对于公路改建工程,应当实行招投标制度、工程监理制度和合同管理制度。

第十二条 对修复、增设、绿化等专项工程,应根据工程量、规模大小,分别按中修、大修和改建工程管理程序进行管理。

第十三条 公路养护工程施工时,施工单位应按照有关标准、规范的规定在养护工程施工路段设置标志,必要时还应安排专人进行管理和指挥,以确保养护工程实施路段的行车安全。车辆不能通行的路段必须修建临时便道或便桥,并做好便道、便桥的养护管理工作。

第十四条 对由于不可抗拒的自然灾害(如风、沙、雨、雪、洪水、地震等)破坏的公路、桥涵等设施,地(市)、县级公路管理机构要组织人员和设备及时进行抢修。公路管理机构难以及时恢复时,县级以上地方人民政府应当及时组织当地机关、团体、企业事业单位、城乡居民进行抢修,并可以请求当地驻军支援,尽快恢复交通。

第十五条 对有关公路养护工程的计划、统计、审计、机械设备、设计文件、竣工档案等信息资料,应按相应的管理规定进行管理。

第三章 小修保养

第十六条 小修保养是对管养范围内的公路及其沿线设施经常进行维护保养和修补其轻微损坏部分的作业。

第十七条 小修保养经费由省级公路管理机构根据所管养公路的行政等级、使用年限、技术等级、交通量和路况现状等因素,按照养护工程定额核定养护经费,实行定额计量管理。

第十八条 小修保养由县级公路管理机构或省级公路管理机构设置的公路管理单位或委托的合同单位,根据上级公路管理机构下达的养护工程计划指标和要求,组织实施。

第十九条 小修保养要按照有关的公路养护技术规范、操作规程的规定组织实施。同时,要加强对路面、沿线设施及绿化等的养护管理工作,做到全面养护。

第二十条 公路小修保养的管理应实行检查、考核、评定、报告制度,具体办法由省级公路管理机构制定。

各管养单位应建立各类管理台账、填写生产原始记录,严格实行成本核算。

第二十一条 小修保养质量应严格按照有关检查评定标准的规定进行检查评定。对已实施GBM工程、文明样板路的路段,其养护质量应达到《国省干线GBM工程实施标准》和《国省干线公路文明建设样板路实施标准》的要求。

第四章 中修工程

第二十二条 中修工程是对公路及其沿线设施的一般性损坏部分进行定期的修

理加固，以恢复公路原有技术状况的工程。

第二十三条 中修工程项目由地（市）级公路管理机构向省级公路管理机构提出建议计划和概算，省级公路管理机构审核、汇总提出建议计划，报省级交通主管部门审批下达。

第二十四条 列入计划的中修工程项目，应按有关规范、标准进行设计，编制预算。

第二十五条 县级公路管理机构根据地（市）级公路管理机构批复的设计文件组织实施，严格按照有关标准和规范加强质量管理。地（市）级公路管理机构负责检查、监督和验收。

第二十六条 项目完工后，地（市）级公路管理机构应及时组织验收，并将竣工验收资料报省级公路管理机构备案。省级公路管理机构应组织有关人员对其进行抽查。

第五章 大修工程

第二十七条 大修工程是对公路及其沿线设施的较大损坏进行周期性的综合修理，以全面恢复到原技术标准的工程项目。

第二十八条 大修工程项目由地（市）级公路管理机构向省级公路管理机构上报建议计划和概算，省级公路管理机构审核、汇总提出建议计划，报省级交通主管部门审批下达。

第二十九条 大修工程项目，地（市）级公路管理机构应委托具有相应资质的设计单位进行勘察设计，并按照有关规范和标准编制设计文件，报省级公路管理机构审批。

第三十条 大修工程项目由地（市）级公路管理机构组织实施，并要逐步通过招标、投标选择养护施工单位。

第三十一条 大修工程应严格按照有关的施工规范、标准和操作规程进行施工，并要逐步推行工程监理制度。维持正常的施工秩序，认真做好施工记录，建立完整、可信的技术档案。

第三十二条 省级公路管理机构应加强对大修工程的监督和检查，并根据工程进度及时核拨工程资金。

第三十三条 大修工程完工后，地（市）级公路管理机构应依据合同文本组织有关人员对其进行初验，并向省级公路管理机构提交竣工验收申请。省级公路管理机构应及时组织有关单位和人员对工程进行竣工验收。

第六章 改建工程

第三十四条 改建工程是对公路及其沿线设施因不适应现有交通量增长和载重需要而提高技术等级指标，显著提高其通行能力的较大工程项目。

第三十五条 省级公路管理机构应根据本辖区路网的总体规划、现有公路的技术状况、通行能力和国民经济发展等的需要，研究提出本辖区的路网改建计划，报省级交通主管部门审批。

第三十六条 国省干线改建工程项目，由省级公路管理机构组织实施；县道改建工程项目，由地（市）级公路管理机构组织实施。

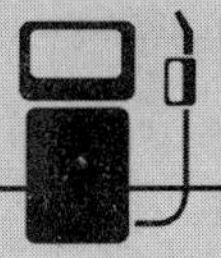

第三十七条 改建工程项目的设计、施工和监理，应实行招投标制度。对于资质、信誉、技术状况等不符合要求的设计、施工和监理单位，不得参加投标。中标的施工单位不得违法转包与分包。

第三十八条 改建工程项目的质量管理应按照《公路工程质量管理办法》的规定执行。

第三十九条 已经批准的改建工程项目，其建设规模、技术标准、路线走向、设计概算等需要变更时，必须报经原批准机关批准。

第四十条 改建工程项目竣工后，负责组织实施的公路管理机构应根据《公路工程竣工验收办法》的规定，组织初验。初验合格后，要按照竣工验收的有关要求准备竣工验收的各类资料，并向竣工验收的主持单位提交竣工验收申请报告。竣工验收主持单位应按照国家有关规定组织验收。

第七章 附 则

第四十一条 各省、自治区、直辖市交通主管部门可根据本办法制定实施办法，并报交通部备案。

第四十二条 本办法由交通部负责解释。

第四十三条 本办法自 年 月 日起施行。

附 录

公路养护工程作业内容表

工程项目	小修保养	中修工程	大修工程	改建工程
路基	保养： 1.整理路肩、边坡，修剪路肩、分隔带草木，清除杂物，保持路容整洁。 2.疏通边沟，保持排水系统畅通。 3.清除挡土墙、护坡滋生的有碍设施功能发挥的杂草，修理伸缩缝、疏通泄水孔及松动石块。 4.路缘带的修理。 小修： 1.小段开挖边沟、截水沟或分期铺砌边沟。 2.清除零星坍方，填补路基缺口，轻微沉陷翻浆的处理。 3.桥头接线或桥头、涵顶跳车的处理。 4.修理挡土墙、护坡、护坡道、泄水槽、护栏和防冰雪设施等局部损坏。 5.局部加固路肩	1.局部加宽，加高路基，或改善个别急弯、陡坡、视距。 2.全面修理、接长或个别添建挡土墙、护坡、护坡道、泄水槽、护栏及铺砌边沟。 3.清除较大坍方，大面积翻浆、沉陷处理。 4.整段开挖边沟、截水沟或铺砌边沟。 5.边水路面的处理。 6.平交道口的改善。 7.整段加固路肩	1.在原路技术等级内整段改善线形。 2.拆除、重建或增建较大挡土墙、护坡等防护工程。 3.大塌方的清除及善后处理	1.整段加宽路基，改善公路线形，提高技术等级

公路养护工程作业内容表

工程项目	小修保养	中修工程	大修工程	改建工程
路面	保养： 1.清除路面泥土、杂物，保持路面整洁。 2.排除路面积水、积雪、积冰、积砂，铺防滑料、灭尘剂或压实积雪维持交通。 3.砂土路面刮平，修理车辙。 4.碎砾石路面匀、扫面砂，添加面砂，洒水润湿，刮平波浪，修补磨耗层。 5.处理沥青路面的泛油、拥包、裂缝、松散等病害。 6.水泥混凝土路面日常清缝、灌缝及堵塞裂缝。 7.路缘石的修理和刷白。 小修： 1.局部处理砂石路的翻浆变形、添加稳定料。 2.碎砾石路面修补坑槽、沉降，整段修理磨耗层或扫浆铺砂。 3.桥头、涵顶跳车的处理。 4.沥青路面修补坑槽、沉陷、处理波浪、局部龟裂、啃边等病害。 5.水泥混凝土路面板块的局部修理	1.砂土路面处理翻浆，调整横坡。 2.碎砾石路面局部路段加厚、加宽，调整路拱加铺磨耗层，处理严重病害。 3.沥青路面整段封层罩面。 4.沥青路面严重病害的处理。 5.水泥混凝土路面严重病害的处理。 6.水泥混凝土路面接缝材料的整段更换。 7.整段安装、更换路缘石。 8.桥头搭板或过渡路面的整修	1.整段用稳定材料改善土路。 2.整段加宽、加厚或翻修重铺碎砾石路面。 3.翻修或补强重铺，高级、次高级路面。 4.补强、重铺或加宽高级、次高级路面	1.整线整段提高公路技术等级，铺筑高级、次高级路面。 2.新铺碎砾石路面。 3.水泥混凝土路面病害处理后，补强或改造为沥青混凝土路面

公路养护工程作业内容表

工程项目	小修保养	中修工程	大修工程	改建工程
桥梁涵洞隧道	保养： 1.清除污泥、积雪、积冰、杂物，保持桥面的清洁。 2.疏通涵管，疏导桥下河槽。 3.伸缩缝养护，泄水孔疏通，钢支座加润滑油，栏杆油漆。 4.桥涵的日常养护。 5.保持隧道内及洞口清洁。 小修： 1.局部修理、更换桥栏杆和修理泄水孔、伸缩缝、支座和桥面的局部轻微损坏。 2.修补墩、台及河床铺底和防护圬工的微小损坏	1.修理、更换木桥的较大损坏构件及防腐。 2.修理更换中小桥支座、伸缩缝及个别构件。 3.大中型钢桥的全面油漆除锈和各部件的检修。 4.永久性桥墩、台侧墙及桥面的修理和小型桥面的加宽。 5.重建、增建、接长涵洞	1.在原技术等级内加宽、加高、加固大中型桥梁。 2.改建、增建小型桥梁和技术性简单的中桥。 3.增改建较大的河床铺底和永久性调治构造物。 4.吊桥、斜拉桥的修理与个别索的调整更换。 5.大桥桥面铺装的更换	1.提高公路技术等级，加宽加高大中型桥梁。 2.改建、增建小型立体交叉桥。 3.增建公路通道。 4.新建渡口的公路接线、码头引线。 5.新建短隧道工程

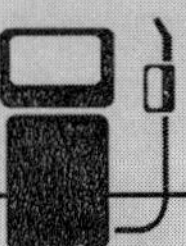

续上表

工程项目	小修保养	中修工程	大修工程	改建工程
	3.涵洞进出口铺砌的加固修理。 4.通道的局部维修和疏通修理排水沟。 5.清除隧道洞口碎落岩石和修理圬工接缝,处理渗漏水	6.桥梁河床铺底或调治构造物的修复和加固。 7.隧道工程局部防护加固。 8.通道的修理与加固。 9.排水设施的更新。 10.各类排水泵站的修理	6.大桥支座、伸缩缝的修理更换。 7.通道改建。 8.隧道的通风和照明排水设施的大修或更新。 9.隧道的较大防护、加固工程	

公路养护工程作业内容表

工程项目	小修保养	中修工程	大修工程	改建工程
沿线设施	保养: 1.标志牌、里程碑、百米桩、界牌、轮廓标等埋置、维护或定期清洗。 小修: 1.护栏、隔离栅、轮廓标、标志牌、里程碑、百米桩、防雪栏栅等修理、油漆或部分添置更换。 2.路面标线的局部补划	1.全线新设或更换永久性标志牌、里程碑、百米桩、轮廓标、界牌等。 2.护栏、隔离栅、防雪栏栅的全面修理更换。 3.整段路面标线的划设。 4.通信、监控设施的维修	1.护栏、隔离栅、防雪栏栅的增设。 2.通信、监控设施的更新	1.整段增设防护栏、隔离栅等。 2.整段增设通讯、监控设施
绿化	保养: 1.行道树、花草的抚育、抹芽、修剪、治虫、施肥。 2.苗圃内幼苗的抚育、灭虫、施肥、除草。 小修: 1.行道树、花草缺株的补植。 2.行道树冬季刷白	1.更新、新植行道树、花草、开辟苗圃等		

公路经营权有偿转让管理办法

（1996 年 10 月 9 日　交通部令 1996 年第 9 号发布）

第一章　总　　则

第一条　为加快公路建设步伐，开辟公路建设资金渠道，规范公路经营权有偿转让（简称转让，下同）行为，保护转、受让双方投资者的合法权益，按照国家现行的法律、法规及国家有关规定，特制定《公路经营权有偿转让管理办法》（简称《办法》，下同）。

第二条　本《办法》适用于全国各级交通主管部门组织建设和管理的公路（不含关系到“国家或区域政治、军事”的公路，下同）经营权的转让活动。

第三条　公路经营权转让，必须符合我国现行的产业政策和有利于我国公路网建设以及实现公路建设规划精神，并在遵守我国现行法律、法规及有关规定的前提条件下，本着适度发展和优先国内投资者的原则进行。

第四条　交通部负责全国公路经营权转让工作的监督管理。各省、自治区、直辖市人民政府交通厅（局、委、办）（简称“省级交通主管部门”，下同）负责管辖范围内公路经营权转让工作的监督管理。

第二章　公路经营权的界定

第五条　公路经营权是依托在公路实物资产上的无形资产，是指经省级以上人民政府批准，对已建成通车公路设施允许收取车辆通行费的收费权和由交通部门投资建成的公路沿线规定区域内服务设施的经营权。

第六条　转让公路经营权是由省级交通主管部门授权所属的公路经营公司（简称“转让方”下同），将经批准的规定范围内的全部或部分公路经营权，在一定期限内转让给具有法人资格的境内、外单位经营的一种特许行为。

第三章　转让公路经营权的组织管理

第七条　对含有中央车辆购置附加费或中央财政性资金投资建成的公路及国道公路经营权的转让，由省级交通主管部门报交通部审批；全部由地方规费或地方财政性资金投资及自筹资金等建成的省道以下公路经营权的转让，由省级交通主管部门报省级人民政府审批，并负责办理向交通部报备事宜。

第八条　交通部负责由部批准公路经营权转让中所涉及到国务院有关部门的协调工作；省级交通主管部门负责由交通部和省级人民政府批准范围内的公路经营权转让中涉及到省内有关部门的协调工作。

第四章　公路经营权转让范围

第九条　公路经营权转让范围的具体内容为：40 公里四车道以上的公路路段及 500 米四车道以上独立的大型桥梁、隧道等公路设施车辆通行费的收费权和公路沿线

规定区域内的饮食、加油车辆维修、商店、广告等服务设施的经营权。公路经营权中的车辆通行收费权和服务设施的经营权可整体转让，也可以只转让车辆通行收费权。

第十条 向外商转让含尚未还清使用国际金融组织贷款或外国政府贷款建成公路的经营权，应报原批准利用外资贷款的部门同意，并经对外“窗口”部门，商境外贷款机构认可后，方可按本《办法》办理公路经营权转让事宜。

第十一条 转让公路经营权中的车辆通行收费权，应坚持以投资预测回收期加上合理年限盈利期(合理年限盈利期一般不得超过投资预测回收期的50%)为基准的原则，最多不得超过30年；转让公路经营权中的服务设施的经营权应按国家的有关规定办理。

第五章 公路经营权资产价值的评估

第十二条 转让含有中央车辆购置附加费或中央财政性资金投资建成的公路和国道公路的经营权，应按国务院《国有资产评估管理办法》，由转让方通过省级交通主管部门向交通部提出资产评估立项申请，由国家国有资产管理局批准立项并确认评估结果。

第十三条 转让全部由地方规费或地方财政性资金投资及自筹资金建成省道以下公路的经营权，应由转让方按国务院《国有资产评估管理办法》向省级国有资产管理局提出评估立项申请，由省级国有资产管理局批准立项并确认评估结果。

第十四条 承担公路经营权资产价值评估的单位，必须是取得经省级以上国有资产管理局(简称“国有资产管理部门”，下同)认可资格的评估机构。鉴于公路经营权的特殊属性，转让方应对承担公路经营权评估的机构进行从业能力审查。必要时，由省级以上的交通主管部门指定评估机构。

第十五条 申请对公路经营权进行资产评估的报告，应由转让方提出。评估所发生的费用应由委托资产评估方承担。

第十六条 确定公路经营权资产的重置全价，应参照国际通用的评估方法，即：采用收益现值法与重置成本法相结合的方法进行。

第十七条 被转让经营权的公路竣工决算属商业秘密，不得向受让方透露。经国有资产管理部门确认的公路经营权资产的评估价值，应作为公路经营权转让成交价格作价的依据。转让公路经营权的实际成交价不得低于评估确认价值。

第六章 转让公路经营权的审批程序

第十八条 申报公路经营权转让时，应由转让方提供以下文件、资料及相关证明：

1. 转让公路经营权可行性研究报告；
2. 受让方从业实力的情况说明；
3. 转让、受让双方签订的公路经营权转让的协议书；
4. 经国有资产管理部门核准的公路经营权资产价值评估确认结果通知书；
5. 金融机构或会计师事务所等中介机构提供的受让方资金信用证明；
6. 受让方法人执照副本；
7. 其他相关文件、资料。

第十九条 转让方通过省级交通主管部门，对申报公路经营权转让所报材料进行审查后，按本《办法》第七条规定的审批权限，分别报交通部和省级人民政府审查批准。

第二十条 转让、受让双方应按照转让公路经营权的批准文件，签订转让公路经营权的合同，并将合同副本分别送交通部和省级人民政府备案。

第二十一条 转让公路经营权的受让方如系外商，在获得批准转让的文件后，还应按我国规定的外商投资企业审批权限和程序，在中华人民共和国境内设立外商投资企业。

第二十二条 未经批准，任何单位和部门不得转让公路经营权。

第七章 公路经营权收益的使用

第二十三条 转让方获得的转让公路经营权收入，首先用于偿还被转让公路经营权的公路建设贷款和开发新的公路建设项目。任何单位不得将转让公路经营权的收益用于与公路建设无关的其他项目。

第二十四条 鼓励受让方，将获得的公路经营权的收益，直接投资我国新的公路建设项目。

第二十五条 凡含有中央车辆购置附加费或中央财政性资金投资建成的公路转让经营权后，原中央投资及按投资额分得的收入，仍属中央的权益，由交通部委托相应的投资机构持有。经交通部同意继续用于该地区的公路建设，或由交通部统筹安排其他公路建设项目。

第八章 附 则

第二十六条 公路经营权转让以后，转让方在转让期内不得收回公路经营权；受让方不得以任何理由再将公路经营权转让给第三方。

第二十七条 未经省级以上人民政府批准，不得在被转让经营权的公路上，另行设置车辆通行费收费站。

第二十八条 受让方不得以任何理由收取正在执行紧急任务设有固定装置的消防车、医院救护车、公安部门的警备车、抢险救灾的运输车等车辆的通行费。挂有中国人民解放军行车牌照车辆通行费的收取，按国家有关规定办理。

第二十九条 国家各级交通主管部门，有权监督和制止公路经营权转让期间各种侵占、损坏公路及其附属设施的行为。

第三十条 批准转让经营权的公路，其路政管理，由省级以下交通主管部门派出机构或者人员行使，所需经费由经营公路经营权的机构，按当地政府规定的标准支付。

第三十一条 受让方应按照交通部发布的有关公路养护规范和标准进行有效的养护，以保证公路设施处于良好的技术状态。经营期满后将完好的公路设施无偿交还转让方。

第三十二条 过去有关公路经营权转让的规定，凡与本《办法》不符的，按本《办法》执行。

第三十三条 本《办法》由交通部负责解释。

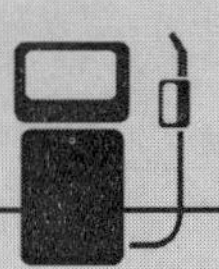

关于在公路上设置通行费收费站(点)的规定

(1994年7月18日　交公路发[1994]686号发布)

第一条　为加快公路交通事业的发展,确保国家"贷款修路、收费还贷"政策得以长期、稳定、健康、规范地执行,防止乱设卡、乱收费、乱罚款,特制定本规定。

第二条　凡利用贷款(包括需偿还的集资和实行股份制经营,以下同)建成的公路(包括桥梁、隧道,以下同),并符合下列条件之一的工程项目,按交通部、财政部、国家物价局(88)交公路字28号文件规定的程序报批后,可设置站(点)收取车辆通行费:

(一)封闭(包括部分封闭)型的汽车专用公路。平原微丘区超过40km和山岭重丘区超过20km的一般二级公路。

(二)长度超过300m的公路桥梁。改渡为桥的,可适当放宽到桥长超过200m。长度超过500m的公路隧道。

上述公路收费的具体标准由省级物价部门会同财政部门制定。

收取车辆通行费,应使用省级以上财政部门监制的专用收费票据。

拟定批准的收费公路项目,严禁先收费后修建。

第三条　公路收费站(点)的设置,由省级交通部门统一布局,为车辆创造良好的运行条件。实行"开放式"收费的公路,在同一条公路主线上,相邻收费站(点)的间距,平原微丘区不得小于40km,山岭重丘区不得小于20km。对采用"封闭式"收费的汽车专用公路,除两端出入口外,禁止在主线上设置收费站(点)。省际交界处收费站(点)的设置,须由相邻两省的省级交通部门相互协调,联合设置,对通过车辆一次完成通行费的收缴和标证发放工作。

不准设立旨在实行内部票据监督的停车验票站(点)。

在国道上设置收费站(点),须报交通部备案,并向社会公布。

第四条　公路收费站(点)的设施应与该路的交通量大小相适应。交通量大的,提倡设置自动收费和检票系统,以减少停车交费时间,保证车辆顺利通行。

第五条　凡符合规定设立的公路通行费收费站(点),需醒目悬挂由省级交通部门统一制发的"收费站"标牌。标牌尺寸为60厘米×40厘米(长×宽)。

第六条　公路通行费收费站(点)的设置,必须做到审批机关公开、收费用途公开、收费标准公开、收费单位公开。收费人员要做到挂牌上岗、文明执勤、依法收费、礼貌服务、按章处罚,不断提高工作质量,自觉接受社会监督。

第七条　在经批准的收费公路上,对不按规定交纳公路通行费的车辆,收费站(点)稽查工作人员有权责令其停车,补交通行费,并视情节轻重处以不超过应交费额5倍以下的罚款。对违反治安管理条例的,应交由公安机关处理。

第八条　凡在本规定发布之日前,已按交通部、财政部、国家物价局(88)交公路字28号文件规定确定的车辆通行费收费站(点),由各省级交通部门按本规定进行调整规范,并于1995年6月底前与本规定接轨。因特殊情况,难于按期接轨的,报经省级人民政府批准,限期撤并。对不符合上述规定设置的收费站(点)由省级交通部门授权的公路路政管理机构予以查处和纠正。

第九条 本规定所述收费公路项目管理及其收费站(点)设置的有关规定,同样适用于中外合资、合作和外资独资建设或经营管理的收费公路。

第十条 本规定由交通部、国家计委、财政部负责解释。

本规定与交通部、财政部、国家物价局(88)交公路字28号文规定不符的,以本规定为准。

第十一条 本规定自发布之日起施行。

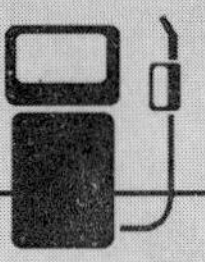

中华人民共和国公路管理条例实施细则

（1988年6月28日　交通部令第1号发布）

第一章　总　　则

第一条　根据《中华人民共和国公路管理条例》（以下简称《条例》）第四十条的规定，制定本实施细则（以下简称《细则》）。

第二条　本《细则》所称“公路”是指在中华人民共和国境内，按照国家规定的公路工程技术标准修建，并经公路主管部门验收认定的城间、城乡间、乡间可供汽车行驶的公共道路。

第三条　公路分为国家干线公路（以下简称国道），省、自治区、直辖市干线公路（以下简称省道），县公路（以下简称县道），乡公路（以下简称乡道）和专用公路五个行政等级。

国道是指具有全国性政治、经济意义的主要干线公路，包括重要的国际公路，国防公路，联结首都与各省、自治区首府和直辖市的公路，联结各大经济中心、港站枢纽、商品生产基地和战略要地的公路。

省道是指具有全省（自治区、直辖市）政治、经济意义，联结省内中心城市和主要经济区的公路，以及不属于国道的省际间的重要公路。

县道是指具有全县（旗、县级市）政治、经济意义，联结县城和县内主要乡（镇）、主要商品生产和集散地的公路，以及不属于国道、省道的县际间的公路。

乡道是指主要为乡（镇）内部经济、文化、行政服务的公路，以及不属于县道以上公路的乡与乡之间及乡与外部联络的公路。

专用公路是指专供或主要供厂矿、林区、油田、农场、旅游区、军事要地等与外部联络的公路。

第四条　公路与城市道路的划分，应以是否形成街道或近期城市发展规划区域为界限，由省级公路主管部门与当地城建部门共同商定，并随城市建设区域的发展变化进行合理调整。

第五条　当专用公路的专用性质改变时，经专用单位申请，省级公路主管部门批准，可改划为省道或县道。

公路如因改线等情况变化，个别路线（段）失去原有作用，经上一级公路主管部门核准并办理有关手续，可改作其他用途。

第六条　各级人民政府有责任加强对公路建设、养护和管理工作的领导；要把公路的建设和发展纳入本地国民经济发展计划统筹安排并认真组织实施；对一切违章利用、侵占和破坏公路、公路用地和公路设施的行为，要及时采取措施加以制止，确保公路完好畅通。

第七条　公民有遵守公路法规，爱护公路、公路用地和公路设施的义务；有权检举、揭发违章利用、侵占、破坏公路、公路用地和公路设施的行为。有车单位和个人，有按国家规定缴纳各项公路规费的义务。公路沿线有劳动能力的农民和车船等运输工具，有按国家规定履行公路建勤的义务。

第二章　机构与职责

第八条　中华人民共和国交通部主管全国公路事业，地方各级人民政府的公路主管部门主管本地区的公路事业。

第九条　各级公路主管部门可根据实际情况设置公路管理机构。公路管理机构依据公路主管部门的授权，负责公路管理工作。

第十条　各级公路主管部门和其授权的公路管理机构应当认真履行下列各项管理职责：

一、贯彻执行国家关于公路建设、养护、管理工作的方针、政策、法规，负责《中华人民共和国公路管理条例》及本《细则》的实施。

二、编制公路建设、养护计划并组织实施；协调解决计划执行中发生的问题；负责公路建设、养护工作的检查和奖惩，采取措施提高路况，保证畅通。

三、负责路政管理，处理违章，保护路产，维护公路养护施工的正常秩序。

四、组织公路现代化养护、现代化管理技术的开发，负责交通情况调查和路况登记，培训公路专业人员，改善技术装备，交流先进经验，提高公路管理水平。

五、调查研究和统计上报公路情况。

六、负责公路养路费、通行费、过渡费等规费的征收和使用管理等。

第三章　公 路 建 设

第十一条　公路发展规划必须遵循远近期结合、新建与改建结合、平时建设与战时需要结合、需要与可能结合的原则，全面规划，统筹安排，从整体上提高公路网络的使用效果。

第十二条　各个行政等级的公路发展规划，按《条例》规定的原则和管理权限分别制定和审批。年度计划应与规划相衔接。凡经批准的规划有改变时，必须经原审批单位同意。

第十三条　新建公路、改建原有公路，由各级公路主管部门在各级人民政府的统一领导下组织实施。

公路新建、改建工程，应符合国家规定的公路工程技术标准、规范、规程的要求。

第十四条　公路建设资金，根据《条例》第九条的规定筹集。

国道和重要省道的新建、改建，由国家和地方共同投资或用车辆购置附加费和养路费给予补助。

县道建设主要依靠地方投资与民工建勤的办法实施，可用养路费给予补助。

乡道的建设主要由乡（镇）自办，或者以乡（镇）为主，由地方财政给予补助。

边远、贫困地区的县道、乡道建设，可实行以工代赈的办法。

边防、国防公路建设资金，另由国家专项投资解决。

第十五条　凡属新建的公路基本建设项目和改建的大中型项目，均应按国家《公

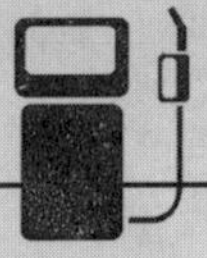

路工程基本建设管理办法》中规定的基本建设程序办理。

在符合审批制度的前提下，各项程序可根据具体情况进行合理的交叉；小型项目和乡道也可适当裁并一些程序。

第十六条 公路勘察设计任务必须由持有公路勘察设计证书的单位和法人承担。

重大公路建设项目的设计，采取招标办法，鼓励竞争，提高设计质量。

第十七条 大中型公路建设项目的施工实行招标制。

凡纳入国家或地方财政投资的公路建设项目，实行国内公开招标。

凡利用外资和国际间贷款的公路建设项目，可实行国际招标，但必须履行规定的批准手续。

特殊公路建设工程或不具备招标条件的公路建设项目，可采取议标、邀标或投资包干方式组织施工。

第十八条 公路主管部门应当加强公路建筑市场管理、定额管理和工程质量监理。

承担公路工程施工任务的建筑单位必须取得经公路主管部门考核合格发给的施工证书，以及工商行政管理部门核发的施工营业执照。

第十九条 公路新建、改建工程按批准的设计文件修建完成后，应及时按国家《公路工程竣工验收办法》的规定组织验收，办理交接手续。不符合设计要求以及公路产权资料不完备的公路工程，不得支付使用，建设单位和施工单位应采取补救措施或者重新返工。

第二十条 现有国道、省道穿过县级市和县城的路段改建时，可按“靠城不进城”的原则，避开城区另辟新线。新线工程由当地政府负责做好协调工作，公路主管部门负责组织实施。

凡根据县级市和县城建设规划进行公路扩建的，由公路主管部门承担与现有公路技术标准相吻合部分所需的建设费用。提高公路技术标准和扩大工程规模而增加的费用，由提出或确定提高标准和扩大规模的部门承担。

第二十一条 地级市及其以上的大中城市出入口道路与干线公路连接处，已划为城市规划范围，但尚未形成街道的路段，其建设规划、计划及其实施以当地城建主管部门为主，公路主管部门配合协助。

第二十二条 公路建设用地，应本着节省土地、少占良田的原则，做到“全面规划，充分利用，合理安排”。

新建、改建国道、省道、县道需要征用、拨用土地的，按照《中华人民共和国土地管理法》的规定办理，具体征用、拨用标准按“社会公益设施”的实际情况，由各省、自治区、直辖市人民政府规定。

新建、改建乡道需用的土地，由乡（镇）人民政府规划、审核，报县级人民政府批准划拨。

第二十三条 根据公路发展规划，新建公路或拓宽原有公路、增建公路设施等需要预留土地的，由公路主管部门根据《条例》规定精神提出申请，经当地人民政府批准后纳入土地利用总体规划，并造册登记，立案存档。

第二十四条 公路设计、施工应尽量适应地形变化，并采取必要措施，减少对自然地貌的破坏，防止水土流失和环境污染。

通过名胜古迹和自然保护区的公路，应注意与周围环境、天然景观的协调。严禁损坏历史文物。

修建公路如可能影响铁路、管道、水利、电力、邮电、军事等设施的正常使用，以及公路与铁路立交所涉及的建设原则、建设规模、建设标准、投资来源、组织实施、交接管理等事项，按国家有关规定办理。

第二十五条 新建、改建公路应当按照国务院确定的分工，同时修建公路防护、排水、养护、绿化、交通工程、环境保护等设施，高速公路还应当同时修建监控、营运、服务、救护等设施。

第四章 公路养护

第二十六条 公路养护以预防为主，防治结合，经常保持公路完好、平整、畅通、整洁、美观，及时修复损坏部分，周期性地进行大中修，逐步改善技术状况，提高公路的使用质量和抗灾能力。

第二十七条 公路养护采取下列组织形式：

国道、省道主要由固定(合同制)专业工人养护，适当利用民工建勤采备砂石材料。

县道以建勤轮换工养护为主，但每个养护道班应至少配一名固定(合同制)养路专业工人。

乡道由乡(镇)人民政府组织群众养护。

公路养护道班一般按每十至十五公里设立一个，也可根据养路机械化程度、路面等级和养护难易程度的变化，设置大道班(或养护工区)延长其管养里程。人烟稀少和边远地区的公路，也可实行机械化养护队定期巡回养护。

第二十八条 各级公路管理机构应加强对公路路基、路面、桥涵等构造物、排水设备、防护设施、绿化带，以及有关交通工程设施的日常巡视和检查。实施综合治理和全面养护，防止公路环境污染，美化路容路貌，减少水毁损失。

公路、公路桥梁及其他构造物发生损坏、承载力不足或出现险情时，公路管理机构除及时通知当地公安交通管理机关采取减速行驶、单向行驶、限载行驶或封闭绕行的交通措施外，应尽快落实维修、加固、修复的工程措施。

第二十九条 进行公路养护或施工作业，应当采取措施维持交通；当影响车辆正常通行时，应在作业处或施工路段两端设置明显的施工标志；影响行车安全的，夜间还需设置红灯警视信号。

在交通流量大的公路上进行大中修养护或改建施工，可能造成交通堵塞时，公路管理机构应函告当地公安交通管理部门，共同疏导交通；需中断交通的，应与当地公安交通管理机关事先共同发布通告。

在高等级公路或交通流量大的公路上从事养护作业的人员，应着统一的安全标志服。

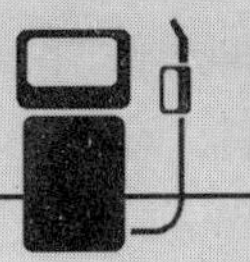

第三十条 各级公路主管部门应本着珍惜民力的原则，做好民工建勤工作。公路沿线农村成年劳动力每年每人不得超过三个建勤工日，车船运输工具每年每台件不得超过两个建勤工日。

第三十一条 公路遇有大量雪阻、塌方、水毁、泥石流、沙埋、地震等自然灾害致使交通受阻时，公路主管部门可及时报请当地政府动员附近驻军、机关、学校、企事业单位和城乡居民进行紧急抢救，尽快恢复通车。

当国道中断交通两天以上时，应将阻、通情况及时报告交通部和省、直辖市、自治区和人民政府。省道、县道、乡道中断交通的报告程序由省级公路主管部门规定。

第三十二条 在公路沿线设置公路养护专用砂石料场和施工取土场地，应事先征得当地县（市）人民政府土地管理部门同意，并按社会公益事业需要办理长期或临时拨用手续。

在县（市）人民政府核准、土地管理部门划拨的公路料场取土（砂）采石，任何单位和个人均不得借故阻挠或索取价款。

公路养护工程取土采石不得影响附近建筑物和水利、电力、管道、通讯、军事等设施的安全以及农田水土保持。

第三十三条 公路管理机构应充分利用公路用地、边坡、分隔带，本着因路制宜、稳固路基、防护边坡、保障安全、美化路容、改善环境的原则实施公路绿化。

对公路花草树木，只许作抚育和更新性质的修饰或采伐。需要更新砍伐公路树木的，国道、省道须经省级公路主管部门批准；县道须经地（州、市）公路主管部门批准；乡道须经县（旗、市）公路主管部门批准。

第五章 路 政 管 理

第三十四条 公路主管部门和其授权的公路管理机构负责管理和保护公路、公路用地和公路设施（以下简称路产），依法查处各种违章利用、侵占、污染、毁坏路产的行为，控制公路两侧建筑红线，审理跨越公路的其他设施建筑事宜，核批公路的特殊利用、占用和超限运输，维持公路渡口和公路养护施工作业的正常秩序，保护公路管理机构及其工作人员的合法权益等。

第三十五条 公路路政管理人员在执行公务时，按国家规定着装、佩戴（中国公路路政）胸徽，并持有“中华人民共和国路政管理证”及指挥旗（灯）。路政巡查车辆须装有“路政管理”标牌和标志灯饰。

第三十六条 在公路、公路用地范围内禁止：

一、设置电杆、变压器、地下管线及其他类似设施。

二、设置棚屋、摊点、维修场及其他类似临时设施。

三、堆放垃圾、建筑材料及其他类似堆积物。

四、挖掘、采矿、取土、引水灌溉、排放污水、种植作物、烧窑、制坯、沤肥及其他类似作业。

五、任何违章利用、侵占、损坏路产的行为。

第三十七条 在公路大中型桥梁和渡口上下游各二百米、公路隧道上方和洞口外一百米范围内不得：

一、采挖砂石、淘金开矿、修筑堤坝、压缩或扩宽河床、烧荒、刷坡、爆破、取土、伐木或进行其他类似作业。

二、倾倒垃圾、污物，堆放或倒运货物，停泊船只、排筏或进行其他类似活动。

三、有任何妨碍公路桥梁、渡口、隧道安全和畅通的行为。

第三十八条 在公路两侧从事开山、采矿、伐木和施工作业，不得危及公路、公路设施的安全；如有危及的可能时，从事作业的单位或个人应在作业前报告当地公路管理机构，同时采取必要的防护措施；已发生危及路产安全的，须立即停止作业，听候处理。

第三十九条 超过公路和公路桥梁、隧道、渡船限载、限高、限宽、限长标准的车辆不得任意通行；必须通行的，须经公路管理机构批准，妨碍交通的，还需经公安交通管理机关批准，并由超限运输单位承担公路管理机构为此采取技术保护措施和修复损坏部分所发生的费用。

履带车、铁轮车，以及类似可能损害路面的其他运输机具，不得在铺有路面的公路上行驶；必须通行的，按本条上款规定办理。

机动车辆制造、修理厂家不得擅自在公路上试车；必须试车的，应事先征得当地公路管理机构的同意、签订协议，悬挂公安交通管理机关核发的试车号牌，指定路段，设置试车标志，并明确由厂方向路方缴纳公路损坏补偿费。

第四十条 兴建铁路、机场、电站、水库、水渠、地下管线或其他建设工程，需要挖掘公路或占用、利用公路、公路用地和公路设施时，建设单位和个人必须事先征得公路主管部门同意，签订协议，并承担按原公路技术标准修复或商定按规划标准改建公路的费用；影响交通的，还须征得公安交通管理部门的同意。

第四十一条 修建跨越公路的各种桥梁、渡槽、管线等设施，必须考虑公路的远景发展规划、满足公路工程技术标准规定的各项几何尺寸及净空的要求；因施工造成公路及公路设施损坏的，按本《细则》第三十九条规定的原则办理。

第四十二条 在公路两侧修建永久性构造物或设施，其建筑设施边缘与公路边沟（坡脚护坡道、坡顶截水沟）外缘的最小间距必须符合《条例》的以下规定：

国道不少于二十米、省道不少于十五米、县道不少于十米、乡道不少于五米。公路弯道内侧及平交道口附近还须满足公路长远发展规划标准的行车视距或改作立体交叉的要求。

第四十三条 在公路上增设交叉道口，需经公路主管部门和公安交通管理机关审核批准，并按公路工程技术标准的要求设计、修建。

第四十四条 通过公路渡口的一切车辆和人员，必须服从渡口和路政管理人员的调度及指挥，遵守渡口管理规章。

第四十五条 对违反《条例》及本细则，侵犯公路合法权宜、造成路产损坏或严重危及路产安全的单位、个人或车辆，公路路政管理人员有权对当事者和案发现场进行拍照取证和查处，并按《条例》规定，责令赔偿损失；对驾车逃逸者可通知公安交通管理人员或赶赴交通检查站会同检查人员共同拦截，查处其违章行为。

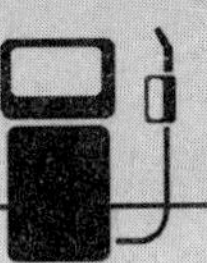

第六章　公路规费征收和使用管理

第四十六条　各级公路主管部门应当加强对公路养路费、通行费、过渡费，以及其他规费征收和使用管理工作的领导。任何单位和个人不得以任何名义平调、挪用、滥用、截留、挤占公路规费。

第四十七条　各项公路规费征收标准和管理办法，由交通部会同国务院有关部门制定；各省（自治区、直辖市）公路主管部门可制定实施细则，报省级人民政府批准后施行。

第四十八条　凡领有牌证的车辆均应按规定缴纳公路养路费（属国家规定暂免征收的除外）。

凡利用贷款和需要偿还的集资修建的高等级公路和大型公路桥梁、隧道，以及经省级人民政府批准收费的公路渡口，所有车辆通过时都要按规定缴纳通行费和过渡费（属国家规定免征的除外）。

凡购买国内生产、组装及国外进口的各种机动车辆都要缴纳车辆购置附加费（属国家规定暂免征收的除外）。

第四十九条　省级公路主管部门和其授权的公路管理机构按"收管用一体，统收统支，收支两条线，严格核查"的原则，负责公路养路费、通行费、过渡费的征收和使用管理工作。

车辆购置附加费由交通部负责征收和使用管理。各级公路主管部门和其授权的公路管理机构应将所代征的车辆购置附加费费款及时存入当地中国工商银行开设的交通部车辆购置附加费专户，由各地工商银行负责划转，任何代征、代管单位不得动支。

第五十条　根据《条例》第三十三条规定，经省级人民政府批准，公路主管部门和其授权的公路管理机构，可以在必要的公路路口、桥头、渡口、隧道口设立收取车辆通行费的站卡及公路征费稽查站卡，任何部门、单位和个人不得干预阻挠其征费和征费检查工作，也不得拒绝接受检查。

第五十一条　公路征费人员执行公务按国家规定着装，佩戴（中国公路征费）胸章，持"中华人民共和国公路征费检查证"和指挥旗（灯）。公路征费车辆须装有"公路征费"字样的标牌和专用标志灯饰。

公路规费征收人员必须严格执行国家征费政策，遵守各项公路征费管理规章，秉公办事，不得乱设卡、滥收费、乱罚款和徇私舞弊。

第五十二条　各种公路规费征收票证和处罚单据，由省级公路主管部门统一印制核发。

第五十三条　公路养路费的使用应严格按照国家《公路养路费使用管理规定》办理。

收取的车辆通行费，除用于收费公路或桥梁、隧道的养护及收费人员、设施等正常开支外，只能用于偿还贷款和需要偿还的集资。

对收取的过渡费的使用视同养路费，除以渡养渡的必要支出外，主要用作改渡为桥的建设资金。

征收的车辆购置附加费的使用按国家有关规定办理。主要用于国道、特大公路桥梁、隧道、重要立体交叉枢纽工程，以及具有重要经济意义的省道的建设。

第七章 法律责任

第五十四条 公路主管部门和其授权的公路管理机构有权对违反《条例》和本《细则》规定的单位和个人，分别情况，责令其归还原物，恢复原状，赔偿损失，没收非法所得并处以罚款。

第五十五条 对违反《条例》第二十四条及本《细则》第三十六条规定的单位和个人，应分别情况给予处罚。

一、对尚未造成路产损失的，责令限期移出，同时恢复原状并处以罚款。

二、对造成路产损失的，应责令限期拆除、修复路产、赔偿损失并处以罚款。

第五十六条 对违反《条例》第二十五条、第二十六条及本《细则》第三十七条、第三十八条规定的单位和个人，按本条以下规定给予处罚：

一、警告，责令暂停施工，待完善防护措施后复工；限期迁出规定范围。

二、罚款。

三、对已造成公路及公路设施损失的，责令停止施工作业，赔偿公路损失；情节严重的，另处以不超过公路损失赔偿费20%的罚款。

第五十七条 对违反《条例》第二十七条、第二十八条及本《细则》第三十九条、第四十四条规定或对公路路产造成损坏的当事者和其单位，应分别情况给予处罚

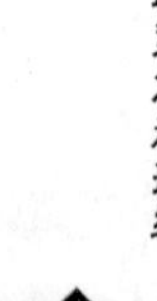

一、对违反规定利用公路试车、行驶履带车、铁轮车或进行超限运输的，责令立即停驶，补办有关手续并酌情处以罚款。

二、对违反规定行车，造成公路及其设施损坏的，限期缴纳路产损失赔偿费，并处以不超过路产损失赔偿费100%的罚款。

三、对违反公路渡口管理规章的，按该规章规定处理。

第五十八条 对违反《条例》第二十九条、第三十条、第三十一条及本《细则》第四十条、第四十一条、第四十二条规定的单位和个人，按以下规定处罚：

一、对擅自动工的，责令停工，补办手续，并酌情处以罚款。

二、对已造成公路路产损失的，责令赔偿损失并处以罚款。

三、对违反《条例》第三十一条及本《细则》第四十二条规定的，立即责令停工，限期拆除。

第五十九条 对违反《条例》第三十二条及本《细则》第四十三条规定的单位，参照本《细则》第五十八条的规定予以处罚。

第六十条 对违反《条例》第二十二条及本《细则》第三十三条规定，乱砍滥伐或毁坏公路花草林木的单位和个人，按照《中华人民共和国森林法实施细则》第二十二条、第二十三条、第二十五条、第二十六条的有关规定处理。

第六十一条 对违反《条例》第十八条及本《细则》第四十八条、第四十九条规定的单位和个人，根据以下规定处罚：

一、对拖欠、逃缴公路规费的，责令限期补缴，并课以滞纳金；对情节严重、倒换车牌或伪造、涂改征费凭证的，还应处以相当所欠费款一至五倍的罚款。

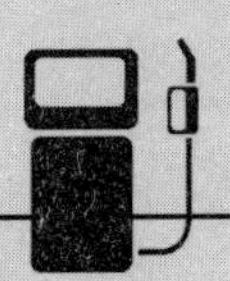

二、对非公路主管部门或其授权的公路管理机构的任何其他部门、单位和个人擅自征收公路养路费、通行费、过渡费、车辆购置附加费的，应没收全部非法所得，并处以不超过全部非法所得两倍的罚款，同时对当事者及其单位主要负责人处以相当其本人三个月工资的罚款。

第六十二条 违反《条例》和本《细则》规定的当事者对公路主管部门或其授权的公路管理机构给予的处罚不服的，在接到处罚通知单之日起七日内向上一级公路主管部门或其授权的公路管理机构提出申诉；对上一级公路主管部门或其授权的公路管理机构的处理决定还不服的，可在接到处理决定书之日起十五日内向人民法院起诉；期满不起诉又不履行处理决定的，公路主管部门或其授权的公路管理机构可以报请人民法院强制执行。

第六十三条 对违反《条例》第十九条及本《细则》第四十六条、第五十一条规定，属于公路征费人员的，由公路主管部门或其授权的公路管理机构负责查处；属于公路主管部门或其授权的公路管理机构的，由上一级公路主管部门或有关主管部门查处。

对超出国家规定使用范围，挪用公路规费于其他建设和开支的，银行有权拒付，审计、财政部门有权追查、索赔，并按国家有关规定给予处罚。

第六十四条 各级公路管理人员违反《条例》及本《细则》规定的，由各级公路主管部门或其授权的公路管理机构给予行政处分或经济处罚。

公路管理人员受本单位或上级单位负责人指使、纵容而违反《条例》和本《细则》规定的，除追究其本人责任外，并应追究有关单位及其负责人的责任。

第六十五条 违反《条例》及本《细则》规定应当受治安管理处罚的，由公安机关处理；构成犯罪的，由司法机关依法追究刑事责任。

第八章 附 则

第六十六条 本《细则》的解释权属交通部。各省、自治区、直辖市公路主管部门可根据《条例》及本《细则》规定制定具体实施办法。

第六十七条 本《细则》自一九八八年八月一日起施行。

附录

现场规范服务

一、着装、仪容和举止要求

(一)着装

1.收费人员上岗收费应统一着装,服装要整洁、大方。着冬装,内衣领和衬领不得高出制服两毫米。不得敞领,内衣下摆不能外露;着春秋装时,应着统一配发的衬衣,系好领带,不得披衣、敞怀、挽袖、卷裤腿;夏装可着配发的短袖、长裤,严禁穿短裤、背心、拖鞋上班。

2.女性在怀孕期间可视情况着便装。

3.上岗收费按规定配戴上岗证。执行任务时,应按规定戴手套、穿皮鞋。

(二)仪容

1.仪容整洁、端庄。男性不得蓄长发、烫发,不准留胡须;女性长发不得披肩。

2.上岗时不得围围巾、戴耳环、项链、手镯、戒指等装饰品;不得擦胭脂、染指甲等。

3.上岗时不得佩戴非公司统一配发的任何徽章、奖章、证章等。

(三)举止

1.收费人员须举止端庄、精神饱满,姿态良好。

2.遵守社会公德,维护社会秩序。严禁聚集街头路口嬉戏打闹等有损仪容行为。

3.上班前严禁饮酒,严禁酗酒闹事。

4.严格按规定收费,严禁徇私情、泄私怨、图报复。

5.工作时使用文明礼貌用语。

二、站容站貌

1.钱款、票箱、茶杯、衣帽、抹布等要放在指定的位置,做到整齐美观。

2.桌面、抽屉、亭内无积灰,无杂物,无与工作无关的物品;车道内无垃圾和油污;护栏无积尘;安全岛上无破损、无污迹。

3.亭内无闲杂人员。工作人员不得与他人闲聊,嬉闹、大声喧哗。

4.灯光设备齐全明亮。

5.电脑设备、路障系统等保持在良好工作状态。

三、文明用语

①您好;②请缴费;③请稍等;④对不起;⑤请收好票证;⑥请交验通行证;⑦谢

谢;⑧谢谢您的合作;⑨欢迎您再来;⑩再见,祝旅途愉快;⑪“路滑,您慢走”;⑫“一路顺风”;⑬“节日快乐”;⑭祝您一路平安。

在收费工作中,同时提倡使用以下服务用语:

(1)请将车往前靠(或往后倒)

(2)票款请当面点清

(3)请收好票据

(4)请注意,这里危险

(5)对不起,后面还有车等着

(6)请不要违章上路行驶

(7)对不起,给您添麻烦了

(8)对不起,让您久等了

(9)请慢走,再见!

四、文明收费坚持“十个一点”、“三心”、“四声”、“五个一”待人

“十个一点”:微笑多一点,声音轻一点,语言甜一点,举止美一点,态度好一点,遇事忍一点,理由少一点,动作快一点,业务熟一点,效率高一点;

“三心”:微笑发自内心,周到源于热心,服务用以诚心;

“四声待人”:来有迎声,问有答声,应有笑声,走有送声;

“五个一”:一张笑脸相迎,一杯热茶暖心,一腔热情待人,一身正气相处,一句好话送行。

五、交通行业文明公约

①热爱祖国,献身交通,爱岗敬业,开拓进取;

②安全工作,文明经营,确保畅通,质量第一;

③艰苦创业,勤俭节约,降低成本,提高效益;

④科学管理,行为规范,作风严谨,遵章守纪;

⑤顾全大局,团结协作,平等竞争,民主参与;

⑥美化环境,维护秩序,塑造形象,关心集体;

⑦见义勇为,助人为乐,诚实守信,弘扬正气;

⑧清政廉洁,严于律己,秉公执法,不谋私利;

⑨解放思想,实事求是,提高素质,自强不息。

六、员工文明守则

①遵纪守法,严格自律;②忠于职守,任劳任怨;③热爱集体,爱护公物;④谦虚谨慎,努力学习;⑤关心他人,相互尊重;⑥开拓进取,团结奉献;⑦廉洁奉公,勤俭节约;⑧坚持原则,伸张正义;⑨待人热情,文明礼貌;⑩衣着整洁,举止大方。

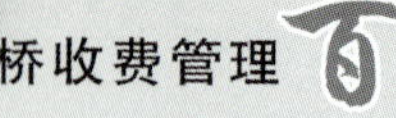

襄樊汉江二桥雄姿

收费员检查过往车辆的证件

公司举行的乒乓球比赛

道路有端 服务无限

丰富多彩的文化生活是企业文化的组成部分之一

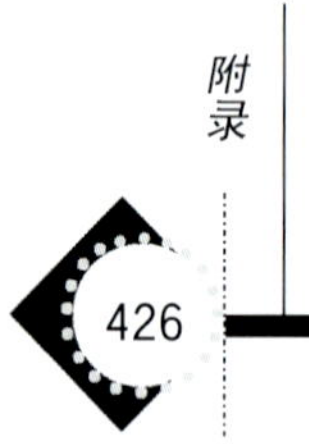

先进工作者的港澳珠之行留念

小小一瓶矿泉水代表的是管理者关心员工的一颗心

收费人员及时清除道路积雪，确保交通安全。

高科技技术在收费管理中的应用，要求收费人员必须具备相应的业务技术

良好的收费环境离不开良好的社会大环境

道路养护也是路桥收费经营者的任务之一